# 发票风险
## 识别与应对

郝龙航　姜瀚钧　崔晓晗
王骏　刘袁平　王鑫　张研
◎编著

中国市场出版社
China Market Press
·北京·

## 编　　著

郝龙航　北京大力税手信息技术有限公司

姜瀚钧　北京德和衡律师事务所

崔晓晗　北京赛微电子股份有限公司

王　骏　北京中翰税务师事务所集团有限公司

刘袁平　沈阳市铁西区税务局

王　鑫　国家无线电监测中心

张　研　北京德和衡律师事务所

## 指导专家

刘晓忠　北京中翰税务师事务所集团有限公司

王书红　海南中翰红日诚税务师事务所

王丽艳　山东中翰众诚税务师事务所

刘海英　山东中翰双瑞税务师事务所

石　雨　威海君合税务师事务所

王秀娟　山东中翰东方税务师事务所

杨国涛　广州中翰锦源税务师事务所

王占伟　河南中翰盛胜税务师事务所

郝顺利　内蒙古中翰泽众税务师事务所

庄元红　四川华西税务师事务所

# 序

近几年，笔者参与了一些与发票相关的税务案例处理。一直以来，因为发票问题被查补税、承担行政责任或刑事责任的案例不胜枚举。有些人可能确实不懂、不知，误入其内；有的人一知半解，糊里糊涂地出了事；有的人明知故犯，做的就是发票“生意”，靠套取财政补偿、买票卖票获利甚至偷税、骗税等，出事是迟早的。

发票问题，往往是“牵一发而动全身”。它既融入税，又独立于税；既涉补税、罚款之事，又可独立成刑，贯穿于企业经营的全过程之中。本书结合实际事例，梳理相应的发票知识，丰富老板们的认识和经验，帮助老板们提高警惕之心、敬畏之心，提示应对之策，正道经营之略！

在国内做老板，可以不懂法务，可以不懂税务，可以不懂会计，但必须要懂发票。懂它的政策，懂它的使用，懂它的法律风险，唯有如此，方可为企业保驾护航，规避法律风险，保障财产与人身安全。

笔者写著此书的目的，首先是自我的学习，自我的整理，作为一位财税领域从业者，跨入更加宽广的法律领域的过程，本身也是一种探索，是个人职业生涯新的收获；其次，意在通过政策梳理与解释、案例分析与警示，让我们的创业人，在辛苦的奋斗之路上，知晓规则、远离危险、防范风险，安全前行。相信大家屡有听闻“金税三期”与“金税四期”，也有听闻“全电票”

试点实施的安排，在全流程、全数字化、全国统一数据平台的监管下，税务机关与公安机关联合办案发现虚开、打击虚开、防范虚开的信息化手段越来越智能，也越来越有效率。特别是2021年10月国家税务总局、公安部、最高人民检察院、海关总署、中国人民银行、国家外汇管理局联合召开常态化打击虚开骗税违法犯罪工作部署会以来，在以“零容忍”态度开展常态化联合打击的背景下，发票开具和取得的合规化显得尤为重要。

之前笔者对发票的关注，更多侧重技术层面的内容，比如开具发票时间的规定，发票的收款人、复核人与开具人的填写注意事项，发票备注栏的填写要求，数量与型号要不要填开，免税发票与不征税发票如何开具，享受小微企业减征或免税优惠时发票如何开具，差额发票如何开具，等等。这些问题多是技术层面的，是理论方面追求完美的表现，若出现问题至多是开具形式的不规范，或者影响税前扣除的计税操作等，充其量最多是行政处罚及影响税额，尚不触及刑事犯罪的范畴。对这些问题，老板们有兴趣可以了解与知晓，没有兴趣也可以让会计人员持续学习与应用，术业有专攻。

笔者认为，发票技术方面的问题，可由会计人员进行处理。但是在一些情形下，是老板决策失误或主观故意而出现的问题，那么会计是无法用技术方式进行修复的，此时就可能出现“致命”的结果。这种情形下，买单的只能是老板与老板的企业了，而且很大程度上会涉及会计人员、办税人员。如果产生行政责任，那可能是经济利益受损或者相关信用等级受到影响；有一些则会涉及相关人员的刑事责任，这是非常可怕的，最高可能面临无期徒刑。

当下我国的发票形式、种类、介质较多，其功能也是多样的，可以从三个方面进行了解。一是发票的功能，比如发票具有结算收据功能、专用发票和其他增值税扣税凭证的抵扣（出口退税）功能、机动车销售发票兼有办理行政业务方面的功能，同时发票具有报销入账进行会计处理的功能，其功能非常多样且普遍，已融入经济与生活的方方面面。这其中最主要的是国家赋予发票的税前扣除与抵扣（出口退税）的两大核心功能，在不当利益驱使下也就发生了较多的发票违法犯罪行为。二是发票的种类，比如有增值税专用发票、农产品销售（收购）发票、增值税普通发票、定额发票、火车票、飞机票、出租车票、机动车销售统一发票、二手车销售统一发票、高速公路通行费发票等，这些都是日常经常接触的发票类型，他们有标准的格式与制式，还有一些是印有单位名头的普通发票，其印制的种类与数量需要税务机关确认。三是发票的介质，有纸质发票、也有电子发票。未来的趋势是发票电子化，这是利国利民的好事，便于企业进行信息化管理、减少邮寄成本与管理成本、减少制造环节能耗、减少开具与打印设备的购置，减少“设备中间商挣差价”。此外，在安全性得到有效保障的基础之上，基于大数据、数字化的征管手段与效率亦将大大改善与提升。

发票作为国家维护经济秩序与税务征管及纳税计量基础的工具，以票控税的征管模式具有非常明显的中国特色，发挥着巨大的行政监督力。一是发票是会计入账的主要法定凭据与税前扣除的法定凭据，支付方取得合法票据的前提是“要求”销售方提供发票；二是发票是增值税纳税义务发生的判断条件之一，在计税方法上，以发票作为计税的基准底线，成了增值税的判断标准，特殊情况下也是所得税纳税义务的判断标准之一；三是作为增值税的抵扣凭证，发票能够实现增值税链条的延续功能。大家可以发现，通过发票的环环相扣，大多数的情形下，是可以实现不同交易主体之间，特别是计税主体之间收支制衡的，起到计税稳定器的作用。常有人提到“以票控税”，一定程度上也体现了发票的重要性。

由于发票具有抵税的功能，将发票作为“现金”来看待，也并不为过。真实的业务，有真实的货币支出，抵扣是正常的，但是屡屡有人将发票作为一种“商品”进行买卖，这其中有以此作为获利工具者，也有的是发生了业务但没有获得合法发票进而采取非法方式获票。通常来看，发票的违法犯罪风险表现在两个方面：一是行政责任，主要表现为不合法行为的行政处罚责任，有可能被追究补税、滞纳金、罚款、停止办理出口退税、降低纳税信用等行政责任；二是刑事责任，主要表现为涉及增值税专用发票或普通发票等相关罪名的犯罪，主要集中在《中华人民共和国刑法》第二百零一条至二百一十二条之中，若不积极应对，一般会产生极为不利的结果。

笔者希望本书在进行技术性阐述之外，更能站在老板的角度，从应用及防范的层面，提供一份有价值的指引，有意义的参考。很多时候发票若出问题，真不是轻易能解决的。决胜千里，始于足下，相信以我们的案例经验、业务经历、专业解释，会让读者有一些全新的收获。

感谢包军老师的指导，感谢关注爱护“大力税手”的老师、伙伴的支持；感谢中国市场出版社编辑老师的付出；感谢我们法税团队伙伴的聚力协作。敬畏法律，尊重事实，专业保障，相信合规的力量。

书中的表述或观点，难免有差错或不准确的地方，望伙伴们不吝指教。我们专于执业，我们热心分享，用知识的“仁心厚爱”“从善入流”，来践行正能量的传递价值与服务价值。

目 录

# 第1章
# 认识发票

财务人眼中的发票与老板眼里的发票，是不同的。财务人员更多是要求形式完美，发票齐全，及时入账与进行税款抵扣操作等；而在老板的眼里，可能要看给不给钱再决定开不开发票，这是商务上的制衡手段。在生意交往中，或许是老板认为白条太多，需要发票支持税前扣除，或许是进项税额太少，希望增加一些抵扣税额等，本质上是想给企业多省钱。

在正常的业务交易中，两者可以达成协调统一，满足财务与老板的共同需求。但是老板的想法及业务情形是多种多样的，财务人员的工作往往是依照老板的决定进行的，甚至在有些情形下，财务人员对发票风险的认识就是只要凭票入账就行，并不去管什么合不合法，挣得就是一份工资或代账费。虽然这时的风险更多的是由老板承担的，法律责任老板扛得多，但在刑事法律角度下，财务人员往往也难辞其咎。很多时候发票的违法犯罪都会涉及老板和财务人员，甚至连业务人员等都被牵连其中，就会形成一个非常复杂的法律关系问题。为什么说老板和财务人员等都需要懂发票的知识与风险，原因也正是如此。

## 1.1 发票的结算功能

“开发票收钱，天经地义”，这似乎是共识了，不给钱就不开发票，老板心里的小算盘是很清楚的。此时的发票，发挥了一种结算收款凭据的功能，这正是符合国家对于发票初始功能的定义的。增值税普通发票如图1.1和图1.2所示。

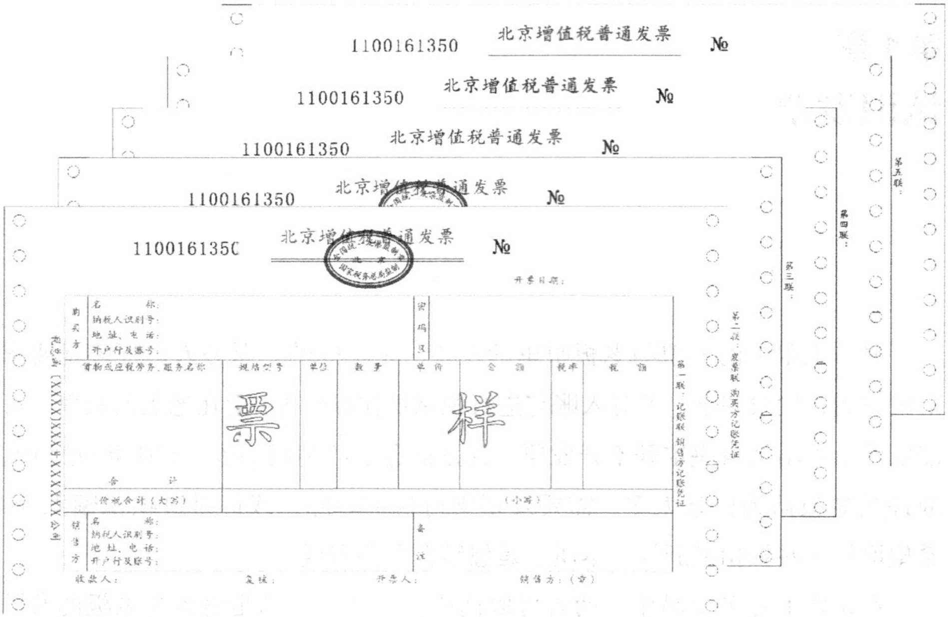


图1.1　增值税普通发票纸质版

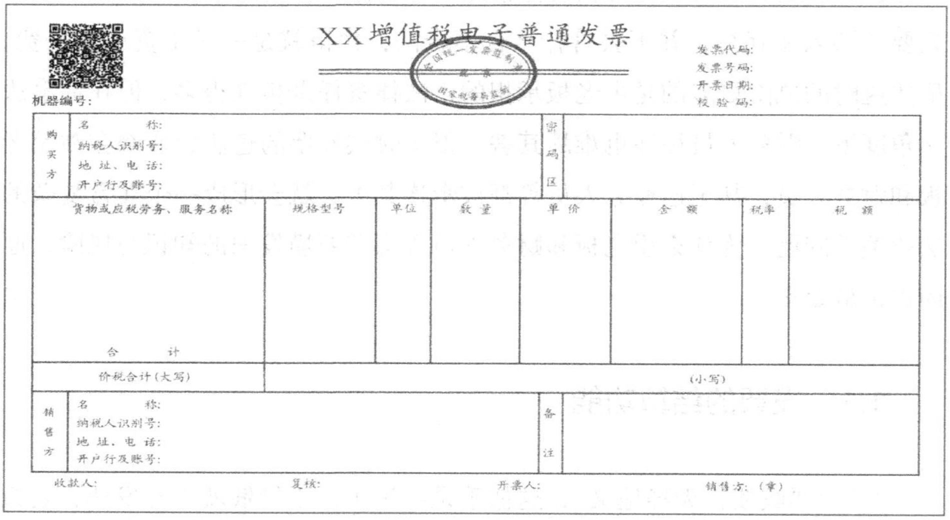

XX增值税电子普通发票

发票代码：
发票号码：
开票日期：
校验码：

机器编号：

| | | | | | | | |
|---|---|---|---|---|---|---|---|
| 购买方 | 名称：<br>纳税人识别号：<br>地址、电话：<br>开户行及账号： | | | | 密码区 | | |
| 货物或应税劳务、服务名称 | 规格型号 | 单位 | 数量 | 单价 | 金额 | 税率 | 税额 |
| 合计 | | | | | | | |
| 价税合计（大写） | | | | | （小写） | | |
| 销售方 | 名称：<br>纳税人识别号：<br>地址、电话：<br>开户行及账号： | | | | 备注 | | |

收款人：　　复核：　　开票人：　　销售方：（章）

图1.2　增值税电子普通发票

传统纸质的与电子的增值税普通发票上，“收款人”项都写得清清楚楚，其实这是普通发票的本意，即收付款凭证。《中华人民共和国发票管理办法》（以下简称《发票管理办法》）相关规定如下（摘录）：

**第三条** 本办法所称发票，是指在购销商品、提供或者接受服务以及从事其他经营活动中，开具、收取的收付款凭证。

**第十九条** 销售商品、提供服务以及从事其他经营活动的单位和个人，对外发生经营业务收取款项，收款方应当向付款方开具发票；特殊情况下，由付款方向收款方开具发票。

**第二十条** 所有单位和从事生产、经营活动的个人在购买商品、接受服务以及从事其他经营活动支付款项，应当向收款方取得发票。取得发票时，不得要求变更品名和金额。

**第二十一条** 不符合规定的发票，不得作为财务报销凭证，任何单位和个人有权拒收。

**第二十二条** 开具发票应当按照规定的时限、顺序、栏目，全部联次一次性如实开具，并加盖发票专用章。

任何单位和个人不得有下列虚开发票行为：

（一）为他人、为自己开具与实际经营业务情况不符的发票；

（二）让他人为自己开具与实际经营业务情况不符的发票；

（三）介绍他人开具与实际经营业务情况不符的发票。

很多老板在合同订立之初就写明了发票条款，所以老板认为“不收款不开票”，这与规定是相符合的。开具发票不仅是合同约定的义务，其对应的也是收款的权利。但是，财务人员可能并不看重这点，他们认为收款是业务员与老板的事，财务更多地关注开具了发票要纳税，“先开票再收款”成了税务上的基本“常识”，难道是《发票管理办法》的规定脱离了其定义，成了空中楼阁了吗？至少，笔者认为，实践中并不如文件规定的那样理想，发票在会计核算与纳税计算中作为合法凭证和原始凭证的作用更突出，是计算与缴纳国家税款的原始依据和必要资料，这种“异常功能”已超越了本身的收付款凭证功能，收款人的填开已失去了被认真对待的意义。

《发票管理办法》同时提出：

**第四十四条** 国务院税务主管部门可以根据有关行业特殊的经营方式和业务需求，会同国务院有关主管部门制定该行业的发票管理办法。

国务院税务主管部门可以根据增值税专用发票管理的特殊需要，制定增值税专用发票的具体管理办法。

根据《中华人民共和国增值税暂行条例实施细则》（以下简称《增值税暂行条例实施细则》）第十九条规定，除增值税专用发票外把海关进口增值税专用缴款书、农产品收购发票和农产品销售发票以及运输费用结算单据[1]也规定为增值税扣税凭证。除此之外，随着“营改增”的深入，道路、桥闸通行费也具有抵扣功能。近年来，除增值税专用发票外的其他具有抵扣功能发票的违法犯罪案件数量逐年上升，笔者将这些具有抵扣功能的发票归属于增值税专用发票一类，以便与《中华人民共和国刑法》（以下简称《刑法》）第二百零五条相衔接。

有一个问题，增值税专用发票（图 1.3）既然也是发票的一类，为何还要制定单独的管理办法？《国家税务总局关于修订〈增值税专用发票使用规定〉的通知》（国税发〔2006〕156 号）规定：

**第二条** 专用发票，是增值税一般纳税人（以下简称一般纳税人）销售货物或者提供应税劳务开具的发票，是购买方支付增值税额并可按照增值税有关规定据以抵扣增值税进项税额的凭证。

---

[1] 营业税改增值税（以下简称营改增）之后，运输费用结算单据已调整为凭开具的专用发票进行抵扣。

同时文件规定，按照增值税纳税义务发生时间开具专用发票，这种情形下，相较于普通发票，其开具的情形就更复杂。按照纳税义务发生时间进行开具的要求，与现实并不完全对应，钱、票与业务分离是很常见的。“先票后付款”或“先付款后开票”的情形是存在的，因为其发挥的主要作用是“抵扣凭证”，这种逻辑下自然不能以普通发票的“收付款凭证”来视之。

随着“营改增”，各种服务、销售不动产或无形资产等业务也纳入了增值税体系中的计税与发票开具。在增值税专用发票的使用规定中，并没有明确专用发票具有结算凭证的功能，是定义为抵扣增值税进项税额的凭证。参考图 1.3 的发票样本，同样也体现了收款人的信息，难道只是延续普通发票的样子用用而已吗？如果不属于规定的结算凭证，难道取得了销售方开具的增值税专用发票之后，还要再开具一张普通发票作为结算凭证，或者再打一份收据吗？显然这里会令人产生疑惑，甚至被误解——开具了专用发票，再开具一张结算款项的普通发票，这个逻辑完全是不可行的，也没有意义！税收政策并没有对此进行专门解释，有迷惑之处也是正常的。

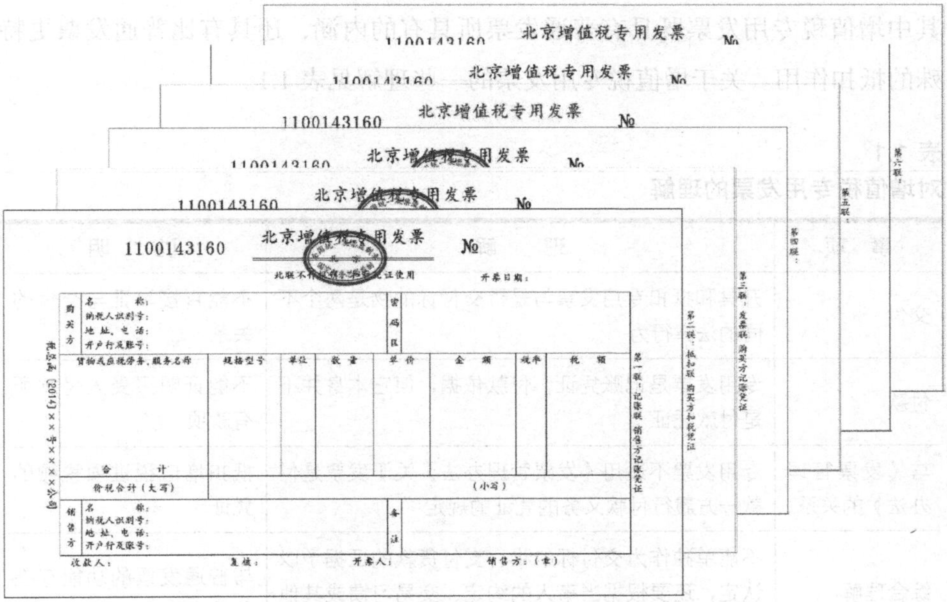


图 1.3　增值税专用发票样本

《最高人民法院关于审理买卖合同纠纷案件适用法律问题的解释（2020 修正）》提出：

**第五条** 出卖人仅以增值税专用发票及税款抵扣资料证明其已履行交付标的物义务，买受人不认可的，出卖人应当提供其他证据证明交付标的物的事实。

合同约定或者当事人之间习惯以普通发票作为付款凭证，买受人以普通发票证明已经履行付款义务的，人民法院应予支持，但有相反证据足以推翻的除外。

虽然《中华人民共和国民法典》（以下简称《民法典》）于 2021 年 1 月 1 日施行之后，原来的《中华人民共和国合同法》被废止，上述解释同步进行了修正。笔者查阅最高人民法院民事审判第二庭编著的《关于买卖合同司法解释理解与适用》一书，颇有收获。发票是财务收支的合法凭证和会计核算的原始凭证，也是计算和缴纳国家税收的原始依据和必要资料，由于发票上载明的经济事项较为完整，既有填制单位印章，又有经办人签章，还有监制机关、字轨号码、发票代码等，因此发票是记录经营活动的一种原始证明。其中增值税专用发票既具有普通发票所具有的内涵，还具有比普通发票更特殊的抵扣作用。关于增值税专用发票的一些理解见表 1.1。

**表 1.1**

**对增值税专用发票的理解**

| 事　项 | 理　　解 | 说　明 |
|---|---|---|
| 交付 | 开具和抵扣专用发票与是否交付标的物是两个不同的法律行为 | 不能直接举证与交付的关系 |
| 付款 | 专用发票是记账凭证，付款依据，但它本身并不是付款凭证 | 不能证明买受人付款所有款项 |
| 与《发票管理办法》的关系 | 专用发票不适用《发票管理办法》关于发票是付款一方履行付款义务的凭证的规定 | 抵扣增值税进项税额的凭证 |
| 综合理解 | 不能单独作为交付标的物、支付货款的证据予以认定，还要根据当事人的约定、交易习惯或其他证据来综合加以认定 | 与普通发票的功能存在差异 |

增值税专用发票的规定中明确了发生纳税义务时开具发票，并没有绑定付款要求，这也符合增值税抵扣的逻辑设计。而关于普通发票的一些理解如表 1.2 所示：

**表 1.2**

**对增值税普通发票的理解**

| 事　项 | 理　解 | 说　明 |
|---|---|---|
| 收据功能 | 作为收付款凭证的普通发票在买卖合同关系中是可以兼具“收据”功能的 | 具有证明效力，但特殊情形下，付款方向收款方开具发票，与是否付款无直接关系 |
| 收付款凭证的规定不宜机械、教条地理解 | 司法解释认为若出卖人在发票之外有其他证据证明买受人未付款的，则应进行综合分析认定 | 合同中条款约定的详细就显得很重要 |
| 开具发票后是否要再开具“收据” | 笔者观察到有的会计在收到发票付款后，仍要求开票方开具“收据”，这未尝不是一种“保护”方式，若在合同中有这样的约定，也并非不可以 | 有的开票方会在发票上盖“收讫”章 |

## 案　例

笔者刚参加工作之时，接触过这样一件事情，某地经销商依之前合作的交易习惯，将其汇款的“电子汇单”传真给公司，公司依此发了货。但是数日后，却发现款项并未收到，经过业务部门进一步了解，对方自查后提出：“是自己的银行问题，汇款没有成功！”随后不再继续进行合作，其实是想以此业务款项冲抵其预存公司的保证金，是对方的精明所致。在当下，商业诚信很重要，但也要考虑商业风险的无处不在。作为财务负责人，在内控程序上一定要谨慎，不能以“朋友”之情用事。

不过，老板们也不必担心，不必从此不见钱就不敢开发票，毕竟发生此类案例的概率还是较小的，但多一个“心眼”也是有必要的。需要分情形处理，比如有的国有企业是一定要先看到发票再经过内部审核流程才能最终付款，并不是“一手发票一手款项”，其欺诈的可能性相对较小；再如有打着国有企业控股"旗号"的企业，遇此情况则有必要擦亮眼睛。之前是因为存在一些现金结算的情形，确实有交易方的"投机或欺诈"行为，但现在的交易多是通过银行、第三方支付机构的付款方式，其参与某一方造假的可能性也不大。所以，除非不得已的情形下，建议尽量地减少现金结算，现在的电子收付款方式非常方便，通过微信、支付宝等结算已经非常普遍。可能有的老板提出来，这样有痕迹了，我们账外"避税"是不是就得不到保护了；也有的老板提出来："销售方老板就是要现金，不要汇款方式，这如何办？"无论是自己想逃税，还是给别人便利，恐怕自己身上的法律风险少不了，特别是在以票控税的征管模式下，开具发票后采用粗暴的手段来"避税"并不是件"容易"的事。

《中国税务》曾刊登过一篇文章——《"网红店"背后的支付秘密》，其中这样的内容：

**专栏**

通过多次到R食品店核实情况，检查人员发现顾客的支付方式绝大部分为手机扫描微信或支付宝二维码，很少采用现金或POS机刷卡支付。由此判断，对公账户收入流水情况不能完整显示该店实际经营收入。检查人员与公安机关取得联系，到拘留所对R食品店负责人张某进行询问得知，张某店内张贴的微信、支付宝收款二维码均绑定为其个人账户，除日常店内商品销售收入款项外，其个人生活相关转账也通过该账户进行。第一稽查局检查人员立即兵分两路，在国家税务总局的指导协调和公安机关的支持配合下，分别前往腾讯及阿里巴巴的天津分公司调取张某的微信及支付宝账户资金流水清单。

经查，张某的微信和支付宝资金流水借贷类型为"入"的交易金额累计2 800余万元，明显大于其对公账户的流水金额，且转账人具有分散不重复的特点。检查人员通过比对分析后，判断这些金额应该绝大部分为其店内销售收入。在两份流水清单面前，张某却表示微信和支付宝内大多是个人转账事项，店内顾客付款收入仅占很小一部分。面对这种情况，检查人员在公安机关的支持配合下，将R食品店经营时间和微信、支付宝收入发生时间进行详细比对，发现在张某的微信、支付宝转出资金流水明细中，多次提现到同一银行卡账户，且备注多为“转账”“收现”“当天收入”等，经查实该账户正是张某的个人账户，流水收入高达2 600余万元。

面对确凿的证据，张某终于承认其利用二维码收款并转入个人账户隐匿收入的事实。

最终，第一稽查局认定R食品店少申报缴纳了增值税、城市维护建设税、教育费附加、地方教育附加、个人所得税等税费，依法要求其补缴之前所偷逃税款、滞纳金合计129.19万元，并依法给予相应罚款。

（资料来源：《中国税务》2020年第8期）

但这里容易产生一个误区，既然普通发票是结算凭证，那么付款方是否能以“未开具发票不支付款项”作为理由拒绝支付呢？这个理解是不对的，即未开具或取得发票，是基于行政规范的要求，但若不执行则是由行政规范进行约束并可视情形进行罚款等处理的。因此，不能延伸认为商业交易中付款的前置条件是开具发票。即不开具发票时一样可以先付款，比如在供应紧张之时，在预付款情形下的分期销售发货、提供服务等情形，这也并不违反什么规定。是不是可以作为约定的商业条件呢？这是可以的！

《三亚市天涯海角旅游发展有限公司、海南万联通电子磁卡系统工程有限公司合同纠纷再审审查与审判监督民事裁定书》[中华人民共和国最高人民法院民事裁定书（2019）最高法民申2588号]曾有这样一段描述可供参考：

（三）天涯海角公司是否存在逾期付款的违约行为。根据天涯海角公司和万联通公司签订的《天涯海角风景区IC电子卡门禁系统合作项目补充合同之二》第5条约定，天涯海角公司应在每月15日前结算上个月的门禁系统费用给万联通公司。而根据一审查明事实，天涯海角公司于2016年10月向万联通公司支付2014

年10月至2016年8月期间的分成款；2016年12月7日向万联通公司支付2016年10月分成款；2017年1月22日向万联通公司支付2016年11月分成款。因此，天涯海角公司未能按合同约定的时间向万联通公司支付分成款，其行为已经构成违约。原审法院对天涯海角公司逾期付款违约行为的认定，并无不当，本院予以维持。天涯海角公司认为，"结算"条款，意味着天涯海角公司付款前双方要进行结算，即对账——万联通公司提供发票——天涯海角公司付款。因此，在双方未对账且对方未提供发票的情况下，二审法院认定天涯海角公司逾期付款是错误的。本院认为，《天涯海角风景区IC电子卡门禁系统合作项目补充合同之二》第5条约定的结算支付条款并未约定天涯海角公司付款必须以万联通公司开具发票为前提，且税务发票体现的是国家与纳税人的纳税关系，是一种行政管理行为而非合同法上法定的先履行抗辩事项。因此，万联通公司开具发票既不是天涯海角公司支付分成款的合同约定条件也不是法定条件，因此，天涯海角公司以万联通公司未开具发票主张其逾期付款的先履行抗辩权无合同依据也无法律依据，本院不予支持。

总结一下，发票作为一种商业结算中经常使用的凭证，其收付款凭证的功能不具有法定的必然性，在普通发票与专用发票之间存在司法层面不同的解释，作为一项法律知识，老板们有必要掌握。不过为了规避"不良对手的欺诈行为"，很有必要避开现金结算这样可能会产生的"陷阱"的情形，比如约定如何交付、如何确认签收，约定如何进行银行结算等方式，在协议中进行详细的约定。

可能有人会提出来："如果合同约定了销售方要开具专用发票，结果没有开具或开具不合规，抵扣不成又没有及时更换，能否就未能合规抵扣的税款作为损失向销售方索赔呢？"这是可行的，笔者发现一些企业的合同模板中就有此条款的约定。

《重庆方驰科技发展有限公司与重庆山航科技发展有限公司买卖合同纠纷申诉、申请再审民事裁定书》[重庆市高级人民法院民事裁定书（2016）渝民申922号] 有这样的认定：

关于方驰公司是否承担不开具增值税专用发票给山航公司造成的损失问题。本案中方驰公司系增值税一般纳税人，根据税法的规定有义务开具增值税专用发票，而且根据《中华人民共和国增值税暂行条例》（以下简称《增值税暂行条例》）第二条规定，销售机床产品适用的增值税税率为17%。如上所述，山航公司已经履行付款义务，若方驰公司坚持不履行开具增值税专用发票的义务，必然会给山航公司造成损失，即山航公司不能凭相应的增值税专用发票抵扣增值税进项税额。该项损失是基于我国税法的规定，是确定产生的损失，而不是可能会产生的损失。山航公司主张按《增值税暂行条例》规定计算相关损失金额，符合法律法规的规定。故一、二审法院判决若方驰公司不能开具增值税发票，则应向山航公司赔偿损失，亦无不当。

## 1.2　发票的计税功能

开票做收入计税，而非依业务实际的数据按税法规定进行计税缴纳，是很多小型企业计缴增值税与企业所得税的普遍方式，即使有销售完成，但因客户拖欠款项，亦未开具发票的情形下，也不确认相关的应税收入，老板们认为也很正常，虽然多数是属于时间性的差异，但若形成坏账则会造成绝对的税额流失。对于销售货物的企业，由于涉及库存的成本结转，时间一长极可能账实不符，因为货发出了，由于未确认收入，账上有库存，实际货少了；对于提供服务类的企业，则难以发现，比如餐饮企业、技术服务企业、中介咨询服务企业等，若不对合同与客户进行专项关联检查，很难发现未开票结算的业务应确认应税收入但未确认的情形。对于大型国有企业、上市公司来讲，由于对会计准则的执行相对完善，并非是在开具发票的基础之上核算收入，其金额往往大于开具发票的金额，此时需要做的是核对彼此差异，以免重复纳税。

**案　例**

某中介公司 2021 年 1 月 1 日起向某企业提供顾问咨询服务，其签订的合同是签订合同之时结算50%并开具发票，余下50%在项目结束时支付并开具发票。在2021年结束时，该中介公司并未确认收入、计缴所得税与增值税等。等到2022年3月时，对方支付了相应的款项，中介公司予以开具发票。

**分析：**这个案例，在服务行业中普遍存在，因为“商品”看不见、摸不着，不易查验。从服务完成的时点看，2021年12月31日中介公司就完成了服务，并达到收款的条件，此时就应计入2021年度的所得税收入，且服务完成，也达到了收款时点，应计缴增值税及其附加税费。如果因为服务不到位对方不予认可，则涉及付不付款、有没有折扣等情况，需要结合情形灵活判断。

### 1.2.1　销售业务中开具发票时的计税功能

从根本上讲，是不是达到计税的时点或条件，需要看业务本身，除增值税外发票并不是核心的决定因素，所以认为开了发票才计税的理解是不全面、不准确的。但在特定情形下，开具了发票却要先计缴增值税，这是基于抵扣的考虑，比如在真实业务下若销售方先开具了专用发票，但业务交易尚未完成，在当前的抵扣规则下，另一方取得发票时是可以凭票抵扣的。为了避免没有人缴税却有人抵税的情形发生，国家财政不受此不利的影响，减少税收中的失衡，索性直接明确先开具发票时亦视为增值税纳税义务发生。但是企业所得税却并不强求与发票进行直接关联，其依据的是完整的计算体系，这跟增值税与发票的直接绑定关系不同。

**案　例**

A企业2021年12月与B企业达成不动产出租协议，租期从2022年1月1日起到2022年12月31日，租金共计100万元，此房为A企业营改增之后取得的，增值税的适用税率为9%，2021年12月B企业支付50万的租金，余下在租期年中支付，同时A开具增值税专用发票给B企业。下面我们分析一下A企业的增值税与所得税的处理。

**分析：**先看一下政策的规定，《中华人民共和国企业所得税法实施条例》（以下简称《企业所得税法实施条例》）规定租金收入，按照合同约定的承租人应付租金的日期确认收入的实现。国税函〔2010〕79号[1]文件规定：根据《实施条例》第十九条的规定，企业提供固定资产、包装物或者其他有形资产的使用权取得的租金收入，应按交易合同或协议规定的承租人应付租金的日期确认收入的实现。其中，如果交易合同或协议中规定租赁期限跨年度，且租金提前一次性支付的，根据《实施条例》第九条规定的收入与费用配比原则，出租人可对上述已确认的收入，在租赁期内，分期均匀计入相关年度收入。

案例中收取的跨年度租金，2021年12月不需计入所得税的收入，计为预收账款即可，2022年每个月进行转入收入，就算依约定的应付租金的日期确认收入，也要有服务提供为前提，没有提供服务，对方是可以要回租金的，至多有违约的情形。在服务未发生之前按照合同约定的应收（应付）租金的日期并不必然是所得税的实现收入日期，这跟增值税是不同的。

依据财税〔2016〕36号文件规定，纳税人提供租赁服务采取预收款方式的，其纳税义务发生时间为收到预收款的当天。即通常认为应在2021年12月就预收款全部确认为增值税应税收入计缴增值税。不过依笔者的理解，似乎在服务发生时计缴更合适，因为服务还没有发生，销售额还没有形成呢，但是实践当中这种绝对理想的状态是很难掌握的，况且一般情形下也是在基于服务接近发生时才会付款，过早的预付款比如10月就预付了，可能是为了抢占商业上的有利地位，此时计税，若真的发生了特别情形导致双方同意不租赁且办理了退款，应冲减收入，对已开具专用发票的进行红冲处理，利益上也并不受损。但是，在实践中增值税纳税义务发生时间以“文字规定”为标准，不管提前多久于服务发生，在收到预收款时就需要计缴增值税。而所得税上没有纳税义务发生时点的规定，其聚焦于服务的确认时点，光开具发票未提供服务，此时未发生应税收入。

大家可以发现，增值税更多只是考虑时点上确认纳税义务的问题，而企

[1] 国税函〔2010〕79号，即《国家税务总局关于贯彻落实企业所得税法若干税收问题的通知》。

业所得税强调行为与权责发生的归属期。

下面这个案例提示给大家一个观点，不宜“小口径”理解增值税专用发票的抵扣问题，要“大口径”的理解，不然很可能进入误区！

**案 例**

一般纳税人A，销售货物给一般纳税人B，A当期产生销项税100万元，进项税额留抵120万元，当期不纳税，B取得的100万元进项仍可以抵扣不受影响。这是要看整个链条的数据，并不是以一个环节比较认为国家税收上吃亏了，因为再向上游延伸，这120万元是由A的上游销售方进行了计缴（除非国家特别明确的免税但允许抵扣的情形）。至于上家走逃失联要求下游企业不得抵扣的处理，则是一种征管的措施，需要进一步的举证自身的业务与发票抵扣的问题。

### 1.2.2 先开具普通发票与先开具专用发票计增值税有差别吗

上面我们提到，依据增值税的政策规定，先开具发票的需要计缴增值税，不管业务是否已发生，当然前提不是提前虚开的情形，不然就不是计税这么简单的事情了。对于增值税专用发票，我们可以理解，因为有抵扣的动作存在，可实现有人计缴增值税、有人抵扣的平衡状态；但对于普通发票，不具有抵扣的功能，是不是一样先开具先计税呢？答案是肯定的，虽然普通发票疑似“受连累”，但目前就是这样的征管认定。有人提出来，对方可能有差额扣减计征增值税的情形，确实可能有，但多数情形下不存在差额计算增值税的扣减，为了发票的一致性处理判定，专用发票与普通发票的开具计缴增值税是规范一致的。

一个大的原则是先开具发票时，若同时预收款项，作为预收账款计缴增值税，后面真实发生业务时冲减预收账款计入相应的收入，不需要再计缴一次增值税。反之，有些未开票收入在收取时就申报缴纳了增值税，后面就前述业务进行补开发票申报时，在报表未开发票的栏次需“红字”冲减收入，系统往往判定负数金额有风险，申报不成功，需要进行举证解释。在现实中，也有解释不清楚得不到认可导致计缴了两次税的情形。这里有两个原因，一是自己解释不清，二是税务管理人员机械地理解纳税时出现的红字预警信息，不愿意去听纳税人的解释。注意，这里并不是税收征管法当中所提到的退税问题，只是不重复计税的处理，原来计缴的税是对的，不需要退回，就是因为开票的时间差带来的麻烦。

### 1.2.3　税务“以票控税”转向“以数治税”

在一些自媒体或培训讲师的宣传中，经常会听到“以票控税”的说法。不可否认的是，在税收征管、增值税抵扣链条中，发票确实发挥了中流砥柱的作用。笔者认为，这是符合当前的企业业务现状与征管现状的。有不少专家质疑这种管税方式比较“土”，存在诸多被“诟病”之处，其认为应引进发达国家的“尊重主体、自行计算”的方式，比如通过税务机关对于资金结算的监控，实现更好的监控功能，若真能实现，或许真是如某些专家所言，将达到较高的税收管理境界。但是当下基础条件不充分，对于企业及其投资人、关联人的银行结算信息，税务机关还不能进行充分、自主的查询与使用，对于现金的交易更无从掌握。因此，转变一个方式，以发票为“抓手”，是切实有效的，具有自我特色的征管模式，有何不可呢？

可能大家会说，增值税发票已实现了如“区块链技术、电子发票”管理了，这跟过去纸质票据的管理相比，是不是更便于智能校验、风险管控呢？确实，在发票的信息技术应用层面，国家及相关部门投入了巨大的人力、财力，比如之前的纸质发票需扫描认证，识别不清汉字，难以进行进销货物名称的比对，抵扣是什么与销售是什么都不能识别出来；再如发票上的信息只能以图片方式传递，不能对文字进行传递识别；又如各省份的系统相对独立没有形成全国统一的数据库，必须由国家税务总局进行定期的数据收取与推送，整体性欠佳。有的人可能遇到过，收到供应商开具的发票进行了勾选抵扣，结果对方悄悄地月末进行了作废，后面税务机关通知不得抵扣时才发现，这也是因为技术不完善给纳税人带来的不利影响，若能及时将这类风险信息分享给受票人，或许还有付款等牵制手段可用，也给纳税人带来信息化核算的便利。增值税发票每天承载着大量的交易数据，宏观上看可以较为真实地测算出经济的活跃度，是产业发展的晴雨表，甚至各个地方的经济类型、产业分布、GDP 方面的统计信息，有可能比统计部门发布的还要准，它不仅仅发挥着计税的功能，还具有宏观经济管理与产业规划、调控方面的作用。

2021 年 9 月，王军局长《深化金砖税收合作 共拓金色发展之路——在金砖国家税务局长会议上的发言》中提到：

**专栏**

大数据深度应用必将带来税收征管效能大幅提升。中国税收征管已经历了“经验管税”和“以票管税”两个时期，正在向“以数治税”时期迈进。

在“经验管税”时期，税收征管效能主要依靠人的经验积累而提升，体现的是加法效应。随着征管经验增加，征管效能会相应提升，但受制于人的自身所限，这种提升的幅度有限，且是一个相对缓慢的过程。

在“以票管税”时期，税收征管效能主要依靠票的关联监控而提升，体现的是倍增效应。依托金税工程和增值税发票管理系统，自 20 世纪 90 年代以来，中国税收征管逐渐向“以票管税”转变。特别是 2014 年以来，我们对金税工程进行了系统性改造并持续升级提效，中国增值税发票系统已能实现对所有票面信息的“T+1”归集。通过对发票所记载的货物和服务交易对象、品名、价格、金额、流向等信息进行交叉比对、关联监控，及时发现涉税风险并快速应对，税收征管效能得到了倍增，目前利用发票核查风险的准确率已超过 90%。

“以数治税”时期，税收征管效能主要依靠数的聚合赋能而提升，体现的是乘数效应。大数据时代的税收治理必然进入“以数治税”阶段。当前，我们正以发票全领域、全环节、全要素电子化改革为突破口，启动实施金税工程四期建设，持续拓展税收大数据资源，深入推进内外部涉税数据汇聚联通、线上线下数据有机贯通。在此基础上，通过法人税费信息“一户式”、自然人税费信息“一人式”智能归集，实现对同一企业或个人不同时期、不同税种、不同费种之间，以及同规模同类型企业或个人相互之间税费匹配等情况的自动分析监控，让数据既能以最小颗粒度像串珍珠一样自动灵活组合，又能以最大精细度像切钻石一样多维度折射光彩。以此全面驱动税务执法、服务、监管制度创新和业务变革，全面提升税收征管效能和税收治理水平。

我们相信，从“收税”到“报税”到“算税”，从“上机”到“上网”到“上云”，从“经验管税”到“以票管税”到“以数治税”的过程，就是促进纳税人从“被动遵从”到“主动遵从”到“协同遵从”的过程，就是税收现代化不断向前迈进的过程。

（资料来源：国家税务总局官网，《深化金砖税收合作 共拓金色发展之路》，2021年9月17日）

相信大家都有感觉，疫情之下，我们的税收信息化征管改革不断地优化与大力地发展，在营商环境改善方面的体验感与获得感体现得特别明显。说到“以数治税”，会如何入手呢？比如数据还是原来的数据，但是通过建立起对企业、对某个老板进行数据归集与画像分析之后，这样风险在哪里就可以一目了然。

2021年11月起，国家税务总局在上海、内蒙古与广东等地区开展全面数字化的电子发票试点，但跟过去所说的“增值税电子发票”是不同的，不是一个层面的技术思路与信息管理规划，其样式发生了较大变化，数字化发票的显著变化之处包括：

**表1.3**

| 亮　点 | 描　述 | 考　虑 |
| --- | --- | --- |
| 样式变化 | ● 只需填开购销方名称及识别号，其他信息不再填写；<br>● 不需填开复核人、收款人信息；<br>● 不需加盖发票专用章；<br>● 不再显示密码区；<br>● 开具时没有单张发票的限额，实现单位总的限额管理 | 样式发生了很多的变化，交付方式也更灵活，破除PDF、OFD等特定版式限制 |

续表

| 亮　点 | 描　述 | 考　虑 |
| --- | --- | --- |
| 全国统一平台 | 全国统一的电子发票服务平台，24小时在线免费为纳税人提供全电发票开具、交付、查验等服务 | 改变了过去数据通过税务总局进行归集与清分的环节 |
| 全要素电子化 | 原来专用发票的数据传递是一种信息传递，而全电发票是数字化，即电子化的代码数据 | 主要是基于数据的彼此核实、统计与管理、风险识别，比以文字信息或图片识别的方式更安全、有效，利于大数据使用 |
| 确认用途 | 试点纳税人取得增值税扣税凭证用于申报抵扣增值税进项税额或申请出口退税、代办退税的，应通过电子发票服务平台确认用途 | 用途确认将更明确地识别抵扣或出口退税的风险 |
| 企业或个人的数据集合 | 通过“一户式”“一人式”发票数据归集，加强各税费数据联动 | 控制了发票基本上可以了解企业的经营成果以及其他税种如所得税的申报准确性、完整性参考 |

## 案　例

大强公司2021年在接受税务检查时，税务人员提出，其列支的成本费用共计3 526万元。但通过系统查询，其申报的个税明细金额及接受的发票统计金额只有2 000万元左右，税务人员认为企业列支成本费用存在虚列的风险，不排除成本费用不实，极可能影响到企业所得税的少缴。最后经过督促整改，发现企业有列支费用但未取得发票的情形。

**分析：**当以票管税在增值税上完美地体现之后，在企业所得税上亦会发挥出相应的校验作用，掌握了销售数据与采购数据之后，基本上就掌握了企业的基本经营情况，税务机关以发票为核心形成体系化的数据集成，以点到面，其效果是非常明显的，在未来一定会有更多的应用场景。另外值得一提的是，之前增值税相关的发票开票系统是基于两家供应商企业提供服务，其扩展度受限，可控度不直接，风险性高，而今直接由税务总局进行开发建设，此举利于进行管理与协调，更为直接，可以更有效地管理涉及国家经济运行数据的安全性、扩展性与智能化。

我们不能只认为税务大数据下只会发生“不利于”纳税人的事项发生，是专为“规范”纳税人而存在的，有时也会有惊喜的发现。例如 2022 年 1 月 12 日《中国税务报》的一篇报道：

**专栏**

中办、国办《关于进一步深化税收征管改革的意见》（以下简称《意见》）明确，全面推进税收征管数字化升级和智能化改造，加快推进智慧税务建设，深化税收大数据共享应用。

2021 年以来，全国税务系统深入学习贯彻习近平总书记重要讲话精神，认真落实《意见》要求，持续深挖税收大数据“金山银矿”，深入推进精确执法、精细服务、精准监管、精诚共治，不断强化税收大数据在经济运行研判和社会管理等领域的深层次应用，高质量服务经济社会发展大局，取得一系列积极成效。

**盘活数据资源　优惠政策直达快享**

2021 年，国家先后出台提高制造业企业研发费用加计扣除比例、提高小规模纳税人增值税起征点等税收优惠政策，为需要帮扶的重点行业、重点领域企业“爬坡过坎”增添动力。如何又快又准地把税收优惠政策送到纳税人缴费人手中？税务部门深化税收大数据共享应用，深度盘活税收大数据资源，及时锁定税收优惠政策适用对象，让纳税人应知尽知；同时精准筛选出没有及时享受到优惠政策的纳税人，确保纳税人应享尽享。

——数据精准定位，绘制政策落实“导向图”。

扫描数据、交叉比对、锁定疑点、辅导享受……各地税务部门充分挖掘税收大数据价值，绘制政策落实“导向图”，将服务需求精准导航到企业，确保税费优惠政策红利直达市场主体。

“以往，我们一直没关注与企业研发相关的税收优惠政策。没想到税务部门主动上门，告诉我们可以享受研发费用加计扣除政策，真是意外惊喜。”华通精密线路板（惠州）有限公司（以下简称华通公司）财务负责人林志秋说。

华通公司的“意外惊喜”其实并不意外。国家税务总局惠州市税务局运用税收大数据比对分析，发现该公司税费优惠政策“可享未享”。“在税务部门的建议下，公司提交了享受优惠政策申请，最终获得企业所得税减免900多万元，为我们加大研发投入提供了资金活水。”谈起这段经历，该公司财务人员黄建良喜上眉梢。

制造业中小微企业延缓缴纳2021年第四季度部分税费的政策刚出台，安徽省税务局第一时间通过税收大数据筛选出符合条件的企业名单，将毛利率下降明显、之前曾经办理过税收缓缴的企业列为重点服务对象，并很快下发重点服务企业名单，让市县税务局做好服务提醒。

安徽省绩溪县的海峰印刷厂曾申请延期缴纳2020年第四季度税款，2021年毛利率下降约2个百分点，再加上原材料价格上涨、资金周转受限，企业办理缓缴的可能性很大。进行数据分析后，税务部门对该企业进行精准辅导，海峰印刷厂在申报期顺利办理了缓缴税款37万元。

“税务局不仅耐心宣传辅导政策，还提醒我们只需登录电子税务局勾选确认就能申请成功，服务真是太及时了。”海峰印刷厂负责人高攀说。

2021年以来，税务总局利用大数据精准识别优惠政策适用纳税人，减少各省自行筛选扫描的中间环节，促进了减税降费政策精准有效落实到位。据统计，自2021年2月“精准推送”数据服务接口上线以来，国家税务总局累计推送数十批发布单，各省局调用接口服务百万余次，惠及5亿余户次纳税人。

——简化涉税流程，畅通办税服务“高速路”。

“原来到窗口办税，审查资料总要耗费很多时间，没想到这次不到3分钟就办好了。”涉税业务办理的“加速”，让华润三九医药股份有限公司财务人员袁文苑有了不一样的感受。

这主要得益于深圳市龙华区税务局“智税通”的智能预审功能。纳税人缴费人预约业务后，系统后台便会审核材料，自动形成纳税人初步“画像”供窗口人员参考。由于已提前预审，办税人员到达窗口确认后可以马上开始办理业务，使办税流程更加简便快捷。

优惠政策的精准落实、办税服务的方便快捷，既展示了技术，更体现了态度。税务部门的走心、用心之举，最大限度地释放了政策的诚意，受到纳税人的认可和欢迎。

2021年，成都市金牛区税务局有纳税人17.8万户、缴费人69.2万户，灵活就业缴费人员总量位居成都市第一。依托税收大数据，金牛区税务局打造了智能办税服务厅，对进厅办事的纳税人缴费人需求进行精准“画像”，梳理出62件高频业务清单，进行个性化信息推送，按办理方式分类引导纳税人缴费人“多走网络”，同时辅导到厅纳税人缴费人进行“自助式”办理，实现了办税缴费“零等候”。

依托信息技术和税收大数据，税务部门大力推行并不断拓展“非接触式”办税缴费范围。目前，90%的涉税事项、99%的纳税申报业务都可网上办、线上办、掌上办，基本实现了“服务不见面，时刻都在线”。

**发挥数据优势 畅通产业链供应链**

税收大数据具有覆盖经济领域全、反映经济活动快、数据颗粒度细、记载经济活动准等特点。税务部门充分利用大数据优势，加强数据共享，拓展数据应用领域，畅通产业链供应链，为服务政府部门决策和市场主体发展释放更强劲能量。

——对接产业链条，搭建企业发展“风雨桥”。

“我新投资了250亩养殖塘。多亏税务部门利用税收大数据及时帮我找到下游经销商。”浙江省三门县健跳镇龙潭村养殖户叶才利感激地说。

受新冠疫情影响，2021年三门县很多海鲜养殖户失去省外订单，造成大量海鲜积压。了解到情况后，三门县税务局利用税收大数据系统检索关键词，匹配近期开具相应发票的下游经销商，逐一联系并推送养殖户产出情况，撮合了不少上下游企业配对。通过这样的方式，叶才利与宁波海佳水产养殖专业合作社成功达成长期采购协议，解决了海鲜滞销难题。

各地税务部门在依法保护纳税人的商业秘密和尊重市场规则的前提下，及时收集企业在原材料采购等方面遇到的困难，利用税收大数据为企业“牵线搭桥”，实现更加精准的税收服务。

在我国传统苹果主产区——山东省栖霞市，山东龙腾果蔬科技发展有限公司每年都会向当地果农收购6 000吨的苹果进行冷藏，等到来年再销售。“2021年因为苹果价格一再压低，滞销损失近700万元。”该公司负责人杨子盈一脸愁容。

了解到龙腾公司苹果滞销的情况后，栖霞市税务局通过税收大数据检索，依托金税三期系统、增值税发票电子底账系统，积极筛选苹果购销数据，探寻匹配苹果购销企业，搭建销售渠道，并推动企业之间商谈对接。“税务部门帮我们将滞销的50多吨苹果卖上了好价钱，他们的服务真是太贴心了！”杨子盈高兴地说。

——实现数据共享，织就智慧税务“一张网”。

如今，数据“通”已逐步代替群众“跑”。税收大数据的联通共享打破了部门间的“信息壁垒”，群众不需要再用腿“跑部门”，取而代之的是大数据平台上的部门内部协调，办事效率大幅提升。

近日，广西南宁公共交通集团有限公司的张先生到南宁市兴宁区办税服务厅缴纳防空地下室易地建设费，因持有的《防空地下室易地建设费缴费通知书》过期作废，需要南宁市行政审批局重新开具。

“税务人员直接帮忙联系了南宁市行政审批局，在税务局启用的非税收入征管信息互联互通平台上采集推送缴费信息，省去了我再次跑行政审批局的成本。”张先生开心地说，“系统收到开具的新通知书后，不到5分钟的时间，税务人员就辅导我完成了缴费，真是太高效了。”

通过税收大数据协调共享，税务部门与政府其他职能部门、社会各行业信息沟通更加紧密，形成更大的社会治理合力，达到了“1+1>2”的效果。

“8分钟，我就完成了二手房交易手续。之前，要在多个窗口来回跑，得花40分钟时间。现在的办事效率真是太高了！”江苏苏州市民周女士说。

据了解，苏州工业园区税务部门联合不动产登记部门实现“不动产登记+税务”一网通办，将办税事项集成至不动产登记系统中。纳税人上传交易及涉税资料后，不动产登记部门和税务部门并联审批，完成材料审核、计税价格核定、税款测算，纳税人可以选择线上或线下24小时自助缴税。

“税收征管首先是税务部门的事，但又不是税务部门一家的事。统筹协调税务部门与涉税各方主体力量，构建起党政领导、税务主责、部门合作、社会协同和公众参与的税收共治大格局，意义十分重大。”全国政协常委、中国税务学会副会长张连起表示。

**释放数据效能 营造公平竞争环境**

搭建“数据超市”、建设智能风控平台、海量数据为企业精准“画像”……如今，税收领域的“科技范儿”越来越浓。2021 年以来，税务部门充分运用大数据、云计算、人工智能等现代信息技术，着力推进内外部涉税数据汇聚联通、线上线下有机贯通，驱动税务执法、服务、监管制度创新和业务变革，为税收改革发展提供了重要支撑。

——深化数据应用，税收治理水平“再提升”。

“不用填表，不用交资料，不用等待审核，只要确认金额提交就可以了，没想到这么方便。”刚刚办理完房产缴税业务的广西南宁市民陆女士高兴地说。

陆女士点赞的是广西壮族自治区税务局 2021 年推出的不动产登记自动“算税”服务：信息系统自动提取数据、自动计算税额、自动生成申报，纳税人确认或补正信息后即可线上提交，报税负担大幅减轻。

自动“算税”只是数字化驱动税收征管方式持续变革的一个缩影。如今，一道道数据技术应用难题被攻克，税收征管正在向“以数治税”时期迈进，发挥数据赋能对提升税收治理水平的乘数效应。

税务总局已建成自然人税收服务管理新应用——自然人电子税务局（个税 App），推动自然人税费治理向数字化方向迈进。2020 年度汇算期间，个税 App 支撑了单日最高登录 4 000 多万人次的业务办理场景，全面保障了个人所得税改革的平稳有序落地。截至目前，个人所得税主要的涉税业务 97% 都可全程在网上办理，真正减轻了办税负担。

2021 年以来，税务部门不断深化税收大数据应用，服务税收改革发展大局。运用大数据技术，持续丰富自然人“一人式”税收档案，全面汇集自然人涉税信息，为综合所得申报纳税提供数据支撑；运用互联网技术，搭建了与海量自然人纳税人的高效触达渠道，尤其通过个税 App 实现了自然人纳税人个税主要高频业务的掌上办理；运用人工智能技术，实现了线上征纳互动和数据智能服务，优化完善实名认证登录、申报预填服务、智能退税审核、在线征纳互动等一系列服务创新，进一步提高了征管效率、降低了征纳成本。

——实施精准监管，力求“以数治税”“零风险”。

“掌握了全国数据，纳税人即便出了省，也能迅速预警风险。”吉安市吉州区税务局干部林珏说。在为一户企业办理领用发票手续时，纳税服务智慧监控平台页面自动弹出该企业的全国涉税风险信息：该企业法定代表人在外省为D级纳税人法定代表人。林珏立即通知后台工作人员按规定调整企业领票份数，及时规避了风险。

林珏的底气，来自江西省税务局推出的纳税人跨区域风险提示应用场景的创新服务。该应用场景服务具备一键式查询统计并提示提醒“一户四员”（纳税人及其法定代表人、财务负责人、办税员、领票员）在全国范围内的涉税风险，实现了对纳税人跨省（市、县）涉税风险的快速预警和同步监管。

“大数据时代，税务精准监管要义就在于以税收大数据为驱动，强化数据赋能，对纳税人实施分类分级监管，真正践行‘无风险不打扰、有违法要追究、全过程强智控’的精准监管要求。”上海市税务局第五税务分局主要负责人马富强说。

上海市税务局搭建了智能风控平台，通过“统一平台、统一分析、统一归集、统一推送、统一反馈、统一画像”，建立“服务式提醒＋嵌入式差异化管理＋进驻式综合核查”一体化防控体系，实现执法、服务和监管的深度融合。目前，该平台已集成48个内部系统数据以及315项外部数据，入仓10 632张原始表单、清洗2831张标准数据表。依托智能风控平台，该局以“户”为单位，对纳税人从设立、经营到注销的各风险高发环节和事项开展“全生命周期”税务监管，打造“事前服务＋事中提醒纠错＋事后风险应对”的全流程动态风险管控，有效维护了公平公正的税收秩序。

2021年以来，税务总局以“数据＋规则”和“信用＋风险”两大核心理念为基础，共向各省局开放数百个数据服务接口，促进数据在全国税务系统共享流动。同时，各省局积极探索数据服务应用方向，打造智慧式税务管理和纳税人跨省办税体验，取得一系列成果。如在助力区域经济发展方面，各地共实现各类收入增收数十亿元；在强化风险管理、实现精准监管方面，各地精准识别分析风险纳税人，落实分级分类风险处置；在提升纳税服务水平、实现精细服务方面，共服务纳税人办理各类涉税事项或推送各类服务信息7 000余万次。

**强化以税咨政 打造税收分析品牌**

经济冷暖"税"先知。全国税务系统持续深挖税收大数据价值，税收经济分析产品越来越得到各级党委政府和社会各界的关注和认可，在服务微观市场主体、服务经济社会发展、服务国家宏观决策中的作用日益彰显。

——做精"常规产品"，唱响以税咨政"好声音"。

2021年，税务部门持续强化"保品牌""创品牌"的责任担当，聚焦经济运行中的热点、重点、焦点问题，进一步发挥税收大数据优势，持续做精"常规分析产品"：聚焦经济形势变动，按月开展宏观经济税收分析，增强对宏观经济形势研判的预见性和敏感性；聚焦政策落实效应，开展"十三五"时期减税降费成效分析，全面系统地反映政策落实效果；聚焦新发展理念，紧跟形势变化，开展科技创新、数字经济、清洁能源、乡村振兴等分析，与时俱进打造分析产品。

凭借对经济运行信息的及时反映、准确分析，税收大数据在服务政府科学决策方面已形成独特优势。一个个数据扎实、分析有力的报告，成为服务大局、促进经济社会发展的重要力量。

江苏省税务局开展苏北农房改善情况分析，山西省税务局开展煤电企业生产经营分析，上海市税务局开展长三角一体化相关分析，都得到了当地党政领导的肯定。

"税务部门的做法很有启发、值得借鉴，自治区各经济部门要进一步深挖数据价值、深化数据应用，做到站位更高、维度更广、层次更深。"广西壮族自治区主席蓝天立对税务部门依托税收大数据助力经济社会发展的做法表示肯定。

——强化"重磅产品"，绘制经济运行"晴雨表"。

税务总局进一步优化分析指标，不断完善分析体系，持续打造"重磅分析产品”。例如，聚焦民营经济开展民营企业生产经营情况分析，聚焦新疆棉花生产开展产业分析，聚焦宏观经济态势变动开展大宗商品价格变动分析，积极回应党中央、国务院领导关切；深入探索研究税收数据与宏观经济指标之间的关系，利用税收数据推算并预测GDP增速，预测准确率持续提升。

进一步盘活数据资源、挖掘数据价值、拓展数据应用，各地税务部门不断探索“以数治税”的新路径、新渠道。福建省税务局对本省专精特新企业发展情况开展分析，宁波市税务局对全市对美出口企业情况进行分析，河北省税务局围绕冬奥会开展冰雪产业分析，服务地方经济发展大局，取得了较好的成效。湖北省税务局发布经济高质量发展税收指数，江西省税务局推出税电景气指数，税收数据在经济运行研判中的“晴雨表”作用日渐凸显，税务部门的话语权和影响力不断提升。

“税务部门不仅收税，而且收‘数’，让数据出彩！”湖北省委政研室相关负责人表示，税务部门“税眼看经济”及时、直接、准确，“经济高质量发展税收指数”在服务省委、省政府精准研判经济形势、科学决策方面发挥了重要作用。

据初步统计，2021年，税务总局围绕新发展理念、减税降费效应、经济运行等党中央、国务院关注的重点，上报分析报告近120篇，省、市、县级税务局向地方党委政府报送税收经济分析报告12 000余篇，获各级党政领导批示5 000余篇。

大数据蕴含着大机遇、驱动着大未来。“中国智慧税务建设蓝图已经绘就。”税务总局党委书记、局长王军表示，税务部门力争经过5年左右的努力，基本建成以税收大数据为驱动力的智慧税务，实现从经验式执法向科学精确执法转变，从无差别服务向精细化、智能化、个性化服务转变，从“以票管税”向“以数治税”分类精准监管转变，全方位提高税务执法、服务、监管能力，更好营造公平竞争的税收环境。

可以预见，税务部门上下联动，将更加精准对接纳税人需求和经济高质量发展，把税收大数据的“金山银矿”转化为企业的发展动力，税收数据的质量将越来越高，数据分析的成果将在越来越多的领域显现。税收大数据应用必将在全面建设社会主义现代化国家新征程中展现出更大作为!

（资料来源：郭涛、张中艺，《深挖税收大数据“富矿”高质量服务经济发展》，《中国税务报》2022年1月12日）

可以想象，如果未来有资金结算数据、物权、股权、交通、能源、个人消费与账户等之间的串接，当下的很多“筹划避税方式”多数会失效，当把一个交易融入一个拉长的交易线、多主体的利益关联中时，想想都“可怕”。建立在利用信息不对称、信息滞后情形下的筹划，将会慢慢地会退出舞台。

### 1.2.4 基于与自然人交易未开具发票的“漏洞”情形

是不是发生的业务都要开具发票？《发票管理办法》规定：

**第十九条** 销售商品、提供服务以及从事其他经营活动的单位和个人，对外发生经营业务收取款项，收款方应当向付款方开具发票；特殊情况下，由付款方向收款方开具发票。

**第二十条** 所有单位和从事生产、经营活动的个人在购买商品、接受服务以及从事其他经营活动支付款项，应当向收款方取得发票。取得发票时，不得要求变更品名和金额。

《中华人民共和国发票管理办法实施细则》（以下简称《发票管理办法实施细则》）规定：

**第二十五条** 向消费者个人零售小额商品或者提供零星服务的，是否可免予逐笔开具发票，由省税务机关确定。

**第二十六条** 填开发票的单位和个人必须在发生经营业务确认营业收入时开具发票。未发生经营业务一律不准开具发票。

这里探讨三个问题：

**（1）发生业务但未开具发票是否违规**

从政策的“文字条款”来看，应开具而未开具，这存在未完全遵循的行为，但是现实当中“应开必开”的理想状态是很难达到的。比如个人去商场或在网上购买物品，多数情形下是没有取得发票的，因为个人又不存在核算中的凭证需求与抵税等普遍性的需求（在个人综合所得汇算清缴中有租金、医药费等扣减的应用场景，但也未直接绑定于发票之上），也没见到有因此大量地受到处罚的情形，只要销售方纳入其会计与税务核算的范围，对此类“行政违法”行为的责任追究也没有实际意义，但是没有实际意义并不意味着全部不予追究，比如若有人举报未开发票的情形，或许就会受到行政处罚，只是这种情形下的风险还是可以承受的，有的餐饮企业为了不体现收入故意不开具发票或拖延开具。如果客户是单位，通常对方需要发票进行列支或抵扣。

**案　例**

笔者曾与一位制造企业的会计人员进行交流，其提出他们的一个做法：“对于当月未开具发票但达到增值税应税义务的收入，全部开出普通发票，次月再红冲处理，这样就完美地遵从了发票管理办法的规定！”这种理想主义的处理方式，其实并不应仿效，但是它发生了，不排除当地就是这样的教条理解，比如税务人士的理解是：“不开具专用发票说明你们的业务运营不规范，应调整为就是在发生纳税义务时开具。”最终导致企业无奈地以普通发票的开具与红冲来应对处理。

**（2）未发生业务之时先开具发票是不是虚开**

这个问题上面已有提及，不一定认定虚开！《发票管理办法》中提到未发生经营业务一律不准开具发票，这与《增值税暂行条例》中规定的先开具发票视其纳税义务发生的存在情形不是矛盾吗？只能说后者是基于专用发票抵扣情形界定的纳税义务，大多数普通发票号不够抵扣（差额扣减），但为了统一处理标准，先开普通发票时的适用规则与专用发票一致，但不必对此过于“较真”,《发票管理办法》更多的是一种指引性的规定，是关于开具要求的，至于先于经营业务开具时需计缴增值税，这是纳税义务的体现，各管一摊，彼此之间并无孰对孰错的问题。

《国家税务总局关于纳税人对外开具增值税专用发票有关问题的公告》(国家税务总局公告 2014 年第 39 号）文件的官方解读中提到：

> 纳税人对外开具的销售货物的增值税专用发票，纳税人应当拥有货物的所有权，包括以直接购买方式取得货物的所有权，也包括“先卖后买”方式取得货物的所有权。所谓“先卖后买”，是指纳税人将货物销售给下家在前，从上家购买货物在后。

实践当中先开具发票的情形是普遍性存在的，比如发生租赁行为的时候，预收账款就达到了增值税的纳税义务发生时间，此时业务还没有正式开始，按纳税义务开具发票是准确的。还有的情形下，是基于客户因为年度预算等原因，要求先行给开具发票结算，后面时间内再慢慢采购，这也是常有的现象，特别是行政性部门、事业单位等执行较为严格的预算管理。不过此时要注意先开具发票的货品与后面实际发出的货品可能一致也可能不一致，及时做好匹配与对应管理，避免形成开具不真实的差异，这倒是问题的关键。发生不一致时可以考虑开具红字，至少要保障发出的货物对应的是什么名称，有真实性的体现；也可以考虑若有相近性只是型号有差异的，不予红冲直接匹配发货，是具备真实性的，价格也相通，倒也有可行之处。

基于业务发生的合理预期，以及在经营的合理场景下，预先开具发票的行为不构成虚开。

那么，在涉及“虚开”时，可以用“我们只是先开具发票，后面再做业务”作为理由进行保护性解释吗？这恐怕比较难。首先，其本质是不同的，基于未来的真实需求，企业的业务是有此基础的，有合理的商业目的支撑；其次，是不存在资金回流的情形，结算就是结算了，即使存在“资金回流”，相对应的发票也要作出处理，有合理化解释。虚开的情形下，很难存在这样的真实性体现，核心点就是资金的流转往往难自圆其说。

**（3）与自然人结算未开具发票形成账外收入偷税的情形**

比如对于餐饮业、教育领域、电商平台等，对应客户是个人消费者比较多，此时多存在直接给企业负责人个人微信或支付宝付款的情形，甚至有的老板以给予折扣的方式引导消费者给个人付款，这些收款有时并没有纳入运营主体进行核算，就直接转移或消费支出了。这种行为多数情形下属于故意偷逃税款的行为，可能某一天因检查或被举报原因，产生行政或刑事追责的结果。

如果说之前因现金结算不易查清，现在多数消费者已形成了电子方式付款的习惯，大家已不习惯带现金、付现金的方式，想隐瞒电子流水是比较困难的。想明白这个，就建议不要在这个方面打主意，因为偷逃税款的追溯期是无限期的，税务机关可以无限期地追征税款及滞纳金。因此无论如何，若是基于收入核算进行计税的纳税人，总要找个主体给核算进去。若是依照《个体工商户税收定期定额[1]征收管理办法（2018 年修正）》规定的适用情形，有时与收入的影响并不呈直接关系，比如某地进行公告的内容中，某个体工商户“其他室内装饰材料零售”，月核定应纳税经营额为 30 000 元，月核定应纳税额合计为 0 元。一定程度上脱离了核算的基数。

在以私户方式收款时，虽然税务机关无法直接借助发票开具的金额或数量，来直观地掌握纳税人的信息，也没有便捷的手段去查询老板或出纳各个银行的流水等信息，但不代表它的风险就小。大家可能也会发现，屡有报道账外收款未纳税被查的偷税案例，比如因股东之间存在矛盾，或企业与客户之间的矛盾，甚至老板与员工之间的矛盾，相关人员向税务机关举报企业偷逃税款，此时因为举报人的提供，相关证据往往比较确凿，稽查部门对于举报事项多数情形下是要立案处理的。税务问题的出现，有时也是源起人情世故之事，建议企业管理者们除了远离偷逃税款的行为，要考虑一些经营之道，还要修炼“处税”之道，外因引起的涉税问题，就是城门失火，殃及池鱼了。

---

[1] 所称个体工商户税收定期定额征收，是指税务机关依照法律、行政法规及本办法的规定，对个体工商户在一定经营地点、一定经营时期、一定经营范围内的应纳税经营额（包括经营数量）或所得额（以下简称定额）进行核定，并以此为计税依据，确定其应纳税额的一种征收方式。

## 1.3 发票的记账凭证功能

依照《发票管理办法实施细则》的规定：

**第三条** 发票的基本联次包括存根联、发票联、记账联。存根联由收款方或开票方留存备查；发票联由付款方或受票方作为付款原始凭证；记账联由收款方或开票方作为记账原始凭证。

省以上税务机关可根据发票管理情况以及纳税人经营业务需要，增减除发票联以外的其他联次，并确定其用途。

在传统的记账思维中，纸质发票作为收付款方的记账原始凭证，是一个很久远的传统与思维习惯。随着时代的发展，电子凭证的出现，企业越来越多地从外部接收各种电子形式的凭证，比如电子发票（电子发票就没有必要分联次了，因为本身就是无限可以重复使用的）。为此，《关于进一步扩大增值税电子发票电子化报销、入账、归档试点工作的通知》（档办发〔2021〕1 号）就明确了开展增值税电子发票电子化报销入账试点工作。

《中华人民共和国会计法》（以下简称《会计法》）规定：

**第十四条** 会计凭证包括原始凭证和记账凭证。

办理本法第十条所列的经济业务事项，必须填制或者取得原始凭证并及时送交会计机构。

会计机构、会计人员必须按照国家统一的会计制度的规定对原始凭证进行审核，对不真实、不合法的原始凭证有权不予接受，并向单位负责人报告；对记载不准确、不完整的原始凭证予以退回，并要求按照国家统一的会计制度的规定更正、补充。

原始凭证记载的各项内容均不得涂改；原始凭证有错误的，应当由出具单位重开或者更正，更正处应当加盖出具单位印章。原始凭证金额有错误的，应当由出具单位重开，不得在原始凭证上更正。

记账凭证应当根据经过审核的原始凭证及有关资料编制。

在真实业务基础之上，依发票开具规定，要求取得发票作为付款或记账的前提，是一个基本的职业“条件反射”。这也是因为，无论是税务办理还是会计核算，发票成了一种“证明”，其结果是，在销售人员、老板，甚至财务人员的眼里，“发票神通广大”，“做账就要发票”的思维根深蒂固，这是好事，但有时正是在这种观念下，操作不当反而会酿成“悲剧”。

## 误区一

大强公司是一家从事商务宣传业务的代理服务公司，有时临时用一些物料用以宣传工作，往往是销售人员在现场小摊、小商店处直接采购，少则几百元，多则上千元，对方没有给发票，销售人员有时通过微信或支付宝结算，有时也用现金，对方有配合的至多打个收条。销售人员回来报销时，会计人员认为不符合“合法”凭据可列支的范围，要求补开发票处理。销售人员也很无奈，老板说：“财务人员也是为公司考虑，能配合就配合！”

**分析：**首先，依照《会计法》及其相关规定，在认定是否属于取得的合规原始凭证时，并没有提出发票的必须性（即使在达到开票条件时）。可以这样理解，原始凭证是举证其真实性、完整性、有效性的证据资料，若是真实的收据、转账记账等，也属于原始凭据的范畴，在会计核算中若是符合相应的审核程序，“白条”形式的支出一样得到认可。即应有发票但未取得发票时也是支持会计凭证入账核算的，发票并不是唯一的。除此之外，一些不属于发票开具情形的财政性票据、薪酬支出自制名单等，不是发票的适用情形。至于税前让不让扣减，将这个规则告诉老板，承担相应的纳税成本也未尝不可。

这里谈一个小技术点，比如我们还经常说：“计提固定资产折旧、无形资产摊销也可以自制明细白条入账吗？”这其实是个误解，当初购买的时候基本上都是有发票的，其实只是不让费用化一次列支，要是追溯之前，几乎都是有外部原始凭证发票的（特殊情形下没有或不需要），只是有时候人们“偷懒”，或者税务机关检查时也没有去追溯之前的票据问题，比如有的是基建项目，发票很多，也很杂，索性只能看看竣工报告之类的凭据了。从笔者的经验来看，查发票多是查当期费用，对资本化的敏感度相对弱，不过也有稽查案例披露的情况存在，并不是说真的就属于“无人管事项”了。

## 误区二

大强公司是一家贸易型企业，对外销售电子产品，但由于其供应商多是小商家，当时“图便宜”没有要发票，给对方付款也是私下结算的，有时用现金，有时用微信或支付宝结算。老板张三还是挺开心的，成本低啊。但是对外销售时，张三有一些大客户的渠道，对方明确必须要取得发票结算。在这种情形下，由于进货没有发票，会计提出来“这不行啊，没有发票不好入账”，更不能税前扣除。于是张三经由朋友“介绍”，找到某电子设备公司，向其支付了 9% 的费用，取得了 13% 的专用发票，还挣了 4% 的利益，也不错。就这样过了两年的好风景，结果“引火上身”了！因为对方虚开发票案发，一并查过来，并且还移交公安机关进行处理中，事态就一下子不是自己可控的了。

**分析：**这种情形下，就需要在偷税和虚开之间权衡利弊“两害相比取其轻”了，有的会计在年度结账的时候，对于没有发票的部分，给老板的要求是必须要取得发票入账才行，白条“不认可”，老板们往往也不懂，既然专业人士这么要求，老板们往往“想办法”找朋友给倒腾发票。其结果是什么呢，本来就是企业所得税的计税的事（偷税行为有“阻却事由”可使用[1]），同时极

[1]《刑法》第二百零一条【逃税罪】纳税人采取欺骗、隐瞒手段进行虚假纳税申报或者不申报，逃避缴纳税款数额较大并且占应纳税额百分之十以上的，处三年以下有期徒刑或者拘役，并处罚金；数额巨大并且占应纳税额百分之三十以上的，处三年以上七年以下有期徒刑，并处罚金。

扣缴义务人采取前款所列手段，不缴或者少缴已扣、已收税款，数额较大的，依照前款的规定处罚。对多次实施前两款行为，未经处理的，按照累计数额计算。

有第一款行为，经税务机关依法下达追缴通知后，补缴应纳税款，缴纳滞纳金，已受行政处罚的，不予追究刑事责任；但是，五年内因逃避缴纳税款受过刑事处罚或者被税务机关给予二次以上行政处罚的除外。

易发生虚开发票的行为，即使补缴了税款也可能被以涉嫌刑事犯罪进行追诉，这是比较可怕的，因为并不是“花钱可消灾”的。笔者观察，凡是来路不正的票，自己是难以控制的，相当于将自己的命运交到了别人手里，特别当发生传唤、涉案羁押之时，再“伟大的事业”也可能就此凋零。偷税情形下有机会“花钱挽回”，不被追诉，而虚开发票既可能涉及花钱补缴税款，更重要的是会涉及人身自由，刑期最高达无期徒刑。若面临这样的情形，怎么取舍每个人都会很清楚。

## 误区三

王小二开了一家连锁餐饮公司，受新冠疫情影响，经营上出现了一些困难，虽然国家给予了餐饮行业一系列的税收优惠政策，不过由于利润下降，王小二就开始在税上打主意了。其告诉会计：“每个月成本费用少多少发票告诉我一下，我去市场上多开点。”主要是为了减少缴纳企业所得税。同时王小二在结算时，使用的是商场统一配置的第三方扫码下单付款的小程序，商场结算款项时，可以转给王小二的私人账户内，于是王小二每个月仅向公司账户转一部分款项，作为“税账”对外使用，大部分收入自己留下账外流转，王小二想，这些钱我也没有自己全留下，因为有一些隐性的成本（难以取得发票或部分人员的工资报酬也进行私户结算）还是要方便支付的。王小二了解到，同行中多有这样操作的商家。“国家什么时候查税？都纳税我们就挣不到多少钱了！”其实王小二心里也是“七上八下”，时不时地向税务专家、律师们咨询“筹划方案”及法律风险，心想：“再干一年就正规运营！”

**分析：**此行为明显是属于故意偷逃税款的行为，不宜认为“法不责众”，别人这么干，我也这么干，万一有一天不责众却责到你了呢？对于风险的理解，需要从长计议，特别是那些有着长远规划的年轻创业人们，更不宜随波逐流。有的代账会计会告诉老板：“这个月缴的税多，能不能找些发票来列账。”这明显是一种诱导行为了，若进一步再协助去介绍、去找不合规的发票列账，偷税与虚开合一之时，很有可能因小失大。

千万不要认为发票只是"一张纸"，它代表了一种经营业务，也代表了一种法律行为，更代表了一种需要承担法律责任的行为。

## 1.4　发票的责任陷阱，何以一失足将成千古恨

上面介绍了关于发票的基础知识与在经济业务中的功能与作用，以及它在计税中的"价值"体现。从主体意愿来看，存在主观或非主观的划分；从遵从国家法律法规的角度看，有正当使用与不正当使用的划分，合法与不合法的区别。税收利益多是与商业主体、个人利益密切相关的，税与钱之间有着"交换的价值"。商业逐利，是利益就存在诱惑。特别是当商业上挣钱困难的时候，就可能打上税收主意，做税收"生意"的事就会发生。一直以来，因税收问题被查、被捕、被诉以至身陷囹圄者不断。一些抱着"无知者无畏"之心的人迷迷糊糊就出了事的不在少数，纵有万般情由，但面对法律法规的规定，其强制性、惩罚性不言而喻。随着监控方式的多元化、智能化，在发票方面触发风险的概率会越来越大。

### 1.4.1　某个体经营者挣钱的"商机"

笔者曾听闻这样一个案例，某创业人张三在某地从事电子产品销售，由于客户不要发票，所以其从厂家拿货时也没有要发票。生意做了几年后，张三认识了经营一家类似电子企业的李四。李四听闻张三一直没有跟厂家要发票的事，于是跟张三说："你让厂家把你采购货物对应的发票开具给我，款你也付了，我给你 2% 的红包！"张三一听："可以啊，反正也没有用。"于是一拍即合，张三让厂家开具发票给李四的企业，因为之前张三已付了钱给厂家，李四也不用付了。可是，后来预设的剧本就发生了变化，李四的企业因为有了这些进项，那销项开起来也有"底气"了，后来因涉嫌虚开被公安机关立案侦查，祸及张三。这种以虚开发票获利的方式，是明显的虚开行为，此类得不偿失的案例时有发生。

此时，有"专家"出来解释了：

能不能让张三解释说："李四的企业是真正的购货方，为了简化运输流程，厂家直接把货发给张三了，张三直接给了厂家钱，但交易链条是李四买了货后再销售给张三！"看似是很聪明的解释，但实际上一问李四就清楚了。有时专家的理解编造有技术性的体现，但不一定是真实性的体现，在销售上李四是不会体现再销售给张三的。如果张三这样解释给行政机关与公安机关听，也未尝不可，不过相关证据很难将过去的事一并串起来，并且对于事实上的虚假陈述，在办案经验丰富的执法人员面前很有可能被识破，体现交易真实性的"三流一致"也难以自圆其说。

之前，笔者注意到有的人在微信群或朋友圈拉业务："提供合规发票，税负降到最低！"之类的宣传，有的老板们聊天："有没有靠谱的发票可以开点？"这种"做好事"的机会可千万别碰，以为帮朋友撮合了业务，殊不知，可能当时帮了别人，但责任却绑在了自己身上。当下，不少老板可能也会经常被各种电话推销所烦恼与"熏陶"，比如有这样的业务场景：

为就业人员提供合规性的无票支付完税解决方案，帮助企业降低个税成本，实现四流合一——业务流，数据流，资金流，票据流。方案交付物包含全额 6% 增值税专票、个人经营所得税完税证明。

目前，此类推销仍"比较红火"，说得头头是道，但是不是真的没有风险？老板们对此要有警惕性。

### 1.4.2 在校学生被利诱受骗入"陷阱"

这是一件真实发生的事。曾经有一位在校大学生的家人，看到"大力税手"官网的相关案例，找到笔者咨询："我孩子上当受骗了，为了给家里省点钱，收了别人的 500 块钱，把身份证借给别人，同时配合别人做了一个远程视频认证，成立了一家企业。结果这家企业当月开了 200 多万元的普通发票，现在人找不到了，税务局打电话来落实。我孩子找到企业注册地的税务局，发现上当受骗了，这有什么法律责任与经济责任的问题啊？"还好，税务机关的相关人员对此情况很同情，并没有为难这名学生，积极为其想了办法。

被人套用身份证成立企业，“卖”发票以后“一跑了之”，这种事情频有发生，但当前解决起来困难重重，没有标准的程序与顺畅的解决路径，被利用者往往是伤财伤神，还可能因发生的违法违规事情被调查、问询。上面这个案例是这样解决的：此企业刚开业，按当时的政策小规模纳税人的增值税征收率是 1%，金额不大，但对于一个家庭来讲，也不是小钱，但为了减少麻烦，家里多方凑集了几万块钱，缴齐后将企业注销处理。其实也可红字处理。

其实这种事，向市场监督管理部门举报也好，向公安机关报案也好，都需要费些周折。毕竟企业成立的时候，证件、远程视频认证等事项都是该个人处理的，光调查取证就需要复杂的行政成本。

**案　例**

**赚 150 元倒欠税款 11 万？警惕这种兼职！**

“不是什么大事。”收到同学介绍的兼职信息后，王磊爽快应下了。这份兼职的内容是：进行身份证实名认证、绑定银行卡，帮“上家”注册微信公众号。

直到一年后，王磊发现，可能就是这件“小事”，让他成了 200 多家陌生企业的“法定代表人”……

**被注册 200 多个企业**

王磊不得不反复提及 2019 年 3 月 18 日的那次兼职。当天，他将身份证正反面照片发给同学，并按同学提示绑定了 4 个微信公众号和两个小程序。

随后，他点击同学发来的“开通建行卡的储蓄账户查询”链接，设置“上家”指定的密码，又下载了“西安 e 签通（西安市工商局办公服务软件）”，并按要求注册认证。之后，收到 50 元报酬。

“今年 4 月，一个也做过微信公众号兼职的朋友告诉我，他被冒名注册了企业。”听到这个消息，王磊打开支付宝的“电子营业执照”进行查询，结果显示，他有 226 条已下载执照记录（见图 1.3）。

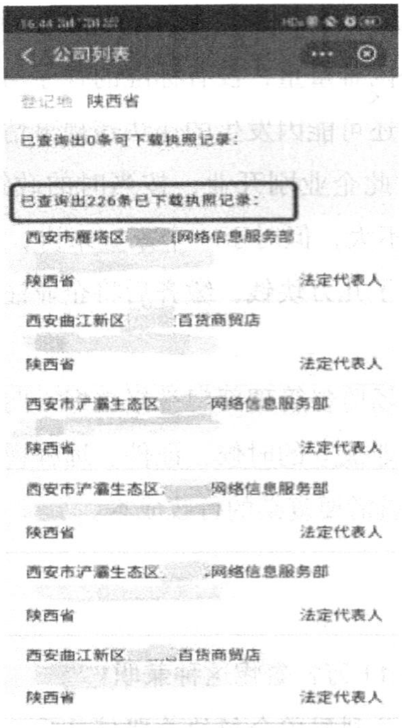


图 1.3 支付宝“电子营业执照”查询结果（受访者供图）

4 月 30 日，王磊拨打 12315 进行投诉。随后，又到人民网“领导留言板”反映情况。5 月起，他陆续收到西安工商局浐灞生态区分局、未央分局、经济技术开发区分局、曲江分局的来电回复，但并未得到他想要的解决方案。

“我名下有 200 多家公司和个体户，分别由不同的工商所负责，而且每一个工商所的处理办法都不一样。”王磊表示，多地工商分局给出的建议方案是“自行注销”。到如此多数量的工商部门逐个现场注销，其中的难度可想而知，这让他愁眉不展。

8 月 21 日，记者就此事致电西安市工商局以及航天分局、浐灞生态区分局等了解情况。有工作人员称，建议报警处理。其中西安市工商局称，目前查询到王磊名下共有 252 家公司。

“如果这些公司涉及民事诉讼且对方胜诉，在强制执行阶段，作为公司的法定代表人将可能被纳入征信黑名单、限制高消费。”上海旭灿律师事务所律师菅峰指出，“被法人”（指被动成为法定代表人）后，对当事人来说存在一系列风险。

营峰解释，一旦“被法人”的公司存在购买、出售假发票，未按时进行年度财务报表申报导致公司被吊销营业执照等情形，该自然人就会被工商部门纳入黑名单，将无法注册自己的公司，也无法担任其他公司的董事、监事、总经理、财务负责人等。

兼职后发现“被法人”的不止王磊。

2019年3月，河北的苗欣找到一份“虚拟扫码”兼职。“[起点商事]您的个人数字证书已经申请完成”，按“派单员”要求扫码后，她收到如此短信提示。

记者在国家企业信用信息公示系统、“天眼查”、“企查查”查询“起点商事”，结果显示为“起点商事认证服务（深圳）有限公司”，其经营范围包括人脸识别系统及电子认证服务等。注册个人数字证书后，苗欣在“深圳税务”微信公众号上完成了实名验证。这一单，她拿到80元报酬。直到2019年9月，苗欣无意间发现自己成了深圳市龙岗区一家餐饮店的法定代表人。她致电12315，得到的反馈是她已经过人脸识别实名认证，不能撤销，只能自行注销。

**贩卖个人信息的黑色产业链**

以兼职之名招募法定代表人，随后将法定代表人信息、营业执照、对公账户等材料兜售……记者调查发现，“被法人”现象背后，是一条买卖个人信息的黑色产业链。

在QQ检索“营业执照”后显示，有不少推广营业执照相关交易的QQ群（见图1.4）。

记者随机添加了一名声称“招法人”的卖家后，被对方询问是否开过公司，身处何地。随后，该卖家表示北京“有业务”可做，即注册营业执照、开公户，“报酬3 000元，前期线上操作，后面开户到现场”。该卖家称这单业务是根据一名“老板”需求定制的。

公户，即企业对公账户，具有转账限额高等特点。在买卖营业执照的行为中，公户买卖常相伴而行。

今年上半年，买卖公户的消息频频见诸报端。4月，广东佛山市网警曾破获一条买卖公户的黑色产业链，大量对公账户层层转手后流入境内外电信网络诈骗分子手中，实施诈骗90余宗。

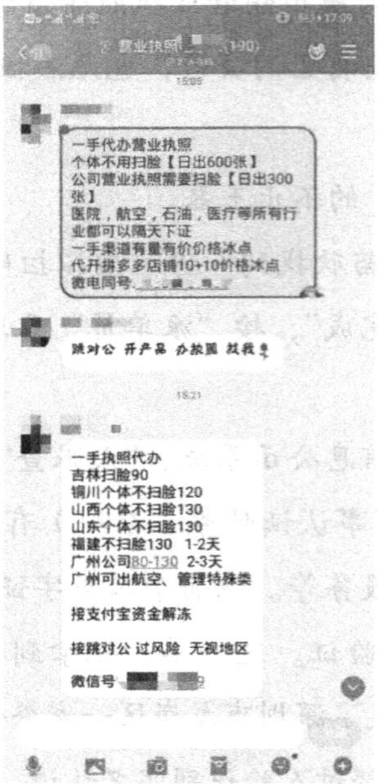


图 1.4 营业执照相关广告（某 QQ 群截图）

“一手资料商”们一端连接货源，另一端连接需求市场。“我这边行业一手资料”，另一名卖家通过QQ告诉记者，其提供的营业执照、身份证照片等“资料”，400元一套，可以通过“天猫”“亚马逊”平台对企业资质的审核，并询问是否需要“公户”。

QQ群里，营业执照、公户等相关材料被称为“资料”“照片”。以开店需要的最基本材料营业执照为例，分为“扫脸”“不扫脸”两种。记者调查发现，“扫脸”的营业执照更难撤销，对买家来说更为稳定，价格略高。营业执照价格，从几十元至几百元不等。

不过，群内也曾有用户表示“被骗”。

上述卖家提供的截图里，包含一名男士的身份证正反面照片、营业执照、分别手持身份证和营业执照的照片。当问及营业执照注册人是否知情，卖家表示“知情，这点您放心”。

记者以开网店名义咨询，该卖家表示还可以提供代运营服务，一年 1 800 元。此外，若需要公户，“代理记账，每年 1 800 元，每月 200 元，也可以走合作分成模式，即每月利润的 30% 归我公司所有”。

**“要注销，先清税”**

除了“被法人”，一份“兼职”带来的，还可能包括“被欠税”。

2019 年 5 月，曾一同兼职的朋友提醒李珍，查看“深信（深圳市场监管局企业信用查询）”App 上，是否有给陌生企业做工商登记的记录。

查询结果显示，李珍是“深圳市裕欣荣运输有限公司”的法定代表人。该企业位于宝安区，成立于 2018 年 9 月 17 日。“我打了公司注册所在地辖区派出所电话，被告知是一家空壳公司。”

李珍回忆，她曾在一个 QQ 群看到“排队开发票”的兼职信息，对方称需要登记个人信息，对她“不会造成任何影响”。

2018 年 9 月 12 日，在深圳市龙华地铁口，李珍与二三十个人集合，随后到一家照相馆扫脸、办理个人数字证书、签字。至于这些操作意味着什么，李珍称质疑后没得到答案，就在对方催促下离开。结束后，对方给了她 150 元。

2019 年 8 月 6 日，李珍来到深圳宝安区西乡监管所。监管所称，李珍通过人脸识别注册工商登记，无法撤销，只能进行企业注销登记。

根据宝安区行政服务大厅提供的公司注销程序，李珍首先应将“公司解散、成立清算组”。2020 年 3 月，到福田区竹子林税务所自助查询后，她发现公司竟然“拖欠税款 11 万余元”，这还不包括因逾期而产生的罚款。

“作为一个外地来的打工族，怎么付得起这么多钱？”李珍咨询律师，得到的答复是她通过人脸识别并签字申请注册营业执照，工商局依法依规进行登记，相关后果需要本人承担。如果采取行政诉讼手段，则需要举证登记法人并非本人真实意愿。若法院采纳该说法，则工商登记行为是错误的，不应该由李珍承担税费问题。

李珍的遭遇并非个案。2019 年“央视财经”曾报道，数名受访者“被法人”后“被欠税”，在办理落户、贷款买房等业务时碰壁。还有人名下企业欠 24 万元货款，当事人稀里糊涂被告上法庭，败诉后，被法院冻结了银行账户。

8 月 21 日，记者就李珍遇到的问题致电深圳市市场监管局，接线人员称一种方法是先报警，破案之后可以撤销；另一种方法是自行注销。

近年来，“被法人”事件频频发生。国家市场监管总局于 2019 年 6 月出台《关于撤销冒用他人身份信息取得公司登记的指导意见》，明确“被法人”后可向登记机关申请撤销登记。

记者致电深圳市场监管局、西安市工商局了解到，“撤销冒用他人身份信息取得公司登记”是指被他人冒用身份信息；通过人脸识别注册等同于确认是本人办理此业务，只能做“注销登记”处理。

**注册容易注销太难**

对当事人来说，“被法人”的直接后果是，注销并不容易。

对此，菅峰建议，一是行政投诉，找批准公司注册的工商局投诉、申诉，通过行政手段解决问题；二是向法院起诉冒充自己签字的人侵权，胜诉后凭生效判决找工商机关变更登记；三是凭司法鉴定机构出具的笔迹鉴定报告进行行政诉讼，起诉工商机关要求撤销登记。

而被注册了 200 多个执照的王磊表示，他尝试过行政投诉，工商局建议报警处理；他并不知晓是谁冒充自己签字，没办法向法院起诉；至于出具笔迹鉴定报告，相关费用让他难以负担。

记者在网络查询到，单次笔迹鉴定的费用在几百元到几千元不等。

中国政法大学刑事司法学院讲师蔡元培表示，对于冒用、盗窃他人身份信息的行为，《刑法》明确其构成侵犯公民个人信息罪。情节特别严重的，处三年以上七年以下有期徒刑，并处罚金。

“如果冒用他人身份成立公司进行偷税或非法经营，可能同时构成逃税罪和非法经营罪。”蔡元培指出。

“有人虚开发票、骗取登记，又怕查到自己；还有些人因各种原因不愿自己登记为法定代表人，也不愿找亲朋好友代持股份，就想用他人身份信息或找代理注册机构帮助注册公司。”菅峰表示，为了挣一份比正常注册多一倍甚至几倍的代理费，一些代理注册机构配合甚至伙同别有用心之人办理公司注册。

对于买卖营业执照乱象，中国政法大学副教授李怀胜分析，“原因之一是公司登记存在制度漏洞”。根据《行政许可法》《公司法》《公司登记管理条例》相关规定，公司申请设立、变更登记可由股东指定代表或者委托代理人向公司登记机关申请设立登记，无须本人亲自办理。提交的材料中，只需提交法定代表人签署的设立、变更登记申请书等文件，并不要求法人或股东本人亲自到场签字。

为有效治理“被法人”现象，菅峰建议，公司章程必须要求全体股东到场签署；所有委托书必须办理公证或由律师出具见证书。另外，对股东会决议的签字，要求出具公证机关的公证书或律师见证书，也是规避“被法人”现象的有效手段。

此外，菅峰提醒，在明知个人信息会被用来注册营业执照的情况下，网友应及时退出相关“兼职”。否则，其注册行为属于故意行为，将承担相应的行政、民事或刑事责任。

（文中王磊、苗欣为化名。资料来源：人民日报客户端，2020年9月1日）

《市场监管总局关于撤销冒用他人身份信息取得公司登记的指导意见》（国市监信〔2019〕128号）曾提出：

各省（区、市）市场监管部门要结合实际情况，制定撤销冒名登记的细化措施，明确撤销冒名登记工作的职责分工、工作流程、审批权限、档案管理等。要按照总局相关技术方案的要求做好公示系统优化改造，及时调整登记注册系统，为撤销冒名登记工作提供有效支撑。

撤销冒用他人身份信息取得个人独资企业、合伙企业、非公司制企业、农民专业合作社、个体工商户等市场主体的登记，以及撤销冒用他人身份取得公司董事、监事、高级管理人员、清算组成员等备案的，参照本意见执行。

还有一些个人身份被冒用的情形，就是被用作发放薪酬的名头，比如下面这篇文章：

## 专栏 个人身份信息被冒用偷逃税？税务部门依法查处！

记者22日从国家税务总局了解到，为维护正常经济税收秩序，保护自然人纳税人合法权益，近期税务部门与公安、教育等部门通力合作，依法查处了一批冒用个人身份信息偷逃税款的违法企业，其中大多被冒用身份信息者为在校大学生。

北京税务稽查部门近日对涉嫌冒用大学生身份信息的北京某设计咨询公司立案检查，查明其冒用某高校25名大学生身份信息虚假申报的事实。

在河北，税警双方协同作战，快速查处了河北三河市某商贸有限公司冒用15名在校大学生和其他5名社会人员身份信息案，查补税款12.35万元。

在浙江，宁波市税务稽查部门近日查办了一起冒用个人身份信息虚列工资并虚开增值税发票案件，涉及779名大学生个人信息被盗用。

深圳税务稽查部门查实发现，该市某资产管理公司在短短一年半时间冒用129条个人身份信息，虚增管理费用并在账簿上多列支出，已造成偷税12.73万元。

记者了解到，上述案件一个共同特点就是精心设计偷税手段，涉案企业的主营业务均为提供信息咨询服务，这类业务可用于抵扣的成本相对较少，企业经营者就打起了虚增成本的歪主意，铤而走险冒用个人身份信息，把企业从盈利“扭转”为亏损，最终达到偷税目的。

此外，这些企业伪造的员工工资均在个税起征点以下，这样既能虚增工资成本、偷逃企业所得税，也未达到起征点，只需申报而无须代扣代缴个税，不会增加实际成本。

值得警惕的是，涉案企业冒用的员工身份大多为在校大学生，由于大学生群体尚未真正就业，对自身的个人所得税信息关注度较低。

税务总局相关部门负责人指出，下一步，税务部门将继续积极与相关部门密切沟通协调，加大对冒用个人身份信息实施偷税行为的打击力度，加强大学生身份信息保护和规范管理。同时，提醒广大纳税企业守法经营，“手莫伸，伸手必被捉”。也提醒广大自然人纳税人注意保护好个人身份信息，及时关注个人的申报情况，如发现身份信息被冒用，应立即向公安部门或税务部门举报。

（资料来源：新华社，2022年6月22日）

不过，好消息也是有的。最高人民检察院在公布的一则典型案例如下：

## 专栏

【基本案情】

2019年初，山西省太原市居民王某在当地办理税务业务时得知，有人冒充其身份在天津市某区注册了天津市某贸易有限公司，并且该公司因税务违法被列入全国税务“黑名单”，且被处以高额税务罚款。王某遂与天津市某区市场监督管理局沟通，要求撤销该公司登记。该区市场监督管理局表示，其在公司登记申请事项中只负有形式审查职责，没有对王某被冒用身份的事实进行调查的职权。2020年5月，王某以天津市某区市场监督管理局为被告，起诉至某区人民法院。该区人民法院经审理认为，某区市场监督管理局依法对天津市某贸易有限公司的申请登记材料进行了形式审查，并无行政违法行为，驳回王某的诉讼请求。王某不服，申请再审，被驳回。

【检察机关履职情况】

王某向某区检察院申请监督。某区检察院依法受理后审查认为，区法院所作判决并无不当，某区市场监管部门在形式审查和程序上亦无明显失职行为，但鉴于本案是一起冒用公民身份信息申请公司登记的行政争议案件，涉案公司的存在对申请人造成客观的法律风险，某区检察院决定开展调查核实工作。经对涉案公司的注册代办人、相关证人等进行询问，向王某、某区市场监督管理局了解案件情况等调查核实，查明：涉案公司系2015年11月12日由某区市场监督管理局核准登记，王某被登记为该公司股东和监事；王某系山西省太原市人，曾于2015年8月遗失身份证并向属地公安机关重新申领，同月在报纸上刊登了身份证遗失公告；涉案公司成立的一系列文件中关于王某的签字，经司法鉴定，均系他人书写；涉案公司的注册代办人从未见过涉案公司的登记股东王某，其登记股东的身份信息是由曹某某提供，而曹某某表示不认识王某。因此，涉案公司存在以虚假手段骗取行政登记的嫌疑。另查明，涉案公司因税务违法被列入全国税务“黑名单”；国税某区分局对该公司做出行政处罚决定，处以高额税务罚款，但在注册地址未找到该公司，电话无法联系到公司人员；王某属地国税部门根据该处罚决定将王某列入全国税务“黑名单”。

为破解该案困局，解决申请人身份被冒用的实际问题，某区检察院于2021年8月30日组织召开有王某、某区市场监督管理局双方当事人参加的公开听证会，邀请区人大代表、人民监督员和律师代表各一人作为听证员参加并对案件进行评议。与该案相关的国税某区分局派员列席听证会。听证会重点围绕能否撤销该公司登记以及如何消除“黑名单”影响发表意见。双方当事人围绕对方提交的证据，以及检察机关调查取得的证据进行了充分沟通，厘清了王某被冒用身份的事实。同时，国税某区分局代表与王某进行了沟通交流，对其被列入全国税务“黑名单”事项及解决途径进行了解释说明。经评议，听证员一致认为应当从根本上解决王某身份被冒用及被加入全国税务“黑名单”的问题。听证会结束当天，王某即到派出所报案，反映其身份信息被冒用情况；到国税某区分局进行了信息变更，该分局向王某提供了信息变动确认表。

听证会后，某区人民检察院向区市场监督管理局制发检察建议书，建议其启动相关程序，撤销天津某商贸易有限公司的公司登记。2021年10月10日，某区市场监督管理局书面回复，已依法撤销涉案公司的注册登记及备案，并告知王某。王某随后将国税某区分局提供的信息变动确认表、某区市场监督管理局提供的撤销冒名登记行政处理决定书，提供给王某属地国税部门。属地国税部门撤销了对王某列入“黑名单”的决定。

**【典型意义】**

根据法律法规规定，行政机关在审查工商登记申请时，主要审查申请材料是否完整、是否符合法定形式，对于相关材料的实质真实性、合法有效性，登记机关在职责范围内尽审慎审查义务。对于冒用他人身份信息取得公司申请登记的行为，虽然 2019 年 6 月国家市场监管总局出台《市场监管总局关于撤销冒用他人身份信息取得公司登记的指导意见》（国市监信〔2019〕128 号），明确了解决此类问题的机制和路径，2022 年 3 月施行的《中华人民共和国市场主体登记管理条例》专门对"虚假市场主体登记"情形作了规定，但仍有一些"存量"案件处于难以破解的"困局"之中。检察机关办理此类案件，通过依法能动履职，破解"困局"，综合运用调查核实、公开听证等厘清事实，精准监督，维护当事人合法权益，促进行政争议实质性解决。

（资料来源："最高人民检察院"微信公众号，2022 年 5 月 16 日）

### 1.4.3　一个"好人"误入涉刑事案例的故事

上海某主要从事技术咨询业务的企业招聘了一名技术人员张三，在面试时，老板对张三说："好兄弟，我们一起干，现在这块业务我们单独成立一家公司，你来当股东与法定代表人，我来拓展业务，你负责技术开发，每个月多给 2 000 元钱！"一听有钱拿，老板也够"义气"，于是张三痛快地同意了。

过了半年之后，忽然某日四川某地公安机关联系张三，说该企业涉嫌从其所在地的企业取得虚开服务发票，不含税金额 2 000 余万元，税额 120 余万元（税率 6%），公安机关进行立案调查对张三进行羁押。张三家人在凑齐上述款项交给公安机关后办理了保释。后企业注册所在地的上海某税务机关对其进行约谈，要求补缴企业所得税，暂未提及重复进行进项税额转出补缴增值税的情形，事情还在进行当中。如果张三确是无辜者也可解释。

通过这个案例，我们首先要知道的是，"好人"不是想当就要当的，也不宜因小利而冒不该触碰的风险，特别是对于刚毕业的学生，或者是刚创业的伙伴，对此考虑不深，不知江湖的"险恶"，不知法律的底线；其次，要知道法律是无情的，朋友是朋友，还是有所分别为好。

比如有三位朋友一起做生意设立公司，其中一个为实际业务的操作人，一个管财务，一个为法定代表人负责公共关系及品牌宣传工作，但不从事具体的业务工作。这时候，若是公司存在违法违规的事项时，法定代表人在合同中的签名，财务的业务支持落实操作，很可能会存在说不清的责任牵连。

下述这个判例摘自裁判文书网，相信会给老板们及财税从业者们一些启发。（不过，该判决后依原告方申请撤回了起诉。）

## 专栏　税务行政管理（税务）一审行政判决书（节选）

原告益阳科嘉轻工机械制造有限公司（以下简称科嘉公司）诉国家税务总局益阳市税务局稽查局（以下简称益阳税务稽查局）税务行政处理一案，于2019年4月16日向本院提起行政诉讼，本院于当日立案后，即向被告送达了起诉状副本及应诉通知书。依法组成合议庭，于2019年5月22日公开开庭进行了审理。本案原告的委托代理人曹静，被告方的负责人刘正及其委托代理人潘子龙到庭参加了诉讼。本案现已审理终结。

2018年9月19日益阳税务稽查局对科嘉公司作出益税稽处〔2018〕30号税务处理决定：你公司接受长沙堰康汽车零部件有限公司发票案件已经赫山法院审结，并于2017年7月6日作出〔2017〕湘0903刑初202号刑事判决，认定你公司构成虚开增值税专用发票罪。你公司取得长沙堰康汽车零部件有限公司和长沙市芙蓉区堰康汽车配件有限公司增值税发票38份，票面金额合计3 395 726.53元，科额合计577 273.47元，赫山区经侦以税款为标的物扣押了你公司577 273元税款，赫山法院作出判决：判处罚金20万元（已缴纳）；被告人刘超武、刘立文免予刑事处罚；扣押税款577 273元，已由赫山经侦上缴国库，但未经主管税务机关按规定上缴国库，决定：1. 补缴增值税577 273元，根据《中华人民共和国增值税暂行条例》第九条；2. 按日加收滞纳金，根据《中华人民共和国税收征收管理法》第三十二条。

2019年4月3日，益阳税务稽查局对科嘉公司作出益税强扣〔2019〕10006号税收强制执行决定书：根据《中华人民共和国税收征收管理法》规定，经国家税务总局益阳市税务局局长批准，决定从2019年4月3日起从科嘉公司在中国工商银行股份有限公司益阳桃花仑支行账户中扣缴以下款项，缴入国库：税款577 273元；滞纳金348 095.62元。

原告科嘉公司诉称，被告作出的税务处理决定及税务强制执行决定，无事实依据与法律依据。2017年7月6日，经法院判决，对于公安扣押的原告退缴的税款577 273元予以追缴，上缴国库。2018年9月19日，被告依据判决内容又以同样的事实对原告作出处理，要求原告补缴增值税577 273元，并支付滞纳金。被告以原告未缴纳为由仍强制执行了925 368.62元。故要求：①撤销被告作出的益税稽处〔2018〕30号税务处理决定；②撤销被告作出的益税强扣〔2019〕10006号税收强制执行决定书；③由被告返还所扣划款项925 368.62元。就其主张，原告向本院提交了如下证据予以证实：①税务处理决定书；②刑事判决书，证据①、②，欲证明法院对涉案税款作出了判决，被告作出重复处理；③税务强制执行决定书；④扣缴税收通知书；⑤扣押决定书、扣押物品清单、缴款书，证据③～⑤，欲证明被告的执行对象错误，滞纳金计算时间错误；⑥《最高人民法院 最高人民检察院 国家税务局关于办理偷税、抗税案件追缴税款统一由税务机关缴库的规定》。

被告益阳税务稽查局辩称，其一，被告作出的税务处理决定书程序和实体合法。依据《国家税务局关于纳税人虚开增值税专用发票征补税款问题的公告》的规定，原告接受他人虚开的不合法的增值税专用发票已申报抵扣税款，被告据此针对原告该行为造成的少缴增值税款的行为追缴税款和滞纳金。法院判决对公安机关扣押的科嘉公司违法所得予以追缴，两者是不同的法律概念。税务处理决定已经依法送达，并告知了相关权利。其二，被告作出的税收强制执行决定程序和实体合法。2019年4月3日，被告在税务处理决定生效后，因原告没有履行缴纳税款的义务，在2018年12月27日送达催告书，限其履行缴纳税款及滞纳金，逾期后采取强制执行措施，程序和实体并无不当。就其主张，被告在法定举证期限内向本院提交了如下证据、依据：

一、税务处理决定被诉行政行为的证据：1. 立案审批表；2. 营业执照；3. 税务检查通知书及送达回证；4. 刑事判决书；5. 询问笔录 6. 增值税纳税申报资料及虚开增值税发票编号明细及税额；7. 税务处理决定及送达回证。以上证据1~7，欲证明被诉税务处理决定实体和程序合法。

二、税务强制执行决定被诉行政行为的证据：8. 催告书及送达回证；9. 扣缴税收款项通知书及送达回证；10.税收强制执行决定书。以上证据8~10，欲证明税务强制执行决定实体和程序合法。

所依据的规范性文件：1.《中华人民共和国刑法》第二百一十二条；2.《中华人民共和国税收征收管理法》第五条、第三十二条；3.《中华人民共和国增值税暂行条例》第九条；4.国家税务局关于纳税人虚开增值税专用发票征补税款问题的公告。

经庭审质证，原告对被告提供的证据1~10，真实性、关联性均无异议，但不能达到其行政程序合法的证明目的，对于已经判决的，应当依判决书进行追缴，对规范性文件的适用有异议，不适用于本案。被告对原告提供的证据三性均无异议，但对证明目的有异议，公安机关扣缴的已经被法院判决确认为非法所得上缴国库，不能证明公安机关的行为是代表被告实施的扣缴行为。

本院对原、被告提供的证据认证如下：因各方当事人对对方提供的证据的真实性、关联性均无异议，系被告在行政程序中取得的证据，其来源合法，本院认定为有效证据予以采信。

经审理查明，2015年2月至11月，科嘉公司在没有与长沙堰康汽车零部件有限公司和长沙市芙蓉区堰康汽车配件有限公司发生业务往来的情况下，科嘉公司实际控制人刘超武安排刘立文通过刘尊伟，让上述两公司为科嘉公司虚开增值税专用发票，其中，长沙市芙蓉区堰康汽车配件有限公司虚开增值税专用发票5份，票面金额433 333.33元，税额合计73 666.67元，价税合计507 000元，长沙堰康汽车零部件有限公司虚开增值税专用发票33份，票面金额2 962 393.2元，税额合计503 606.8元，价税合计3 466 000元。科嘉公司将上述38份增值税专用发票全部在国税部门进行了抵扣，共计抵扣税款577 273.47元。

2017年7月6日，赫山法院作出刑事判决：科嘉公司犯虚开增值税专用发票罪，判处罚金二十万元（已缴纳），对公安机关扣押的科嘉公司违法所得577 273元予以追缴，上缴国库。该刑事判决已经生效。

2017年10月12日，被告益阳税务稽查局对原告科嘉公司税收违法行为立案调查，于2018年9月19日作出税务处理决定：1. 补缴增值税577 273元；2. 按日加收滞纳金。2018年11月13日向原告科嘉公司送达该处理决定书。同年12月27日，被告向原告送达催告书，限其在收到催告书之日起10日内履行下列义务：缴纳税款577 273元，并缴纳从滞纳税款之日起，按日加收滞纳税款万分之五的滞纳金。

2019年4月8日，被告益阳税务稽查局向原告科嘉公司送达税收强制执行决定书，决定从2019年4月3日起从科嘉公司银行账户扣缴以下款项，缴入国库：税款577 273元，滞纳金348 095.62元，合计925 368.62元。

本院认为，本案原告请求撤销的益税稽处〔2018〕30号税务处理决定和益税强扣〔2019〕10006号税收强制执行决定，虽然属于两个不同的行政行为，均具有可诉性，但两个被诉行政行为之间具有关联性，原告一并提起诉讼，本院已以同一案号予以了受理，被告也一并作出了答辩，为节省司法资源，本院对两个被诉行政行为合并进行了审查。依据《中华人民共和国税收征收管理法》第五条、第十四条、第四十条、第四十一条的规定，本案被告具有作出税务处理决定和税收强制执行措施的法定职权。

一、关于益税稽处〔2018〕30号税务处理决定是否合法的问题。根据《中华人民共和国刑法》第二百一十二条的规定，犯偷税罪、抗税罪、逃避追缴欠税罪、骗取出口退税罪、虚开增值税发票罪和虚开用于骗取出口退税、抵扣税款发票罪，被判处罚金、没收财产的，在执行前，应当先由税务机关追缴税款。据此规定，税收优先于罚款、没收违法所得。但当司法机关已经对违法所得作出没收违法所得的判决，税务机关对税收如何进行征收？依据《最高人民法院、最高人民检察院、国家税务局关于办理偷税、抗税案件追缴税款统一由税务机关缴库的规定》第四条“偷税、抗税案件经人民法院判决应当予以追缴或退回的税款，判决生效后，由税务机关依据判决书收缴或退回。对被告人和其他当事人以及有关单位，拒绝依据判决书缴纳或划拨税款的，由人民法院强制执行”。本案被告具有依生效的刑事判决书追缴税款的职责，但生效的刑事判决中查明的公安机关扣押的科嘉公司退缴的税款应予以追缴，上缴国库，并被判决没收违法所得577 273元，二者数额一致，实同为科嘉公司虚开增值税抵扣的税款 577 273 元。该部分税款实际已经上缴国库，被告再向原告作出税务处理决定，要求补缴，缺乏事实依据和法律依据。至于该款项在税务机关及司法机关之间如何划转以保证国家税收足额入库，则属于税务机关与司法机关依据法律、法规进行处理的问题。

二、关于益税强扣〔2019〕10006 号税收强制执行决定的合法性问题：因被告作出的税务处理决定缺乏事实依据和法律依据，被告税收强制执行措施无实施依据，故该强制执行决定亦缺乏事实依据和法律依据。

综上所述，被告作出的税务处理决定、税收强制执行决定均缺乏事实依据和法律依据，应当依法予以撤销。据此，依照《中华人民共和国行政诉讼法》第七十条中第一、二项的规定，判决如下：

一、撤销被告国家税务总局益阳市税务局稽查局作出的益税稽处〔2018〕30 号税务处理决定；

二、撤销被告国家税务总局益阳市税务局稽查局作出的益税强扣〔2019〕10006 号税收强制执行决定；

三、由被告国家税务总局益阳市税务局稽查局返还已经扣缴的税款和滞纳金 925 368.62 元。

案件受理费 50 元，由国家税务总局益阳市税务局稽查局负担。

如不服本判决，可于判决书送达之日起十五日内，向本院递交上诉状，并按对方当事人人数提出副本，上诉于湖南省益阳市中级人民法院。

**《中华人民共和国行政诉讼法》**

**第七十条**　行政行为有下列情形之一的，人民法院判决撤销或者部分撤销，并可以判决被告重新作出行政行为：

（一）主要证据不足的；

（二）适用法律、法规错误的；

（三）违反法定程序的；

（四）超越职权的；

（五）滥用职权的；

（六）明显不当的。

## 1.5 本章小结

发票在我们的日常经济、生活中发挥着巨大的、多功能的作用，可以说，不懂发票，创业之始就难做成功生意；不懂发票，难免发生触犯法律法规的行为，甚至身陷囹圄；不懂发票，当不好一个会计、一个出纳的职责；不懂发票，多缴税、缴错税、少缴税，出现行政罚款的情形可能时有发生。发票天然被赋予的结算与计税、核算的“使命”，决定了我们无论是从敬畏的态度上，还是从专业性、技术性方面的掌握上，以及法律严谨性、严肃性方面来看，是需要全面性地掌握的。

### 1.5.1 老板们需要具备的发票敏感性

老板们没有必要跟财务人员一样穷尽掌握发票的技术性问题，它时时在变化，有一些无技术含量的规则还挺烧脑，本身并没有必要去求证。术业有专攻，老板们掌握大方向是关键。一是发票在自己业务当中的痛点，老板们肯定关注，估计也在不断地想办法，找筹划，这很普遍；二是对于核心法律规则的了解，从法律角度把握风险点，知晓行事分寸，不用因网上宣传的一些“吓人”案例而焦虑。作为老板要明确自己的底线风险线，知道在程序性和规范化方面如何对接行政部门、司法部门，对不同风险事项能够恰当、合规应对。在实际业务中，我们经常给老板们讲的一句话就是：“若需要我们做服务，就不能碰虚开发票的线！我们没有这个服务。”

想必大家看到过税务机关发布的一些涉及影视演员或“网红”补税的案例了，通过成立一系列的空壳工作室等个体工商户或个人独资企业，以核定经营所得的方式“逃避”纳税，税务机关要求其进行补缴税款、滞纳金甚至罚款。但是鲜有提及涉及虚开发票的问题，毕竟在其结算过程当中，会有发票的开具、成本的入账情形，若前面的业务真实性被否定，与其相关的发票当然存在开具不合规，甚至是虚开的问题。除了个税以外，税务机关未对此进行深究，其实对其已“放过一马”，相关人员应好好地配合税务机关的征管要求进行补税，抓住“从善的机会”，不然就可能得不偿失了。

经由表 1.4，了解关注风险事项：

**表 1.4**

| 事　项 | 风险类型 | 风险级次 |
|---|---|---|
| 遇到有人“卖”发票，进行“购买”抵减成本费用、抵扣增值税或冲抵老板的借款或公转私等情形 | 偷逃税款、虚开发票的行政或刑事责任 | 极高 |
| “帮人”开票收款 | 若有真实的业务支持，可能在“挂靠”上还有保护自己的说法；若是业务上无法支持则可能涉及虚开的风险，开具的发票若处理不当，风险极高 | 高 |
| 有公司缺票帮开票抵成本（此时往往有进项抵不完或有亏损的情形） | 虚开风险（尽管计了增值税与所得税），但对方取得票据会减少国家税款的缴纳 | 极高 |
| 客户 A 购买货物或服务，让 B 开具发票 | 分清交易对象，至少别形成形式上的错误判断 | 高 |
| “公转私”找灵活用工平台或在某地代开发票，构造虚假的业务入账计成本费用提现金 | “既抵了企业所得税，又极大降低了个税”，“筹划”服务方出事就很容易受到牵涉 | 极高 |
| 为给高管或员工省个税，找劳务派遣公司虚开“差额”普通发票，或者找一些不真实的机票、车票、汽车票、定额票等进行报销，或者让第三方人力公司代发并让对方开具发票入账 | 看似给员工带来福利，实则决策人很可能涉及虚开的共谋与利益的不当得利问题，最终涉嫌虚开的风险 | 极高 |
| 未开具发票部分不计应税收入，私户收款（可能部分用于支付成本费用、员工工资之类的支出） | 偷逃税款的问题，风险往往“一生相伴” | 极高 |

表 1.4 中列举的这些涉税涉票的风险事项，无外乎涉及老板自身的利益、企业的利益或员工的利益处理，即使某些时候是企业的财务人员、中介机构的人员来实施的，但老板往往是决策的“拍板人”，在追究责任时难逃其责。不过多数老板或心存侥幸，毕竟被发现、被判刑的人还是少数嘛！或许是存在一定的概率，而一旦涉及自己，就是 100% 的概率了。

从笔者的观察来看，随着法制化的推进，强化税收征管的措施持续推进，一些样本案例的发布，往往令人触目惊心。现在老板们对于税务安全的意识与日俱增，不再轻易实施上述行为。一方面，强化税收征管已是国家战略层面的安排了；另一方面，国家治理逃避税的决心，持续推进的治理措施、监察与追责，补税案例、打击虚开发票的案例，已让人“胆战心惊”。

作为企业的运营人、负责人，疫情之下，经营企业实属不易，悲情的创业故事时有听闻，能维持经营下去，能够承担得起员工的工资与社保支出、房租成本等，似乎已是不错了。另外，虽然国家当前下大力气给中小企业减税降费，但绝不代表中小企业为减少税费支出可以去做违法违规的事。何况，于情于理，对于能够挣钱、有所得的企业或个人来讲，在此大环境下采取一些不合规的方式去规避国家应征之税费，实在缺乏担当精神，造成税收征管的混乱，破坏税收征管的基本规则，破坏税负的公平性，对国家的产业引导带来不利的影响。违法违规不当侵蚀国家税收利益的行为，是企业家不得不防的高危行为。

另外还有一些情形，可能会涉及相应的法律责任，但可以有效地防止其向严重性方向发展。比如下面的这个案例，其处理的方式不同，就可能产生不一样的结果。

**案 例**

某企业老板张三，最近买了一套别墅，准备进行装修。张三一想，装修得花200多万元，这费用不能白花啊！于是准备让其投资的公司与装修公司、建筑商签订合同，费用直接由公司支付、列支成本费用，抵减税收成本，何乐而不为呢？

**分析：**这种情形，想必并不少见。老板平时的小费用、家庭消耗物品等在公司账列支，发票直接开在公司名下，似乎是家常便饭，车、房子也入在公司账上，平时自己用着也没有人去查验监管，何况入点装修费用呢？老板们心里想着：“只要合同、发票与款项对得上就行了！”笔者认为，这纯粹是侥幸心理，若发现了，这相当于是列支与企业经营不相关的个人的成本费用，若有增值税的抵扣，更是不合规的。公是公、私是私，这么做除了有发票不合规、故意偷逃税的行为外，还涉及侵占公司财产和财产混同的问题。

不过有时情况可能是这样的：该公司租赁了老板的别墅，用于员工培训、公司货品展示、客户业务宣传、公司会务等用途时，这种情形下，公司适当承担一些装修的费用，这是有可能的。前提是，有使用的场景，且最好还是要有相应的使用功能体现，同时也要有使用的真实行为发生，最终若租期到了，还可以给予一定的补偿要求的条款等。上述场景倒是不能排除的。

至于上面提到的公司购买的住宅、车辆让老板使用的情形，理论上是属于个人的应税所得，增值税上存在视同销售的行为，可以参考同类租赁的价格来考虑查缴增值税及个人所得税（简称个税）。但是，由于无法有效取证，征管的力度也有限，且面临着较多的说不清是公用还是私用的困难，所以理论上有计征税款的适用条件，实际上却少有计缴的。当然，此时各种费用计列在公司，若是与经营不相关的，不让扣减，这倒是顺理成章的，税务机关对于公司的税收管理还是可以有效地管理的。

### 1.5.2 企业财务人员需要具备的发票敏感性

我们时常看到一些上市公司发布的公告，或者是一些法院的判例，里面有提及财务总监（财务负责人、会计等）涉嫌虚开发票的案件。财务人员不是企业的老板，却承担着超出正常职责所得以外的风险，想想，有一些不值得。

2017 年 2 月《江苏 ×× 涂装工程股份有限公司关于补发公司高级管理人员及员工受到刑事处罚的声明公告》中有下述描述：

**专栏**

江苏 ×× 涂装工程股份有限公司（以下简称“公司”）董事会收到公司采购部副经理陆某某、财务总监陈某某先生的通知，陆某某先生、陈某某先生由于取得并使用他人在没有真实交易情况下虚开的增值税专用发票，致使国家税款被骗取 322 334.25 元，两人于 2016 年 11 月 8 日分别收到江苏省盐城市盐都区人民法院如下判决：

"被告人陆某某犯虚开增值税专用发票罪，判处有期徒刑一年四个月，缓刑两年，并处罚金人民币八万元（已缴纳）；被告人陈某某犯虚开增值税专用发票罪，判处拘役五个月缓刑一年，并处罚金人民币四万元（已缴纳）。"

因工作疏忽，公司未能在全国中小企业股份转让系统指定信息披露平台上及时披露该关联交易事项，现补发公告如下：《关于公司高级管理人员及员工受到刑事处罚的公告》（补发）（公告编号：2017-001）。公司对上述未及时公告情形给投资者带来的不便深表歉意，并将在日后的工作中严格按照相关规定，进一步加强信息披露工作的管理，提升公司规范化运作的水平，确保公司信息披露的准确性和及时性。

笔者认为，作为企业的财务人员，特别是财务负责人，需要有充分的风险意识，因为所有的业务结果最终将体现在财务上，一个公司的发展运营，无外乎是从货币为源头，经过一系列的交易转换，最终又回到货币的终点。财务是很多矛盾的集合处，是财税与发票风险的把关部门，财务负责人的内部责任与外部责任均受到极大的关注。对财务合规、发票合法性的掌握，以及展示与表述这些业务的合规性，往往都由财务部门操作，若掌握不当、处理不当，或者是在大包大揽的情形下自行"替"业务部门，甚至代表公司进行拍板，很可能让自己承担本不该担的责任。财务人员要注意认清所面临情形的风险，保持充分的职业谨慎，哪些是自己知道的，哪些是需要用专业知识与政策依据回复的，哪些是需要公司负责人或业务负责人解释与决定的，对此得有分寸。维护公司的经济利益、维护公司的税收权利，这是财务人员的职责所在，不过一旦涉及发票，一是建议财务人员知之为知之，不知为不知；二是切忌在不掌握情形的时候，大包大揽地向税务机关、公安机关证明其真实性、合规性。职责功能要为之，但职业安全更要知之。

## 案 例

某企业为一家劳务派遣的公司，张先生是一名开具发票的会计，当其知晓公司的大多数业务是虚开发票之后，开始忐忑起来，害怕牵涉法律责任。

但是因为劳动合同未到期，年底的年终奖还没有发，自己又不想即时辞职，真是左右为难。遇到这种情形，如何办呢？

**分析：**笔者近年来持续关注、查阅整理了一些涉及会计人员的发票虚开案件或判例。对于一般的会计职员，本身的职责就是按公司或负责人的安排进行程序性的工作，若没有参与虚开的共谋及因此获得额外的不当利益，多数情形下未对此类人员采取羁押强制措施；即使被羁押，只要交代清楚也会被释放或取保候审，也有可能作为证人提供证言提供给法院。但并非绝对如此，有时候，作为从犯的可能性也是存在的，这还是要结合自己的主观参与度、相关陈述与证据来判断，在工作中要尽好自己的本分职责。不过，若凭基本的职业判断就可以发现公司或老板从事虚开业务的，就算没有主动参与，也可能牵涉其内，被追究刑事责任。有个别案例认为财务人员没有尽到审查核实职责，并且参与其中虚开发票并以虚假原始凭证记账申报，结果被认定为主犯来承担刑事责任。

一般而言，作为财务负责人需要关注表1.5中所列的风险事项：

**表1.5**
**风险事项**

| 事　项 | 风险类型 | 风险级次 |
|---|---|---|
| 配合支持公司的虚开行为 | 利用自己的专业知识协助、共谋参与虚开的行为 | 极高 |
| 明知公司有虚开业务的风险但仍积极进行操作 | 尽管未参与、未共谋，但是从业务发生的完整性、真实性方面看，以其基本的专业知识可以识别出来其风险性的，依然存在被认定为从犯的风险 | 极高 |
| 主动提出降低公司或老板税负，筹划中涉及虚开的行为 | 比如为公司高管避个税的虚开发票行为，为筹划公司企业所得税、土地增值税等情形下的虚开发票行为等 | 极高 |
| 企业的“富裕票”对外私自非法开具的行为 | 利用未开具发票的收入部分，自行向第三方进行虚开获取非法利益的情形 | 极高 |
| “买票”抵减企业“白条”支出的行为 | 看似利用自己的专业知识与渠道能力解决了公司的疑难问题，以期得到老板的重用，很有可能未来“一个人背锅” | 极高 |

以上情形，对于财务负责人来讲，是日常业务中可能遇到的发票风险，而且有时候防不胜防，毕竟自己是吃财务“这碗饭”的，涉票处理工作是绕不过去的“坎儿”，需要自己进行判断，更需要有“自知之明”。如下为摘自裁判文书网的案例，值得企业的财务负责人认真思考一番。

## 专栏　驳回申诉通知书

肇庆 ××× 五金制品有限公司、张某：

你们因原审被告单位肇庆 ××× 五金制品有限公司（以下简称 ××× 公司）、原审被告人李某达虚开增值税专用发票一案，不服广东省四会市人民法院（2015）肇四法刑初字第 316 号刑事判决和肇庆市中级人民法院（2016）粤 12 刑终 37 号刑事裁定，向本院提出申诉。

××× 公司申诉提出：1. 有证据证实 ××× 公司虚开增值税专用发票的税款数额为 338 555.43 元，这是有真实交易的不构成犯罪。2. 有证据证实有货代开专票的税额为 217 871.41 元。3. 有证据证实无货买票虚开增值税专用发票的税额为 120 684.02 元。4. 本案有 92 份合计税额为 3 227 446.62 元的虚开增值税专用发票指控，缺乏对应的 14 家开票单位的关键核心证据，无法排除有真实交易，故原裁定、判决事实不清，证据不足。5. 本案不能排除买票虚开发票的行为是余某伟为谋取手续费利益的个人行为。综上，请求对该案进行再审并改判。

张某申诉提出：1. 李某达不是 ××× 公司的负责人，其职权不在财产管理或账目处理上，李某达并没有让他人为 ××× 公司虚开增值税专用发票，其对虚开发票的联络过程不知情，即使认定李某达参与了虚开增值税专用发票，其在整个过程中也是处于从属地位，应认定为从犯。××× 公司的财务总监余某伟利用财务专业知识擅自决定买票冲账，谋取回扣，是本案主犯，××× 公司也是受害者。2. 本案认定虚开增值税额错误，部分交易李某达不知情，从 2013 年 6 月推定其知道 ××× 公司虚开增值税发票开始，数额为 967 188.45 元，未达到数额巨大的认定标准，应在有期徒刑 3 年至 10 年档次量刑。综上，请求对该案进行再审并改判。

本院经复查认为，原审判决和裁定在认定事实和适用法律上是正确的。现对你们申诉提出的理由分别评述如下：

**一、原判认定 ××× 公司虚开增值税专用发票犯罪事实的依据**

经查，原判认定 ××× 公司明知供货商不能开具增值税专用发票，而由供应商通过第三方企业为其代开方式虚开增值税专用发票，抵扣税款 1 078 596.12 元事实清楚。××× 公司在明知供货商不能开具增值税专用发票的情况下，与供货商共同让与其没有真实交易的第三方为自己代开增值税专用发票，其与供货商的行为是共同犯罪。最高人民法院《关于适用〈全国人民代表大会常务委员会关于惩治虚开、伪造和非法出售增值税专用发票犯罪的决定〉的若干问题的解释》第一条规定“虚开增值税专用发票”的行为包括“进行了实际经营活动，但让他人为自己代开增值税专用发票”。据此，原判认定 ××× 公司的上述行为构成虚开增值税专用发票罪符合法律规定。

原判认定 ××× 公司支付开票非法取得广西梧州 ×× 铝型材厂开具的涉税额为 120 684.01 元的增值税专用发票的事实清楚，××× 公司申诉亦承认上述“无货买票”虚开增值税专用发票的事实属实。

原判认定 ××× 公司通过谭某燕、温某全夫妇使用支付开票费的方式购买增值税专用发票，抵扣税款 3 406 376.41 元事实清楚，主要证据有：第一，同案原审被告人余某伟、蔡某青的供述，证实 ××× 公司以支付开票费的方式，通过中间人谭某燕购买增值税专用发票，取得佛山市南海 ×× 铝型材有限公司等 12 家企业虚开的增值税专用发票，以及将票面金额的款项汇给开票企业扣除开票费用后转入谭某燕后回流到原审被告人李某达的账户等事实。第二，付款申请书等付款凭据证实 ××× 公司购买发票的款项经过李某达及余某伟的审批以及财务部人员的签字，而没有采购部门人员的签字，与第一种代开发票中付款申请书有采购部门人员签字不同，亦与余某伟、蔡某青供述由于没有真实货物交易所以不需要采购部门人员签名的情况相互印证。第三，证人谭某燕、温某全的证言，证实他们帮 ××× 公司购买增值税专用发票，由他们以及开票公司按票面金额各收取一定比例的开票费用，以及由 ××× 公司将发票金额的相应款项汇入开票公司扣除开票费后，汇入谭某燕、温某全账户，再由谭某燕、温某全扣除开票后回流至李某达的账户等情况。第四，部分开票企业的证人李兵、陈超、乐雷、霍焕光、潘永华、黎志林、赖计汉、刘伟文等人的证言，证实所在开票企业与 ××× 公司之间没有真实业务往来，通过谭某燕或其他人为 ××× 公司虚开增值税专用发票并收取一定比例的开票费用，为掩盖虚开的事实而伪造了合同书、进仓单、发货单等材料的相关事实，并有合同书、进仓单等书证相互印证。第五，××× 公司及李某达的银行账户流水清单，证实 ××× 公司将发票上的款项汇入开票公司，以及谭某燕、温某全通过温某全的银行账户回流资金至李某达的私人银行账户，与相关证人证言及余某伟供述资金流向的情况相互印证。第六，增值税专用发票以及税务机关扣押税款的函及进项表，证实 ××× 公司已将购买的增值税专用发票份数向税务机关申报抵扣了税款，造成了国家税收的损失。综上，原判认定 ××× 公司通过谭某燕、温某全夫妇购买增值税专用发票抵扣税款的事实清楚，证据确实、充分。

虽然仍有部分增值税专用发票未能找到开票企业进行核对，但 ××× 公司对相关交易没有采购部门人员签字确认，该公司相关证人证实没有与这些企业发生真实交易。谭某燕、温某全的供述证实 ××× 公司将发票金额的相应款项汇入开票公司扣除开票费后汇入了谭某燕、温某全账户，再由谭某燕、温某全扣除其收取的开票费用后回流至李某达的账户。××× 公司和李某达的资金账户相关票据凭证与谭某燕、温某全的供述相吻合。以上证据足以认定 ××× 公司与相关开票企业没有真实交易而购买增值税专用发票的事实。××× 公司申诉否认上述无货而购买增值税专用发票的事实与查证的事实不符，本院不予采纳。

综上，原判认定 ××× 公司构成虚开增值税专用发票及涉案税款数额为 4 605 656.6 元的事实清楚，证据确实、充分。

**二、原判认定原审被告人李某达是 ××× 公司实际经营管理者的依据**

经查，同案原审被告人陈海甲、唐菊连、蔡某青供述以及证人吴某君、何丽萍、李日新、刘振、冯源、曾乔、许静兰的证言均证实：李某达对 ××× 公司基建、业务范围、人事招聘、任免均有决策权。合作协议、小企业借款合同、购买封口机设备申请、协议书、坐垫厂工资方案、申请调整保安工资、“李军达”名片、董事会决议、付款申请书、借支单、××× 公司通讯录、辞职书等材料，与上述证人证言均能相互印证，进一步佐证了李某达是 ××× 公司的实际管理负责人的事实。李某达对此亦供述在案，并与上述证据相吻合。综上，本案的证据可证实李某达对 ××× 公司基建、业务、人事等方面均有决策权，是 ××× 公司的实际经营管理者。张某申诉提出李某达不是 ××× 公司负责人的理由不能成立，本院不予采纳。

**三、原判认定原审被告人李某达明知 ××× 公司购买发票的依据**

同案原审被告人余某伟、蔡某青的证言及邮件证明其曾就 ××× 公司购买发票的事情向李某达反映过。余某伟的供述及证人谭某燕的证言证实李某达向谭某燕购买发票的情况。李某达银行账户流水以及证人吴某君的证言，证实谭某燕及温某全将 ××× 公司用于购买发票回流的资金汇入李某达的私人银行账户近两千万元，且款项回流到李某达的银行账户之后，余某伟、吴某君等人都是按照李某达的要求，多数情况下拿李某达的身份证到银行办理现金转存到 ××× 公司的工商行基本户，少数情况下通过网上银行直接转账的。据此，可证实李某达对于 ××× 公司购买增值税专用发票的事情是明知的。张某申诉提出李某达不知情、××× 公司申诉提出不能排除余某伟利用 ××× 公司为自己谋私利的理由均不能成立，本院不予采纳。

**四、原判认定原审被告人李某达的犯罪数额巨大的依据**

××× 公司及其直接负责的主管人员李某达及其他直接责任人员故意违反国家税收征管和发票管理规定，在明知供应商不能开具增值税专用发票或没有发生实际购销业务的情况下，让他人为 ××× 公司虚开增值税专用发票，并全部用于 ××× 公司申报抵扣税款，其行为已构成虚开增值税专用发票罪。其中，××× 公司、李某达涉案的税款数额为 4 605 656.6 元，均属数额巨大。××× 公司是单位犯罪对全部犯罪事实负责，李某达是 ××× 公司直接负责的主管人员，亦应依法惩处。原判认定事实清楚，证据确实、充分，定罪准确，量刑适当，审判程序合法。

综上所述，你们的申诉理由不符合《中华人民共和国刑事诉讼法》第二百四十二条及最高人民法院《关于适用〈中华人民共和国刑事诉讼法〉的解释》第三百七十五条第二款规定的再审情形，依照最高人民法院《关于适用〈中华人民共和国刑事诉讼法〉的解释》第三百七十七条的规定，予以驳回。

（资料来源：中国裁判文书网，2019年1月3日）

所以，当一个事情出现问题、出现矛盾，需要做出责任厘清的时候，一是要看证据，二是要看自我保护的正当与合法的方式，即使再喊不公平也无济于事。

财务人员所从事的工作，其实并不是一个简单的付出劳动力或智力的工作，也并非单纯的技术性工作，比如IT工程师们基本上就是纯技术性的工种，可以两耳不闻窗外事，财税工作却是一项涉及法律关系与行政事务处理的工作，不说是步步惊心，也确是陷阱多多。因这里面涉及国家税款的计缴、发票的合规遵从，以及财务数据的真实性、完整性与准确性的要求，如果这方面出现问题，经济的运行规则、国家的财政收入就会受到影响，责任自然大。

所以，财务人员既要对内做好领导安排的工作，遵从法律法规准确、按章计缴国家税费，对接行政机关的管理要求，需要里里外外都要行，确实不易，若不慎再承担一些不可控的法律责任，也确实不值得。

### 1.5.3 中介机构服务人员需要具备的发票敏感性

这几年来是财税、招商、用工、互联网等中介服务机构的服务“黄金期”，“发明”了数项的税务生意经，主要是建立在委托代征（代开发票）、灵活用工平台（无车平台）、人力派遣、核定征收、财政返还等方面，加之各地受疫情影响，招商增收的意愿强烈，各种因素综合影响之下，做“税务生意”成了快捷、一本万利的“创新业务”与“新经济业务”。但其中良莠不齐，混淆是非之事频发，整顿中介机构非法、不合规执业，打击黑中介，已列入了相关部门的工作部署中。

《国家税务总局 国家互联网信息办公室 国家市场监督管理总局关于规范涉税中介服务行为 促进涉税中介行业健康发展的通知》（税总纳服发〔2022〕34号）提出：

**二、规范内容**

根据中办、国办印发的《关于进一步深化税收征管改革的意见》关于加强对涉税中介组织的执业监管和行业监管的要求，针对近期涉税中介领域出现的新情况、新问题，此次规范涉税中介服务行为相关工作重点聚焦以下内容：

（一）涉税中介通过各类自媒体、互联网平台以对避税效果作出保证性承诺为噱头招揽业务，以利用注册“空壳”企业、伪造享受税收优惠资质等方式，帮助纳税人偷逃税款或骗取享受税收优惠为目的，违规提供税收策划服务的问题。

（二）涉税中介通过各类自媒体、互联网平台发布涉税服务虚假宣传及广告信息，妨碍市场公平竞争、损害委托人利益的问题。

（三）涉税中介通过各类自媒体、互联网平台发布不实信息，歪曲解读税收政策，扰乱正常税收秩序的问题。

从当下强化税收征管、进行行业整顿的情形来看，可能会涉及表1.6所示情况：

**表1.6**

| 风险事项 | 问题描述 | 职业风险 |
| --- | --- | --- |
| 委托代征（代开发票） | 通过与税务机关对接的系统代开发票、代征税款，发票开具“有需必应”且“英雄辈出”，税款代征“没有最低只有更低”，大量没有真实性业务支撑的发票流入千家万户的企业账中，规避企业所得税与个税事项多发 | 存在未按税务机关的要求代征税款、涉嫌虚开发票的风险。监管审计部门已持续对大额代开、不合规代征的平台或个人进行查核与追责处理中 |

续表

| 风险事项 | 问题描述 | 职业风险 |
|---|---|---|
| 套用劳务派遣业务税收政策"虚开"差额发票 | 利用劳务派遣差额计增值税的政策，大量差额开具发票协助走账套现与虚列成本费用 | 虚开发票的风险、偷税的风险、洗钱的风险 |
| 成立大量个体或个独、合伙企业等形式的主体从事虚开发票或者协助虚开发票套利润或所得的情形 | 利用某些地区的招商政策，大规模地成立核定主体，利用疫情期间小规模纳税人1%的征收率与免税优惠政策，大量地向外虚开发票 | 虚开发票的风险、骗取财政补贴的风险[1] |
| 利用用工（或无车运输）平台虚开发票的风险 | 成立用工平台向不确定业务内容的单位虚开发票 | 虚开发票、洗钱犯罪的风险 |
| 在没有真实业务的情形下作为中间方介绍企业之间虚开发票 | "撮合"发票业务，扮演中间人，介绍虚开发票 | 虚开发票的风险 |

上述的业务事项，作为一门生意，频频出现在一些微信视频号、招商广告或某些培训中，似乎形成了产供销的市场业态，有部分人还在野蛮地继续开展这方面的业务。据笔者的观察，从2021年开始，各地税务与公安、司法部门协同处理的案例，监管与规范、治理正在更密集地到来，中介机构、服务平台的人士们，重新审视自己的业务场景，重新认识政策、认识法律责任，忌贪忌恋，防范风险，已是刻不容缓。

## 案　例

近期，国家税务总局漯河市税务局稽查局根据税收大数据分析和相关线索，与公安部门密切配合，依法查处了以王某某（男）、朱某（男）、冷某某（女）为首的文娱领域"黑中介"涉税违法案件。

---

[1]《刑法》第二百六十六条【诈骗罪】诈骗公私财物，数额较大的，处三年以下有期徒刑、拘役或者管制，并处或者单处罚金；数额巨大或者有其他严重情节的，处三年以上十年以下有期徒刑，并处罚金；数额特别巨大或者有其他特别严重情节的，处十年以上有期徒刑或者无期徒刑，并处罚金或者没收财产。本法另有规定的，依照规定。

经查，2019年7月以来，王某某、朱某、冷某某等人利用他人身份信息，通过在全国11个省（市）注册北京泽×税务咨询有限公司、九江市泽×影视文化产业园有限公司、湖南蓝山铭×企业管理中心、舞阳县华×文化服务有限公司等600余户企业，以从事影视劳务外包、推荐演员和宣传合作等名义，在没有发生实际经营业务的情况下，为有关文娱领域从业人员虚开发票，并帮助有关文娱领域从业人员设立“空壳”企业逃避缴纳税款，从中牟取非法利益。目前，王某某、朱某、冷某某3名主要犯罪嫌疑人已被司法机关依法逮捕。

河南省漯河市税务部门有关负责人表示，正按照统一部署，采用先提示提醒，再督促辅导，后予以警告，对警告后仍拒不配合整改的依法立案稽查，对立案案件选择部分情节严重的进行公开曝光的工作步骤，对明星艺人、网络主播纳税情况依法进行规范。对该案涉及的文娱领域从业人员正督促其进行自查整改。对于在2021年底前主动报告和纠正涉税问题的，税务部门将依法从轻、减轻或者免予税务处罚，对仍拒不自查自纠或者自查自纠不彻底的，将依法依规严肃处理，切实营造法治公平的税收营商环境，促进行业在发展中规范，在规范中发展。

## 附　知识要点

### 要点1　常见的发票类型有哪些，区别有哪些？（见表1.7）

表1.7

<table>
<tr><th>发票类型</th><th>介质</th><th>签　章</th><th>功　能</th><th>备　注</th></tr>
<tr><td>增值税专用发票</td><td>纸质</td><td>发票专用章</td><td>记账凭据（税前扣除凭证）、抵扣凭证</td><td rowspan="3">• 法律用途、使用功能一致<br>• 纸质需要打印邮寄，电子不需要打印邮寄<br>• 电子专用发票与全电票样式不同、原理不同，后者是全数字发票</td></tr>
<tr><td>增值税电子专用发票</td><td>电子</td><td>电子签名代替发票专用章</td><td>同上</td></tr>
<tr><td>电子发票（增值税专用发票）</td><td>电子（全电票数字化传递）</td><td>无需盖发票专用章</td><td>同上</td></tr>
</table>

续表

| 发票类型 | 介质 | 签　章 | 功　能 | 备　注 |
| --- | --- | --- | --- | --- |
| 增值税普通发票 | 纸质 | 发票专用章 | 记账凭证，特定情形下是差额计增值税的凭证 | ● 三者功能相同，差异还是在于纸质与电子的区别<br>● 纸质的易于毁损、丢失，且需要邮寄传递的成本，电子的易于进行电子化计账与信息使用管理之用 |
| 增值税电子普通发票 | 电子 | 增值税电子发票公共服务平台开具电子签名代替发票专用章 | 同上 | |
| | 电子 | 通过增值税电子发票系统开具需盖章（已自动生成电子签章） | 同上 | |
| 电子发票（普通发票） | 电子（全电票数字化传递） | 无需盖发票专用章 | 同上 | |
| 通行费电子普通发票 | 电子 | 显示发票专用章（已自动生成电子签章） | 按照收费公路通行费增值税电子普通发票上注明的增值税额抵扣进项税额 | 具有抵扣增值税功能的电子普通发票 |
| 飞机票（航空运输电子客票行程单） | 纸质 | 套印的发票专用章 | 付款凭证或报销凭证，具有抵扣增值税的特殊规定① | 若是通过代理机构订票其开具的是增值税普通发票时（单位抬头），可以一并作为辅助报销凭据，可以抵扣增值税 |
| 火车票（高铁票） | 纸质 | 无章 | 同上 | 大家基本上比较熟悉高铁的报销凭证取得方式② |
| 出租车票 | 纸质 | 套印发票专用章 | 税前扣除凭证，不能抵扣增值税 | 现实当中“买”出租票、飞机票、车票入账的情形要注意 |
| 网约车普通发票 | 电子或纸质 | 视使用的开票系统电子的可能有也可能没有，纸质的必然有 | 税前扣除凭证，可抵扣增值税③ | 可以抵扣增值税 |
| 定额发票 | 纸质 | 有发票专用章 | 税前扣除凭证 | 常见的如餐饮行业、停车场 |
| 电信业务发票 | 电子或纸质 | 同上 | 同上 | 预存的费用形式的税率栏为 *，因为尚无法区分服务的具体适用税率④ |
| 加油票（增值税普通发票） | 同上 | 同上 | 同上 | 购买油卡的情形下是开具普通发票，后面可换根据实际使用开专用发票，特殊允许开具普通发票时不需计缴增值税 |

表1.7相关问题说明如下：

①相关法规。

《关于深化增值税改革有关政策的公告》（财政部、税务总局、海关总署公告2019年第39号）规定：

六、纳税人购进国内旅客运输服务，其进项税额允许从销项税额中抵扣。

（一）纳税人未取得增值税专用发票的，暂按照以下规定确定进项税额：

1. 取得增值税电子普通发票的，为发票上注明的税额；

2. 取得注明旅客身份信息的航空运输电子客票行程单的，为按照下列公式计算进项税额：

航空旅客运输进项税额 =（票价 + 燃油附加费）÷（1+9%）×9%

3. 取得注明旅客身份信息的铁路车票的，为按照下列公式计算的进项税额：

铁路旅客运输进项税额 = 票面金额 ÷（1+9%）×9%

4. 取得注明旅客身份信息的公路、水路等其他客票的，按照下列公式计算进项税额：

公路、水路等其他旅客运输进项税额 = 票面金额 ÷（1+3%）×3%

《关于国内旅客运输服务进项税抵扣等增值税征管问题的公告》（国家税务总局公告2019年第31号）规定：

一、关于国内旅客运输服务进项税抵扣

（一）《财政部 税务总局 海关总署关于深化增值税改革有关政策的公告》（财政部、税务总局、海关总署公告2019年第39号）第六条所称“国内旅客运输服务”，限于与本单位签订了劳动合同的员工，以及本单位作为用工单位接受的劳务派遣员工发生的国内旅客运输服务。

（二）纳税人购进国内旅客运输服务，以取得的增值税电子普通发票上注明的税额为进项税额的，增值税电子普通发票上注明的购买方“名称”“纳税人识别号”等信息，应当与实际抵扣税款的纳税人一致，否则不予抵扣。

（三）纳税人允许抵扣的国内旅客运输服务进项税额，是指纳税人2019年4月1日及以后实际发生，并取得合法有效增值税扣税凭证注明的或依据其计算的增值税税额。以增值税专用发票或增值税电子普通发票为增值税扣税凭证的，为2019年4月1日及以后开具的增值税专用发票或增值税电子普通发票。

②车票可以用来报销吗？

依据国家发票管理有关规定，铁路行业发票实行专业管理。

国务院原铁路主管部门对铁路运输票据的式样、印制标准以及填写、使用方法有较为严格的规章制度，铁路部门出具的车票、区段票、代用票、客运运价杂费收据、退票费报销凭证、退票报销凭证、定额票、手续费等运输票据，具有发票属性，可用于报销。（资料来源：12306网站）

③滴滴等平台开具的旅客运输普通电子发票是否可以抵扣？企业使用网约车软件取得的普通电子发票是否可以进行抵扣？

答：现行政策规定，一般纳税人购进国内旅客运输服务，取得增值税电子普通发票的，暂允许按发票上注明的税额抵扣进项税。因此，纳税人取得增值税电子普通发票无需注明旅客身份信息，而是按现行发票开具相关规定执行。（资料来源：国家税务总局网站，2019年10月11日）

④关于江西联通，通信行业电子发票无显示税率的问题。

问题内容：目前，电信行业开具的是电子发票，而发票上税率一列只显示符号*，不显示税率，请问这样是否合规？通信行业是否是由于国家税务局特许运营商电子发票不作价税分离，不是免税业务，不影响收票方正常使用？

答复内容：国家税务总局江西省12366纳税服务中心答复：尊敬的纳税人（扣缴义务人、缴费人）您好！您提交的网上留言咨询已收悉，现答复如下：运营商电子发票符合国家税务总局相关业务及技术规范，可以通过国家税务局全国增值税发票查验平台进行查验，税率为*，是由于国家税务局特许运营商电子发票不作价税分离，不是免税业务，不影响收票方正常使用。上述回复仅供参考，若您对此仍有疑问，请联系12366热线或您的主管税务机关咨询。（资料来源：江西省税务局，2019年11月26日）

上面的这些发票类型是日常比较多见的，另外可能还有一些印有企业名称的普通发票、通用发票等票据，一般来讲，只要是正规单位开具的发票，无论是电子还是纸质的，相对都是安全的。现在大规模地在车站、街头兜售发票的情形越来越少了，这一方面是国家打击的力度，二是专用发票的勾选认证及金三系统的发票比对等信息化手段提升了发票的开具与使用，手写发票基本上消失了。现在的问题主要是发票真但业务不真，这主要涉及老板及财务人员的自我风险管理。

**要点 2　日常业务需要哪种发票**

发票种类何其多，但也没太多必要天天研究发票“技术问题”，毕竟研究这些比较难有生产力，老板们还是要想办法创造外在价值流入，不需天天进行内部的“修炼”。一般来讲，我们对发票的理解可以作表 1.8 所示考虑：

表 1.8

| 情　形 | 目　的 | 备　注 |
|---|---|---|
| 专用发票 | 抵扣兼报销用途 | 如果明确知道不能抵扣，或者是认为业务“说不清”的，考虑取得普通发票或以其他凭证列支 |
| 专用发票以外的发票 | 通常是报销功能，个别有抵扣、差额扣减增值税销售额的功能 | 近年来普通发票的虚开越来越多样化，屡有报道涉嫌违法犯罪、补税的案例 |
| 不征税发票① | 也具有税前扣除举证的功能，如果没有发票也不影响税前扣除，其主要功能还是基于业务办理中的需要 | 主要是指没有发生应计增值税义务，但又考虑到特定目的允许开具的一种发票类型 |
| 个人抬头的报销发票或票据 | 税前扣除，个别情形下具有抵扣功能 | 比如高铁票、飞机行程单等 |
| 应开具但不（未）开具发票只给流水单 | 不符合税前扣除凭证，比如用餐的结算单、订票记录等 | 如果没有发票，作为会计凭证，以其作为辅助证据使用的 |
| 境外票据 | 境外出差、住宿、购物等发生的费用多数情形下没有统一的发票样式，一般以其收据或销售方打印的 nvoice 等入账，税前扣除 | 境外票据亦有造假的情形也需要关注 |

**注：**

① 编码 6 开头的“未发生销售行为的不征税项目”的下设子目，对应的商品和服务税收分类编码已有 16 项：

601：预付卡销售和充值；
602：销售自行开发的房地产项目预收款；
603：已申报缴纳营业税未开票补开票；
604：代收印花税；
605：代收车船使用税；
606：融资性售后回租承租方出售资产；
607：资产重组涉及的不动产；
608：资产重组涉及的土地使用权；
609：代理进口免税货物货款；
610：有奖发票奖金支付；
611：不征税自来水；
612：建筑服务预收款；
613：代收民航发展基金；
614：拍卖行受托拍卖文物艺术品代收货款；
615：与销售行为不挂钩的财政补贴收入；
616：资产重组涉及的货物。

在日常业务中，比如在存在不方便提供用餐发票时，以自己去找了一些其他购物发票来报销，这就是虚假的且极可能涉及虚开的行为。当取得对方开具的发票时，一定要注意核对单位名称、收款方名称，必要时让财务核查票据的真实性。

## 案 例

宏大公司给业务人员制定了一项制度，单笔支出在5 000元以上的费用，需要总经理签字，5 000元以下的费用，只需要部门经理签字。张三作为一名业务经理，在某次业务中发生费用6 000元，为了避开总经理的审批权限，于是让销售方分别开具了两张3 000元的发票，并分次进行了报销。内审人员在报销复核中，发现来源于同一单位的发票，经比对两张发票连号后，及时向总经理进行了汇报，对张三进行了处理。

**分析：**作为内控管理的一部分，发票在一个公司的运营、财务合规及程序标准化、数据信息化中起着重要的作用。无论对内，还是对外，其风险是无所不在的，制定便捷高效的内控制度很大程度上也是为了规避风险。在某些企业，甚至一些大型企业中，由于业务人员在提供业务过程当中，有一些费用无法取得发票，但相关的支出又发生了，东拼西凑发票是常有的事，不排除有一些发票就是“买来的”。曾经某地税务机关进行发票风险排查时，告知企业其接受的发票中有50余张涉嫌虚开发票，要求查实并进行补缴企业所得税及滞纳金。企业会计经过查实，发现最终报销的发票是20余张，有30张当时没有审核通过，这也算是一件幸事了。

**要点3　发票如何查询真伪？**

前几年，特别是纸质普通发票占主流的时候，一个大公司往往要配备人员专门进行发票真伪检查。即便这样还不放心，因为有的可能是套票，也有的在查询的时候是没有问题，但过一阵再查就出问题了，比如有的开票方开具发票之后，过一阵在系统中作废，这类情形时有发生。

发票的取得风险，是需要以“防人之心不可无”来防范的（见表1.9）。

表1.9

| 类　型 | 查询方式 | 注意事项 |
|---|---|---|
| 可以查验使用增值税发票管理系统开具的发票，包括：（1）增值税专用发票；（2）增值税电子专用发票；（3）电子发票（增值税专用发票）；（4）电子发票（普通发票）；（5）电子发票（铁路电子客票）；（6）增值税普通发票（折叠票）、增值税普通发票（卷票）；（7）增值税电子普通发票（含收费公路通行费增值税电子普通发票）；（8）机动车销售统一发票；（9）二手车销售统一发票 | 国家税务总局全国增值税发票查验平台https://inv-veri.chinatax.gov.cn/index.html<br>目前当日开具发票当日可查验。每份发票每天最多可查验5次。可查验最近5年内增值税发票管理系统开具的发票 | 其实增值税专用发票已实现了平台勾选的功能，一般情形下，有了推送信息的也会支持发票本身的真实性，至于是不是涉及虚开并不是发票真伪所决定的。比如纸质发票，虽有了系统推送的功能，但在抵扣规定上仍需要取得纸质发票为前提与支持 |
| 飞机行程单 | http://www.caac.gov.cn/INDEX/HLFW/DZKPYZ/ | 一般还需要了解人员是不是公司的业务相关人员，人员真实性这是需要认真核实的，购买虚假行程单的案例屡见不鲜 |
| 部分省份税务机关或服务机构提供的查询功能 | 比如通过搜索查询发票查验时出来较多接口，建议优先选择国家税务总局平台查询 | 特定情形下查询12366或者到税务机关窗口咨询 |

前面我们提到过，这里的真伪，是指的形式上的真假，业务是不是真实的，这是需要更多的表现与证据来判断。但有时候，确实会产生让你证明“你爸是你爸”的问题，严格的管理规范之下，不乏个别税务人员钻牛角尖的情形。

**案 例**

张三是一家财务投资咨询公司的负责人，主要以寻找、介绍与对接财务投资为主，2021年3月份，其介绍的某创业企业取得了某基金的投资，投资额是5 000万元，张三取得了2%的服务费，即100万元。在某次的税务评估中，税务机关发现单次开具发票量比较大，于是安排负责的税务人员进行确认业务真实性。于是该负责人员要求该公司提供成本依据，包括合同、收款与申报数据，同时还要求提供成本凭据，包括安排了什么人员做了什么事，这些人员扣个税的记录、出差记录、电话记录、住宿记录，与谁做了什么样的咨询活动，发生了多少费用成本，服务成果是什么，成果是如何交付的，有没有签收确认等等，以来证明收费的真实性、合理性。税务人员质疑：“凭什么收这多么服务费？”这可让张三为难了，我就通过自己的脑力智力劳动，自己的资源掌握及渠道，没有花多少成本达成的业务，比如就是认识相关领域，与渠道的人员进行的撮合，难道非要证明支出成本吗？再说自己也不能瞎编发生了送给别人“回扣”，没发生的事如何证明啊！真要提供那得瞎编了。现实当中，某些人员对于业务的理解，确实可能是教条的，也有误解的，即认为有所得，应付出可视的成本、证据。当用传统的思路来考虑问题的时候，这就可能误解了一个企业的运营与一个个人的价值的匹配差异，不是虚开也被“认成”了虚开。

**分析：**税务问题，有很多情形下是跟征管要求、管理人员的理解紧密相关的，它不仅仅是法的问题，不排除有时也有人的因素、情的因素在里面。当把税务问题置入发生时的社会环境、经济环境与法律治理环境之下时，其解决之策，也需要从更大的视角和商业情景来想象与对接应对，而不仅仅就是法条及其理解之间的“碰撞”。

**要点 4　发票需要在什么时候取得报销?**

从政策规范看，发票是在收款或发生纳税义务时开具。但在实务中，早开与滞后开的情形也比较多见，还有不给开具的，特别是私下个人之间的交易消费，索取发票的难度比较大。（见表 1.10）若作为消费者，要发票的动力也不强，尽管时不时各地税务机关会实施一些发票抽奖的活动，由于概率少、奖励金额也不大，吸引力并不大。

**表 1.10**

| 事　项 | 会计处理 | 税务处理 |
|---|---|---|
| 业务发生时取得发票 | 入账作凭证 | 支持税前扣除 |
| 提前取得发票 | 入账作应付款项等处理 | 业务发生时确定扣除 |
| 滞后取得发票 | 应在业务发生时归属记账期间 | 在业务发生时确定扣除所属期，一般来讲当年成本费用可在次年汇算清缴前取得 |
| 抵扣票据 | 参照上述不同的情形 | 取得时即可抵扣，目前已没有比如 360 天内抵扣这样的要求期间了，抵扣没有期限，理论上看直到最终企业注销 |

所以，对于发票，宜及时取得。下面两种情形，可能有的老板也遇到过。

**案　例**

张三是宏大公司的股东与运营管理人，自己在网上购物时“喜欢”以宏大公司的名义开具发票，有一次张三购买了一些家庭用品，共计 5 000 元，他想，这些费用列在公司的账上也不大合适，于是就把发票搁置起来不作报销处理了。在某次税务部门进行异常费用的风险检查时，要求财务提供该发票的列账情形，结果账上并无此发票报销。财务人员找到张三确认，张三提到确有此发票，只是自己没有报销，这种情形下该如何办啊?

**分析：**取得了公司抬头的发票，但是没有进行报销，这种情形下，对于公司的法律责任是相对安全的，对于个人来讲，从大的方面看算是未合规取得发票。还有的情形比如开具了专用发票，但未进行报销，也未进行抵扣，这也没有造成国家税款的流失，某些情形下，可能有涉嫌虚开的行为，由于没有造成危害国家税收的结果，其责任也宜相对较轻的（若从虚开增值税专用发票罪行为犯的角度，也可能被追究刑事责任，但这种观点已得到了不少的调整，若从结果犯的角度，则相应会减轻或免除处罚）。当然，如果购买了虚开的增值税专用发票，但是没有使用，刑法上的非法购买增值税专用发票罪需要注意一下[1]。

**案 例**

张三投资设立了宏大公司，并雇用了一名会计，这名会计的要求非常严格，只要是当期支付的成本费用，必须有发票，不然不做账，不挂预付管理。张三不大懂财务，于是跟所有业务合作方的交易，都明确地提出会计的要求，而跨年取得的发票，一律只能记在第二年扣除，不管费用归属期，因为其认为发票的日期就是归属期的唯一判断标准。

**分析：**“以票作收入，以票入费用”，这类处理似乎成了一些财务人员的“基本标准”，因为别的也不想多理解、多费心，更不想操心老板的生意是什么，过程如何，反正有发票做账，这样没风险，税务机关的系统也不会预警，多合规啊！笔者认为，这种偷懒式财务处理，也是“发票管税”机械理解之下的产物，尽管比较务实，但其实是需要结合具体的业务场景，依会计核算准则进行合理判断、处理的，一个公司的业务是滚动的，并不是静止的，此时并不涉及发票本身的问题，是涉及记账与扣减归属期的问题，这是会计与税务处理的规则，需要专业掌握。

### 要点 5 主要的发票样式参考

参照《国家税务总局广东省税务局关于进一步开展全面数字化的电子发票试点工作的公告》文件，部分全电发票的样式如图 1.5 至图 1.7 所示：

---

[1] 第二百零八条 【非法购买增值税专用发票、购买伪造的增值税专用发票罪】非法购买增值税专用发票或者购买伪造的增值税专用发票的，处五年以下有期徒刑或者拘役，并处或者单处二万元以上二十万元以下罚金。

非法购买增值税专用发票或者购买伪造的增值税专用发票又虚开或者出售的，分别依照本法第二百零五条、第二百零六条、第二百零七条的规定定罪处罚。

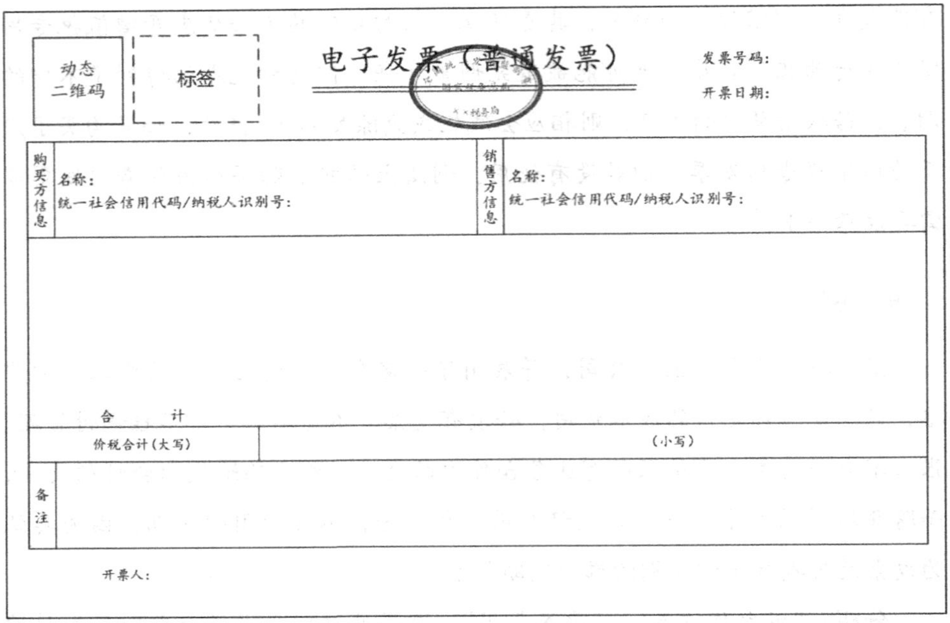

动态二维码 标签 电子发票（普通发票） 发票号码： 开票日期：

购买方信息 名称： 统一社会信用代码/纳税人识别号：

销售方信息 名称： 统一社会信用代码/纳税人识别号：

合 计

价税合计（大写） （小写）

备注

开票人：

图 1.5 普通发票样式

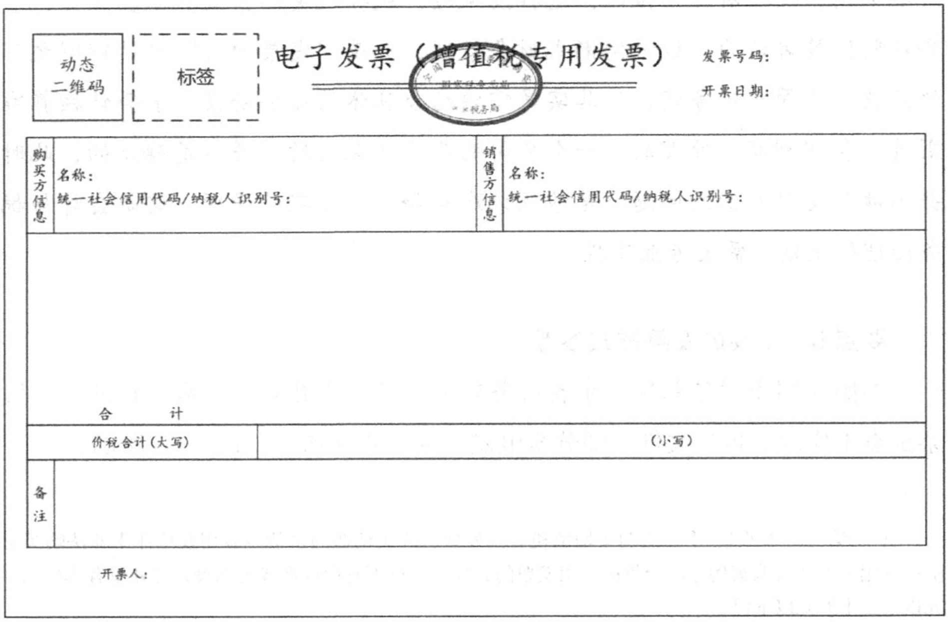

动态二维码 标签 电子发票（增值税专用发票） 发票号码： 开票日期：

购买方信息 名称： 统一社会信用代码/纳税人识别号：

销售方信息 名称： 统一社会信用代码/纳税人识别号：

合 计

价税合计（大写） （小写）

备注

开票人：

图 1.6 增值税专用发票样式

| 动态二维码 | 建筑服务 | 电子发票（　　） | 发票号码：<br>开票日期： |
|---|---|---|---|

| | | | |
|---|---|---|---|
| 购买方信息 | 名称：<br>统一社会信用代码/纳税人识别号： | 销售方信息 | 名称：<br>统一社会信用代码/纳税人识别号： |

| 项目名称 | 建筑服务发生地 | 建筑项目名称 | 金　额 | 税率/征收率 | 税　额 |
|---|---|---|---|---|---|
| | | | | | |
| 合　　计 | | | | | |

| | |
|---|---|
| 价税合计（大写） | （小写） |
| 备注 | 土地增值税项目编号：<br>跨地（市）标志： |

开票人：

图 1.7　建筑服务电子发票样式

| 动态二维码 | 旅客运输服务 | 电子发票（　　） | 发票号码：<br>开票日期： |
|---|---|---|---|

| | | | |
|---|---|---|---|
| 购买方信息 | 名称：<br>统一社会信用代码/纳税人识别号： | 销售方信息 | 名称：<br>统一社会信用代码/纳税人识别号： |

| 项目名称 | 单　价 | 数　量 | 金　额 | 税率/征收率 | 税　额 |
|---|---|---|---|---|---|
| | | | | | |
| 合　　计 | | | | | |

| 出行人 | 有效身份证件号 | 出行日期 | 出发地 | 到达地 | 等级 | 交通工具类型 |
|---|---|---|---|---|---|---|
| | | | | | | |

| | |
|---|---|
| 价税合计（大写） | （小写） |
| 备注 | |

开票人：

图 1.8　旅客运输服务电子发票样式

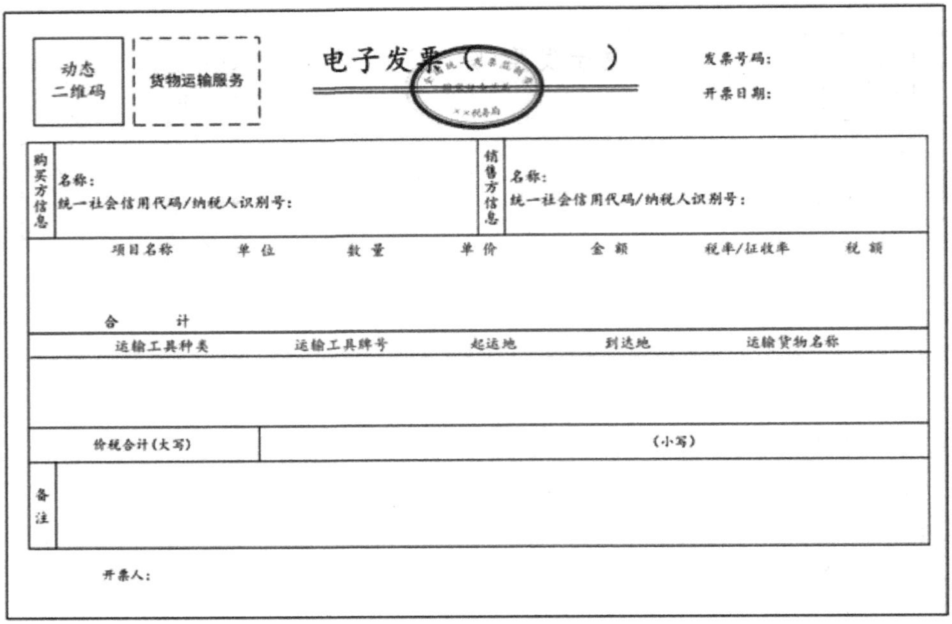

动态二维码　货物运输服务　电子发票（　　　）　发票号码：　开票日期：

| 购买方信息 | 名称：<br>统一社会信用代码/纳税人识别号： | 销售方信息 | 名称：<br>统一社会信用代码/纳税人识别号： |
|---|---|---|---|

| 项目名称 | 单位 | 数量 | 单价 | 金额 | 税率/征收率 | 税额 |
|---|---|---|---|---|---|---|
| | | | | | | |
| 合　计 | | | | | | |

| 运输工具种类 | 运输工具牌号 | 起运地 | 到达地 | 运输货物名称 |
|---|---|---|---|---|
| | | | | |

| 价税合计（大写） | （小写） |
|---|---|
| 备注 | |

开票人：

图 1.9　货物运输服务电子发票样式

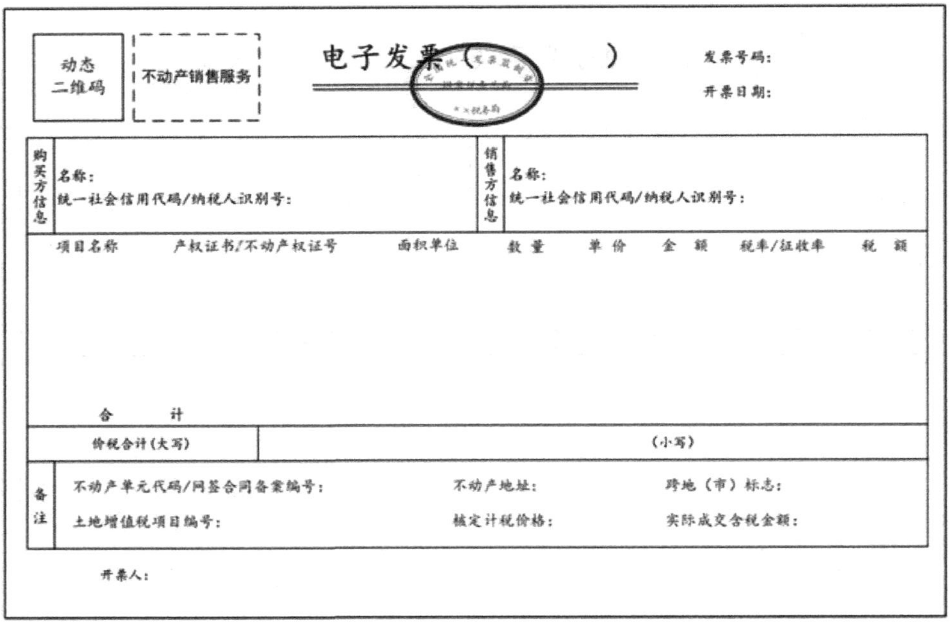

动态二维码　不动产销售服务　电子发票（　　　）　发票号码：　开票日期：

| 购买方信息 | 名称：<br>统一社会信用代码/纳税人识别号： | 销售方信息 | 名称：<br>统一社会信用代码/纳税人识别号： |
|---|---|---|---|

| 项目名称 | 产权证书/不动产权证号 | 面积单位 | 数量 | 单价 | 金额 | 税率/征收率 | 税额 |
|---|---|---|---|---|---|---|---|
| | | | | | | | |
| 合　计 | | | | | | | |

| 价税合计（大写） | （小写） | |
|---|---|---|
| 备注 | 不动产单元代码/网签合同备案编号：<br>土地增值税项目编号： | 不动产地址：<br>核定计税价格： |
| | 跨地（市）标志：<br>实际成交含税金额： | |

开票人：

图 1.10　不动产销售电子发票样式

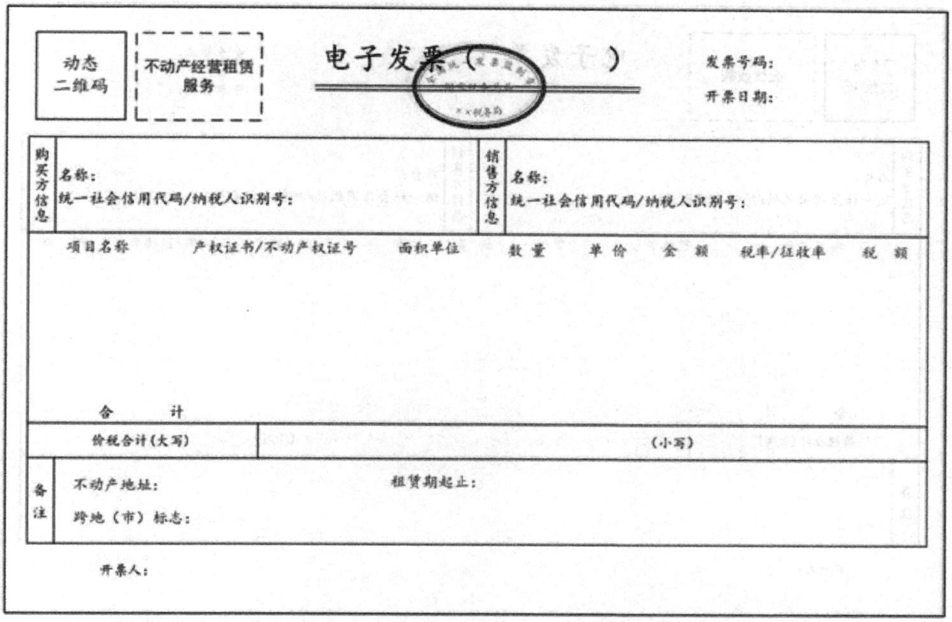
动态二维码
不动产经营租赁服务
电子发票（　　）
发票号码：
开票日期：
购买方信息　名称：
统一社会信用代码/纳税人识别号：
销售方信息　名称：
统一社会信用代码/纳税人识别号：
项目名称　产权证书/不动产权证号　面积单位　数量　单价　金额　税率/征收率　税额
合　　计
价税合计（大写）　（小写）
备注　不动产地址：　租赁期起止：
跨地（市）标志：
开票人：

图 1.11　不动产经营租赁电子发票样式

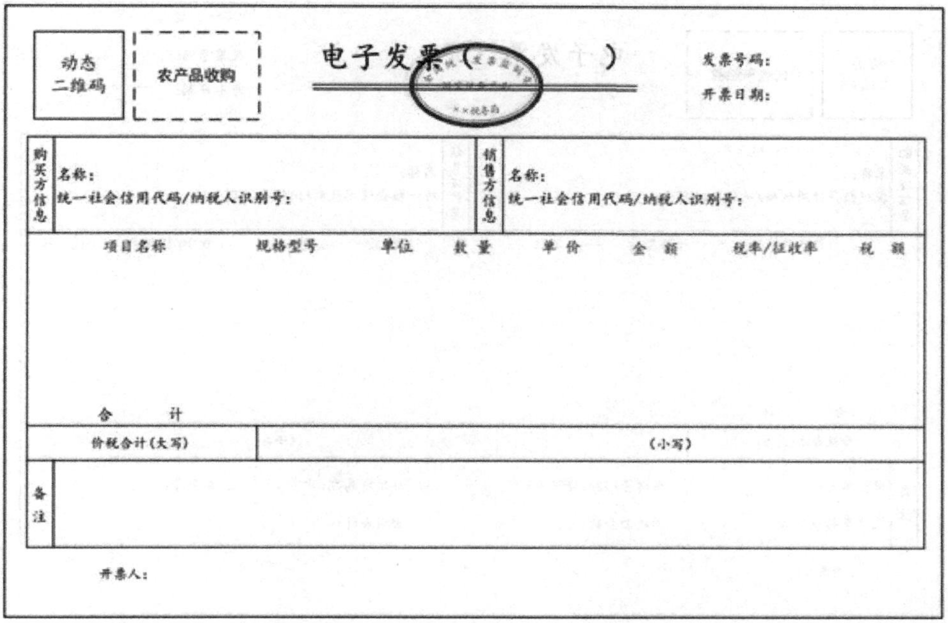
动态二维码
农产品收购
电子发票（　　）
发票号码：
开票日期：
购买方信息　名称：
统一社会信用代码/纳税人识别号：
销售方信息　名称：
统一社会信用代码/纳税人识别号：
项目名称　规格型号　单位　数量　单价　金额　税率/征收率　税额
合　　计
价税合计（大写）　（小写）
备注
开票人：

图 1.12　农产品收购电子发票样式

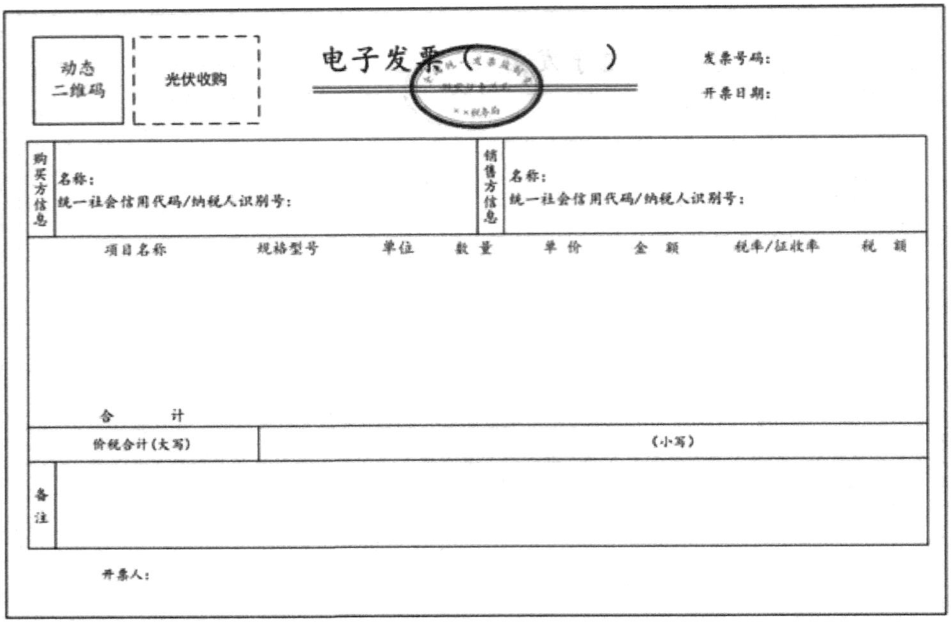

动态二维码 | 光伏收购 | 电子发票（　　　） | 发票号码： | 开票日期：

| 购买方信息 | 名称：<br>统一社会信用代码/纳税人识别号： | 销售方信息 | 名称：<br>统一社会信用代码/纳税人识别号： |
|---|---|---|---|

| 项目名称 | 规格型号 | 单位 | 数量 | 单价 | 金额 | 税率/征收率 | 税额 |
|---|---|---|---|---|---|---|---|
| 合　计 | | | | | | | |

| 价税合计（大写） | （小写） |
|---|---|
| 备注 | |

开票人：

图 1.13　光伏收购电子发票样式

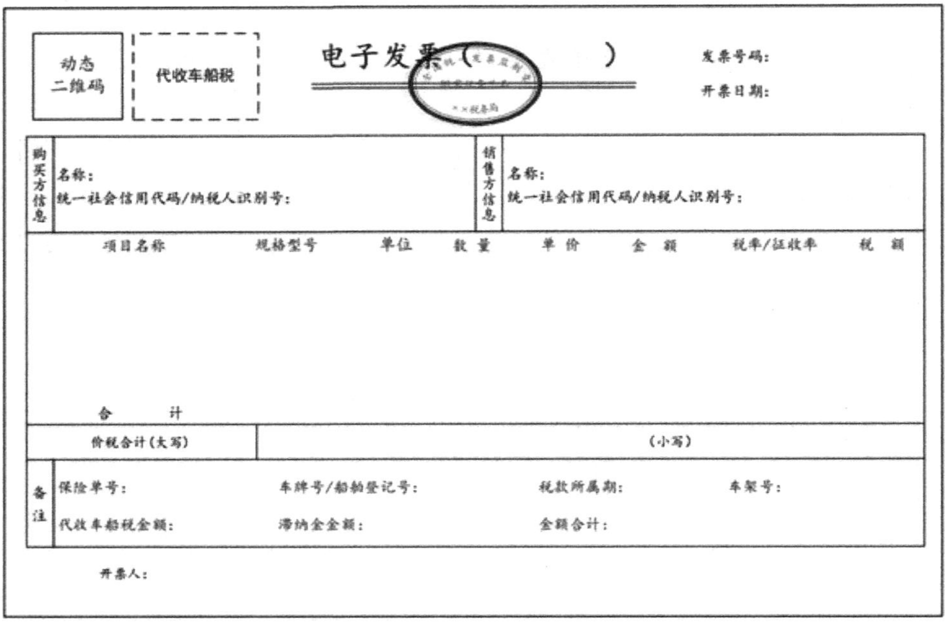

动态二维码 | 代收车船税 | 电子发票（　　　） | 发票号码： | 开票日期：

| 购买方信息 | 名称：<br>统一社会信用代码/纳税人识别号： | 销售方信息 | 名称：<br>统一社会信用代码/纳税人识别号： |
|---|---|---|---|

| 项目名称 | 规格型号 | 单位 | 数量 | 单价 | 金额 | 税率/征收率 | 税额 |
|---|---|---|---|---|---|---|---|
| 合　计 | | | | | | | |

| 价税合计（大写） | （小写） |
|---|---|
| 备注 | 保险单号：　车牌号/船舶登记号：　税款所属期：　车架号：<br>代收车船税金额：　滞纳金金额：　金额合计： |

开票人：

图 1.14　代收车船税电子发票样式

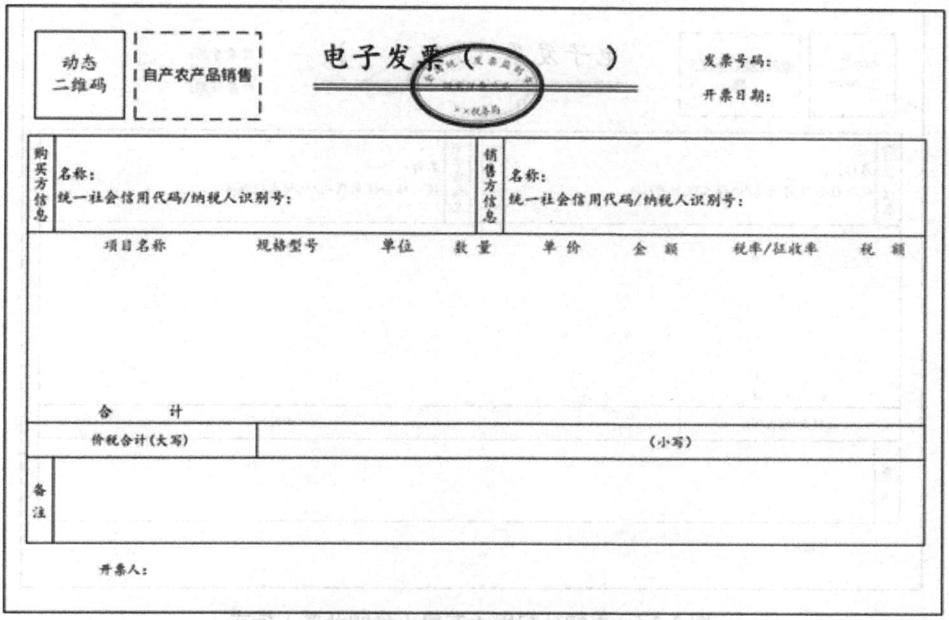

动态二维码　自产农产品销售　电子发票（　　）　发票号码：　开票日期：

| 购买方信息 | 名称：<br>统一社会信用代码/纳税人识别号： | 销售方信息 | 名称：<br>统一社会信用代码/纳税人识别号： |
|---|---|---|---|

| 项目名称 | 规格型号 | 单位 | 数量 | 单价 | 金额 | 税率/征收率 | 税额 |
|---|---|---|---|---|---|---|---|
| 合　计 | | | | | | | |

| 价税合计（大写） | （小写） |
|---|---|
| 备注 | |

开票人：

图 1.15　自产农产品销售电子发票样式

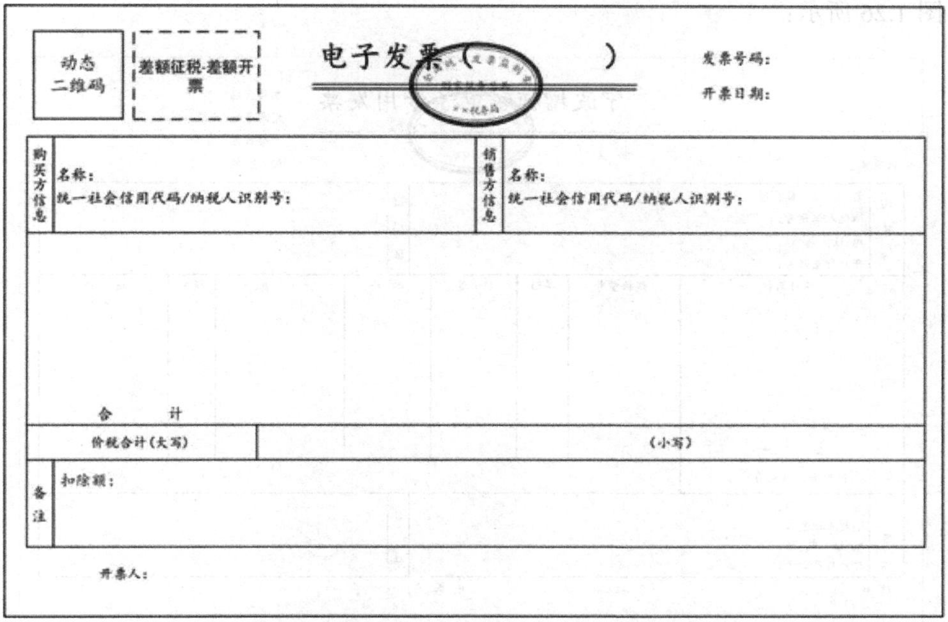

动态二维码　差额征税-差额开票　电子发票（　　）　发票号码：　开票日期：

| 购买方信息 | 名称：<br>统一社会信用代码/纳税人识别号： | 销售方信息 | 名称：<br>统一社会信用代码/纳税人识别号： |
|---|---|---|---|

合　计

| 价税合计（大写） | （小写） |
|---|---|
| 备注 | 扣除额： |

开票人：

图 1.16　差额征税电子发票（差额开票）样式

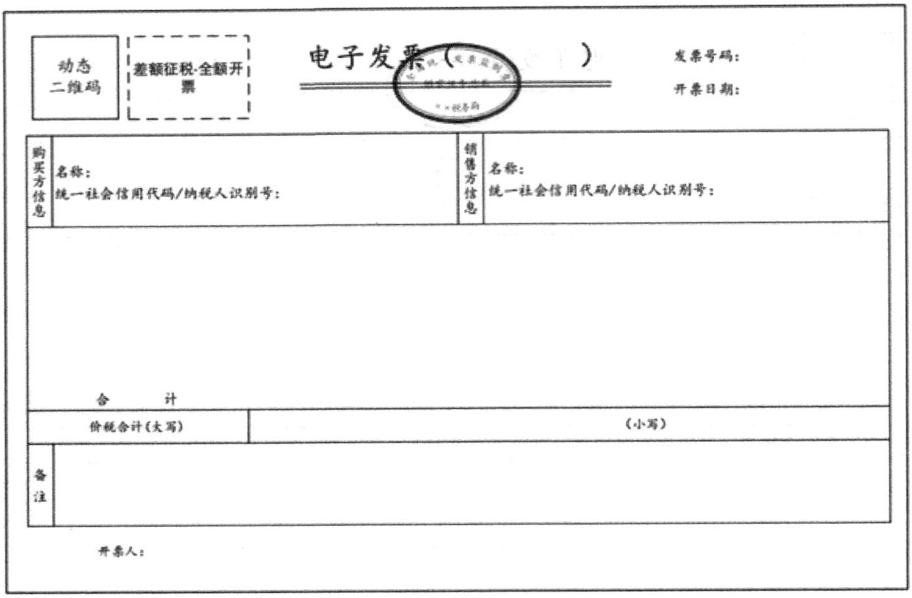

动态二维码

差额征税-全额开票

电子发票（　　　）

发票号码：

开票日期：

| 购买方信息 | 名称：<br>统一社会信用代码/纳税人识别号： | 销售方信息 | 名称：<br>统一社会信用代码/纳税人识别号： |
|---|---|---|---|
| 合　　计 | | | |
| 价税合计（大写） | | （小写） | |
| 备注 | | | |

开票人：

图 1.17　差额征税电子发票（全额开票）样式

除上述试点的全电发票样式外，还有一些传统的发票样式，如图 1.18 至图 1.26 所示：

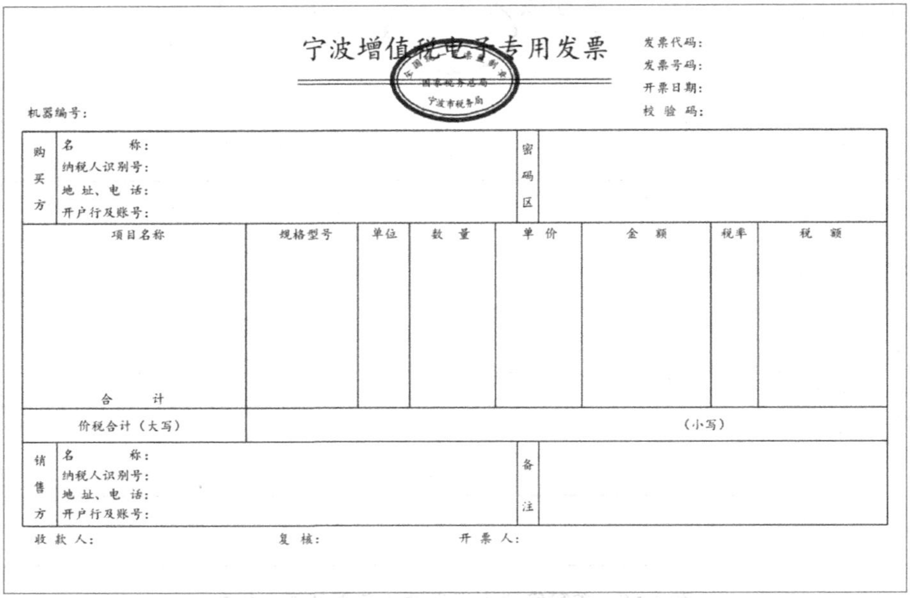

宁波增值税电子专用发票

发票代码：

发票号码：

开票日期：

校 验 码：

机器编号：

| 购买方 | 名　　称：<br>纳税人识别号：<br>地 址、电 话：<br>开户行及账号： | | | | | 密码区 | | |
|---|---|---|---|---|---|---|---|---|
| 项目名称 | 规格型号 | 单位 | 数　量 | 单　价 | 金　额 | 税率 | 税　额 | |
| 合　　计 | | | | | | | | |
| 价税合计（大写） | | | | （小写） | | | | |
| 销售方 | 名　　称：<br>纳税人识别号：<br>地 址、电 话：<br>开户行及账号： | | | | | 备注 | | |

收 款 人：　　复　核：　　开 票 人：

图 1.18　增值税电子专用发票样式

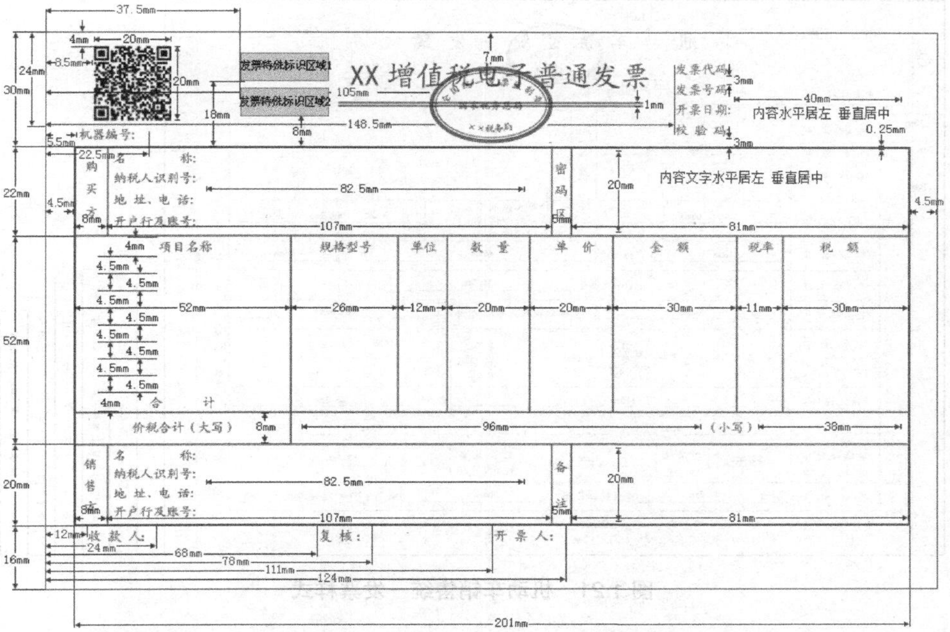


图 1.19　增值税电子普通发票样式（通过增值税电子发票公共服务平台开具）

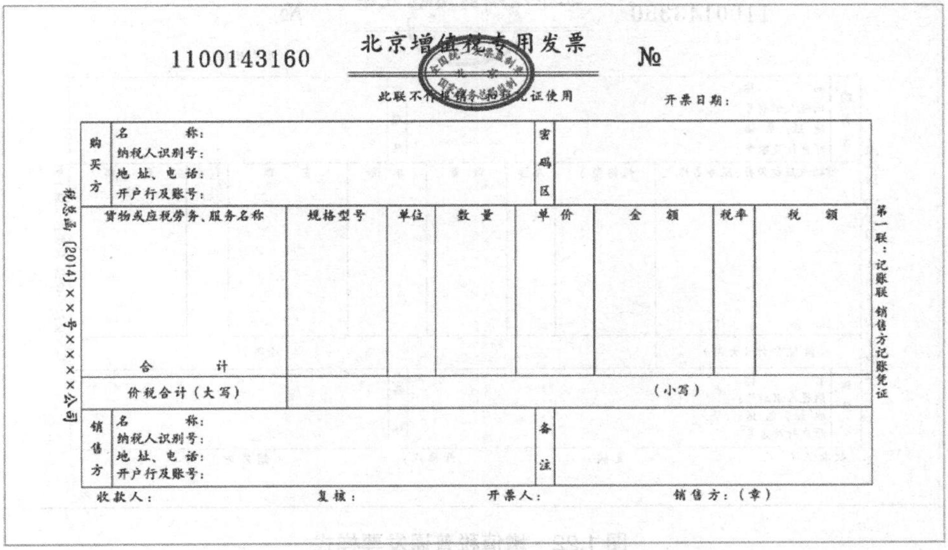


图 1.20　增值税专用发票（纸质样式）

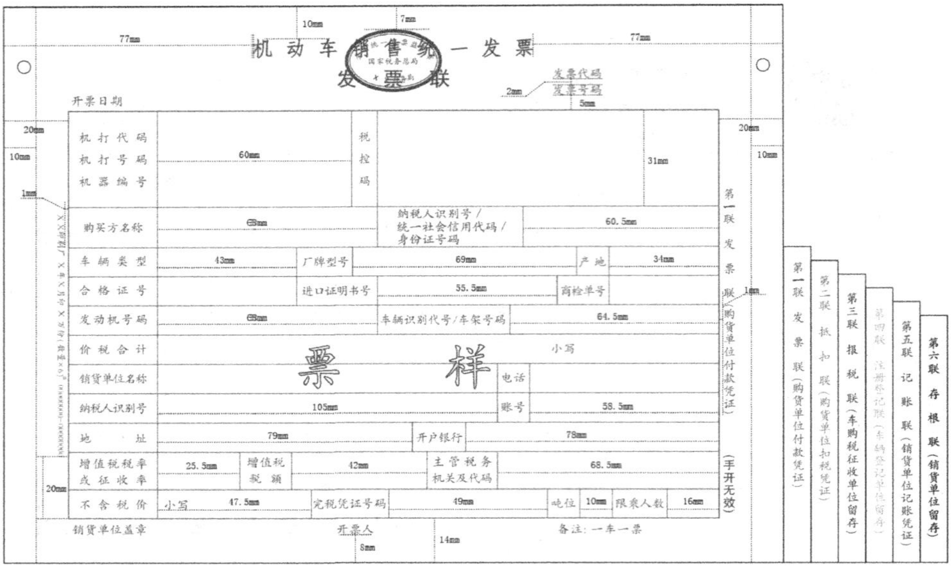


图 1.21　机动车销售统一发票样式

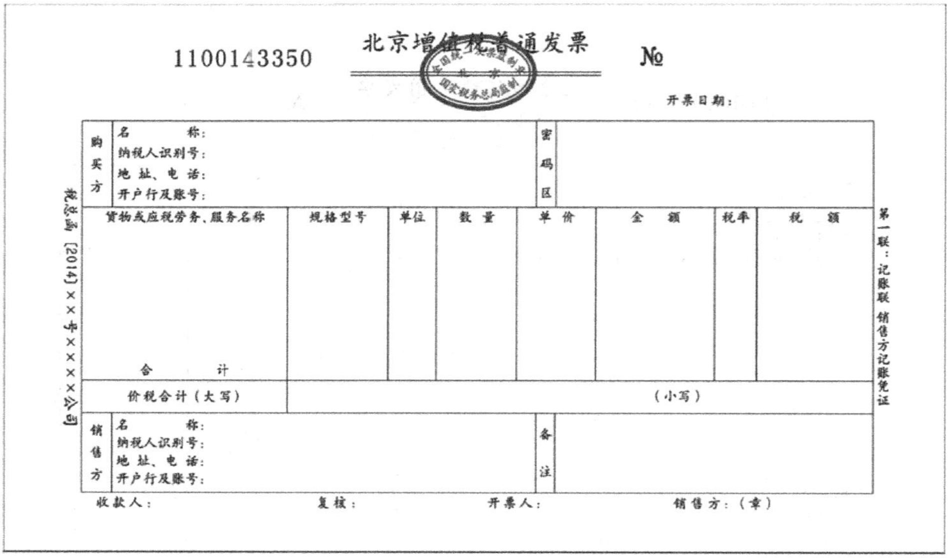


图 1.22　增值税普通发票样式

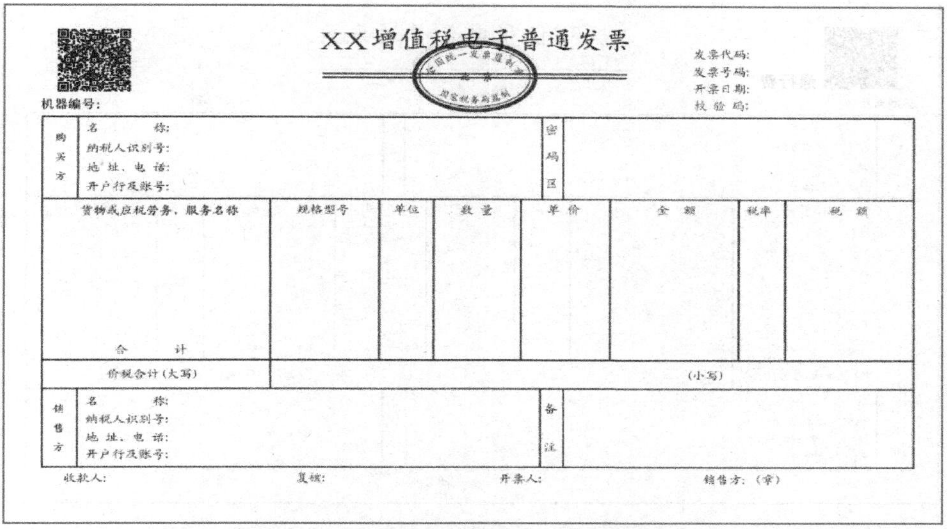
XX增值税电子普通发票

机器编号：

发票代码：
发票号码：
开票日期：
校验码：

| 购买方 | 名称：<br>纳税人识别号：<br>地址、电话：<br>开户行及账号： | 密码区 | |
|---|---|---|---|

| 货物或应税劳务、服务名称 | 规格型号 | 单位 | 数量 | 单价 | 金额 | 税率 | 税额 |
|---|---|---|---|---|---|---|---|
| 合　　计 | | | | | | | |
| 价税合计（大写） | | | | | （小写） | | |

| 销售方 | 名称：<br>纳税人识别号：<br>地址、电话：<br>开户行及账号： | 备注 | |
|---|---|---|---|

收款人：　　复核：　　开票人：　　销售方：（章）

图 1.23　增值税电子普通发票样式（通过增值税电子发票系统开具）

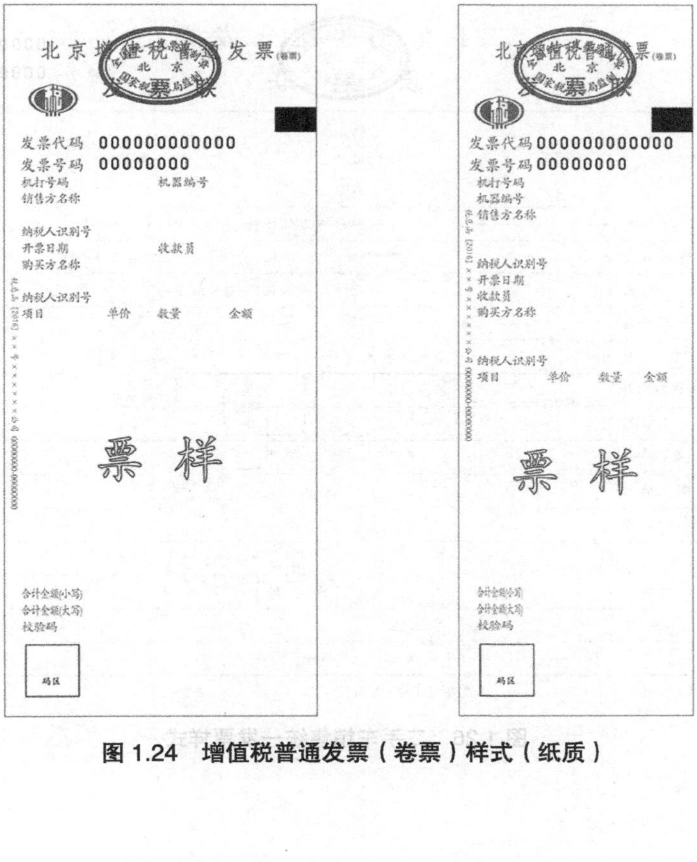
北京增值税普通发票（卷票）

发票代码 000000000000
发票号码 00000000
机打号码　机器编号
销售方名称
纳税人识别号
开票日期　收款员
购买方名称
纳税人识别号
项目　单价　数量　金额

票样

合计金额(小写)
合计金额(大写)
校验码
码区

北京增值税普通发票（卷票）

发票代码 000000000000
发票号码 00000000
机打号码
机器编号
销售方名称
纳税人识别号
开票日期
收款员
购买方名称
纳税人识别号
项目　单价　数量　金额

票样

合计金额小写
合计金额大写
校验码
码区

图 1.24　增值税普通发票（卷票）样式（纸质）

通行费

机器编号:

XX增值税电子普通发票

发票代码:
发票号码:
开票日期:
校 验 码:

| | | | | | | | | |
|---|---|---|---|---|---|---|---|---|
| 购买方 | 名 称:<br>纳税人识别号:<br>地 址、电 话:<br>开户行及账号: | | | | 密码区 | | | |
| 项目名称 | 车牌号 | 类型 | 通行日期起 | 通行日期止 | 金 额 | 税率 | 税 额 | |
| 合 计 | | | | | | | | |
| 价税合计(大写) | | | | | (小写) | | | |
| 销售方 | 名 称:<br>纳税人识别号:<br>地 址、电 话:<br>开户行及账号: | | | | 备注 | | | |

收款人: 复核: 开票人: 销售方:(章)

图 1.25 增值税电子普通发票(通行费)样式

二手车销售统一发票

发 票 联

发票代码 000000000000
发票号码 00000000

开票日期:

| | | | |
|---|---|---|---|
| 机打代码<br>机打号码<br>机器编号 | 72.5mm | 税控码 | 100.5mm |
| 买方单位/个人 | 66.5mm | 单位代码/身份证号码 | 57mm |
| 买方单位/个人住址 | 104mm | 电话 | 45mm |
| 卖方单位/个人 | | 单位代码/身份证号码 | |
| 卖方单位/个人住址 | | 电话 | |
| 车牌照号 | 登记证号 41mm | 车辆类型 | |
| 车架号/车辆识别代码 | 厂牌型号 14mm | 转入地车辆管理所名称 | |
| 车价合计(大写) | 33mm | 小写 | |
| 经营、拍卖单位 | 161mm | | |
| 经营、拍卖单位地址 | | 纳税人识别号 | |
| 开户银行、帐号 | | 电话 | 33mm |
| 二手车市场 | | 纳税人识别号 | 81mm |
| | | 地址 | |
| 开户银行、帐号 | | 电话 | |
| 备注 | 185mm | | |

票 样

第一联 发票联

开票单位(盖章) 工商部门审核(盖章) 开票人 手写无效

图 1.26 二手车销售统一发票样式

**要点6　不开发票不等于偷税**

估计有的情形下，一些私营老板常有不开具发票时的收款，自己“悄悄地”装入个人腰包，不计入纳税统计的范围。但不代表不开具发票就是违规，就是偷逃税款，比如商场销售中，有很多是不开具发票的，但如果按照规定也完整计缴税款的话，也很正常，此时举报销售方不开具发票是偷税的行为，很可能是枉然。

有一部分商家，有时会诱导消费者不要发票，给点小恩小惠，比如餐厅送个小菜，或者给抹个零头等情形，就是不想计入正常的收入当中。但实话实说，近年来国家持续给予个体工商户等小规模纳税人各种各样的税收优惠政策，其税负已大大降低，如果经营规模较小，其实没有必要做这些“手脚”。

笔者认为，无论生意多难，也不能“硬碰硬”地去碰法律政策的红线，术业有专攻，以合规为基础，在可接受的成本与税负之下，找到适合自己的“有效”路径，才是明智之选。

# 第2章
# 涉及发票违法违规的法律责任

在第1章，笔者更多是从发票本身的功能出发，分析了发票使用过程中可能遇到的结算与计税方面的风险因素；对于发票样式、开具与取得情形，以及不同人员开展业务活动应关注的发票事项进行了初步探讨。以上是从使用者的角度展开的。既然发票在国家行政管理、经济生活、计税规则中发挥着如此重要的作用，自然要有一定的保障措施，追责体现。

在本章中，我们将结合不同的情形、不同的行为体现，分析一下因发票而引起的直接或间接的法律责任，这其中包括行政责任与刑事责任，个人责任与单位责任。当面临被追究相关责任时，需要了解自己的风险，行为与法定职责之间的关系，结合主客观方面的情形合法应对。更为重要的是，通过知晓规则、借鉴案例、弄懂程序，了解自己的权利与义务、不同责任的法定边界，宜防患于未然，这也是本书的主要价值所在。

## 2.1 法律责任的一般规定

一方面，发票行政规范是基于我们国家行政法规规定，要求遵循的发票管理规则，违反这种规则，往往面临着行政罚款的处罚。另一方面，基于《刑法》的规定，涉及对于相关主体或个人刑事责任的追诉。但是大家知道，发票是基于业务本身发生的，并不是孤立存在的，在理解相应的规定时，需要结合业务分析，而不是单纯的“以票论票”，不然很容易进入误区。

### 2.1.1　发票管理办法的处罚规定

现行有效的《发票管理办法》[1]在行政处罚方面的规定如下：

**第六章　罚　则**

**第三十五条**　违反本办法的规定，有下列情形之一的，由税务机关责令改正，可以处 1 万元以下的罚款；有违法所得的予以没收：

（一）应当开具而未开具发票，或者未按照规定的时限、顺序、栏目，全部联次一次性开具发票，或者未加盖发票专用章的；

（二）使用税控装置开具发票，未按期向主管税务机关报送开具发票的数据的；

（三）使用非税控电子器具开具发票，未将非税控电子器具使用的软件程序说明资料报主管税务机关备案，或者未按照规定保存、报送开具发票的数据的；

（四）拆本使用发票的；

（五）扩大发票使用范围的；

（六）以其他凭证代替发票使用的；

（七）跨规定区域开具发票的；

（八）未按照规定缴销发票的；

（九）未按照规定存放和保管发票的。

**第三十六条**　跨规定的使用区域携带、邮寄、运输空白发票，以及携带、邮寄或者运输空白发票出入境的，由税务机关责令改正，可以处 1 万元以下的罚款；情节严重的，处 1 万元以上 3 万元以下的罚款；有违法所得的予以没收。

丢失发票或者擅自损毁发票的，依照前款规定处罚。

**第三十七条**　违反本办法第二十二条第二款的规定虚开发票的，由税务机关没收违法所得；虚开金额在 1 万元以下的，可以并处 5 万元以下的罚款；虚开金额超过 1 万元的，并处 5 万元以上 50 万元以下的罚款；构成犯罪的，依法追究刑事责任。

非法代开发票的，依照前款规定处罚。

---

[1]《发票管理办法》的部分情形已有所变化，新的征求意见稿已发布，见本书附文。

**第三十八条** 私自印制、伪造、变造发票，非法制造发票防伪专用品，伪造发票监制章的，由税务机关没收违法所得，没收、销毁作案工具和非法物品，并处1万元以上5万元以下的罚款；情节严重的，并处5万元以上50万元以下的罚款；对印制发票的企业，可以并处吊销发票准印证；构成犯罪的，依法追究刑事责任。

前款规定的处罚，《中华人民共和国税收征收管理法》有规定的，依照其规定执行。

**第三十九条** 有下列情形之一的，由税务机关处1万元以上5万元以下的罚款；情节严重的，处5万元以上50万元以下的罚款；有违法所得的予以没收：

（一）转借、转让、介绍他人转让发票、发票监制章和发票防伪专用品的；

（二）知道或者应当知道是私自印制、伪造、变造、非法取得或者废止的发票而受让、开具、存放、携带、邮寄、运输的。

**第四十条** 对违反发票管理规定2次以上或者情节严重的单位和个人，税务机关可以向社会公告。

**第四十一条** 违反发票管理法规，导致其他单位或者个人未缴、少缴或者骗取税款的，由税务机关没收违法所得，可以并处未缴、少缴或者骗取的税款1倍以下的罚款。

**第四十二条** 当事人对税务机关的处罚决定不服的，可以依法申请行政复议或者向人民法院提起行政诉讼。

**第四十三条** 税务人员利用职权之便，故意刁难印制、使用发票的单位和个人，或者有违反发票管理法规行为的，依照国家有关规定给予处分；构成犯罪的，依法追究刑事责任。

《发票管理办法实施细则》进一步规定：

**第六章　罚　则**

**第三十四条** 税务机关对违反发票管理法规的行为进行处罚，应当将行政处罚决定书面通知当事人；对违反发票管理法规的案件，应当立案查处。

对违反发票管理法规的行政处罚，由县以上税务机关决定；罚款额在2 000

元以下的，可由税务所决定。

**第三十五条** 《办法》第四十条所称的公告是指，税务机关应当在办税场所或者广播、电视、报纸、期刊、网络等新闻媒体上公告纳税人发票违法的情况。公告内容包括：纳税人名称、纳税人识别号、经营地点、违反发票管理法规的具体情况。

**第三十六条**　对违反发票管理法规情节严重构成犯罪的，税务机关应当依法移送司法机关处理。

《税收征收管理法》规定：

**第二十一条**　税务机关是发票的主管机关，负责发票印制、领购、开具、取得、保管、缴销的管理和监督。

单位、个人在购销商品、提供或者接受经营服务以及从事其他经营活动中，应当按照规定开具、使用、取得发票。

发票的管理办法由国务院规定。

……

**第二十二条**　增值税专用发票由国务院税务主管部门指定的企业印制；其他发票，按照国务院税务主管部门的规定，分别由省、自治区、直辖市国家税务局、地方税务局指定企业印制。

未经前款规定的税务机关指定，不得印制发票。

**第七十一条**　违反本法第二十二条规定，非法印制发票的，由税务机关销毁非法印制的发票，没收违法所得和作案工具，并处一万元以上五万元以下的罚款；构成犯罪的，依法追究刑事责任。

**第七十二条**　从事生产、经营的纳税人、扣缴义务人有本法规定的税收违法行为，拒不接受税务机关处理的，税务机关可以收缴其发票或者停止向其发售发票。

……

**第八十六条**　违反税收法律、行政法规应当给予行政处罚的行为，在五年内未被发现的，不再给予行政处罚。

在理解上述规定时，需要考虑相关的因素（见表 2.1）：

**表 2.1**

| 情　形 | 说　明 | 备　注 |
| --- | --- | --- |
| 《发票管理办法》修订在即 | 比如随着发票电子化的推进，以纸质为介质的发票管理相关规定需要与时俱进 | 2021 年 1 月 8 日国家税务总局在其官网开始征求意见 |
| 法律法规的层级 | 《税收征收管理法》是法律,《发票管理办法》是行政法规，前者的效力层级高于后者 | 比如五年内未发现的行政处罚的追溯效力问题 |
| 多种违规行为发生时 | 比如违反《发票管理办法》第三十五条第一款中三种行为时，是不是要合并进行处罚，为此笔者查询了发票管理办法的释义，是前一次修订起草小组编写的，有一定的解读效力性，其认为如果有三种中的二种或三种，仍应按照本条规定进行处罚，而不应数种行为合并处罚 | 罚款支出不得在企业所得税前扣除① |

**注：**

①《中华人民共和国企业所得税法》（以下简称《企业所得税法》）规定罚金、罚款和被没收财物的损失不得税前扣除。罚金是指人民法院判处犯罪分子强制向国家缴纳一定数额金钱的刑罚方法，主要适用于破坏经济秩序和其他谋取非法利益有联系的犯罪，以及少数较轻的犯罪。罚金作为一种附加刑，并不剥夺犯罪人的人身自由权，也不会对犯罪人产生直接的人身痛苦和社会后果等，判处罚金以犯罪人是否触犯刑律，且是否属于财产刑为先决条件。罚金的目的是为了对犯罪分子在刑罚上给予处罚外，在经济上亦给予制裁的一种手段，是一种附加刑。

没收财产，是指将犯罪人的财物、现金、债权等财产收归国家所有，以弥补因其犯罪造成的损失，同时断绝其犯罪活动的经济来源。没收财产，属于财产刑事处罚，可以单处也可以并处。

罚款，是行政处罚的一种，是指行为人的行为没有违反刑法的规定，而是违反了治安管理、工商、行政、税务等各行政法规的规定，行政执法部门依据行政法规的规定和程序决定对行为人采取的一种行政处罚。罚款不由人民法院判决，因此在性质上与没收财产、罚金有本质上的区别。

真实、合法和合理是纳税人经营活动中发生的费用支出可以税前扣除的基本原则。不管费用是否实际发生，或合理与否，如果是非法支出，即使按财务会计法规或制度可以作为费用，也不能在税前扣除。罚金、罚款和被没收财物的损失，本质上都是违反了国家法律、法规或行政性规定所造成的损失，不属于正常的经营性支出。如果允许企业将罚金、罚款和被没收财物的损失作为费用和损失在税前列支，等于在税收上承认其违法经营，并用国家应收的税款弥补其罚没的损失。因此，罚金、罚款和被没收财物的损失不允许在税前扣除。

2021 年，国家税务总局发布了两次“首违不罚”的事项清单，其中涉及发票的事项如下所示：

其一，纳税人使用税控装置开具发票，未按照税收征收管理法及实施细则、发票管理办法等有关规定的期限向主管税务机关报送开具发票的数据且没有违法所得。

其二，纳税人未按照税收征收管理法及实施细则、发票管理办法等有关规定取得发票，以其他凭证代替发票使用且没有违法所得。

其三，纳税人未按照税收征收管理法及实施细则、发票管理办法等有关规定缴销发票且没有违法所得。

其四，纳税人使用非税控电子器具开具发票，未按照税收征收管理法及实施细则、发票管理办法等有关规定将非税控电子器具使用的软件程序说明资料报主管税务机关备案且没有违法所得。

其五，纳税人未按照税收征收管理法及实施细则、发票管理办法等有关规定加盖发票专用章且没有违法所得。

不过，在实践当中，有一些情形是与发票管理办法的规范要求相脱节的，所述的理想状态有时并不一定那么完美。比如表 2.2 的情形：

**表 2.2**

| 发票管理办法规定的情形 | 说　明 | 风　险 |
| --- | --- | --- |
| 对外发生经营业务收取款项，收款方应当向付款方开具发票 | “应当”的表述在实践当中并不是 100% 的，多有情形并不需要开具 | 不触及根本性的违规风险，相对可控，现实当中也鲜有对此罚款的情形 |
| 所有单位和从事生产、经营活动的个人在购买商品、接受服务以及从事其他经营活动支付款项，应当向收款方取得发票 | 未取得的情形很普遍 | 有理论上的风险，但这种规定也容易让人产生“规定是规定，做法是做法”的心理 |
| 向消费者个人零售小额商品或者提供零星服务的，是否可免予逐笔开具发票，由省税务机关确定 | 并没有看到有特别明确的规定，实际上个人也多数不要发票 | 有时要了发票可能就是开具单位抬头的发票，反而可能“拿到单位”报销去了 |
| 填开发票的单位和个人必须在发生经营业务确认营业收入时开具发票。未发生经营业务一律不准开具发票 | 实际上预开发票的情形比较多见，这跟定义为结算凭证的初衷产生了偏差 | 因为专用发票的出现，情形就更加复杂了 |

## 案 例

我们在前文提过类似的案例，比如张三投资设立了宏大公司，从事的电脑耗材的经销业务，在每年某些单位的招标条件下向其供应货物。在2021年底的时候，对方单位还有未使用的预算金额是300万元，于是要求张三先开具300万元的增值税普通发票（单位不需要抵扣），于是张三就开具了300万元的发票，品类方面由于没有实际发货，先凭经验假设了一些名称预开，不过由于对方实际上要入账，这些名称后面不要求红冲调整后，再开正确货物的发票，只能“将错就错”。那么在这种情形下，张三及宏大公司会有什么样的风险呢？

**分析：**这里要考虑如下的风险事项：

（1）是否存在虚开。由于后续预期会有相关的业务真实发生，这类情形下基本上不会以虚开定性，但这要结合业务场景进一步来考虑。

（2）是否违反《发票管理办法》的规定。若只是简单地看条款，因为有收款与结算，是不违规的，因为本身其职能就是收付款凭证，此时与是否实际发生业务无因果关系。《发票管理办法实施细则》又进一步规定：“填开发票的单位和个人必须在发生经营业务确认营业收入时开具发票。未发生经营业务一律不准开具发票。”所以，这里细化的理解是确认营业收入时开具发票，与结算凭证的时点是会经常产生差异的，一定程度上是存在矛盾的。不过目前来看，多数人已“遗忘”上述的说法，现实当中已被税务机关的“以票控税”方式深深影响了。但先开具发票先计增值税，企业收了款，计缴增值税也有这个能力，而所得税并不是简单地凭发票计收入成本，需要根据业务发生进行处理。不排除有的企业就是把所得税与增值税同样处理了。

（3）账实不一致的问题，由于货没有发出，若是会计上作了销售处理，账实将产生不一致的情形。比如当初开发票结算时开具的货品是“电脑商品”，结果最终对方需求的是“服务器”，确属没据实开具，发票又没能更换，这种情形存在未合规开具的问题，但严重性方面又不宜直接套用《刑法》上规定的虚开增值税发票的情形。如果税务机关通过进销名称比较，发现大量的差异时，是可能有预警的，要注意作出相应的解释。同时，这也算是一个经营中的风险事项，老板与财务人员要尽量减少这种情形的频繁发生。有时候税务机关会以票、实不符来“认定”虚开，这时需要认真应对。

### 2.1.2　普通发票与增值税专用发票的责任追究是否重合

对这个问题的讨论，笔者也是心存疑惑之处，在网络上并不多，但确实又是有必要讨论一下的。《发票管理办法》规定：

国务院税务主管部门可以根据增值税专用发票管理的特殊需要，制定增值税专用发票的具体管理办法。

《增值税专用发票使用规定（2006 修订）》主要是明确了专用发票的一些事项。若依上述规定来理解，《发票管理办法》的适用对象自然包括专用发票，但专用发票是结算凭证吗？关于这一点，在第一章内容中，我们分析过，在司法上并没有得到同样肯定的确认，更多是认为其属于抵扣凭证，并且在抵扣利益的潜在诱惑下，会造成巨大的危害。为此《刑法》对于专用发票的责任追究更为明确与详细，其与普通发票的判决依据与规则也是有所区分的。

《刑法》有如下规定：

**第二百零五条**【虚开增值税专用发票、用于骗取出口退税、抵扣税款发票罪】虚开增值税专用发票或者虚开用于骗取出口退税、抵扣税款的其他发票的，处三年以下有期徒刑或者拘役，并处二万元以上二十万元以下罚金；虚开的税款数额较大或者有其他严重情节的，处三年以上十年以下有期徒刑，并处五万元以上五十万元以下罚金；虚开的税款数额巨大或者有其他特别严重情节的，处十年以上有期徒刑或者无期徒刑，并处五万元以上五十万元以下罚金或者没收财产。

单位犯本条规定之罪的，对单位判处罚金，并对其直接负责的主管人员和其他直接责任人员，处三年以下有期徒刑或者拘役；虚开的税款数额较大或者有其他严重情节的，处三年以上十年以下有期徒刑；虚开的税款数额巨大或者有其他特别严重情节的，处十年以上有期徒刑或者无期徒刑。

虚开增值税专用发票或者虚开用于骗取出口退税、抵扣税款的其他发票，是指有为他人虚开、为自己虚开、让他人为自己虚开、介绍他人虚开行为之一的。

**第二百零五条之一** 【虚开发票罪】虚开本法第二百零五条规定以外的其他发票，情节严重的，处二年以下有期徒刑、拘役或者管制，并处罚金；情节特别严重的，处二年以上七年以下有期徒刑，并处罚金。

单位犯前款罪的，对单位判处罚金，并对其直接负责的主管人员和其他直接责任人员，依照前款的规定处罚。

**第二百零六条** 【伪造、出售伪造的增值税专用发票罪】伪造或者出售伪造的增值税专用发票的，处三年以下有期徒刑、拘役或者管制，并处二万元以上二十万元以下罚金；数量较大或者有其他严重情节的，处三年以上十年以下有期徒刑，并处五万元以上五十万元以下罚金；数量巨大或者有其他特别严重情节的，处十年以上有期徒刑或者无期徒刑，并处五万元以上五十万元以下罚金或者没收财产。

单位犯本条规定之罪的，对单位判处罚金，并对其直接负责的主管人员和其他直接责任人员，处三年以下有期徒刑、拘役或者管制；数量较大或者有其他严重情节的，处三年以上十年以下有期徒刑；数量巨大或者有其他特别严重情节的，处十年以上有期徒刑或者无期徒刑。

**第二百零七条** 【非法出售增值税专用发票罪】非法出售增值税专用发票的，处三年以下有期徒刑、拘役或者管制，并处二万元以上二十万元以下罚金；数量较大的，处三年以上十年以下有期徒刑，并处五万元以上五十万元以下罚金；数量巨大的，处十年以上有期徒刑或者无期徒刑，并处五万元以上五十万元以下罚金或者没收财产。

**第二百零八条** 【非法购买增值税专用发票、购买伪造的增值税专用发票罪】非法购买增值税专用发票或者购买伪造的增值税专用发票的，处五年以下有期徒刑或者拘役，并处或者单处二万元以上二十万元以下罚金。

非法购买增值税专用发票或者购买伪造的增值税专用发票又虚开或者出售的，分别依照本法第二百零五条、第二百零六条、第二百零七条的规定定罪处罚。

**第二百零九条** 【非法制造、出售非法制造的用于骗取出口退税、抵扣税款发票罪】伪造、擅自制造或者出售伪造、擅自制造的可以用于骗取出口退税、抵扣税款的其他发票的，处三年以下有期徒刑、拘役或者管制，并处二万元以上二十万元以下罚金；数量巨大的，处三年以上七年以下有期徒刑，并处五万元以上五十万元以下罚金；数量特别巨大的，处七年以上有期徒刑，并处五万元以上五十万元以下罚金或者没收财产。

【非法制造、出售非法制造的发票罪】伪造、擅自制造或者出售伪造、擅自制造的前款规定以外的其他发票的，处二年以下有期徒刑、拘役或者管制，并处或者单处一万元以上五万元以下罚金；情节严重的，处二年以上七年以下有期徒刑，并处五万元以上五十万元以下罚金。

【非法出售用于骗取出口退税、抵扣税款发票罪】非法出售可以用于骗取出口退税、抵扣税款的其他发票的，依照第一款的规定处罚。

【非法出售发票罪】非法出售第三款规定以外的其他发票的，依照第二款的规定处罚。

**第二百一十条**　【盗窃罪】盗窃增值税专用发票或者可以用于骗取出口退税、抵扣税款的其他发票的，依照本法第二百六十四条的规定定罪处罚。

【诈骗罪】使用欺骗手段骗取增值税专用发票或者可以用于骗取出口退税、抵扣税款的其他发票的，依照本法第二百六十六条的规定定罪处罚。

**第二百一十条之一**　【持有伪造的发票罪】明知是伪造的发票而持有，数量较大的，处二年以下有期徒刑、拘役或者管制，并处罚金；数量巨大的，处二年以上七年以下有期徒刑，并处罚金。

单位犯前款罪的，对单位判处罚金，并对其直接负责的主管人员和其他直接责任人员，依照前款的规定处罚。

**第二百一十一条**　【单位犯危害税收征管罪的处罚规定】单位犯本节第二百零一条、第二百零三条、第二百零四条、第二百零七条、第二百零八条、第二百零九条规定之罪的，对单位判处罚金，并对其直接负责的主管人员和其他直接责任人员，依照各该条的规定处罚。

**第二百一十二条**　【税收征缴优先原则】犯本节第二百零一条至第二百零五条规定之罪，被判处罚金、没收财产的，在执行前，应当先由税务机关追缴税款和所骗取的出口退税款。

上面涉税涉票的一系列法律规定中，第二百零五条之一是对应虚开增值税专用发票或者虚开用于骗取出口退税、抵扣税款其他发票之外的发票，包括大多数的增值税普通发票在内。随着小微企业的增值税优惠政策的普遍适用，为了“规避”虚开增值税专用发票的法律责任风险，部分涉票违法犯罪行为转而向普通发票“进军”，转移了活动阵地，从而产生了大量以普通发票作为载体的“筹划手段”与违法行为。

## 案 例

某医药公司为了“处理”一些费用，去某些地区设立了一些个体户或个人独资企业，由于小规模纳税人可以享受1%的增值税征收率优惠政策，2022年4月至12月更可以享受免税优惠。加之各地对于上述主体的个税核定计税比例较低，这种操作遍地开花，形成了“满大街都知道”的筹划套路。此类情形下，如果开具的发票金额为100万元，个税等计算下来比如是5 000元，增值税及附加税费为0元，这样开给医药公司入账，既抵减了企业所得税，还避开了劳务报酬的个人所得税。一举多得，岂不是很爽？

**分析：**虽然在税收征管中对这种情形已有限制，但实际中似乎很难禁止。除了上面的操作方式外，还有直接以个人名义代开发票的方式，以经营所得的征收率方式计征个税等方式。若按增值税小规模纳税人免税待遇，代开地税务机关征不到增值税，没有财政利益，估计代开的动力会大打折扣。对于上面的这种操作方式，如何判断与防范法律风险呢？首先，要考虑业务是否真实性存在；其次，不宜由公司的负责人帮着外部人员“代办”；最后，当下或未来面临着支付单位所在地税务机关要求将经营所得调整为劳务报酬补税的风险，比如没有成本发生，明显以“壳主体”装入个人劳务报酬的“避税”方式。从目前的一些处理案例看，对于这种壳主体“避税行为”的打击力度很大。

不过，上述案例中医药公司的营销模式，有时也需要一些实际应用场景的规划与管理，应对风险事项进行隔离。

**案　例**

张三经营的宏大公司的主要业务是对外销售电子配件及提供安装服务。在 2021 年发生了一笔 10 万元的业务，对方要求开具发票，张三想了一个筹划的方法——去某地税务机关以自然人的名义代开了 5 万元的建筑服务发票，宏大公司开了 5 万元的货物销售发票，前者的增值税征收率是 1%，税务代开时核定的经营所得个税征收率是 0.5%。

**分析：**这种筹划，现实当中时有发生。对拆分收款，有时会存在检查的难度，特别是金额不大的时候。宏大公司与对方签订的合同是 10 万元，拆出去 5 万元，明显是偷逃税款的情形。若真想这样做，除非个人与公司分别跟对方单独签订合同，各自履行业务交付。这类业务活动基本上是公司的人去做的，所以形式上是张三代开的发票，其实活可能并不是他个人去完成的。这种“造假”的行为，自然有涉税的问题出现，甚至有构成虚开的违法风险。

《全国人大常委会 2022 年度监督工作计划》曾提出：

（五）围绕进一步完善有利于调节收入分配的个人所得税制度进行专题调研。重点调研财产所得、资本所得分布情况及个人所得税征收管理情况，个人独资企业、合伙企业和个体工商户的生产经营所得税征收管理情况，个人所得税收入分配调节功能发挥方面的制约因素和主要问题，进一步优化个人所得税制度、修改完善个人所得税法的意见建议等。专题调研报告计划在 10 月底前完成。由常委会预算工作委员会负责组织和实施。

持续暴露出来的问题，一方面说明征管存在薄弱之处，另一方面说明政策本身关于资本性、财产性所得，对个体经营者的计税问题，其应有的税收调节功能还没有很好地发挥出来，反而是普通老百姓的薪酬个税被盯得比较严格。政策确实需要修正、调整，执行层面也需在发票上处理再“狠”一些。

### 2.1.3 发票与税相关违法责任的行刑交叉问题

发票与税，是一对“亲兄弟”。通常情形下，发票的使用是会影响到税款计算的，不然就没有必要“弄发票”了，此时既有发票的违规事项，也有税款的计缴问题；另外，发票的开具与取得过程中，又可单独处罚或成刑，不必然绑定于税款的少缴，或以少缴数额来判定处罚的程度。这就会涉及“行刑交叉”的问题，其中一个是行政责任，一个是刑事责任。行政责任方面，除了违反《税收征收管理法》《发票管理办法》产生的行政罚款，还有依据《税收征收管理法》规定因虚假、不当的发票问题引起的偷逃税款的情形，要求进行补缴税款、滞纳金及处以罚款。其中涉及刑事责任的方面，其一是罚金或没收财产，其二是拘役、管制或获刑。

如此来看，发票所牵涉的责任追究比较复杂的，我们梳理如表 2.3 所示：

表 2.3

| 事项 | 责任 | 延伸风险 |
|---|---|---|
| 行政罚款 | 主要指上面提到的违反《发票管理办法》《税收征收管理法》产生的行政罚款问题 | 可能涉及补缴税款加征滞纳金的情形 |
| 偷逃税款 | 依据《税收征收管理法》进行行政追责处理：<br>第六十三条　纳税人伪造、变造、隐匿、擅自销毁账簿、记账凭证，或者在账簿上多列支出或者不列、少列收入，或者经税务机关通知申报而拒不申报或者进行虚假的纳税申报，不缴或者少缴应纳税款的，是偷税。对纳税人偷税的，由税务机关追缴其不缴或者少缴的税款、滞纳金，并处不缴或者少缴的税款百分之五十以上五倍以下的罚款；构成犯罪的，依法追究刑事责任 | 依据《刑法》第二百零一条【逃税罪】的规定，纳税人采取欺骗、隐瞒手段进行虚假纳税申报或者不申报，逃避缴纳税款数额较大并且占应纳税额百分之十以上的，处三年以下有期徒刑或者拘役，并处罚金；数额巨大并且占应纳税额百分之三十以上的，处三年以上七年以下有期徒刑，并处罚金。[①]<br>扣缴义务人采取前款所列手段，不缴或者少缴已扣、已收税款，数额较大的，依照前款的规定处罚。<br>对多次实施前两款行为，未经处理的，按照累计数额计算。<br>有第一款行为，经税务机关依法下达追缴通知后，补缴应纳税款，缴纳滞纳金，已受行政处罚的，不予追究刑事责任；但是，五年内因逃避缴纳税款受过刑事处罚或者被税务机关给予二次以上行政处罚的除外。 |
| 虚开发票 | 依照《刑法》规定进行处理 | 与偷逃税款的行为各需依据判断与处理，偷逃税款主要涉及增值税与企业所得税或个人所得税 |

**注：**

①《最高人民检察院 公安部关于公安机关管辖的刑事案件立案追诉标准的规定（二）》（2022 年 4 月修订发布）规定：

**第五十二条**［逃税案（刑法第二百零一条）］逃避缴纳税款，涉嫌下列情形之一的，应予立案追诉：

（一）纳税人采取欺骗、隐瞒手段进行虚假纳税申报或者不申报，逃避缴纳税款，数额在十万元以上并且占各税种应纳税总额百分之十以上，经税务机关依法下达追缴通知后，不补缴应纳税款、不缴纳滞纳金或者不接受行政处罚的；

（二）纳税人五年内因逃避缴纳税款受过刑事处罚或者被税务机关给予二次以上行政处罚，又逃避缴纳税款，数额在十万元以上并且占各税种应纳税总额百分之十以上的；

（三）扣缴义务人采取欺骗、隐瞒手段，不缴或者少缴已扣、已收税款，数额在十万元以上的。

纳税人在公安机关立案后再补缴应纳税款、缴纳滞纳金或者接受行政处罚的，不影响刑事责任的追究。

**《人民检察》2010 年第 12 期刊登过一篇文章，虽是基于当时标准制定的考量，《关于公安机关管辖的刑事案件立案追诉标准的规定（二）》的理解与适用，其中有一些观点仍值得了解与学习：**

## 专栏

（八）关于第五十七条逃税案

逃税罪是《刑法修正案（七）》对刑法第二百零一条偷税罪修改后“两高”确定的新罪名，本案的立案追诉标准较 2001 年《追诉标准》的规定作了重大调整。

1. 关于第一款第（一）项的制定理由。第一款第（一）项规定了对初次逃避缴纳税款的纳税人的立案追诉标准。修改后的刑法第二百零一条第四款规定：“有第一款行为，经税务机关依法下达追缴通知后，补缴应纳税款，缴纳滞纳金，已受行政处罚的，不予追究刑事责任；但是，五年内因逃避缴纳税款受过刑事处罚或者被税务机关给予二次以上行政处罚的除外。”在《立案追诉标准（二）》的制定过程中，由于对修改后的刑法第二百零一条第四款存在不同理解，对本案的立案追诉标准如何规定有较大争议。

一种观点认为，行政处罚程序不是刑事追诉的前置程序。理由是：从刑法

第二百零一条第一款规定来看，只要是纳税人采取欺骗、隐瞒手段进行虚假纳税申报或者不申报，逃避缴纳税款数额较大并且占应纳税额百分之十以上，公安机关就可以立案。立案之后，如果犯罪嫌疑人补缴了应纳税款，缴纳了滞纳金，接受了行政处罚的，公安机关应予撤案，刑法第二百零一条第四款的规定并不排斥公安机关的立案权。如果认为行政处罚程序是刑事追诉的前置程序，就等于给公安机关查处逃税犯罪案件设置了一道障碍。

另一种观点认为，行政处罚程序是刑事追诉的前置程序。理由是：根据刑法第二百零一条第四款的规定，经税务机关依法下达追缴通知后，纳税人补缴了应纳税款，缴纳了滞纳金，已经接受了行政处罚的，不予追究刑事责任。这就意味着只有在逃税行为人不符合刑法规定的不予追究刑事责任的条件下才能启动刑事追究程序，在是否符合刑事追究条件没有确定的情况下，不能启动刑事追究程序。刑法对逃税行为给予了较以往更轻的评价，刑事制裁是为保证税务机关追缴税款而设定的，如果国家税收没有遭受损失，公安机关就不应立案。这种观点对于如何界定本罪应予立案追诉的具体情形，又有两种不同意见：

一种意见认为，立案追诉标准应规定为："纳税人采取欺骗、隐瞒手段进行虚假纳税申报或者不申报，逃避缴纳税款，经税务机关依法下达追缴通知后，不补缴应纳税款和缴纳滞纳金，并且不接受生效的行政处罚，不缴纳税款数额在五万元以上并且占各税种应纳税总额百分之十以上的"。在条文中"不补缴应纳税款""不缴纳滞纳金""不接受行政处罚"三者之间应是并列关系，也就是三个条件同时具备，才可以立案追诉。另外，纳税人实施逃避缴纳税款的行为后，其是否补缴应纳税款，缴纳滞纳金，接受行政处罚尚不确定，特别是税务机关作出行政处罚决定后，申请行政复议或者提起行政诉讼是纳税人的法定权利，不能纳税人一旦不接受行政处罚就立即启动刑事追诉程序，否则将剥夺纳税人法定的申请行政复议权和提起行政诉讼权。因此，行政处罚应解释为"生效的行政处罚"，对初次逃避缴纳税款的行为人，在穷尽所有的行政救济程序之前，公安机关不能立案。

另一种意见认为，立案追诉标准应规定为："纳税人采取欺骗、隐瞒手段进行虚假纳税申报或者不申报，逃避缴纳税款，数额在五万元以上并且占各税种应纳税总额百分之十以上，经税务机关依法下达追缴通知后，不补缴应纳税款、不缴纳滞纳金或者不接受行政处罚的”。在条文中，“不补缴应纳税款”“不缴纳滞纳金”“不接受行政处罚”三者之间是选择关系，只要有一个条件具备，就可以立案追诉，而且行政处罚不需要限定为“生效的行政处罚”。

经多次与有关部门沟通，采纳了第二种观点的第二种意见。理由是：一是打击逃税犯罪的主要目的是为了维护税收征管秩序，促使纳税义务人依法积极履行纳税义务，保证国家税收收入。只有纳税人不积极配合税务机关履行义务，不满足刑法规定的不追究刑事责任的条件时，税务机关才应当将案件移交公安机关立案侦查进入刑事司法程序，这符合刑法的立法原意。二是刑法第二百零一条第四款规定的“补缴应纳税款”“缴纳滞纳金”“已受行政处罚”属于并列关系，只有在上述三个条件同时满足的情况下才不予追究行为人的刑事责任，反过来只要其中一个条件不满足就应追究刑事责任。因此，立案追诉标准“不补缴应纳税款”“不缴纳滞纳金”“不接受行政处罚”应表述为选择关系而非并列关系。三是从立法精神来看，“已受行政处罚”不仅是指纳税人收到了税务机关的行政处罚决定书，而且更为重要的是，纳税人应当已经积极缴纳了罚款，这是对其已经构成犯罪的行为有无悔改之意的重要判断标准，因此，不宜将“已受行政处罚”限定为“生效的行政处罚”。另外，纳税人无条件接受行政处罚，并不意味着其申请行政复议权和提起行政诉讼权的灭失。根据行政复议法第二十一条和行政诉讼法第四十四条的规定，在行政复议和行政诉讼期间，均不停止具体行政行为的执行，即行政相对人在此期间仍需履行行政义务。换言之，纳税人接受税务机关的行政处罚是其法定义务，在接受税务机关的行政处罚并免予刑事追诉后，仍可以申请行政复议或者提起行政诉讼。

2. 关于第二款的制定理由。与第一款第（一）项相对应，逃税案立案追诉标准第二款规定：“纳税人在公安机关立案后再补缴应纳税款、缴纳滞纳金或者接受行政处罚的，不影响刑事责任的追究。”在第二款中将“公安机关立案后”设置为纳税人的刑事免责截止时间点。刑法给予纳税人的刑事免责不是无限期的，应有一个截止时间点，否则容易导致纳税人滥用权利，使相关的刑事诉讼程序长期处于不确定状态。有观点认为，在一审或者二审判决前，纳税人补缴应纳税款、缴纳滞纳金、接受行政处罚的，都可以不予追究刑事责任。经研究认为，如果将纳税人的刑事免责截止时间点放宽到一审或者二审判决前，将使前面已经经过的刑事诉讼程序全部归于无效，这不仅浪费司法资源，影响立案、起诉、审判等刑事诉讼活动的严肃性，损害司法尊严，而且也不符合《刑法修正案（七）》体现的促使纳税人积极履行纳税义务的立法精神。因此，将“公安机关立案”作为纳税人刑事免责的截止时间点，即公安机关立案前，纳税人不补缴应纳税款，或者不缴纳滞纳金，或者不接受行政处罚，就意味其放弃了刑事免责的机会；公安机关立案后，纳税人再补缴应纳税款，缴纳滞纳金，接受行政处罚的，只能作为量刑时的一个从轻情节予以考虑，不影响司法机关对其刑事责任的追究。

3. 关于第一款第（二）项的制定理由。第（二）项规定了对再次逃避缴纳税款的纳税人的立案追诉标准，即纳税人五年内因逃避缴纳税款受过刑事处罚或者被税务机关给予二次以上行政处罚，又逃避缴纳税款，数额在五万元以上并且占各税种应纳税总额百分之十以上的。经征求意见，有意见提出应删去比例限制或者下调数额标准。经研究，未采纳该意见，理由是：一是根据刑法第二百零一条第四款的规定，对五年内因逃避缴纳税款受过刑事处罚或者被税务机关给予二次以上行政处罚，又逃避缴纳税款的纳税人进行立案追诉的前提条件是有第一款行为，而第一款的规定中既有数额较大的要求，又有占应纳税额的比例要求。因此，取消比例限制或者下调数额标准与刑法规定不符。二是在此种情形下，即使行为人补缴了应纳税款，缴纳了滞纳金，已经接受了行政处罚的，也要追究其刑事责任。这已经表明法律对此种情形的否定评价与严厉打击的态度，无须再降低数额标准。

不恰当的涉票行为会破坏正常税收秩序，危害国家税收征管。逃避税款缴纳，主要面临着两个方面的法律后果，一是行为本身需要接受惩罚的问题；二是对影响税款缴纳的追征处理及处罚。相关法律责任的追责期（追诉期）规定如表 2.4 所示：

**表 2.4**

| 情　形 | 期限说明 | 依据说明 |
|---|---|---|
| 发票不合规方面的行政罚款 | 五年 | 《税收征收管理法》及《发票管理办法》等 |
| 偷税追缴税款 | 无限期（“终身制”） | 《税收征收管理法》 |
| 税款滞纳金 | 目前实务中存在两种处理方式，一是依据行政强制法规以一倍为上限；二是依据税收征管法规定无上限 | 笔者认为以一倍处理是酌情考虑了纳税人的利益，虽有案例但并未形成普遍性的共识，还是宜依据《税收征收管理法》的特别规定来执行。若是法院审判认定为一倍，对于税务机关来讲相关的责任较小 |
| 偷逃税款情形下的行政罚款 | 五年，通常情形下认定为偷税时往往伴随着行政罚款 | 《税收征收管理法》 |
| 刑事责任的追诉期 | 第八十七条 【追诉时效期限】犯罪经过下列期限不再追诉：<br>（一）法定最高刑为不满五年有期徒刑的，经过五年；<br>（二）法定最高刑为五年以上不满十年有期徒刑的，经过十年；<br>（三）法定最高刑为十年以上有期徒刑的，经过十五年；<br>（四）法定最高刑为无期徒刑、死刑的，经过二十年。如果二十年以后认为必须追诉的，须报请最高人民检察院核准。<br>第八十八条 【追诉期限的延长】在人民检察院、公安机关、国家安全机关立案侦查或者在人民法院受理案件以后，逃避侦查或者审判的，不受追诉期限的限制。<br>被害人在追诉期限内提出控告，人民法院、人民检察院、公安机关应当立案而不予立案的，不受追诉期限的限制。<br>第八十九条 【追诉期限的计算与中断】追诉期限从犯罪之日起计算；犯罪行为有连续或者继续状态的，从犯罪行为终了之日起计算。<br>在追诉期限以内又犯罪的，前罪追诉的期限从犯后罪之日起计算。 | 《刑法》 |

依据《刑法》规定，涉及发票及税款的刑罚是自由刑及罚金附加刑，没有生命刑，之前虚开增值税专用发票是有死刑的，在2011年《刑法修正案（八）》中删去了刑法第二百零五条第二款，即废除了死刑，具有重大的意义。同时我们可以看到，《刑法》对于追诉期是有期限规定的，比如针对偷逃税款、虚开发票的情形，刑事责任的追究上要适用《刑法》规定的追诉期规定，但依据《税收征收管理法》对于偷税中补缴税款和滞纳金的规定，目前是无限期的，比如稽查案件中若纳税人没有补缴税款等情形，在移交司法机关后，有可能因过了追诉期限而不需承担相应的法律责任，但我们还要注意追诉期的适用计算规定。

目前发生的一些涉及偷逃税款的案例，在合伙企业注销、有限公司注销后，若涉嫌犯罪的，司法机关仍可以向相关责任人员追究刑事责任，同时在某些情况下，税务机关也有权在主体已注销的情况下向相关主体、人员进行追征税款。对于某些人士认为企业注销后就“万事大吉”的想法，切不可掉以轻心。若在有限公司已注销的情形下，发现之前存在偷逃税款的行为，依照《公司法》，有限责任公司的股东承担的是有限责任，但如果一人有限公司运营时公私不分，出现财产混同的情形，可能得不到“有限”责任承担的认可。原则上，追税的经济责任是基于公司剩余财产，但若满足不了阻却的事由，缴纳不了认定的偷税额、滞纳金及罚款，理论上税务机关是可以移交公安部门，由司法部门追究相关人员的犯罪责任的。而对于合伙企业、个人独资企业、个体工商户，则存在无限责任人的承担义务。所以，认为企业注销“一了百了”可以逃避法律责任的想法，实属盲目乐观了。

逃税罪与虚开增值税专用发票罪的法定刑，见表2.5：

**表2.5**

| 罪　名 | 《刑法》相关规定 |
|---|---|
| 逃税罪 | 纳税人采取欺骗、隐瞒手段进行虚假纳税申报或者不申报，逃避缴纳税款数额较大并且占应纳税额百分之十以上的，处三年以下有期徒刑或者拘役，并处罚金；数额巨大并且占应纳税额百分之三十以上的，处三年以上七年以下有期徒刑，并处罚金。 |

续表

| 罪　名 | 《刑法》相关规定 |
| --- | --- |
| 虚开增值税专用发票、用于骗取出口退税、抵扣税款发票罪 | 虚开增值税专用发票或者虚开用于骗取出口退税、抵扣税款的其他发票的，处三年以下有期徒刑或者拘役，并处二万元以上二十万元以下罚金；虚开的税款数额较大或者有其他严重情节的，处三年以上十年以下有期徒刑，并处五万元以上五十万元以下罚金；虚开的税款数额巨大或者有其他特别严重情节的，处十年以上有期徒刑或者无期徒刑，并处五万元以上五十万元以下罚金或者没收财产。<br>单位犯本条规定之罪的，对单位判处罚金，并对其直接负责的主管人员和其他直接责任人员，处三年以下有期徒刑或者拘役；虚开的税款数额较大或者有其他严重情节的，处三年以上十年以下有期徒刑；虚开的税款数额巨大或者有其他特别严重情节的，处十年以上有期徒刑或者无期徒刑。<br>虚开增值税专用发票或者虚开用于骗取出口退税、抵扣税款的其他发票，是指有为他人虚开、为自己虚开、让他人为自己虚开、介绍他人虚开行为之一的。 |

大家可以发现，虚开专用发票罪的最高刑期是无期徒刑，逃税罪最高是七年。虚开发票通常会伴随着逃税，两者有着密切的关系。涉票的违法行为是基于获取不当税收利益作为目标的，但刑责并不归入逃税考虑。税是税，票是票，在实践当中，也多是分开进行追责与处理的。比如虚开增值税专用发票，其损失要结合受票方的增值税抵扣所带来的税收损失判断，不能认为自己计缴（补缴）了税就可以被轻判或取得豁免的机会，这种“双重性”的风险，是老板们必须要理解，要警惕的。所以我们提到，涉及票的“生意”，千万不能碰，因为“开弓没有回头箭”，不像逃税罪那样还有“自我救赎”的机会。而且虚开专用发票罪的最高刑期明显高于逃税罪，最高为无期徒刑，强烈建议财税工作者、中介机构要远离这类的“服务”或“生意”。在涉及发票方面的众多风险里，有哪些是可以接受的风险，有哪些是不能碰的红线，只有心里有数了，才能有发展生意的基础与本钱，通过违法方式一时挣的钱很可能会被没收或追回。

若从专业与技术的角度看，当因涉嫌虚开增值税专用发票而被税务机关、公安机关调查，或者在检察院提起公诉、法院进行司法审判过程中，若能真实、恰当地陈述自己的意见，其结果或有不同。所以，遇事不能简单地认为自己就是有罪，罪责就是板上钉钉的。有一些情形，很有必要从法律的角度来认识、阐述，并积极维护自己的权益。这在一些涉票案件的检察起诉、审判当中有着充分的体现。

### 2.1.4 避税情形下可能存在的发票问题

对逃避税款行为强化税收征管，这里提到了避税行为，但避税的适用场景有别于前文多次提到的偷逃税款性质的事项。在税收管理当中，税务机关是适用反避税的规则以“协商”方式，处理避税的，若存在补税的情形下，同步加征的是利息（远低于每天万分之五的滞纳金），单就避税行为本身来讲，并不涉及追究刑事责任的问题，也不是虚假交易的问题。

《企业所得税法实施条例》规定：

**第一百二十一条** 税务机关根据税收法律、行政法规的规定，对企业作出特别纳税调整的，应当对补征的税款，自税款所属纳税年度的次年6月1日起至补缴税款之日止的期间，按日加收利息。

前款规定加收的利息，不得在计算应纳税所得额时扣除。

**第一百二十二条** 企业所得税法第四十八条所称利息，应当按照税款所属纳税年度中国人民银行公布的与补税期间同期的人民币贷款基准利率加5个百分点计算。

企业依照企业所得税法第四十三条和本条例的规定提供有关资料的，可以只按前款规定的人民币贷款基准利率计算利息。

《个人所得税法》规定：

**第八条** 有下列情形之一的，税务机关有权按照合理方法进行纳税调整：

（一）个人与其关联方之间的业务往来不符合独立交易原则而减少本人或者其关联方应纳税额，且无正当理由；

（二）居民个人控制的，或者居民个人和居民企业共同控制的设立在实际税负明显偏低的国家（地区）的企业，无合理经营需要，对应当归属于居民个人的利润不作分配或者减少分配；

（三）个人实施其他不具有合理商业目的的安排而获取不当税收利益。

税务机关依照前款规定作出纳税调整，需要补征税款的，应当补征税款，并依法加收利息。

《个人所得税法实施条例》规定：

**第二十三条**　个人所得税法第八条第二款规定的利息，应当按照税款所属纳税申报期最后一日中国人民银行公布的与补税期间同期的人民币贷款基准利率计算，自税款纳税申报期满次日起至补缴税款期限届满之日止按日加收。纳税人在补缴税款期限届满前补缴税款的，利息加收至补缴税款之日。

### 案　例

张三的宏大企业主要从事货物生产销售的业务，由于某些地区有财政奖励性措施，于是张三在外地又设立了宏小公司。相关产品销售时，第一步先销售给宏小公司，第二步再销售给客户，这样部分利润与收入转移到了宏小公司，在当地纳税后有适当的奖励，得到了利益。此时宏大公司的发票是开具给宏小公司，物流方面仍是宏大公司直接接收宏小公司的指令发给最终客户。在这种情形下，发票的开具有没有问题？

**分析：**由于存在真实的货物流转，虽然形式上会让宏大公司所在地的税务机关感觉不合理，但发票的开具本身基本不存在虚开或不当开具的法律责任问题。若宏小公司就是一个空壳公司，宏大公司所在地税务机关的反避税部门认为其定价不公允，意欲进行调整销售给宏小公司的价格，也是有这种可能性的。只是对于内销业务的反避税调整，相对宽容度较大，若税负相同或相近，调整了销售方的收入，采购方的成本就要调整，理论上是互相抵销的。尽管有财务奖励的因素，但这是存在于税务机关的职责与税款影响之外的因素，也不归税务机关职责管辖。在增值税方面，主管税务机关也有相应进行调整的依据，比如价格明显偏低并无正当理由的，主管税务机关可以核定其销售额。上述的这些反避税的规范与手段，其目的保证国家税收征管工作顺利开展，减少避税行为的发生。

可能也有人质疑，价格被调整情形下开具的发票不是也有“虚开”的水分吗？此时我们要明确何谓发票虚开。

《最高人民法院关于适用〈全国人民代表大会常务委员会关于惩治虚开、伪造和非法出售增值税专用发票犯罪的决定〉的若干问题的解释》中提到：具有下列行为之一的，属于“虚开增值税专用发票”：（1）没有货物购销或者没有提供或接受应税劳务而为他人、为自己、让他人为自己、介绍他人开具增值税专用发票；（2）有货物购销或者提供或接受了应税劳务但为他人、为自己、让他人为自己、介绍他人开具数量或者金额不实的增值税专用发票；（3）进行了实际经营活动，但让他人为自己代开增值税专用发票。

从上述内容来看，“开具数量或者金额不实”与我们讨论的问题有相近性，“金额不实”是指开具金额与实际交易金额不实的情形，而避税情形下，当时其发票开具与交易金额是一致的，也就是说就是当时的真实金额与数量，不是交易双方存在虚假交易，税务机关调整价格是为了维护国家征税权益，套用税收规则进行的调整，这个调整并不是交易双方重新交易或调整合同价格，是限于计税之用的基数调整，税务机关调整了税收上的价格，不代表采购方需要依此价格向销售方支付差价。

尽管笔者持相对乐观的态度，但不得不考虑征管当中的复杂性，比如销售方税务机关要求不得进行转移利润，不然不供应发票，或者采取税务稽查的方式要求其纠正，不一定用反避税的条款进行处理。也有一些货物不适合异地销售，比如销售建材辅料沙子之类，多是就近取材，若长春一家企业销售沙子给云南一家企业，是不是有点不正常？这说明，税务问题不是简单的“对与错”的问题，还有许多复杂的因素体现，一旦认为这种交易存在风险，被稽查立案或者审计督查，解释起来并不是那么轻松。

### 2.1.5 司法审判中关于“虚开”是行为犯与结果犯等观点争议

在学术界与实务中，对于判定追究刑责的“虚开增值税专用发票罪”的具体适用条件，存在两种主流认识，即它是一种行为犯，还是结果犯呢？一直都存在争议，直到现在也没有得到统一。我们期待能在法律层面得到明确，以减少执法与审判过程中的差异性理解与判断。同时，正是因为认识不一，在面临涉嫌虚开的情形时，就存在着诸多的不确定性风险，这尤其值得老板们充分关注。

近年来，随着营商环境的持续改善与调整，以及对民营企业家产权保护力度的提升，在司法活动中关于虚开的认识也在持续变化，比如会更多地考虑虚开行为本身与其带来的税收危害性关联情况，不再简单地“以票论票”。对此，官方发布了不少的指导性意见、建议，也有不少的诉讼案例，更加体现了与危害结果相关联的理解与原则。另外还有人提出来其他诸如“目的犯”“危险犯”等观点。总之，无论什么观点，法条上并没有对此进行明确，即使没有明确，也并没有影响到司法审判的进行。只是不排除个案中审判的处理，可能会有情节上的重或轻之分。

平时在网络上经常看到一些知名律师、专家对上述问题发表的关于其历史背景分析、探讨意见、立法建议等，若从初浅的角度举个例子，比如某位会计尝试学着开具增值税专用发票，以自己的另外一家公司为对象，开具了一张 1 万元的增值税专用发票，开具出来以后，销售方申报了增值税，但没有计会计收入与所得税的收入，同时受票方也没有入账抵扣，如果以行为犯定义虚开，这种行为就是虚开。若上述发票开具的销售金额是 100 万元，税额是 13 万元，此时依刑法是不是要追究法律责任了？但再分析一下，此时税款是不是反而多交了？在这种情形之下，不宜单纯用行为犯的标准来衡量判断刑责的适用性。但刑法中确实没有规定就以是否造成国家税款损失作为追责的标准与判断条件。在一些稽查案例或司法案例中，已越来越多地会依据行为的主观骗税目的、客观上是不是造成国家税款损失进行判断，以此来界定行为人是否构成刑事犯罪。笔者认为，如果主观上不具有骗取国家税款的目的，也未造成国家税款损失的，不宜简单判定其行为就构成了虚开增值税专用发票罪。但是，因实践当中业务链条复杂，有时并不是那么容易分清，比如某个环节全是虚开，某一个环节参与方是中间方，被用作“过账”的平台来掩饰真相，只有全链条调查取证清楚了，才知道是不是造成税款损失。而全链条调查取证有时也难达成，因为现实当中可能存在某个环节的走逃（失联），需要大量的时间以及跨地区协作才可能达成。所以，当我们看到某些涉及虚开的判决案例时，似乎情形类似，但判决结果相差较大，由此难免会感觉到一些迷惑与不解。在这种情形下，如何结合事实与司法依据、解释、案例及证据保护自己的合法权益，就尤其重要。田文昌律师曾在《再论对虚开增值税发票罪构成要件的表述亟待修改》[1]中提到：

专栏

不具有骗税目的的虚开行为所侵犯的客体就不是税收征管制度，而仅仅是发票监管制度。这种行为的危害性显然未达到应当科以重刑的严重程度。

……

由于“虚开”罪的刑罚远远高于逃税罪，所以，“虚开”罪的客体应该是税收征管制度而不可能只是发票监管制度，“虚开”罪的基本特征应该是骗取国家税款而不可能仅仅是违规、违法的开具发票的行为本身。所以，“虚开”罪的构成必须具有骗取国家税款的目的和结果，“虚开”罪只能是结果犯，而不可能是行为犯。

……

2000 年 12 月 28 日上海高级法院组织的司法审判会议并印发《关于审理经济犯罪案件具体应用法律若干问题的意见》指出，认定虚开增值税专用发票罪，“还必须查明或证实虚开行为在实质上具有偷逃国家税款的实际危害性或者造成该种危害的现实可能性……，如果缺少这一实质特征（即虚开以后如实申报缴税），则意味着行为人在主观上并没有通过虚开增值税专用发票的手段达到偷逃国家税款的非法目的，客观上也没有实际侵害国家税收管理制度。因为主观和客观要件均有欠缺，故单纯具有形式上的虚开行为，不能认定虚开增值税专用发票罪。”

最高人民法院于 2004 年 11 月 24 日至 27 日，在苏州召开了全国部分法

[1] 资料来源：“京都律师”微信公众号，2014 年 11 月 25 日。

院经济犯罪案件审判工作座谈会，会议形成了《全国部分法院“经济犯罪案件审判工作座谈会”综述》，其中关于虚开增值税专用发票犯罪的认定中明确：“正确认定虚开增值税专用发票犯罪的客体是最终确认该罪定罪标准的关键。对此，倾向性观点认为，该罪侵犯的是复杂客体，一是增值税专用发票管理秩序，二是国家税收征管制度，二者缺一不可。其中，根据刑法第三章第六节的规定，国家税收征管制度应当属于主要客体。因此，如果虚开行为仅仅破坏了增值税专用发票管理秩序，但未实际危及国家正常的税收活动，只能属于一般的行政违法行为。”并在此基础上得出了一致结论：“都认为行为人主观上不具有偷、骗税目的，客观上也不会造成国家税款流失的虚开行为，不应以虚开增值税专用发票犯罪论处。”

田文昌老师的观点值得我们学习，关于此方面的讨论文章非常多，此处不再展开。作为企业的负责人，在业务当中处理关系到人身自由安全的事项时，更须慎之又慎，做到事前、事中的风险知晓、防范与排除。请注意，只要事项具有不确定性，无论是难办还是容易，它本身就是一种风险，切勿以理想的状态来评估现实，而是要结合不理想的状态来规避可能的风险。

### 2.1.6　税务机关移交公安机关乃至检察起诉的适用情形

从笔者接触过的一些案例来看，对于经营中的纳税事宜，往往认为是“可裁量的”，生意好、心情好时就纳得多点，不好时就少纳点，主要凭自己的感觉，视为儿戏一般，认为税不过只是一个数字，甚至有的企业运营效益还不错，但认为纳税是割自己肉，要“一毛不拔”才好。这主要是因为：

一是，历来多有民营企业家的纳税意识不强。这是事实，特别是小型的民营企业，治理不规范，经营不规范，核算不规范，先生存才是老板们首要考虑的问题。比如收入计税不完整，公私不分，账务混乱等情形，仍是比较常见的，有时让会计或代理记账的会计们无所适从，只能是“让做多少做多少”的状态。而且相关的处理方式比较简单粗暴，不说“一检一个准”，要查的话基本上或多或少存在问题，只是苦了做账与报税人员。

二是，税收监管与检查的滞后性与概率化。过去由于税务检查稽查的辐射面不广泛，手段与方式上也不完整，以致产生了一种“别人都这么干，我也这么干，法不责众”的侥幸心理，认为自己不会成为“倒霉的一个”。

三是，人情化的过度迷信。诚然，不排除我们社会当中的人情化相对多样，老板们在没出事的时候，会有很强的自负感，认为“无所不能”“不就是钱的事嘛”之类的想法。当发生税务问题时，老板们可能首要想到要“关系沟通”或者干脆“置之不理”，甚至走极端以暴力相向。但是近些年，一个明显的变化就是人情化需要以合法性为基础，这种“认识”越来越普遍，总之，不要把“宝”押在这里，最终被动的是自己，最终担责任的也是自己，掌握专业、合法的主动权宜早不宜晚。

## 案　例

李四的宏大公司，最近被税务稽查机关调查，认为其取得的发票涉嫌虚开，已取得了上游的已证实虚开通知单。李四自我感觉风险较大，于是告诉税务稽查人员：“领导好，我最近因疫情原因被困某地，无法到贵局汇报工作！”疫情事大，稽查人员也没有进行强制，同时让其尽快来说明情况。结果等了两个月之后，稽查人员发现宏大公司的股东已发生变更，法定代表人也发生了变更，看来李四想玩一个“金蝉脱壳”。

**分析：**其实这种方式，真要从技术上进行反击，是不是可以考虑直接定性为偷税补税，若补不了就直接移交公安机关，看看最终会如何？

近年来，税警联合办公的情形多起来，形成优势互补，体现出了我国在强化税收征管力量，提升打击偷逃税款的力度。但其目前的任务，可能更多仍是聚焦在“打虚打骗”上，即对于打击虚开增值税发票犯罪行为方面的合作。当一个涉税问题的办理需要公安机关参与的时候，就说明了问题的严重性。这与老板们常用的应对税务检查的一些“套路与方式”也将发生很大的变化。

关于税务机关的执法权，《税收征收管理法》有这样的规定：

**第四十条**　从事生产、经营的纳税人、扣缴义务人未按照规定的期限缴纳或者解缴税款，纳税担保人未按照规定的期限缴纳所担保的税款，由税务机关责令限期缴纳，逾期仍未缴纳的，经县以上税务局（分局）局长批准，税务机关可以采取下列强制执行措施：

（一）书面通知其开户银行或者其他金融机构从其存款中扣缴税款；

（二）扣押、查封、依法拍卖或者变卖其价值相当于应纳税款的商品、货物或者其他财产，以拍卖或者变卖所得抵缴税款。

税务机关采取强制执行措施时，对前款所列纳税人、扣缴义务人、纳税担保人未缴纳的滞纳金同时强制执行。

个人及其所扶养家属维持生活必需的住房和用品，不在强制执行措施的范围之内。

《中华人民共和国行政强制法》（以下简称《行政强制法》）规定：

**第二十三条**　查封、扣押限于涉案的场所、设施或者财物，不得查封、扣押与违法行为无关的场所、设施或者财物；不得查封、扣押公民个人及其所扶养家属的生活必需品。

当事人的场所、设施或者财物已被其他国家机关依法查封的，不得重复查封。

一般税务的案件，若涉及刑事犯罪的，通常税务部门是与公安机关的经侦部门进行移送与对接。《公安部刑事案件管辖分工规定》对经济犯罪侦查局管辖案件范围中的危害税收征管罪的具体事项的规定：

**第六节**　危害税收征管罪中的下列案件：

52. 逃税案（第 201 条）

53. 抗税案（第 202 条）

54. 逃避追缴欠税案（第 203 条）

55. 骗取出口退税案（第 204 条）

56. 虚开增值税专用发票、用于骗取出口退税、抵扣税款发票案（第 205 条）

57. 虚开发票案（第 205 条之一）

58. 伪造、出售伪造的增值税专用发票案（第 206 条）

59. 非法出售增值税专用发票案（第 207 条）

60. 非法购买增值税专用发票、购买伪造的增值税专用发票案（第 208 条第 1 款）

61. 非法制造、出售非法制造的用于骗取出口退税、抵扣税款发票案（第 209 条第 1 款）

62. 非法制造、出售非法制造的发票案（第 209 条第 2 款）

63. 非法出售用于骗取出口退税、抵扣税款发票案（第 209 条第 3 款）

64. 非法出售发票案（第 209 条第 4 款）

65. 持有伪造的发票案（第 210 条之一）

那么，在什么情形下会发生上述的移送呢？在《全国税务稽查规程》当中有相应的描述（请关注相关政策与规则的更新）。

**专栏**

### 4.5.11 涉嫌犯罪案件移送

涉嫌犯罪案件移送，是指税务局稽查局依法将涉嫌构成犯罪的案件移送公安机关追究刑事责任的业务处理过程。

#### 4.5.11.1 操作岗位

审理实施岗，负责受理其他部门及审理部门发起的涉嫌犯罪案件移送建议及资料，制作移送文书，按规定提请税务局稽查局集体审理及所属税务局重大税务案件审理。

审理部门领导岗，负责对涉嫌犯罪案件移送建议、移送文书的审核；负责对提请税务局稽查局集体审理及所属税务局重大税务案件审理材料的审核。

税务局稽查局分管领导，负责对涉嫌犯罪案件移送建议、移送文书的审核；负责对提请税务局稽查局集体审理及所属税务局重大税务案件审理材料的审核。

税务局稽查局局长，负责重大税务案件审理材料的审核，签发《税收违法案件集体审理纪要》。

#### 4.5.11.2 操作流程

涉嫌犯罪案件移送流程如下图所示。

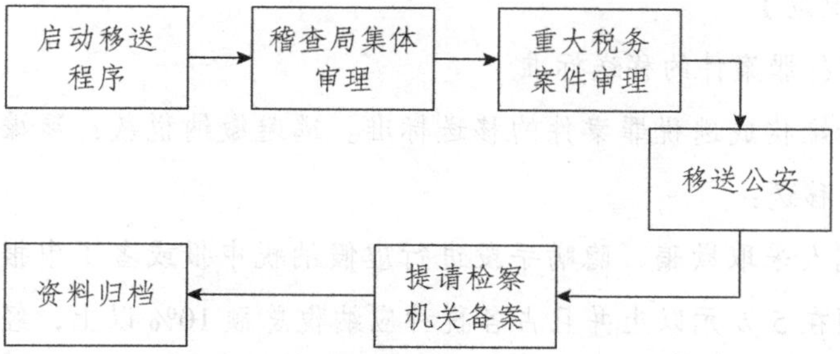


**涉嫌犯罪案件移送流程图**

#### 4.5.11.3 操作规范

【业务依据】

《中华人民共和国税收征收管理法》第 77 条

《中华人民共和国刑法》第 201 条至第 212 条

《中华人民共和国刑事诉讼法》第 108 条

《行政执法机关移送涉嫌犯罪案件的规定》第 3 条、第 5 条、第 6 条

《重大税务案件审理办法》（国家税务总局令第 34 号）第 11 条

《最高人民检察院、公安部关于公安机关管辖的刑事案件立案追诉标准的规定（二）》[1]（公通字〔2010〕23 号）第 8 条、第 57 条至第 68 条

《最高人民检察院、公安部关于公安机关管辖的刑事案件立案追诉标准的

---

［1］ 2022 年 4 月 6 日，最高检联合公安部印发修订后《关于公安机关管辖的刑事案件立案追诉标准的规定（二）》明确规定公安机关管辖的 78 种经济犯罪案件立案追诉标准，其明确（下同）：

本规定自 2022 年 5 月 15 日施行。《最高人民检察院、公安部关于公安机关管辖的刑事案件立案追诉标准的规定（二）》（公通字〔2010〕23 号）和《最高人民检察院、公安部关于公安机关管辖的刑事案件立案追诉标准的规定（二）的补充规定》（公通字〔2011〕47 号）同时废止。

规定（二）的补充规定》（公通字〔2011〕47号）第2条、第3条

《最高人民法院关于审理骗取出口退税刑事案件具体应用法律若干问题的解释》（法释〔2002〕30号）第1条至第3条、第9条

《最高人民法院关于审理偷税抗税刑事案件具体应用法律若干问题的解释》（法释〔2002〕33号）第2条、第3条

《税务稽查工作规程》（国税发〔2009〕157号）第60条[1]

【业务规范】

1. 涉嫌犯罪案件的移送标准

（1）涉嫌构成逃税罪案件的移送标准。逃避缴纳税款，涉嫌下列情形之一的，应予移送：

①纳税人采取欺骗、隐瞒手段进行虚假纳税申报或者不申报，逃避缴纳税款，数额在5万元以上并且占各税种应纳税总额10%以上，经税务机关依法下达追缴通知后，不补缴应纳税款、不缴纳滞纳金或者不接受行政处罚的。

②纳税人5年内因逃避缴纳税款受过刑事处罚或者被税务机关给予2次以上行政处罚，又逃避缴纳税款，数额在5万元以上并且占各税种应纳税总额10%以上的。

③扣缴义务人采取欺骗、隐瞒手段，不缴或者少缴已扣、已收税款，数额在5万元以上的。

纳税人在公安机关立案后再补缴应纳税款、缴纳滞纳金或者接受行政处罚的，不影响刑事责任的追究。

（2）涉嫌构成逃避追缴欠税罪案件移送标准。纳税人欠缴应纳税款，采取转移或者隐匿财产的手段，致使税务机关无法追缴欠缴的税款，数额在1万元以上的，应予移送。

（3）涉嫌构成骗取出口退税罪案件移送标准。以假报出口或者其他欺骗手段，骗取国家出口退税款，数额在5万元以上的，应予移送。

[1] 已被废止，《税务稽查案件办理程序规定》（国家税务总局令第52号）于2021年8月11日起施行。

（4）涉嫌构成抗税罪案件移送标准。以暴力、威胁方法拒不缴纳税款，涉嫌下列情形之一的，应予移送：

①造成税务工作人员轻微伤以上的。

②以给税务工作人员及其亲友的生命、健康、财产等造成损害为威胁，抗拒缴纳税款的。

③聚众抗拒缴纳税款的。

④以其他暴力、威胁方法拒不缴纳税款的。

（5）涉嫌构成其他涉税犯罪案件移送标准。

①涉嫌构成虚开增值税专用发票、用于骗取出口退税、抵扣税款发票罪。虚开增值税专用发票或者虚开用于骗取出口退税、抵扣税款的其他发票，虚开的税款数额在 1 万元以上或者致使国家税款被骗数额在 5 000 元以上的，应予移送。

②涉嫌构成虚开发票罪。虚开《中华人民共和国刑法》第 205 条规定以外的其他发票，涉嫌下列情形之一的，应予移送：

虚开发票 100 份以上或者虚开金额累计在 40 万元以上的。

虽未达到上述数额标准，但 5 年内因虚开发票行为受过行政处罚 2 次以上，又虚开发票的。

其他情节严重的情形。

③涉嫌构成伪造、出售伪造的增值税专用发票罪。伪造或者出售伪造增值税专用发票 25 份以上或者票面额累计在 10 万元以上的，应予移送。

④涉嫌构成非法出售增值税专用发票罪。非法出售增值税专用发票 25 份以上或者票面额累计在 10 万元以上的，应予移送。

⑤涉嫌构成非法购买增值税专用发票、购买伪造的增值税专用发票罪。非法购买增值税专用发票或者购买伪造的增值税专用发票 25 份以上或者票面额累计在 10 万元以上的，应予移送。

⑥涉嫌构成非法制造、出售非法制造的用于骗取出口退税、抵扣税款发票罪。伪造、擅自制造或者出售伪造、擅自制造的可以用于骗取出口退税、抵扣税款的非增值税专用发票 50 份以上或者票面额累计在 20 万元以上的，

应予移送。

⑦涉嫌构成非法制造、出售非法制造的发票罪。

伪造、擅自制造或者出售伪造、擅自制造的不具有骗取出口退税、抵扣税款功能的普通发票100份以上或者票面额累计在40万元以上的，应予移送。

⑧涉嫌构成非法出售用于骗取出口退税、抵扣税款发票罪。

非法出售可以用于骗取出口退税、抵扣税款的非增值税专用发票50份以上或者票面额累计在20万元以上的，应予移送。

⑨涉嫌构成非法出售发票罪。

非法出售普通发票100份以上或者票面额累计在40万元以上的，应予移送。

⑩涉嫌构成持有伪造的发票罪。

明知是伪造的发票而持有，具有下列情形之一的，应予移送：

持有伪造的增值税专用发票50份以上或者票面额累计在20万元以上的。

持有伪造的可以用于骗取出口退税、抵扣税款的其他发票100份以上或者票面额累计在40万元以上的。

持有伪造的除上述两项规定以外的其他发票200份以上或者票面额累计在80万元以上的。

⑪ 涉嫌构成隐匿、故意销毁会计凭证、会计账簿、财务会计报告罪。隐匿或者故意销毁依法应当保存的会计凭证、会计账簿、财务会计报告，涉嫌下列情形之一的，应予移送：

隐匿、故意销毁的会计凭证、会计账簿、财务会计报告涉及金额在50万元以上的。

依法应当向司法机关、行政机关、有关主管部门等提供而隐匿、故意销毁或者拒不交出会计凭证、会计账簿、财务会计报告的。

其他情节严重的情形。

2. 涉税犯罪案件移送程序

（1）启动。

①涉嫌构成逃避缴纳税款罪案件移送程序的启动。发现纳税人存在偷税（逃避缴纳税款）行为的，检查部门应当核实纳税人5年内有无因偷税（逃避

缴纳税款）受过刑事处罚或者被给予2次以上税务行政处罚情况，并按照检查所属期间分年度计算逃避缴纳税款比例（含国税、地税各税种）。

执行部门发现偷税（逃避缴纳税款）数额及比例达到移送标准的纳税人，未按照《税务处理决定书》《税务行政处罚决定书》的要求在规定的期限缴纳税款、滞纳金、罚款，应当及时将上述情况反馈给审理实施岗，提交移送建议及证据材料。

②涉嫌构成其他涉税犯罪案件的启动。案件审结后，发现被查对象违法行为涉嫌构成犯罪的，由审理实施岗制作《涉嫌犯罪案件情况调查报告》，简述被查纳税人违法事实，并提出移送建议，连同案件主要证据材料复印件报审理部门领导岗审核。

执行部门在执行阶段发现涉嫌构成其他犯罪的，应当及时将涉嫌犯罪情况反馈给审理实施岗，提交移送建议及证据材料。

（2）税务局稽查局集体审理。审理实施岗对拟移送司法机关的案件，应当先按规定的程序提请税务局稽查局集体审理。

（3）提请重大税务案件审理。税务局稽查局集体审理决定移送的，审理实施岗应当按规定程序，提请所属税务局重大税务案件审理委员会审理。

（4）移送案件。经所属税务局重大税务案件审理决定移送的案件，由审理实施岗制作《涉嫌犯罪案件移送书》《税务行政执法审批表》逐级报批，并将《涉嫌犯罪案件移送书》连同《涉嫌犯罪案件情况调查报告》及案件主要证据材料复印件，在行政执法机关正职负责人或者主持工作的负责人作出批准决定的24小时内向同级公安机关移送；决定不批准的，应当将不予批准的理由记录在案。

（5）提请人民检察院备案。涉嫌犯罪的案件移送后，审理实施岗应当及时提请人民检察院备案。

（6）后续处理。税务局稽查局在移送案件时已经作出行政处罚决定的，应当将行政处罚决定书一并抄送公安机关、人民检察院；未作出行政处罚决定的，原则上应当在公安机关决定不予立案或者撤销案件、人民检察院作出不起诉决定、人民法院作出无罪判决或者免予刑事处罚后，再决定是否给予行政处罚。

（7）资料归档。案件移送工作全部完成后，审理实施岗将移送资料随案件资料归档。

【风险提示】

对符合移送司法机关条件的涉嫌犯罪案件未依法移送。

要注意，上述的标准需要结合附件中《最高人民检察院 公安部关于公安机关管辖的刑事案件立案追诉标准的规定（二）》已进行更新。下面的事项值得我们关注：

（1）移送是法定程序与条件适用的强制性规定，并非税务稽查部门或人员的主观行为。

对于如此重大的、严肃的事项，一定是要有严格的程序要求与规范的，在税务稽查方面，绝大多数的税务争议，补缴税款与滞纳金或罚款的处理，是在纳税人与税务机关之间解决的，涉及移送的情形相对较少；另一方面，涉嫌发票犯罪移交的情形比较多，因为该补税时只能向税务机关补缴、加收滞纳金与罚款处理，但税务机关没有司法处置权，达到移送条件的应进行移送。

但我们就此并不能简单地认为标准是非常明确的，比如税务机关如何判断、认定事实与得出结论，对偷逃税款的移送条件相对比较明确，但涉及发票的情形就会有特殊性。比如对于一些不合规发票的处理，若认为是不当或善意的情形下取得的，则多以补缴税款等进行处理；若认为是恶意的虚开情形，达到标准就应移送。所以，在适用性上，还是建议结合税务问题、发展与沟通尽快提前进行解决。

## 案 例

张三在南方某地设立了一家企业，从事咨询服务，找了一家代账公司进行日常的记账与申报纳税业务。在2019年的时候，其主管税务机关通知其到税务机关解释一笔5 000余万元发票的业务情形，这是一笔成本费用，税务机关得到上游的协查通知，要求对发票进行业务落实。这类情形在日常的业务场景中，倒是非常普通的，但是税务机关给张三发的通知落款却是非常的特别，上面还写着某某地公安机关经侦部门的名字，在要求的资料中特别注明需要法定代表人携带本人身份证明前往。

**分析：**如果单是主管税务机关的调查，可能老板自己也不一定当回事，但加上公安机关参与侦查，事情恐怕就不是那么简单了，有时候不排除直接进行扣押处理的。所以张三就不淡定了，张三在想，能不能“甩锅”给代账机构，说不知道发票的事，是代账机构做错账了，这谁能信呢？后为不大清楚此事的结局如何，但这么大金额的发票出现问题，“胆量”与“贪心”之事就不提了，千万别把自己命运装在一个篮子里！

（2）公安机关能否直接侦办涉税案件。

关于这个问题，答案不是绝对的，要结合现实当中的不同情形来分析。

2018 年 10 月，新华社文章《税务部门依法查处范 ×× “阴阳合同”等偷逃税问题》中提到：依据《刑法》第二百零一条的规定，由于范 ×× 属于首次被税务机关按偷税予以行政处罚且此前未因逃避缴纳税款受过刑事处罚，上述定性为偷税的税款、滞纳金、罚款在税务机关下达追缴通知后在规定期限内缴纳的，依法不予追究刑事责任。超过规定期限不缴纳税款和滞纳金、不接受行政处罚的，税务机关将依法移送公安机关处理。

可以这样理解，依据《税收征收管理法》的规定，税务机关可以无限期地向偷逃税款的纳税人作追缴税款等处理，但是否要移交公安机关，站在税务机关的角度，通常要依据《刑法》第二百零一条的规定进行判断：

**第二百零一条**【逃税罪】纳税人采取欺骗、隐瞒手段进行虚假纳税申报或者不申报，逃避缴纳税款数额较大并且占应纳税额百分之十以上的，处三年以下有期徒刑或者拘役，并处罚金；数额巨大并且占应纳税额百分之三十以上的，处三年以上七年以下有期徒刑，并处罚金。

扣缴义务人采取前款所列手段，不缴或者少缴已扣、已收税款，数额较大的，依照前款的规定处罚。

对多次实施前两款行为，未经处理的，按照累计数额计算。

有第一款行为，经税务机关依法下达追缴通知后，补缴应纳税款，缴纳滞纳金，已受行政处罚的，不予追究刑事责任；但是，五年内因逃避缴纳税款受过刑事处罚或者被税务机关给予二次以上行政处罚的除外。

对于这种“改过自新”的机会，用法律术语来讲是刑事“阻却事由”，大家发现当下一些演员、网红的补税适用情形，多是因此条款而没有被移送追究其刑事责任。若是因发票问题出现的偷逃税款的情形，税务机关将以此为依据对其进行补缴税款的相应处理。但规定中没有提到纳税人补缴税款、滞纳金与罚款的截止日期，从笔者的理解来看，这里存在几个缴纳时点，一个是税务机关法律文书中要求的缴纳日期，如果对行政处罚提起行政复议或者诉讼，部分情形是以最终生效裁判、复议决定等文书确定的缴纳日期。另外不要等着公安机关立案时点前再缴纳，公安立案的具体时间信息，税务机关和公安机关没有提前告知的程序。税务机关下发法律文书，这是一个非常重要的环节，此时不同的应对方式就会产生不同的法律后果，若有的纳税人故意逃避，不理不睬，那么对于税务机关来讲，依法对其移送公安机关是很正常的安排了，也是完成自己的职责的结果。《最高人民检察院 公安部关于公安机关管辖的刑事案件立案追诉标准的规定（二）》明确规定，纳税人在公安机关立案后再补缴应纳税款、缴纳滞纳金或者接受行政处罚的，不影响刑事责任的追究。

如《楼 ×× 逃税案浙江省义乌市人民法院刑事判决书》[（2014）金义刑初字第 2911 号] 中有这样的内容：本院认为，被告人楼 ×× 作为纳税人，经通知仍不申报税款，逃避缴纳税款数额巨大，并且占应纳税额百分之三十以上，其行为已构成逃税罪。公诉机关指控成立，应予支持。依照《中华人民共和国刑法》第二百零一条第一款、第五十二条、第五十三条之规定，判决如下：

被告人楼 ×× 犯逃税罪，判处有期徒刑三年零六个月，并处罚金人民币四十万元（刑期从判决执行之日起计算。判决执行以前先行羁押的，羁押一日折抵刑期一日，即自 2014 年 3 月 11 日起至 2017 年 9 月 10 日止。罚金限判决生效后一个月内缴纳）。

所以，千万别认为税款是可以赖账的，因为国家要征的税款属于国家的公债，不是谁有权随便可以豁免的，也不是过了多少年之后就自行销账的，是有法定效力的，也有法定职责管理的，所以争议的事项，能在稽查出结论之前解决是最好的，不能解决也要按法定程序及时努力地配合，再进行相应的法律救济来应对。

但也有一些给予格外“照顾”的案例，比如公安机关收到税务机关移送的案件后也进行了立案，但检察院可能给予不起诉的处理，是综合考虑了纳税人配合的特殊情形等因素而作出的决定。比如下面这则摘自 12309 官网的信息：

## 专栏 河北省迁 × 县人民检察院不起诉决定书

被不起诉单位迁 × 县某某建筑工程有限公司，法定代表人王某某，住所地迁 × 县兴城三村，统一社会信用代码 91130227××××××××72。

被不起诉人侯某某，男，1962 年 ×× 月 ×× 日出生，居民身份证号码 1302271962××××××××，汉族，高中文化，个体户，户籍所在地河 × 省迁 × 县，住迁 × 县 ×× 乡 ×× 村 ×× 号。2021 年 3 月 23 日因涉嫌逃税罪被迁 × 县公安局刑事拘留，同年 4 月 6 日被迁 × 县公安局执行逮捕，同年 6 月 28 日被本院变更强制措施为取保候审。

本案由迁 × 县公安局侦查终结，以被不起诉人侯某某涉嫌逃税罪，于 2021 年 6 月 4 日向本院移送起诉。

经本院依法审查查明：

2014 年 5 月，被不起诉人侯某某借用迁 × 县某某建筑工程有限公司（以下简称某某建筑公司）资质，以迁 × 县某某建筑工程有限公司侯某某项目部名义承建迁 × 县 ×× 镇 ×× 居民楼建筑工程，至 2020 年度收取工程款合计 11 188 377 元未进行纳税申报。2020 年 7 月 20 日，国家税务总局迁 × 县税务局向某某建筑公司下达责令限期改正通知书，某某建筑公司逾期未整改。2021 年 2 月 10 日，国家税务总局唐山市税务局第三稽查局向某某建筑公司下达税务行政处罚决定书，某某建筑公司逾期未缴纳相关费用。经税务机关认定，迁 × 县某某建筑工程有限公司偷税数额为 636 927.77 元，被处以罚款 318 463.90 元，偷税数额占 2015 年应纳税款额的比例为 25.2%。审查起诉期间该公司缴清了全部的应纳税款、滞纳金和罚款。

认定上述事实的证据有：迁 × 县 ×× 镇 ×× 项目工程合同、国家税务总局唐山市税务局第三稽查局税务行政处罚决定书等书证、证人负某某等证人出具的证言、被不起诉人侯某某的供述。

本院认为，迁 × 县某某建筑工程有限公司及侯某某实施了《中华人民共和国刑法》第二百零一条规定的行为，但犯罪情节轻微，已经向税务机关缴清全部应纳税款、滞纳金及罚款，并自愿认罪认罚。根据《中华人民共和国刑法》第三十七条的规定，不需要判处刑罚。依据《中华人民共和国刑事诉讼法》第一百七十七条第二款的规定，决定对迁 × 县某某建筑工程有限公司及侯某某不起诉。

被不起诉单位、被不起诉人如不服本决定，可以自收到本决定书后七日内向本院申诉。（略）

**但要说明的是，上面涉及移送的前提是达到《刑法》规定的条件。笔者也发现，移送后进行了补缴税款但仍获刑的案例，可以参考下面这则摘自中国裁判文书网的案例《广东省罗定市人民法院刑事判决书》[（2017）粤 5381 刑初 298 号]。**

## 专栏

本院认为，被告人曾 ×× 采用隐瞒手段不申报，逃避缴税款，数额较大且占应纳税额百分之十以上，其行为已构成逃税罪，公诉机关指控被告人曾

××构成逃税罪的事实清楚，证据确实、充分，罪名成立。鉴于被告人归案后认罪态度较好，当庭认罪，可依法从轻处罚；其是初犯、偶犯，且已向税务部门补缴部分增值税、滞纳金及罚金，可酌情从轻处罚。被告人曾××至今未补交尚欠增值税 106 281.21 元，若对被告人宣告缓刑会对其所居住社区造成不良影响，依法不予适用缓刑，故指定辩护人的第 4、5 点辩护意见本院不予采纳；其他辩护意见经查属实，本院予以采纳。根据被告人的犯罪情节和悔罪表现，本院决定对其从轻处罚。据此，依照《中华人民共和国刑法》第二百零一条、第六十七条第三款、第五十二条、第五十三条的规定，判决如下：

被告人曾××犯逃税罪，判处有期徒刑一年，并处罚金 180 000 元。已缴交罚款 160 213.12 元应依法折低罚金 160 213.12 元，尚欠罚金 19 786.88 元在本判决发生法律效力之日起十日内向本院缴纳。

简单地理解，每一个涉税争议的事项、案例，除了有其个性以外，共性的问题是黄金的处理时间点。有的纳税人或老板故意采取拖延战术，税务部门找的时候就托辞“老板正在出差，财务请假”之类的说法，还有的以不接电话来应对；至于采取暴力手段的就涉及违法犯罪的行为了。对争议事项的黄金处理时点一定要有所规划，避免因小失大，也不一定力求完美，毕竟纳税人出现争议的时候，或多或少都是有一些问题的。

## 案　例

最近张三遇到税务稽查之事，于是寻找专家协助沟通。某专家提出：“包在我身上，不用担心，我们就不认同，大不了打到法院！”专家的意见代表了日常中处理争议的一种方式，即强硬派风格。很多时候，老板希望的稽查的方向也并不是向着诉讼走的，更多地是想在稽查环节把事项处理完毕，对税务机关而言，诉讼成本也是一种行政成本，其中也存在败诉的可能，绩效方面的考虑等。

回归正题，涉及偷逃税款的案件，是不是必须由税务机关先行书面向纳税人出具《税务处理决定书》确认偷税后，才能由公安机关进行立案侦查呢？答案是不确定的、不唯一的，即法律法规及相关规定中并未有这样的限制性规定与程序要求，从过去实践中看，公安机关也可以直接对偷逃税款的案件进行侦办，并向检察部门移交。不过，大家可以发现，对于偷逃税款的确定与数据金额的确认，这是需要税务部门来检查确认的，况且还要考虑《刑法》中对此规定的阻却事由是否发生，避免移送后酿成不必要的“错误”。比如下面这个摘自裁决文书网的审判案例，《徐江苏省徐州市云龙区人民检察院诉被告单位徐州大奔物资贸易有限公司、被告人王成逃税罪一审刑事判决书》［（2020）苏0303刑初153号］。

## 专栏

本院认为，被告单位徐州大奔物资贸易有限公司及其直接负责的主管人员被告人王成，采取欺骗、隐瞒手段进行虚假纳税申报，逃避缴纳税款数额较大并且占应纳税额百分之十以上，其行为均已构成逃税罪。公诉机关指控被告单位徐州大奔物资贸易有限公司、被告人王成犯逃税罪的事实清楚，证据确实、充分，指控罪名成立，适用法律正确，本院予以采纳。

关于辩护人提出的公安机关对在税务机关没有对徐州大奔物资贸易有限公司下达追缴通知的前提下即立案侦查，被告人王成的逃税行为尚在税务机关行政处理阶段，程序违法的辩护意见，经查认为，刑事诉讼法律规范并未规定涉税类刑事案件须以税务机关的行政行为为立案侦查的前置要件，公安机关对自行发现的犯罪线索进行调查属于依法行使侦查权，另外，被告单位徐州大奔物资贸易有限公司及被告人王成在收到税务事项通知书后未在限期内补缴应纳税款和滞纳金，所提出的行政复议申请也依法不予受理，直至在本院审理过程中才履行补缴税款的义务，不符合法定不予追究刑事责任的情形，故该辩护意见于法无据，不予采纳。关于辩护人提出的被告人王成具有自首情节的辩护意见，经查认为，被告人王成接电话通知后虽能主动到公安机关，但当时其并不知道传唤其的具体事由，不具有投案自首的主观意愿，不构成自首，故该辩护意见不能成立，不予采纳，但其到案之后能够如实供述犯罪事实，依法可以从轻处罚。关于辩护人提出被告人王成已按照起诉书认定的数额缴纳税款，自愿认罪认罚，可以从宽处罚的辩护意见，经查证属实，予以采纳。根据被告人王成的犯罪情节和悔罪表现，本院对其平时表现和监管措施进行了落实，宣告缓刑对所居住社区没有重大不良影响，决定对被告人王成适用缓刑。

据此，依照《中华人民共和国刑法》第二百零一条第一、三款、第二百一十一条、第六十七条第三款、第七十二条第一、三款、第七十三条第二、三款之规定，判决如下：

一、被告单位徐州大奔物资贸易有限公司犯逃税罪，判处罚金人民币 80 000 元。（罚金自判决生效之日起一个月内缴纳。）

二、被告人王成犯逃税罪，判处有期徒刑二年，缓刑二年，并处罚金人民币 40 000 元。（缓刑考验期限从判决确定之日起计算。罚金已缴纳。）

在有阻却事由发生的时候，假设有的税务部门依然向公安机关进行移交，则根据调查或检察，依然需要结合《刑法》的规定进行判决，保护纳税人相应的权利。

进而，我们再来看看涉嫌虚开增值税专用发票罪与虚开发票罪的情形，若涉及此类案件，公安机关是可以直接立案的，税务机关也可以根据虚开的判断进行移送，这是有别于偷逃税款案件的，因为虚开是没有阻却事由的法定程序考虑的。同时，即使判决了人身刑和财产刑，对于少缴的税款还是要进行追缴的，并且优于罚金和没收财产。《刑法》规定：

**第二百一十二条**【税收征缴优先原则】犯本节第二百零一条至第二百零五条规定之罪，被判处罚金、没收财产的，在执行前，应当先由税务机关追缴税款和所骗取的出口退税款。

在实际工作中，有的公安机关因上游或下游的虚开案发生，可以根据线索直接对本环节的涉案企业进行立案，并结合案情提交检察院处理。此时有可能不起诉，也有可能起诉获刑，但税务机关对此都会进行追缴相应税款（部分情形之下不存在税款的缴纳）。实际中，也可能税务人员会提到："你们要积极配合，快点认可啊，不然我们就移送公安了！"所以，对于具体问题的理解，症结的判断、可探讨空间的把握，以及如何结合法律规定来应对、配合或申诉，还是需要专业知识与专业人员分析与参与的。毕竟，对于复杂的业务情形，需要在第一时间确定问题所在，分析可能面临的风险及解决的路径。

### 2.1.7 增值税专用发票涉刑追责的虚开金额如何确定

**案 例**

某老板曾咨询笔者一个问题："若企业虚开抵扣了一笔专用发票的进项，服务费交6%的增值税，不含税金额2 000万元，再对外也是开具了2 000万元的增值税专用发票，此时如何确认及判断虚开的金额及税额，从而判断要承担的法律责任？"

**分析：**这是一个相对简化的案例，一般发生货物业务中，虚进虚出，中间可能有小部分的利润差（比如就是一个资金占用费）。这里的服务，虚进的发票很有可能一整笔发生，但是开出去可能虚虚实实、零零散散的情形多，所以现实当中货物与服务之间是存在差异的。比如某纳税人"走逃"，税务机关在标识异常发票的时候，不大可能对每笔业务逐一检查核实真伪，可能对一段时间内的发票均标识"异常凭证"，下游企业的主管税务机关在收到信息后，则就可能让纳税人先行对已抵扣的进项税额进行转出处理。

这个问题非常重要，因为它直接决定着对行为人的量刑判断。中国裁判文书网《周祖荣虚开增值税专用发票、用于骗取出口退税、抵扣税款发票一审刑事判决书》[（2017）桂1224刑初1号]中提到：

## 专栏

……

经审理查明：2014年8月29日，被告人周祖荣以黄某1为法定代表人在东兰县成立“广西东兰茂盛原生药材有限公司”（该公司于2015年1月27日更名为广西东兰茂盛药材有限公司，法人代表变更为韦某1），2014年11月1日起该公司被认定为增值税一般纳税人。2014年11月27日，周祖荣利用从黄某20处得到的东兰县泗孟乡生满、屯长、钦能等村73名村民的人员信息，在没有中药材购销的情况下，虚构与73名村民收购三七、灵芝、白芍和黄某2等中药材。周祖荣指使邓某、易某、黄某19等人虚开广西国家税务局通用手工发票（收购业）共计322份，票面金额合计2 574 894.50元，并向东兰县国家税务局申报抵扣税额334 737.59元。经东兰县国家税务局核查，认定该公司申报抵扣进项税款不符合规定，决定不予抵扣。要求该公司按期补缴应缴的税款和滞纳金。后该公司已向东兰县国家税务局缴纳应纳增值税款356 649.84元。2014年11月27日，在没有中药材出售的情况下，被告人周祖荣指使邓某等人以购货单位为河南美邦医药有限公司，虚构向该公司销售三七片、灵芝片、白芍片和黄某2片等中药材，虚开广西增值税专用发票22份，票面金额合计2 097 940.17元，税额356 649.83元。2014年12月31日，河南美邦医药有限公司将上述发票中的5份、票面金额合计577 580元，税额83 921.88元向当地税务局认证并申报抵扣83 921.88元。

……

本院认为，被告人周祖荣在没有货物购销的情况下，虚开增值税专用发票，虚开的税款数额较大，其行为已构成虚开增值税专用发票罪。公诉机关指控被告人周祖荣犯虚开增值税专用发票罪罪名成立。被告人周祖荣虚开进项发票因无货物交易，不存在向国家缴税的义务，本身不需要向税务机关缴纳增值税，从而以虚假的进项发票向税务机关抵扣税款，国家税款在这一环节没有造成损失。因此，在无实际经营情况下，被告人周祖荣既虚开进项发票又虚开销项增值税发票，认定其虚开增值税发票的数额应以进项发票数额或销项发票数额中较大的销项发票数额中356 649.83元予以认定，而不能将其虚开进项发票数额计算入内。故公诉机关指控犯罪数额将进项和销项累计计算不当应予纠正。被告人周祖荣案发后主动到公安机关投案，并如实供述犯罪事实，系自首，依法可以从轻处罚。被告人周祖荣虚开增值税发票向税务机关申报抵扣税款时，被税务机关发现，并责令其补缴税款和滞纳金356 649.84元，被告人周祖荣已如数交清，故可酌情从轻处罚。被告人周祖荣的辩护人的辩护意见，本院予以采纳。根据被告人周祖荣的犯罪事实、情节和认罪悔罪表现，依法对其适用缓刑。为维护社会主义市场经济秩序，保护国家对增值税专用发票的管理制度，惩罚犯罪，依照《中华人民共和国刑法》第二百零五条，第六十七条第一款，第七十二条第一款、第三款，第七十三条第二款、第三款，第五十二条，第五十三条之规定，判决如下：被告人周祖荣犯虚开增值税专用发票罪，判处有期徒刑三年，缓刑三年，并处罚金人民币十五万元。（缓刑考验期限，从判决确定之日起计算；罚金限在本判决生效后一个月内一次性缴清）。如不服本判决，可在接到判决书的第二日起十日内，通过本院或者直接向广西壮族自治区河池市中级人民法院提出上诉。书面上诉的，应当提交上诉状正本一份，副本三份。

上述案件中，被告既有悔罪态度也有悔罪表现，笔者认为，这个判决是合理、恰当的，不能简单地以所有进销相关发票的统计金额来确认虚开的金额与税额，需要看对于国家税款的抵扣或骗取出口退税款的影响。但不排除有时有虚拟的销售，还有实际业务的销售，在确认数额时以合计金额计算，当虚开税款数额已巨大或者有其他特别严重情节的，减或不减对案件定罪的影响可能也就不重要了。

## 2.2 特定情形下法律责任的判断

尽管法条看似写得“清清楚楚”，但我们要知道现实情形发生的复杂性、多样性，还有一些隐匿性，需要结合证据来理解、来判断，且不论不同人（包括税务干部、法官）之间的尺度与理解差异，业务、证据与法条之间的匹配就可能有多种，还有一些诸如执行程序方面的问题，也可能会导致结果发生变化。这也是为什么出现涉税、涉票问题时，需要专业人员的协助或律师的辩护的要义所在了。我们需要恰当地理解，因为要在还原事实、主观意愿性方面，进行规则适用的判断，同时对于所表述或陈述的意见，给予专业支持。专业性服务并不是帮助其进行造假，也不是编造虚假证据、编造业务，而是还原与适配，需要持续努力、有效沟通才能达到理想的适配性状态。

如下所探讨的问题，更多的是一种观点的收集与表达，不代表绝对化的意见。现实当中的情形复杂，不同地区、不同人士的理解，很可能千别万差。大家也会发现，实际中不同法院审判的案例，有时存在着较多或较大的差异。但如果是基于税收法定、罪责相当的原则，结合当下的营商环境与司法部门的导向，适当给予企业合规整改的机会，是值得鼓励的。换言之，过去一些机械地理解与处理涉嫌虚开增值税专用发票罪的做法，宜与时俱进。

但是我们又要恰当地理解审判的差异，为什么有一审、二审与再审，就是让相应的审判经过多一层环节的判断，经过不同层级法院的判断，力争做到“不冤枉一个好人，也不放过一个坏人”。并不是说二审审判纠正了一审的一些判决，一审就是不对的、需要整改纠错，它是一种纠正机制，也是保护纳税人合法权利的体现。

## 案　例

《声纹鉴定成为突破她防线的利刃》中有这样的描述：

增值税专用发票电子化试点的机会，在不法分子眼里，成了牟利的“良机”。近日，经河北省赵县检察院提起公诉，法院以虚开增值税专用发票罪分别判处被告人骆某（女）、孙某有期徒刑三年，缓刑三年六个月，各并处罚金 7 万元。

**税务人员与他人合伙开办空壳公司**

2020年10月，国家税务总局河北省税务局决定在石家庄市开展增值税专用发票电子化试点工作。电子专票属于增值税专用发票，其法律效力、基本用途、基本使用规定等与纸质增值税专用发票相同。

正是看准了石家庄市开展增值税专用发票电子化试点的机会，家住保定市曲阳县的孙某来到石家庄市找到骆某，合谋注册一家空壳公司虚开电子专票获利。

骆某案发前曾是石家庄市某区税务局一名工作人员。2020年11月，孙某开始与骆某谋划通过开办空壳公司虚开增值税专用发票牟利，由孙某负责联系公司相关业务，张某（在逃）负责联系上下游客户业务，骆某负责安排税务系统内部工作，并约定获利后与骆某分成。

2020年12月，孙某按照事先计划在骆某业务管辖区域内，注册成立石家庄某建材公司。在没有真实交易的情况下，当月22日至23日，孙某等人为下游3家公司虚开增值税电子专用发票44份，合计税额52万余元，非法收入28万余元；当月24日至25日，通过上游某公司为石家庄某建材公司虚开增值税电子专用发票42份，合计税额51万余元，上述税额共计103万余元未抵扣税款。事后，骆某向孙某索要非法获利5万元。

随后，税务部门发现异常，便立即采取措施，控制该公司上述进项发票不得抵扣，并将该公司定为“风险纳税人”进行限制。今年1月5日，税务部门将相关线索移送公安机关。随后，孙某因涉嫌虚开增值税专用发票、用于骗取出口退税、抵扣税款发票罪被批准逮捕。今年3月，骆某因涉嫌同一罪名被石家庄市检察院批准逮捕。6月15日，石家庄市检察院指定赵县检察院办理此案。

**三段录音声纹鉴定成为关键证据**

“孙某属于犯意的提起和具体实施者，骆某始终知情、积极参与并利用其职务便利出谋划策、提供保护，根据二人地位、作用均应认定为主犯。”办案检察官介绍，孙某到案后，如实供述自己的罪行，在侦查、审查逮捕、审查起诉阶段均自愿认罪认罚，并主动退赔部分违法所得5万元。

骆某却始终拒不认罪。

“你是否知道石家庄某建材公司？”“我知道，我是在国家税务总局下发核查任务后才知道这家企业的。”面对办案检察官提讯，骆某仍然不承认认识孙某并与其共谋开办空壳公司虚开增值税专用发票牟利一事。

由于该案社会影响大、涉及范围广、案情重大复杂，河北省检察院高度重视，先后两次召开案件调度会，要求石家庄市检察院、赵县检察院抽调骨干办案力量提前介入，引导公安机关固定强化证据，并派员全程跟踪、督导案件办理进展情况。赵县检察院成立了办案组，制定补充侦查提纲，积极引导公安机关调查取证。

随后，办案检察官引导公安机关对孙某手机及 U 盘中提取的 49 段录音文件逐个甄别筛选，整理出文字资料 5 万余字。为确保证据客观性、关联性和合法性，检察机关建议公安机关对其中 3 段涉及内容较为全面的录音文件进行声纹鉴定。经鉴定，检材中的女性通话人就是样本中的骆某。开办什么性质公司？在哪开办？如何逃避监管？录音中详细记录了骆某、孙某的谋划过程。

**从拒不配合到认罪退赃**

录音鉴定的证据直接证明了骆某与孙某涉嫌虚开增值税电子专用发票的犯罪事实，也成为攻破骆某心理防线的关键证据。

在环环相扣的证据链条面前，经过办案检察官耐心细致地释法说理，骆某对自己的犯罪事实供认不讳并认罪认罚，积极退赔部分违法所得 5 万元。今年 7 月 13 日，在辩护律师的见证下，骆某自愿签署了认罪认罚具结书。

根据骆某供述，赵县检察院办案组又多次到案发地自行补充侦查，准确查明了增值税电子专用发票虚开过程中税务机关领票、办理增量等业务环节的具体规定以及骆某作为税管员的工作范围、职责作用等专业性较强的问题。在进一步补强了证据链条后，赵县检察院对骆某、孙某提起公诉。

近日，法院开庭审理此案，二被告人当庭认罪悔罪。法院采纳了检察机关的指控意见和量刑建议，当庭作出上述判决。

（资料来源:《检察日报》，2021 年 11 月 25 日）

同时，我们查询到了12309官网《河北省赵县人民检察院起诉书》（赵检刑诉〔2021〕72号）有下列内容：

**专栏**

本院认为，被告人孙某某伙同骆某甲虚开增值税专用发票税额合计1 032 800.48元，数额较大，尚未抵扣税款。其行为触犯了《中华人民共和国刑法》第二百零五条、第二十五条之规定，犯罪事实清楚，证据确实、充分，应当以虚开增值税专用发票罪追究其刑事责任，是共同犯罪。被告人孙某某、骆某甲如实供述自己罪行并认罪认罚，根据《中华人民共和国刑法》第六十七条第三款、《中华人民共和国刑事诉讼法》第十五条，依法可以从轻、从宽处理。

根据《中华人民共和国刑事诉讼法》第一百七十六条的规定，提起公诉，请依法判处。

在上述案例中，属于对外开具与取得虚开，是同时发生的虚开增值税专用发票的情形（电子发票与纸质发票具有同等法律效力），自己取得的未抵扣，对外开具的下游也未抵扣。类似的虚开金额如何确定，我们在上面的内容中有过探讨，大家可以再结合案例看看有没有新的空间可以探讨。所以，即使税额“未抵扣”也并不代表就可不会被追究刑事责任，需要结合是否自首、有没有获利、可能存在损失危险等综合来考虑，切勿有侥幸心理。有时恶意的主观目的也会作为审判的考虑因素，比如下述摘自中国裁判文书网中的《王某某虚开增值税专用发票、用于骗取出口退税、抵扣税款发票一审刑事判决书》中所涉案例。

专栏

公诉机关山东省烟台市芝罘区人民检察院。

……

经审理查明，被告人王某某于 2017 年 4 月初，以开票价款 9% 的价格应允为案外人禹某虚开增值税专用发票，并转而以 8% 的价格，委托崔某（另案处理）为其虚开增值税专用发票，崔某又转而向谢某某（另案处理）处虚开了购买方为新泰市浩瑞运输有限公司，销售方为烟台彩明商贸有限公司、烟台紫海商贸有限公司的增值税专用发票共计 20 张提供给被告人王某某，发票金额共计人民币 1 994 326.5 元，税额人民币 339 035.5 元，价税合计人民币 2 333 362 元。被告人王某某收取上述增值税专用发票后因不符合其要求，未交付案外人禹某使用，上述增值税专用发票未用于抵扣税额。

上述事实，被告人王某某在开庭审理过程中亦无异议，且有证人公某、刘某、禹某的证言，被告人王某某、同案人崔某、谢某某的供述，接受证据清单、增值税专用发票、农业银行卡明细、扣押清单、快递单照片、微信聊天记录等书证，辨认笔录，侦查机关出具的工作情况及户籍信息等证据证实，足以认定。

本院认为，被告人王某某虚开增值税专用发票，其行为已构成虚开增值税专用发票罪，公诉机关指控被告人王某某犯虚开增值税专用发票罪的事实清楚、证据充分，罪名成立。但为了贯彻罪刑相当原则，可以参照《最高人民法院关于审理骗取出口退税刑事案件的具体应用法律若干问题的解释》中关于税款数额认定标准，即以“虚开税款数额 50 万以上的”认定为虚开增值税专用发票罪中的“虚开的数额较大”量刑。辩护人关于被告人具有自首情节的辩护意见，经查，被告人王某某经公安机关电话传唤后，主动投案，但投案后未如实供述自己的罪行，不构成自首，辩护人上述辩护意见本院不予采纳。但被告人王某某当庭认罪，庭审中如实供述自己的罪行，具有坦白情节，且虚开的增值税专用发票未用于抵扣税款，未造成国家财产损失，亲属主动缴纳罚金，故依法可对其予以从轻处罚，辩护人相关辩护意见，本院予以采纳。

依照《中华人民共和国刑法》第二百零五条第一款、第三款、第六十七条第三款之规定，判决如下：

被告人王某某犯虚开增值税专用发票罪，判处有期徒刑一年，并处罚金人民币五万元。

（刑期从判决执行之日起计算。判决执行以前先行羁押的，羁押一日折抵刑期一日。即自2017年6月22日起至2018年6月21日止。罚金已缴纳。）

……

但是笔者也观察到，某些地区的税务机关，检察机关与法院在处理涉票案时，其思路已开始有所转变——以损害后果作为定罪量刑的重要依据。大家要关注这种变化及其相应的可能性理解。

### 2.2.1 虚开增值税专用发票罪与非法购买增值税专用发票罪的区别

对于《刑法》中这两项罪名，有必要进行厘清，两者之间是有差异的；同时我们可以发现，后者的最高刑期是远低于前者的，或许实务当中会有这两者之间的辨别或转化之事，但也可能给某些律师行辩护之巧的机会。

**虚开增值税专用发票罪**

**第二百零五条**【虚开增值税专用发票、用于骗取出口退税、抵扣税款发票罪】虚开增值税专用发票或者虚开用于骗取出口退税、抵扣税款的其他发票的，处三年以下有期徒刑或者拘役，并处二万元以上二十万元以下罚金；虚开的税款数额较大或者有其他严重情节的，处三年以上十年以下有期徒刑，并处五万元以上五十万元以下罚金；虚开的税款数额巨大或者有其他特别严重情节的，处十年以上有期徒刑或者无期徒刑，并处五万元以上五十万元以下罚金或者没收财产。

单位犯本条规定之罪的，对单位判处罚金，并对其直接负责的主管人员和其他直接责任人员，处三年以下有期徒刑或者拘役；虚开的税款数额较大或者有其他严重情节的，处三年以上十年以下有期徒刑；虚开的税款数额巨大或者有其他特别严重情节的，处十年以上有期徒刑或者无期徒刑。

虚开增值税专用发票或者虚开用于骗取出口退税、抵扣税款的其他发票，是指有为他人虚开、为自己虚开、让他人为自己虚开、介绍他人虚开行为之一的。

**非法购买增值税专用发票罪**

**第二百零八条**【非法购买增值税专用发票、购买伪造的增值税专用发票罪】非法购买增值税专用发票或者购买伪造的增值税专用发票的，处五年以下有期徒刑或者拘役，并处或者单处二万元以上二十万元以下罚金。

非法购买增值税专用发票或者购买伪造的增值税专用发票又虚开或者出售的，分别依照本法第二百零五条、第二百零六条、第二百零七条的规定定罪处罚。

笔者查阅到王家本律师在《中国税务》所发表的文章，很值得学习与关注：

**案　例**

## 虚开增值税专用发票的刑事认定对税务行政处理的影响

一家企业为他人虚开增值税专用发票，同时让他人为自己虚开增值税专用发票，二审法院却认为企业不构成虚开增值税专用发票罪。这其中有何缘由？这一判决又对税务行政处理有什么影响？

**案情介绍**

2013年12月，罗某作为X公司的法定代表人和M公司的实际控制人，与曹某所在的D公司签订两份虚假的销售合同，变相融资5 000万元。此后，应D公司要求，在根本不存在货物交易的情况下，X公司给D公司开具了足额的增值税专用发票共计492份，D公司给M公司开具增值税专用发票53份。此外，为使X公司逃避当期应缴税款，罗某以支付开票费的手段让Y公司为X公司开具增值税专用发票5份。

针对上述事实，稽查局认定：X公司取得Y公司开具的5份增值税专用发票没有真实业务往来关系且资金出现回流，X公司存在让他人为自己虚开发票的行为；X公司给D公司开具增值税专用发票492份，存在为他人虚开发票的行为。

稽查局对X公司作出处理决定：X公司给D公司开具的发票，应按照其虚开金额补缴增值税；X公司让Y公司为自己虚开发票的行为，应补缴增值税并加收滞纳金，且构成偷税。

稽查局对X公司作出处罚决定：根据《中华人民共和国发票管理办法》(以下简称《发票管理办法》)相关规定，对X公司让他人为自己虚开发票的行为，处以50万元罚款；对X公司为他人虚开发票的行为，处以50万元罚款；根据《中华人民共和国税收征收管理法》相关规定，对偷税行为处以少缴的税款1倍的罚款。

鉴于X公司的行为涉嫌虚开增值税专用发票罪，税务稽查局将案件移送司法机关。

**法院判决**

一审法院认定罗某作为X公司法定代表人且直接主管工作，为他人虚开增值税专用发票、让他人为自己虚开增值税专用发票，构成虚开增值税专用发票罪；其他责任人员让他人为自己虚开增值税专用发票，构成虚开增值税专用发票罪。据此判决：罗某等人构成虚开增值税专用发票罪，判处有期徒刑；继续向X公司追缴税款。

被告对判决不服，提出上诉。

二审法院认为，虚开增值税专用发票罪要求行为人在主观上具有为自己或者他人骗取国家税款的目的，且其虚开增值税专用发票的行为在客观上足以造成国家税款损失的后果。经查，罗某虽然让Y公司为X公司开具了增值税专用发票，罗某也让X公司为D公司开具了增值税专用发票，但这种开具增值税专用发票的行为由于不存在任何货物购销或应税服务等经营行为，因而不存在向国家缴纳税款的事实基础，不会给国家税款造成实际的损失。X公司为D公司开具增值税专用发票在主观上是为了向D公司变相融资，而X公司让Y公司为其开具增值税专用发票，是为了抵扣因为变相融资行为而不得已产生的销项税款，故罗某不具备骗取国家税款的主观目的，因而不构成虚开增值税专用发票罪。罗某不构成虚开增值税专用发票罪，但其支付巨额开票费让Y公司为X公司开具增值税专用发票的行为仍具备社会危害性和刑事违法性，该行为仍然侵犯了国家对增值税专用发票的管理制度，在本质上是一种变相非法购买增值税专用发票的行为，刑法当然应对此作出否定性评价。

最终，二审判决撤销了一审判决中罗某等人构成虚开增值税专用发票罪的判决；撤销一审判决中继续向X公司追缴税款的判决；以非法购买增值税专用发票罪判处罗某等人有期徒刑。

据此，稽查局撤销了对该公司作出的《税务处理决定书》和对认定偷税行为作出的《税务行政处罚决定书》，维持了其他两项处罚决定。

**案件分析**

本案中，二审法院作出认定主要考虑的是增值税税制的本质及原理，以增值税纳税义务是否发生来判定是否构成虚开。而增值税专用发票管理制度更强调通过对增值税抵扣凭证的严格管理维护增值税税制的正常运行，保证国家税收利益。两者间观点的冲突带给我们许多思考。

我国自施行增值税制度以来，在早期主要以行为犯认定构成虚开增值税专用发票罪，司法机关多按此理解处理此类案件。但21世纪以来，人民法院的观点发生了变化，更倾向认为虚开增值税专用发票犯罪构成包括两个方面：一是此罪非行为犯，应当是结果犯，即存在造成国家增值税款损失的结果；二是其犯意是骗取抵扣税款，即以骗取国家税款为目的。此后的相关案件，包括本案的处理都体现了这一精神。

在税收征管工作中，税务机关认定虚开发票的依据主要是《发票管理办法》第二十二条，凡开具与实际经营业务情况不符的发票的行为即属于虚开发票。但何为开具的发票“与实际经营业务情况不符”？现实中存在两种情形：一是根本不存在发票记载的经营业务；二是存在一定的经营业务，但发票记载的项目不完全与实际经营业务相符。税务机关普遍形成的判定虚开增值税专用发票的认定标准是不符合物流、票流、资金流“三流合一”。由于对“三流合一”也存在不同认识，导致即使存在实际经营业务，但物流、资金流不一致，也可认定为虚开。

虚开增值税专用发票罪和虚开增值税专用发票行为虽然侵害的都是国家对增值税专用发票的监督管理秩序，但其实是两种不同性质的行为：一种是发票犯罪行为，另一种是发票违法行为，其构成要件有着显著的不同。按照最高人民法院的观点，构成虚开增值税专用发票罪必须具有骗取国家税款的目的，且必须存在造成国家税款损失的结果，而虚开增值税专用发票行为并不需要上述构成要件。本案中，刑事判决已经认定X公司与D公司在“不存在任何货物购销或应税服务等经营行为”情况下开具增值税专用发票，此行为完全符合《发票管理办法》中规定的虚开增值税专用发票行为特征，尽管刑事判决不认定该公司构成虚开增值税专用发票罪，但不影响稽查局对其作出的行政处罚的合法性。因此，稽查局未撤销对该公司虚开发票行为的税务处罚决定。

本案的处理不是一个简单的个案，生效刑事判决所作出的一系列认定体现了司法认定的倾向性，对类似案件的审判必然产生较大的示范性效应。

（资料来源：《中国税务》2021年第12期）

不被认定为虚开增值税专用发票罪，但不代表不是虚开增值税专用发票的行为，一个是刑法层面的判定，一个是行政法层面的判定，此时需要按《发票管理办法》的规定进行行政处罚。另外，对于非法购买增值税专用发票罪的认定，虽然最高刑责上较虚开增值税专用发票罪要轻得多，但一旦发生也是老板及财务人员难以承受的“痛”。

在现实当中，需要分析犯罪的意图、带来的结果，进而判断是不是构成虚开增值税专用发票罪。承之前所述，这代表了一种认识的进步，更代表了法治的进步。

### 2.2.2 逃税罪与虚开增值税专用发票罪的关联

下面直接看一则法院判例，《刑事审判参考》中有这样一篇文章《芦才兴虚开抵扣税款发票案（第110号）——虚开可以用于抵扣税款的发票冲减营业额偷逃税款的行为如何定性？》，其中有这样的内容：

**案 例**

宁波市中级人民法院认为：被告人芦才兴在挂靠运输企业经营运输业务期间，违反国家税收法规，故意采用虚假手段，虚增营业开支，冲减营业数额，偷逃应纳税款计人民币548 371.21元，且偷逃税额占应纳税额的30%以上；又提供或虚开运输发票，帮助其他运输企业虚增营业开支，冲减营业数额，偷逃应纳税款，计人民币335 867.92元，其行为已构成偷税罪。公诉机关指控芦才兴犯罪的事实清楚，证据确实、充分，但指控被告人芦才兴的行为构成虚开抵扣税款发票罪依据不足，指控罪名错误，应予纠正。依照《中华人民共和国刑法》第二百零一条第一款、第五十二条之规定，于2000年4月25日判决如下：

被告人芦才兴犯偷税罪，判处有期徒刑六年，并处罚金人民币一百万元。

一审判决后，被告人芦才兴服判。宁波市人民检察院抗诉提出：本案中的运输发票具有抵扣税款的功能，被告人芦才兴虚开了具有抵扣功能的发票，其行为已触犯《中华人民共和国刑法》第二百零五条的规定，构成虚开用于抵扣税款发票罪。一审判决因被告人没有将虚开的发票直接用于抵扣税款而认定被告人的行为构成偷税罪不当。

浙江省高级人民法院审理后认为：本案中所有用票单位都是运输企业，均不是增值税一般纳税人，无申报抵扣税款资格。因此本案被告人为别人虚开或让别人为自己虚开的发票在运输企业入账后，均不可能被用于抵扣税款。被告人芦才兴主观上明知所虚开的运输发票均不用于抵扣税款，客观上使用虚开发票冲减营业额的方法偷逃应纳税款，其行为符合偷税罪的构成要件，而不符合虚开用于抵扣税款发票罪的构成要件。原审判决定罪和适用法律正确，量刑适当。审判程序合法。依照《中华人民共和国刑事诉讼法》第一百八十九条第（一）项之规定，于2000年12月29日裁定驳回抗诉，维持原判。

在这个案例中，检察院认为要追究虚开用于抵扣税款发票罪，但审判中认为没有抵扣发生，其目的是为了偷逃其他税款，在客观上当时的税收政策下是不能抵扣的，主观上就是为了偷逃税款，不符合虚开抵扣税款的要件。延伸看，比如一个小规模纳税人让别人为其虚开增值税专用发票，从抵扣的适用条件上也是不行的（不包括差额扣减销售额）。这也说明了虚开增值税专用发票罪并非简单的行为犯，而是要考虑一定的结果性来考虑的，若其发挥的作用是偷逃了其他税款的情形，则宜追究其逃税罪的违法责任。

再延伸考虑，如果企业是一般纳税人，也可以用于抵扣，但是企业取得的专用发票未实际用于抵扣，即未形成抵扣造成国家税款的损失，难道就一点责任就没有了吗？这也并不必然。因为企业一方面可能用于列支账务处理，税前扣除处理了，这是偷逃税款方面的问题；另一方面，单从虚开专用发票罪的角度来看，追究刑事责任方面是可以酌情考虑的，实践当中，要么这类情形下是直接取得的普通发票，而不是取得专用发票，取得了专用发票，多是进行了相应抵扣的目的，在没有“出事”之前，往往就是奔着骗取出口退税款、抵扣税款的目的去的。

《国家税务总局关于纳税人取得虚开的增值税专用发票处理问题的通知》（国税发〔1997〕第134号）曾提出这样的处理意见：

一、受票方利用他人虚开的专用发票，向税务机关申报抵扣税款进行偷税的，应当依照《中华人民共和国税收征收管理法》及有关规定追缴税款，处以偷税数额五倍以下的罚款；进项税金大于销项税金的，还应当调减其留抵的进项税额。利用虚开的专用发票进行骗取出口退税的，应当依法追缴税款，处以骗税数额五倍以下的罚款。

二、在货物交易中，购货方从销售方取得第三方开具的专用发票，或者从销货地以外的地区取得专用发票，向税务机关申报抵押税款或者申请出口退税的，应当按偷税、骗取出口退税处理，依照《中华人民共和国税收征收管理法》及有关规定追缴税款，处以偷税、骗取数额五倍以下的罚款。

三、纳税人以上述第一条、第二条所列的方式取得专用发票未申报抵扣税款，或者未申请出口退税的，应当依照《中华人民共和国发票管理办法》及有关规定，按所取得专用发票的份数，分别处以一万元以下的罚款；但知道或者应当知道取得的是虚开的专用发票，或者让他人为自己提供虚开的专用发票的，应当从重处罚。

在追究相应的行政责任之后，税务机关依然要判断是否达到向公安机关移送的条件进而进行移送。不排除当存在一些税务机关无法掌握的虚开情形或证据之时，也向公安机关进行了移送，至于是否由检察院提起公诉、法院进行判决，则与税务机关无关了，部分情形下移送了，但未进行税务处理。税务机关可以根据法院的判决来看相应的税款的追缴是否正确、完整等。

大家知道，涉及虚开增值税专用发票罪，里面的情形非常复杂，比如有非法抵扣少缴增值税的，也有取得虚抵与对外虚开并存的，还有的只存在对外的虚开，每种情形的涉税处理并不一样，其中有关联的税种主要是企业所得税与增值税。

《国家税务总局关于纳税人虚开增值税专用发票征补税款问题的公告》（国家税务总局公告 2012 年第 33 号）明确了如下的处理意见：

现将纳税人虚开增值税专用发票征补税款问题公告如下：

纳税人虚开增值税专用发票，未就其虚开金额申报并缴纳增值税的，应按照其虚开金额补缴增值税；已就其虚开金额申报并缴纳增值税的，不再按照其虚开金额补缴增值税。税务机关对纳税人虚开增值税专用发票的行为，应按《中华人民共和国税收征收管理法》及《中华人民共和国发票管理办法》的有关规定给予处罚。纳税人取得虚开的增值税专用发票，不得作为增值税合法有效的扣税凭证抵扣其进项税额。

结合上面的内容，作一个小结（见表 2.8）：

表 2.8

| 情　形 | 分　析 | 风险说明 |
|---|---|---|
| 虚开发票用于抵扣、税前扣除 | 达到刑责标准的追究刑事责任，还有偷逃所得税的问题 | 虚开增值税专用发票罪与偷逃税款的处理不矛盾，可以是同时存在的 |
| 对外虚开 | 增值税是需要计缴的，但也存在大量走逃的情形；企业所得税多数也不真实，但虚增的收入不属于应税收入 | 如果确定是虚开，则所得税的收入可以不予确认，从个别上市公司虚增业绩进而被发现后请求退税的样本看，是可以借鉴的 |
| 取得虚开，又对外虚开 | 若单就本环节看，没有形成对国家税款的损害，理想的状态下，不需要转出进项，也不存在所得税 | 但可以给予行政罚款，也可能存在非法购买增值税专用发票的问题，不排除个案情形下也会以虚开追究刑事责任 |

结合上面提到的国家税务总局的两个文件意见，再结合刑法中关于虚开增值税专用发票罪的条款，此时我们要考虑两个问题：一是，当以虚开的增值税专用发票进行抵扣，同时认为其抵扣是偷税的行为时，无论是考虑牵连性还是法条之间的竞合，应择一重罪处理[1]；二是当对外虚开增值税专用发票之时，从当前处理的一些案例来看，并不必然要求申报缴纳增值税，这一点在国家税务总局稽查局关于虚开发票案件查处工作指引中有过相应的表述，如没有真实生产经营业务，本质上并没有增值税应税行为的发生，这是一种全新的认识，不再仅依据票据形式来确定纳税。在这种情形下，可依《发票管理办法》进行罚款处理，并出具《已证实虚开通知单》等发往下游受票企业所在地税务机关依法处理；涉嫌犯罪的，移送公安机关。大家可以想象一下，如果依上面的意见补了增值税，下游依当前的管理规定作转出处理，不是形成了两次税款的计缴，是存在逻辑上的矛盾的。

但若因虚开增值税专用发票造成企业所得税税前不真实的扣除，对于企

[1] 由于虚开增值税专用发票罪对应的现实当中的情形比较复杂，有接受虚开的，有对外虚开的，在虚开增值税专用发票罪与逃税罪之间，并不必然产生竞合关系，即并不一定有牵连性，比如在纳税人已补缴了相应税款及滞纳金的情形下，若属于虚开增值税专用发票罪追究对象的，仍是要进行追究刑责的。

业所得税的偷逃税款处理，这是另外一个税种的问题，须结合不同的情形，进行具体判断。

正是由于逃税罪的后果较虚开增值税专用发票罪的法律后果通常要轻得多，现实当中，不排除有本来属于虚开的案例，在一些沟通与应对的路径上，可能纳税人与律师、企业老板期望以逃税行为进行辩护，也有的可能是基于认定为虚开增值税专用发票罪存在困难或瑕疵，结果是按逃税处理的，此时就要作出充分判断，以免因小失大。下面这则中国裁判文书网的案例，值得我们参考。

## 专栏 陈×祥逃税一审刑事判决书

公诉机关湖北省黄梅县人民检察院。

被告人陈×祥，男性，1971年6月4日出生，汉族，高中文化程度，户籍所在地湖北省黄梅县，住湖北省黄冈市黄梅县，职业系黄梅明顺煤炭销售有限公司法定代表人。2000年12月25日，因犯高利转贷罪、挪用资金罪被湖北省黄梅县人民法院判决决定执行有期徒刑三年六个月。因涉嫌虚开增值税专用发票罪，于2019年11月5日被刑事拘留，于2019年12月11日被执行逮捕，2020年8月5日，经黄梅县人民检察院决定取保候审。

辩护人洪文峰，湖北恩祺律师事务所律师。

湖北省黄梅县人民检察院以鄂梅检二部刑诉〔2020〕211号起诉书指控被告人陈×祥犯逃税罪，于2020年8月18日向本院提起公诉。本院受理后，依法组成合议庭公开开庭进行了审理。湖北省黄梅县人民检察院指派检察员黄承全出庭支持公诉，被告人陈×祥及其辩护人洪文峰到庭参加诉讼。现已审理终结。

公诉机关指控，2014年8月27日，被告人陈×祥注册成立了湖北迎博商贸有限公司（该公司已于2017年注销），该公司住所地为黄梅县停前镇中华路18号，由其姐夫王某1担任法定代表人，被告人陈×祥系该公司实际控制人，负责该公司的经营活动、财务管理、税收申报等事务。

2015年6月至2015年11月，被告人陈×祥以湖北迎博商贸有限公司名义在山西经营煤炭生意期间，因介休市、孝义市等小煤矿无增值税专用发票，经卖煤点老板介绍，由北京盛某能商贸有限公司、北京众邦创世商贸有限公司、北京庆亮商贸有限公司等三家公司向陈×祥代开增值税专用发票127份，应纳税额为2 104 475元。后因上述三家北京公司走逃，造成该127份增值税专用发票为失控票据，北京国家税务机关向湖北省黄梅县国家税务局发出协查函，黄梅县国家税务局稽查局经查，陈×祥已于2015年10月份至11月份期间将该127份失控增值税专用发票全部进行了申报抵扣税款，共计抵扣税款2 104 475元，黄梅县国家税务局稽查局依据《中华人共和国增值税暂行条例》《国家税务总局关于建立增值税失控发票快速反应机制的通知》的相关规定，于2017年1月4日向湖北迎博商贸有限公司下达税务处理决定，要求陈×祥将已抵扣的127份增值税专用发票抵扣的税款2 104 475元作进项税额转出处理，进行申报补缴，并于2017年2月17日、2017年4月26日两次向湖北迎博商贸有限公司实际控制人陈×祥下达行政强制执行催告书，要求陈×祥缴纳127份失控发票已抵扣的2 104 475元税款，但陈×祥一直未进行申报缴纳。

公诉机关认为，被告人陈×祥将北盛某达能商贸有限公司、北京众邦创世商贸有限公司、北京庆亮商贸有限公司向其代开的127份失控的增值税专用发票进行申报抵扣税款，共计抵扣税款2 104 475元，黄梅县国家税务局稽查局下达税务处理决定书，要求陈×祥将已抵扣的2 104 475元税款作进项税额转出处理，进行申报补缴，并先后两次向陈×祥下达行政强制执行催告书，要求陈×祥申报补缴，陈×祥一直不申报缴纳，其行为触犯了《中华人民共和国刑法》第二百零一条之规定，犯罪事实清楚，证据确实、充分，应当以逃税罪追究其刑事责任。被告人陈×祥案发后主动到公安机关投案自首，自愿认罪认罚并签署认罪认罚具结书，且已经缴清全部税款，建议判处被告人陈×祥有期徒刑九个月，并处罚金。

公诉机关提交了：1. 被告人陈×祥的身份信息、到案经过、黄梅县公安局扣押决定书、扣押清单、湖北省暂扣款物票据、黄梅县人民法院（2000）

梅法刑初字第 30 号刑事判决书复印件、2019 年 11 月 21 日介休市公安局经济侦查大队出具的情况说明、湖北省黄梅县国家税务局稽查局出具的湖北迎博商贸有限公司稽查报告及关于湖北迎博商贸有限公司虚开增值税专用发票及逃避欠缴税款的稽查报告，税务稽查任务通知书、税务稽查立案审批表、进户检查许可证、税务检查通知书、黄梅县国家税务局稽查局案件移送资料清单（附：纳税申报表、认证抵扣清单、结算单、询问笔录、银行承兑、当期发票领购数量、一般纳税人认定信息、购销合同、营业执照、收据、身份证信息、发票明细及清单、黄梅县国家税务局稽查梅某 3 国稽税处〔2016〕1201 号税务处理决定书、黄梅县国家税务局稽查梅某 3 国税稽催字〔2017〕1 号、3 号行政强制执行催告书）、黄梅县公安局调取的 2015 年 6 月至 2015 年 11 月期间北京万维金泰商贸有限公司、北京东方宏达商贸有限公司、北盛某达能商贸有限公司等向湖北迎博商贸有限公司开具增值税发票的相关资料信息、湖北迎博商贸有限公司工商注册的原始凭证、营业执照及该公司注销的相关材料、湖北迎博商贸有限公司购进发票汇总、湖北迎博商贸有限公司增值税专用发票进项数据查询明细、湖北迎博商贸有限公司认证抵扣增值税专用发票明细，湖北迎博商贸有限公司开具增值税专用发票明细、湖北迎博商贸有限公司 2015 年度的纳税明细、黄梅县公安局经济犯罪侦查大队出具的情况说明、调取的增值税专用发票复印件及相关材料等书证；2. 相关证言；3. 被告人陈 × 祥的供述与辩解；4. 视听资料光盘 1 张。

被告人陈 × 祥在庭审中对指控的事实、罪名没有异议且签字具结，在开庭审理过程中亦无异议。其辩护人提出的辩护意见是：1. 被告人是自首；2. 被告人自愿认罪认罚；3. 被告人已经补缴全部税款；4. 被告人认罪悔罪。综上，同意公诉机关量刑建议。

经审理查明的事实、证据与公诉机关指控的一致。另查明，湖北迎博商贸有限公司 2015 年度纳税申报应纳税额 772 408.9 元，查补追缴逃税款 2 104 475 元，两者合计该年度应纳税额 2 876 883.9 元，逃税款占全年度应纳税额 73.15%。被告人陈 × 祥分别于 2020 年 7 月 23 日、2020 年 8 月向公安机关及税务机关缴纳 140 万元暂扣款和税款 85 万元。

本院认为，被告人陈×祥作为采取欺骗、隐瞒手段进行虚假纳税申报，逃避缴纳税款，数额巨大且占应纳税额百分之三十以上，其行为侵犯了国家税收管理制度，已构成逃税罪。公诉机关指控的犯罪事实及罪名成立，本院予以支持。被告人陈×祥有前科，可以对其从重处罚；被告人陈×祥自动投案，并如实供述自己的罪行，系自首，依法可以从轻或减轻处罚。被告人陈×祥已经补缴全部税款，有悔罪表现，未给国家税收造成实际损失，可酌情从轻处罚。根据被告人陈×祥犯罪的事实、犯罪的性质、情节和对于社会危害程度，决定对其减轻处罚。依照《中华人民共和国刑法》第二百零一条第一款、第六十七条第一款，第六十一条、第六十三条、第五十二条、第五十三条，《中华人民共和国刑事诉讼法》第十五条之规定，判决如下：

一、被告人陈×祥犯逃税罪，判处有期徒刑九个月，并处罚金人民币六万元（已缴纳）。

（刑期自判决执行之日起计算，判决执行前先行羁押的，羁押一日折抵刑期一日）

二、已被办案机关扣押的未随案移送的财物，由办案机关依法处理。

如不服本判决，可在接到判决书的第二日起十日内，通过本院或直接向湖北省黄冈市中级人民法院提出上诉。书面上诉的，应提交上诉状正本一份，副本二份。

另外，关于逃税罪与虚开增值税专用发票罪之间关系的理解，前者侵害的是国家的税收征管制度，后者是一种复杂的“逃税行为”，但它计算“逃税”的金额与方式是不同的，并不局限于某一个纳税主体，另外它还破坏国家的增值税发票的管理制度，又可独立成刑，如果从行为犯的角度理解，它跟逃税的关系又不紧密，所以还是要恰当地理解上述国家税务总局文件的背后之意。同时上面我们反复提到过，虚开增值税专用发票罪不能通过补税免责。

中国裁判文书网中《杨小勇虚开增值税专用发票、用于骗取出口退税、抵扣税款发票罪一审刑事判决书》[安徽省亳州市中级人民法院刑事判决书（2019）皖 16 刑初 27 号] 有这样一段描述及审判意见（摘录）：

**专栏**

公诉机关安徽省亳州市人民检察院。

被告人杨 × 勇，男，汉族，1974 年 12 月 14 日出生于江苏省姜堰市，初中文化，亳州市地 × 升贸易有限公司、亳州市苇 × 贸易有限公司实际经营人，住江苏省姜堰市。因涉嫌犯虚开增值税专用发票罪于 2016 年 7 月 2 日被刑事拘留，同年 8 月 9 日被逮捕。现羁押于亳州市看守所。

辩护人孙涛，北京京师（亳州）律师事务所律师。

安徽省亳州市人民检察院以亳检刑诉（2017）15 号起诉书指控被告人杨 × 勇犯虚开增值税专用发票罪一案，于 2017 年 5 月 18 日向本院提起公诉，本院于 2017 年 8 月 16 日作出（2017）皖 16 刑初 17 号刑事判决。杨 × 勇不服，提出上诉。安徽省高级人民法院于 2017 年 12 月 1 日作出（2017）皖刑终 247 号刑事裁定，撤销原判，发回本院重新审判。本院于 2018 年 12 月 24 日作出（2018）皖 16 刑初 1 号刑事判决。杨 × 勇不服，提出上诉。安徽省高级人民法院于 2019 年 9 月 4 日作出（2019）皖刑终 178 号刑事裁定，撤销原判，发回本院重新审判。本院依法另行组成合议庭，于 2020 年 6 月 5 日公开开庭进行了审理。安徽省亳州市人民检察院指派检察员李某、杜某出庭支持公诉，被告人杨 × 勇及其辩护人孙涛到庭参加诉讼。现已审理终结。

安徽省亳州市人民检察院指控：

2015 年 7 月至 10 月间，被告人杨 × 勇在没有实物交易的情况下，以其实际经营的亳州市地 × 升贸易有限公司、亳州市苇 × 贸易有限公司的名义，向上海佳 × 石油化工有限公司、淄博龙 × 化工销售有限公司等多家公司开具燃料油增值税专用发票 1 100 余份，价税合计 13 000 余万元，其中税额合计 1 900 余万元，从中收取提成 100 余万元。在为他人虚开增值税专用发票的同时，杨×勇为掩饰无实际货物交易的事实，采取支付给对方好处费的方式，分别让涡阳县凯×达运输有限公司、涡阳好×汽车运输有限公司、利辛县康×汽车运输有限公司为地×升公司、苇×公司开具货物运输业增值税专用发票共计12份，价税合计97.58余万元，其中税款合计9.67余万元，此12份发票已抵扣税款。

据此认为，被告人杨×勇虚开增值税专用发票，数额巨大，其行为触犯了《中华人民共和国刑法》第二百零五条的规定，应当以虚开增值税专用发票罪追究其刑事责任。

杨×勇辩解称上下游公司之间存在真实交易，其不构成虚开增值税专用发票罪，应构成逃税罪。辩护人除提出相同的辩护意见外，还提出杨×勇主观上没有骗取国家增值税税款的故意，客观上没有造成国家税款的损失，其向上海天勤、江苏艾卡等公司开具增值税专用发票的行为不构成犯罪；杨小勇具有坦白情节，请求从轻处罚。

经审理查明：

2015年5、6月份，被告人杨×勇使用严某和刘园的身份信息分别注册成立了亳州市苇×贸易有限公司（以下简称苇×公司）和亳州市地×升贸易有限公司（以下简称×风升公司）并实际经营。2015年7月至10月间，该两公司在未实际经营沥青、燃料油的情况下，采取虚构货物交易、变更货物品名的方式，从上游企业山东龙×化工公司（以下简称龙×化工公司）、江苏艾×石油化工有限公司（以下简称艾×公司）、泰州申×石油化工有限公司（以下简称申×公司）、泰州市龙×物流有限公司（以下简称龙×物流公司）、泰州凯×通石化有限公司（以下简称凯×通公司）、大连海×石油化工有限公司（以下简称海×公司）等公司获取沥青增值税专用发票，向下游企业上海佳×石油化工有限公司（以下简称佳×公司）、上海天×石油化工有限公司（以下简称天×公司）、淄博龙×化工有限公司（以下简称龙×公司）、泰州中×商贸有限公司（以下简称中×公司）等公司开具燃料油增值税专用发票，从中牟取利益。杨×勇实际控制的苇×公司和地×升公司为他人虚开增值税专用发票合计826份，价税合计10 829.830 142万元，虚开税款合计1 573.5 650 599万元，致使消费税偷逃4 223.124 872 4万元，从中获利117.628 499万元。

……

针对公诉机关的指控、杨×勇的辩解理由及辩护人的辩护意见，结合本案的事实和证据，本院综合评判如下：

1. 关于本案是否有真实货物交易的问题。

经查，证人丁某、齐某1、王某等人的证言能够与被告人杨×勇侦查阶段的供述相互印证，证实苇×公司、地×升公司和上下游公司之间均不存在任何真实货物交易，在案亦无证据显示本案的上下游公司之间直接进行了燃料油货物交易。杨×勇在没有任何实际货物交易的情况下，通过虚构购销合同，制造货票合一的交易假象。其先是接受上游公司虚开的以沥青为进项品名的增值税专用发票，同时在没有实际加工生产的情况下，向下游公司虚开以燃料油为销项品名的增值税专用发票。综合全案证据足以证实，相关购销合同均系杨×勇为变票而虚构。双方之间没有任何签订合同、购销油品的真实意思表示和实际行为，涉案大宗商品购销合同和资金流转并非是正常的市场交易行为，而是相关人员操纵的结果。相关购销合同、增值税发票、资金流水等并不能掩盖杨×勇公司与上下游公司无实际货物交易的实质，故涉案的增值税专用发票均是虚开的。对杨×勇及其辩护人此节辩解理由和辩护意见不予采纳。

2. 关于杨×勇为他人虚开增值税专用发票的行为定性问题。

经查，本案中，杨×勇为他人虚开增值税专用发票的行为模式为：杨×勇以其实际经营的苇×公司和地×升公司与上、下游公司签订虚假的购销合同，从上游公司取得虚假开具的沥青增值税专用发票，通过“变票”向下游公司虚假开具燃料油增值税专用发票，杨×勇从“变票”行为中收取“好处费”，下游公司实现从生产燃料油公司“转变”为流通燃料油公司的目的，从而逃避缴纳消费税，经核算，上述“变票”行为致使消费税偷逃4 223.124 872 4万元。

虚开增值税专用发票罪是我国税制改革、实行增值税专用发票抵扣税款制度之后出现的新型经济犯罪。与普通发票相比，增值税专用发票不仅具有记载经营活动的功能，更具有凭票依法抵扣税款的功能。刑法之所以将虚开增值税专用发票行为规定为犯罪，即在于国家实行增值税专用发票制度以后，一些不法分子利用增值税专用发票能够抵扣税款的功能，虚开增值税专用发票用以套取国家税款。该行为不仅扰乱了正常的增值税专用发票管理秩序，更造成国家税款损失，具有极大的社会危害性。虽然刑法对虚开增值税专用发票罪采用的是简单罪状描述，但构成本罪要求行为人主观上具有骗取国家税款目的，更符合立法时立法者对本罪的认知，也更符合罪责刑相适应原则。

就本案而言，杨 × 勇的“变票”行为有通过虚构交易环节，且在虚构的交易环节中虚假开具增值税专用发票并进行抵扣的行为。但杨 × 勇通过“变票”向下游公司虚开增值税专用发票并不是为了利用增值税专用发票的抵扣功能从国家骗取税款，而是为了帮助下游公司从生产燃料油公司“转变”为流通燃料油公司，进而逃避缴纳消费税，即上述虚构交易环节、虚开增值税专用发票、“变票”的行为，都是最终实现逃避缴纳消费税的手段。下游公司从杨 × 勇公司取得的虚开的增值税专用发票用于抵扣，因其抵扣的税款是其在上一交易环节所缴纳的增值税，因此在增值税专用发票整个流转线条上不存在增值税被骗的结果，即国家税款实质上没有被骗取。因此，杨 × 勇虽然实施了虚开增值税专用发票的行为，但其主观上不具有骗取国家税款的目的，客观上也没有造成国家税款被骗取，其行为不构成虚开增值税专用发票罪。对公诉机关指控杨 × 勇犯虚开增值税专用发票罪不予支持。

杨 × 勇主观上是为了帮助下游公司逃避缴纳消费税，客观上实施了虚构货物交易、开具增值税专用发票、“变票”等欺骗手段，致使纳消费税偷逃 4 223.124 872 4 万元。因杨 × 勇实际控制的苇 × 公司和地 × 升公司均是“空壳”公司，不具有实际补缴偷逃税款的能力。在案的亳州市国家税务局调查报告证实地风升公司 2015 年 9–10 月正常纳税申报，缴纳增值税 5.573 329 万元，苇圣公司 2015 年 7–10 月正常纳税申报，缴纳增值税 4.860 345 万元，杨

× 勇的行为致使消费税偷逃达 4 223.124 872 4 万元，已远超应纳税额百分之三十以上，其行为符合逃税罪的构成要件，应以逃税罪追究刑事责任。对杨 × 勇关于其构成逃税罪的辩解理由予以采纳，对辩护人关于杨 × 勇虚开增值税专用发票的行为不构成犯罪的辩护意见不予采纳。

3. 关于杨 × 勇安排他人为自己虚开增值税专用发票的行为定性问题。

经查，杨 × 勇安排凯利达公司、好运公司、康泰公司为其实际经营的地 × 升公司、苇 × 公司虚开货物运输业增值税专用发票共计 12 份，价税合计 97.58 余万元，税额合计 9.670 142 万元。在案证据仅有杨 × 勇本人供述将从康泰公司取得的两份金额 15 万多元的货物运输增值税发票用于抵扣苇 × 公司的税款。经我院建议补充侦查，国家税务总局安徽省税务局出具一份货物发票开具信息表，该信息表仅能证实苇 × 公司、地 × 升从凯 × 达公司、好 × 公司、康 × 公司取得的运输发票均已认证，并不能证实杨 × 勇利用增值税专用发票的抵扣功能骗取了国家税款，造成国家税款损失。现有证据不足以认定杨 × 勇让他人为自己虚开增值税专用发票的行为构成虚开增值税专用发票罪，对公诉机关该部分指控不予支持。

本院认为，被告人杨 × 勇采取欺骗手段帮助他人逃避缴纳消费税，逃避缴纳税款数额巨大，其行为构成逃税罪。公诉机关指控的罪名不当，应予更正。本院重审期间，杨 × 勇否认其在侦查机关供述的虚开增值税专用发票帮助他人逃避缴纳税款的主要犯罪事实，仅承认让运输公司为其公司虚开增值税专用发票的事实，所作辩解与本院审理查明的事实不符，不应认定具有坦白情节，对杨 × 勇辩护人此节辩护意见不予采纳。鉴于从本案中获取最大利益的是第三方，参与逃税的还有其他责任人员，故对杨 × 勇可从轻处罚。根据杨 × 勇犯罪的事实、性质、情节和对于社会的危害程度，案经本院审判委员会讨论决定，依照《中华人民共和国刑法》第二百零一条第一款、第三款、第六十四条之规定，判决如下：

一、被告人杨 × 勇犯逃税罪，判处有期徒刑六年，并处罚金人民币二十万元。

（刑期从判决执行之日起计算。判决执行前先行羁押的，羁押一日折抵刑期一日。刑期自2016年7月2日起至2022年7月1日止。罚金于判决生效次日起十日内缴纳完毕。）

二、被告人杨×勇所欠税款由税务部门依法追缴。

三、扣押在案的杨×勇现金五万二千二百五十元用于折抵其违法所得一百一十七万六千二百八十四元九角九分，违法所得中的不足部分继续追缴，并上缴国库；扣押在案的其他物品由扣押机关依法处置。

如不服本判决，可在接到判决书的第二日起十日内，通过本院或者直接向安徽省高级人民法院提出上诉。书面上诉的，应当提交上诉状正本一份，副本一份。

本案的论述部分相当精彩，从多个方面论述了虚开增值税专用发票罪与逃税罪之间的关系及适用判断，笔者认为值得借鉴。

## 2.3 取得涉嫌“虚开”的增值税专用发票其进项转出处理

对这个问题，业界鲜有讨论，笔者也是因为一个有争议性的案例才有所接触。

**案 例**

张三开设的蓝天有限公司，在2021年8月期间收到税务局人员的通知，要求其就2015年1月取得的数张专用发票进行进项转出处理，上游企业已走逃。碰巧张三家人也有从事法律工作的，其家人提到：“征管法不是规定税务机关最多有5年的追征期嘛，此税款过了5年了，税务机关不能再要求我们转出了！”张三一听，还是得靠“专业人士”的支持，于是就找到稽查人员进行解释并且声明自己的保护权利。

**分析：**一般来讲，若企业存在虚开发票的情形，或多或少的会存在一些瑕疵，比如内控的问题、套现的问题、逃避纳税义务的情形等，也有的存在所谓的“有货交易”，但从一些不合法的渠道“买”的发票抵账等。据了解这个案例最终的结果还是向好的，因为企业提供了自己“善意”的态度，也提供了一系列的证据材料，证明其业务可信，最终未作转出处理，也没有涉及企业所得税的税前扣除的成本问题。前述已经提到，因为虚开和偷税牵连关系的存在，税务机关若认为其故意虚开发票偷逃税款，以偷税定性依然可以要求企业进项转出补缴税款和企业所得税应纳税所得额的调增。

《国家税务总局关于异常增值税扣税凭证管理等有关事项的公告》（国家税务总局公告 2019 年第 38 号）提出：

> 纳税人对税务机关认定的异常凭证存有异议，可以向主管税务机关提出核实申请。经税务机关核实，符合现行增值税进项税额抵扣或出口退税相关规定的，纳税人可继续申报抵扣或者重新申报出口退税；符合消费税抵扣规定且已缴纳消费税税款的，纳税人可继续申报抵扣消费税税款。

鉴于责任的考虑，这类核实得到认可的难度还是比较大的，毕竟很难知道企业所说的、所提供资料与实际情形是不是一致，而且上游企业的案情具体情形如何，也并不清楚。

如果是取得虚开的发票用于抵扣与税前扣除列支，则极可能面临着涉嫌虚开增值税发票罪与逃税罪的问题，需要结合案情，在物流或交付成果、账面核算与资料、合同与资金等情形进行应对处理。

## 案　例

在上面讨论偷税与虚开增值税专用发票之间的关系时，我们再看一下案例。某地某企业涉嫌燃料油“变名”偷逃消费税的问题，且经过了解，形成了交易闭环的交易，该企业属于一个中间方，采购进来“燃料油”，销售出去“燃料油”，均开具的增值税专用发票，中间有 1% 的利差。后来因为上游案情被发现，且发票被证实虚开，那么该企业的增值税与企业所得税该如何处理呢？

**分析：**这种“过渡式”或称“托盘式”的交易，从本环节看，并没有造成增值税的损害，也没有所得税的损害，若从传统的角度来分析，比如若只认为取得的进项发票有问题时，则通常的做法是让纳税人转出进项补缴增值税并加收滞纳金（非善意情形下），还极可能认为税前扣除凭证不符合扣除条件。这种情形下，当我们面对某个“点”上的问题进行处理时，往往会产生不利于企业的结果，包括经济方面与其他法律责任方面的。需考虑问题的全面性，结合相应的进展来应对。比如所得税的处理，还有必要参考国家税务总局公告2018年第28号[1]的规定来寻找一些补救方式等考虑。

在某些业务人员的认识中，这种“过票”式的交易称为融资性贸易，多有企业为了业绩、规模等考虑，通过这种贸易方式进行操作。《关于印发〈关于加强地方国有企业债务风险管控工作的指导意见〉的通知》（国资发财评规〔2021〕18号）提出：

**七、全面推动国企深化改革，有效增强抗风险能力**

各地方国资委要坚决贯彻落实国企改革三年行动要求，立足地方国有企业债务风险管控长效机制建设，督促指导企业通过全面深化改革破解风险难题。通过加强“两金”管控、亏损企业治理、低效无效资产处置、非主业非优势企业（业务）剥离等措施，提高企业资产质量和运行效率。严控低毛利贸易、金融衍生、PPP等高风险业务，严禁融资性贸易和“空转”“走单”等虚假贸易业务，管住生产经营重大风险点。加快推进国有经济布局优化和结构调整，加速数字化、网络化、智能化转型升级，加快发展新技术、新模式、新业态，不断增强自主创新能力、市场核心竞争力和抗风险能力。

《山东省省属企业高风险业务管控暂行办法》提到：

---

［1］ 国家税务总局公告2018年第28号，即《国家税务总局关于发布〈企业所得税税前扣除凭证管理办法〉的公告》。

大宗贸易：省属企业及其子企业可以从事与主业有关产品、原材料的大宗贸易，原则上不得开展与主业无关的大宗商品贸易；不得开展无真实货物交易，无商品实物、无货权流转或原地转库的“空转”贸易，以及名为贸易实为对外提供资金的融资性贸易业务。

此处并非与大家探讨什么是融资性贸易，而是从虚开的角度来看这种业务面临的涉税风险。如果一个公司主要的目标是为了挣点利息，即因为融资性贸易的初衷参与了某个虚开的环节中，是不是在考虑主观性的方面，会来考虑虚开的定性问题。当然，若真是因其主要的参与及某些人员的利益驱动问题，有了行为的不当性，则是另说了；若仅仅就是获得了垫资的利差，账面上体现为经销利润，真进入司法程序的时候，则可以从此角度进行考虑，或许以融资性贸易作为陈述理由的时候，可以多一个主动性的防御。

也曾有业界的专家提出来，由于当下的利息支出的增值税不允许进行抵扣，若从融资性贸易的角度进行筹划，则可以得到“变性”解决抵扣的问题，因为利息形成了货物价款的一部分。这样做当然是个好主意，但要考虑到这种生意的风险，整体的业务性质、债权债务关系、权利义务关系都会发生变化，有时就存在上面提到的虚开的风险。得小利失大利，若是集团内部交易的关系，倒是可以考虑的。

**案　例**

某民营企业空降一位首席执行官（CEO），该高管就位之后，立刻拿出施政方案，目的在于做大规模。于是大规模地参与“中间商”式的贸易业务，比如本来A与B之间的业务，业务人员去说：“你们的生意我们来参与一下，A先卖给我，我再卖给B，这样空转一下，款、票、合同我经手，货物还是你们自己解决，给我一个发货单、收货单即可！”中间每笔业务挣1万元，但是先给人垫款付款，后面收款的账期自己承担，这何乐而不为呢？A销售之后即可拿到货款，不必等到原来B给的欠款账期，以货币的时间价值换账面规模的体现。

**分析**：利益上的得失并不重要，重要的是企业的规模化会有了，若是上市公司，说不定还真可能拉动股价呢。但这种“玩空手道”的生意，货物真就解释不清，比如大宗货物、煤炭等，还存在销售资质、开采规模的问题，有时真可能不清不楚地就卷入虚开案件中。

## 2.4 涉嫌虚开增值税专用发票罪时考虑无罪辩护的可能情形

网络上对此类问题的讨论比较多，应注意用与时俱进的眼光来看待此问题，比如一些过去的审判案例，若以今天的理解与时代背景来看，就不一定获刑，或者获刑的程度要更轻。过去，刑法中对虚开专用发票罪的最高刑为生命刑，现在改为了无期徒刑，本身就是事务发展过程当中的重新认识。

或许有人会说：“既然信息化这么发达了，为何不能利用信息技术快速地发现、打击虚开发票的行为呢，为何这么多年了，还有这么多虚开的案件发生，企业的风险管理也很被动？”即使再先进的技术，恐怕也难杜绝虚开的情形，因为业务的真实性、交易主体之间的关系，是无法在发生时就用技术手段可以识别监控到的（比如有了人机交互系统，人的身体上装了一个监控器，一旦有犯罪之念时，就发出报警，或许这是可以想象的）。而回到实际中，犯罪的行为只有在发生之后才能去甄别，去判断，无论是主动还是被动的风险，可预见的将来仍是难以杜绝的。

**案 例**

某律师在一次业务论坛中提到，其代理的某虚开刑事辩护案件，拟从营商环境、保护民营企业家等角度加一些内容，从而让法官能够更多地酌情考虑与审判案件。当下律师所代理的虚开案件，在很多辩护意见方面大同小异，主要是看法官的理解度、认可度。

从目前笔者观察的一些案例来看，既不能迷信专家，也不能迷信“关系”，而是要有针对性地借鉴与发挥，在事实、证据、程序上结合考虑，从主动作为的角度来考虑关于取保候审、合规整改及应诉的处理。

### 2.4.1　不以抵扣、骗税款为目的，未造成国家税款的流失之理由

2020年7月22日《最高人民检察院关于充分发挥检察职能服务保障“六稳”“六保”的意见》中提到：

依法维护有利于对外开放的法治化营商环境。充分认识“稳外贸”“稳外资”“稳投资”对稳定宏观经济、扩大对外开放的重大意义，有效维护相关领域的市场秩序。

一是围绕自贸试验区、海南自由贸易港、粤港澳大湾区建设等重大战略，依法惩治侵害外国投资者和外商投资企业合法权益，以及扰乱投资秩序、妨害项目推进的各类犯罪，保障外商投资法顺利施行，营造安全、透明的投资环境。

二是聚焦当前对外贸易、外商投资领域的新形势，依法惩治利用外贸合同诈骗，虚开出口退税、抵扣税款发票，骗取出口退税以及对外贸易经营活动中的走私、逃汇骗汇等犯罪，促进稳住外贸基本盘，保障外贸产业链、供应链、资金流畅通运转。

三是依法慎重处理企业涉税案件。注意把握一般涉税违法行为与以骗取国家税款为目的的涉税犯罪的界限，对于有实际生产经营活动的企业为虚增业绩、融资、贷款等非骗税目的且没有造成税款损失的虚开增值税专用发票行为，不以虚开增值税专用发票罪定性处理，依法作出不起诉决定的，移送税务机关给予行政处罚。

首先，这是一份意见，并没有在法律、法规中对此进行确定，而且在相关的法律和司法解释中并没有摒弃虚开专用发票行为犯观点，检察院是否及如何提起诉讼，可以结合此方面的因素作出建议。比如某些案件中，有的是环开形成一个闭环，有的虽为业绩考虑，但某个环节为了抵减开出去发票产

生的税款，就可能自己去虚开进项的行为。再如我们上面提到的，为了融资虚构交易的情形，可以考虑借鉴此方面的因素为自己辩护。其次，这个意见前提条件是有实际生产经营的企业，对于一些没有实际生产经营的暴力虚开企业也无法参照。最后，这个意见是要求没有造成税款损失的事实，与2018年12月最高人民法院发布的张某强典型案例[1]是一致的，一般虚增业绩中的环开、对开没有造成税款损失，那么这个意见在辩护中将显得尤为重要。在实践中，有些人认为只要目的不是骗取国家税款就不构成犯罪，忽略了是否有真实的生产经营活动、是否给国家税款造成损失等因素。一般情况下，只要有抵扣行为且自身和上下游都没有缴税那就可以认定造成了税款损失。另外，自身交易虽然没有造成国家税款损失，有一些所谓代开行为，明知代开方在发票处理方面会有很大的问题，还坦然接受代开，最后面对公安机关只说“不知道”，往往很难过关。

所以，本节所述的辩护理由不宜认为是绝对的，需要结合是否有实际生产经营业务，还是空壳式的虚拟业务，抑或是否基于逃税目的虚开发票等，综合进行考虑，这是律师们需要整体考虑的。

---

[1] 2018年12月4日最高人民法院发布《人民法院充分发挥审判职能作用保护产权和企业家合法权益典型案例（第二批）》，其中提到张某强虚开增值税专用发票案：

基本案情：2004年，被告人张某强与他人合伙成立个体企业某龙骨厂，张某强负责生产经营活动。因某龙骨厂系小规模纳税人，无法为购货单位开具增值税专用发票，张某强遂以他人开办的鑫源公司名义对外签订销售合同。2006年至2007年间，张某强先后与六家公司签订轻钢龙骨销售合同，购货单位均将货款汇入鑫源公司账户，鑫源公司并为上述六家公司开具增值税专用发票共计53张，价税合计4 457 701.36元，税额647 700.18元。基于以上事实，某州市人民检察院指控被告人张某强犯虚开增值税专用发票罪。

裁判结果：某州市人民法院一审认定被告人张某强构成虚开增值税专用发票罪，在法定刑以下判处张某强有期徒刑三年，缓刑五年，并处罚金人民币五万元。张某强在法定期限内没有上诉，检察院未抗诉。某州市人民法院依法逐级报请最高人民法院核准。最高人民法院经复核认为，被告人张某强以其他单位名义对外签订销售合同，由该单位收取货款、开具增值税专用发票，不具有骗取国家税款的目的，未造成国家税款损失，其行为不构成虚开增值税专用发票罪，某州市人民法院认定张某强构成虚开增值税专用发票罪属适用法律错误。据此，最高人民法院裁定：不核准并撤销某州市人民法院一审刑事判决，将本案发回重审。该案经某州市人民法院重审后，依法宣告张某强无罪。

### 2.4.2 “变名”销售燃料油逃避消费税而未被认定为虚开增值税专用发票罪个案情形

通常认为销售燃料油规避消费税的行为，有可能有真的货物，也有可能纯是虚开的情形，不宜绝对而论。下面这篇文章[1]的讨论具有很强的参考性：

**案　例**

我国 1979 年试行增值税，随着 1994 年 1 月《增值税暂行条例》正式实施，增值税开始全面推行。增值税作为价外税，只对流转过程中增值部分进行征税，这种特殊计税方法使得上一环节已缴纳的税额在下一环节征税时扣除，从而实现科学征税、简化征税，并减轻了纳税义务人的税负。但由此也很快出现利用专票的税款抵扣特征，虚构经营活动，开具与真实状况不符的增值税专用发票，用以申报认证抵扣，使得国家税款遭受损失。为惩治和预防此类破坏社会主义市场经济秩序的行为，全国人大常委会于 1995 年 10 月 30 日颁布《关于惩治虚开、伪造和非法出售增值税专用发票犯罪的决定》，设立虚开增值税专用发票罪，之后被 1997 年刑法吸收为第 205 条。该罪在设立之初，适用就颇受关注，特别是由于其犯罪构成要件的简单罪状表述方式，使得该罪的认定在司法实践中经常出现争议。本文结合案例，试对以“变票”方式虚开增值税专用发票行为的性质进行分析。

**一、问题的引出**

A 公司是一家石油炼化企业，经营范围：原油进口、石脑油、燃料油、重油销售及商品和技术进出口等。2017 至 2018 年间，A 公司与多家公司合谋以“变票”方式虚开增值税专用发票。在没有真实货物交易的情况下，A 公司收受上海某公司开具的品名为“燃料油”的增值税专用发票 18 份（开票过程：由 B 公司对湖南某公司开具“原油”增值税专用发票，该公司将其变票为“燃料油”增值税专用发票，经多家过票公司，最终由上海某公司开具给 A 公司），

[1] 资料来源：赵景川，《以“变票”方式虚开增值税专用发票行为的司法认定》，“中国检察官”微信公众号，2021 年 5 月 25 日。

数量3万余吨，价税合计9 100余万元，其中增值税税额1 300余万元，各环节受票公司已向税务机关抵扣。同时，A公司对浙江某公司开具品名为“沥青”的增值税专用发票18份，该公司将其变票为“燃料油”增值税专用发票，经多家过票公司，最终流入B公司，数量3万余吨，价税合计8 700余万元，其中增值税税额1 200余万元，各环节受票公司已向税务机关抵扣。侦查机关认定A公司的行为造成国家消费税[1]损失数额特别巨大，以A公司涉嫌虚开增值税专用发票罪移送起诉。

本文只探讨A公司的法律责任，即A公司与其他公司合谋通过“变票”方式虚开增值税专月发票，造成国家消费税税款流失数额特别巨大，如何评价？该行为是否构成侦查机关认定的虚开增值税专用发票罪，还是构成A公司辩护人主张的逃税罪，或者是逃税违法行为？

## 二、关于以“变票”方式虚开增值税专用发票

《消费税暂行条例》第一条规定：“在中华人民共和国境内生产、委托加工和进口本条例规定的消费品的单位和个人，以及国务院确定的销售本条例规定的消费品的其他单位和个人，为消费税的纳税人。”根据该条规定，石油炼化企业生产加工燃料油的行为属于应税行为，石油炼化企业为消费税的纳税义务人，需要在销售燃料油的时候缴纳消费税。根据成品油消费税的规定，石油炼化企业向其下游公司开票，如果照实开具燃料油增值税专用发票，则每吨需要缴纳一两千元的消费税，而如果开具化工品或其他品目的发票，则无须缴纳该笔消费税，这便是石油炼化企业参与“变票”的根本动机。石化行业的变票交易行为一般由石油炼化企业主导，变票、过票的商贸企业赚取中间环节的贸易差价，帮助炼化企业逃避缴纳消费税款。

变票交易是部分石油炼化企业的行业潜规则，目的就是为了逃避缴纳消费税，并不是为了抵扣税款骗取增值税，否则，变票必要性不大。[2]因此，

[1] 消费税属于价内税，消费税税款虽然最终也是消费者承担，但是只在应税消费品的生产、委托加工和进口环节缴纳，在以后的批发、零售等环节，价款中已经包含消费税。

[2] 因为变票需要过票公司配合，额外要支付一定比例的过票费用，且各环节也缴纳增值税。如为了抵扣税款骗取增值税，其可以通过其他成本更小和更便捷的方式，如直接购买增值税专用发票进行抵扣。

变票销售案件一般会形成一个闭环，即石油炼化企业开出发票，经过变票、过票，最终又回到石油炼化企业。这种形成闭环的开票行为，给国家增加了纳税环节，每个环节的交易主体都向税务机关申报缴纳增值税税款，并依法进行抵扣，整个交易环节不会造成国家增值税款的损失。但这种行为隐瞒石油炼化企业的生产加工环节，违反税收征收法规，逃避缴纳了消费税。如上文案件中的A公司与其他公司合谋，开具品名为“沥青”的增值税专用发票18份，经变票公司、过票公司，以“燃料油”增值税专用发票流入B公司，同时B公司开具品名为“原油”的增值税专用发票18份，最终以“燃料油”增值税专用发票流入A公司，A、B公司对开增值税专用发票并变票，总体形成一个闭环，侦查机关认为A公司的行为造成国家消费税损失数额特别巨大。

## 三、当前的司法实务观点和判例

### （一）构成虚开增值税专用发票罪应当具备骗取税款的目的

设立虚开增值税专用发票罪，目的是为了惩治将国家税款骗为己有或帮助他人骗为私有，并非因为惩治偷逃税款。[1]《刑法》第二百零五条规定“虚开增值税专用发票或者虚开用于骗取出口退税、抵扣税款的其他发票的，处……”，根据这一表述，刑法对虚开增值税专用发票罪构成要件特征的描述，并未明确以骗取税款为目的，行为人只要有虚开行为即可构成本罪，并且根据虚开税款的数额大小规定了轻重不等的法定刑。基于文义解释，有观点认为“虚开即构罪”，并无主观上的特定要求。[2]但随着司法实务的发展，更多观点认为，虚开增值税专用发票罪系重罪，若行为人虚开增值税专用发票不是为了偷骗税款，也没有造成国家税款实际损失，只侵犯到了发票管理秩序，这种仅虚开的行为也构成虚开增值税专用发票罪并科以重刑的行为犯观点，

[1] 1995年设立虚开增值税专用发票罪时，1979年刑法第一百二十一条已规定有偷税罪，该条规定：“违反税收法规，偷税、抗税，情节严重的，除按照税收法规补税并且可以罚款外，对直接责任人员，处三年以下有期徒刑或者拘役。”

[2] 1996年制定的《最高人民法院关于适用〈全国人民代表大会常务委员会关于惩治虚开、伪造和非法出售增值税专用发票犯罪的决定〉的若干问题的解释》基本坚持这种行为犯的立场。如规定，进行了实际经营活动，但让他人为自己代开增值税专用发票的，也属于“虚开增值税专用发票”。

并不符合罪责刑相适应原则，即本罪是非法定目的犯。[1] 如最高人民检察院《关于充分发挥检察职能服务保障“六稳”“六保”的意见》(高检发〔2020〕10号)提出，注意把握一般涉税违法行为与以骗取国家税款为目的的涉税犯罪的界限，对于有实际生产经营活动的企业为虚增业绩、融资、贷款等非骗税目的且没有造成税款损失的虚开增值税专用发票行为，不以虚开增值税专用发票罪定性处理。[2]

目前的司法判例，已经明确虚开增值税专用发票罪的成立必须具备骗取税款的目的。如张某某虚开增值税专用发票案，张某某开办的企业为小规模纳税人[3]，为给购货方提供增值税专用发票，遂以某公司的名义与购货方签订销售合同，并为购货方开具增值税专用发票，购货方将款项转入某公司账户。最高人民法院认为：“被告人张某某以其他单位名义对外签订销售合同，由该单位收取货款、开具增值税专用发票，不具有骗取国家税款的目的，未造成国家税款损失，其行为不构成虚开增值税专用发票罪。”[4] 又如罗某虚开增值税专用发票案，罗某系喜地公司法定代表人和门里公司实际控制人，为获得某公司的资金，在不存在货物交易的情况下，虚构采购合同、销售合同，

---

［1］ 如2004年全国法院经济犯罪案件审判工作座谈会提出，实践中虚开增值税专用发票的几种行为，如为虚增营业额相互对开或环开增值税专用发票的，或为夸大销售业绩，虚增货物销售环节而虚开但未造成国家税款流失的，不宜认定为虚开增值税专用发票罪。又如《最高人民法院研究室〈关于如何认定以“挂靠”有关公司名义实施经营活动并让有关公司为自己虚开增值税专用发票行为的性质〉征求意见的复函》(法研〔2015〕58号)明确：“虚开增值税发票罪的危害实质在于通过虚开行为骗取抵扣税款。虚开增值税专用发票罪的法定最高刑为无期徒刑，系严重犯罪，如将该罪理解为行为犯，只要虚开增值税专用发票，侵犯增值税专用发票管理秩序的，即构成犯罪并要判处重刑，也不符合罪刑责相适应原则。”

［2］ 理论界也赞同这种观点。如陈兴良教授认为，成立虚开增值税专用发票罪必须具备骗取税款的特定犯罪目的。(参见陈兴良：《不以骗取税款为目的的虚开发票行为之定性研究——非法定目的犯的一种个案研究》，《法商研究》2004年第3期)张明楷教授持抽象危险犯的观点，认为司法机关应以一般的经济运行方式为根据，判断是否具有骗取国家税款的危险(造成国家税款损失的危险)。(参见张明楷：《刑法学》，法律出版社2016年版，第816页)就具体案件的处理而言，两种观点不会产生差异。

［3］ 小规模纳税人是指年销售额未超过国家规定标准的增值税纳税人，销售货物只能开具普通发票，取得的增值税专用发票也不能抵扣进项，只能用作成本冲减所得税应税金额。

［4］ 最高人民法院刑事裁定书，(2016)最高法刑核第51732773号。

形成喜地公司卖货给某公司，某公司再卖货给门里公司的虚假交易，均开具增值税专用发票。罗某为逃避喜地公司当期应缴税款，让英爱公司为其开具增值税专用发票用于抵扣。经查，门里公司未向税务机关进行抵扣。法院终审判决认为，本案中不存在经营行为，即不存在纳税的事实基础，故不会造成国家税款的实际损失。喜地公司为某公司开具专票是为了向某公司变相融资，且罗某让英爱公司为其开具专票，是为抵扣变相融资而产生的销项税，罗某主观上不具骗取国家税款目的，因而不构成虚开增值税专用发票罪。[1]

### （二）以“变票”方式虚开增值税专用发票，进而逃避缴纳消费税的行为定性

我国目前共有 18 种税（不含已取消的营业税），按税收额计算，主要税种包括增值税、企业所得税、消费税、个人所得税等。如前所述，虚开增值税专用发票罪的构成要件涵括以骗取国家税款为目的，但国家税款是否仅限于因抵扣而骗取的增值税，是否还可以包括因虚开而导致损失的其他税种，如消费税等，刑法未作规定，最高司法机关出台的规范性文件也没有将骗取的税款种类限缩解释为增值税损失。《最高人民法院研究室〈关于如何认定以“挂靠”有关公司名义实施经营活动并让有关公司为自己虚开增值税专用发票行为的性质〉征求意见的复函》（法研〔2015〕58 号）曾指出，虚开增值税专用发票罪的危害实质在于通过虚开行为骗取抵扣税款，对于有实际交易存在的代开行为，如行为人主观上并无骗取抵扣税款的故意，客观上未造成国家增值税款损失的，不宜以虚开增值税专用发票罪论处。但该复函只是最高人民法院研究室回复公安部经侦局的内部文件，且其表述也未排除“客观上造成其他税种税款损失的”，可以构成虚开增值税专用发票罪。有观点认为，在变票销售交易过程中，石油炼化企业违反《税收征收管理法》第六十三条及《发票管理办法》第二十三条的相关规定，依法应予追缴税款及滞纳金甚至罚款，炼化企业虽有偷逃消费税的行为，但并不能因此而认定该类企业构成虚

---

［1］ 北京市高级人民法院刑事判决书，（2016）京刑终第 157 号。

开增值税专用发票罪。

关于司法判例，在个案的处理上存在差异。有的法院直接指出以“变票”方式逃避缴纳消费税的，构成虚开增值税专用发票罪。如浙江省高级人民法院（2018）浙刑终361号《陈某某、徐某某等虚开增值税专用发票、用于骗取出口退税、抵扣税款发票罪二审刑事判决书》指出：“刑法规定和司法解释均没有明确要求构成虚开增值税专用发票要以偷逃增值税为前提，本案中，被告人陈某某、徐某某及其所开设的优贸公司、信义公司通过变票的方式虚开增值税专用发票，偷逃了税款，原判定性为虚开增值税专用发票罪并无明显不当。”也有判决作出不同处理，如杨某某变票涉嫌虚开增值税专用发票案，在历经三次一审、两次二审发回重审后，安徽省亳州市中级人民法院于2020年9月2日作出（2019）皖16刑初27号刑事判决书，认定公诉机关指控杨某某犯虚开增值税专用发票罪的定性错误，予以纠正，判决杨某某构成逃税罪，判处有期徒刑6年（原审以虚开增值税专用发票罪判处无期徒刑）。该判决书在判决理由部分指出：就本案而言，杨某某的“变票”行为有通过虚构交易环节，且在虚构的交易环节中虚假开具增值税专用发票并进行抵扣的行为。但杨某某通过“变票”向下游公司虚开增值税专用发票并不是为了利用增值税专用发票的抵扣功能从国家骗取税款，而是为了帮助下游公司从生产燃料油公司“转变”为流通燃料油公司，进而逃避缴纳消费税，即上述虚构交易环节、虚开增值税专用发票、“变票”的行为，都是最终实现逃避缴纳消费税的手段。下游公司从杨某某公司取得的虚开的增值税专用发票用于抵扣，因其抵扣的税款是其在上一交易环节所缴纳的增值税，因此在增值税专用发票整个流转线条上不存在增值税被骗的结果，即国家税款实质上没有被骗取。因此，杨某某虽然实施了虚开增值税专用发票的行为，但其主观上不具有骗取国家税款的目的，客观上也没有造成国家税款被骗取，其行为不构成虚开增值税专用发票罪。

**四、本文的观点**

根据《刑法》第二百零五条和相关司法解释规定的虚开增值税专用发票罪的构成要件，以及当前司法实务观点、判例，本文认为，审查认定A公司以“变票”方式逃避缴纳消费税的行为是否构成虚开增值税专用发票罪，客观方面应当重点审查以下内容：

第一，行为人是否实施了虚开增值税专用发票的行为。包括在没有真实交易活动或真实交易与票面内容不符的情况下，为自己虚开、为他人虚开、让他人为自己虚开、介绍他人虚开四种。从这一方面来说，A公司与其他公司共谋，对增值税专用发票进行变票处理，实施了为他人虚开、让他人为自己虚开的行为，符合虚开增值税专用发票罪的行为特征。

第二，犯罪对象是否是可以用于抵扣税款的增值税专用发票。即本罪的构成不仅要求行为人实施增值税专用发票之虚开行为，还要求其虚开出的增值税专用发票在客观上是能够实现税款抵扣之目的。所谓“税款抵扣”，是指增值税纳税义务人抵扣增值税进项税额的行为。能够被用于“税款抵扣”的发票，除增值税专用发票以外，还有运输发票、废旧物品收购发票以及农业产品收购发票等其他特定发票。而“当纳税人购进的货物、劳务、服务、无形资产、不动产不是用于增值税应税项目，而是用于简易计税方法计税项目、免税项目或用于集体福利、个人消费等情况时，其支付的进项税额就不能从销项税额中抵扣”[1]，即此时的增值税专用发票项目阻却犯罪。本案中，A公司为他人虚开、让他人为自己虚开增值税专用发票，开具的发票可以用于扣抵税款，从这一方面来说，A公司的行为可以构成虚开增值税专用发票罪。

第三，行为人是否用虚开的增值税专用发票进行税款抵扣，骗取国家税款。实务中，纳税义务人购进货物又售出的，会相应地分别开具进项发票和销项发票，两项发票均会有对应的税额，正常情况下，纳税义务人抵扣税款前要先认证进项票，经税务机关认证可以申报抵扣的，才能在纳税周期从当期销项税额中抵扣掉当期进项税额，余额即为当期应纳税额。而以“变票”方式虚开增值税专用发票的，如果行为人在变票的同时，将消费税额虚增到

[1] 资料来源：中国注册会计师协会，《税法》2018年版。

变票后的增值税专用发票税额内，之后又在增值税税款抵扣时一并予以抵扣的，这种偷逃消费税的行为，骗取了国家税款，可以认定该行为符合虚开增值税专用发票罪的该要件内容。如果行为人并未将消费税额虚增到变票后的增值税专用发票税额内，只是未申报应缴纳的消费税，则无法认定行为人以税款抵扣形式骗取国家税款，其行为不符合该要件内容。据此，A公司与其他公司共谋，将“原油”“沥青”增值税专用发票违法变更为“燃料油”增值税专用发票，造成消费税流失数额特别巨大的后果。如果A公司为他人虚开、让他人为自己虚开的增值税专用发票中虚增了应当缴纳的消费税，A公司或者接受其虚开的公司将燃料油销售给下游公司时，折抵了虚开的增值税专用发票进项，由于其中包括虚增的消费税,A公司以这种方式偷逃消费税的行为，符合虚开增值税专用发票罪的构成要件。如果A公司与其他公司合谋，只是变更增值税专用发票品名虚开，由销项化工原料直接转为进项汽油的增值税专用发票，税额不变，这种行为实际是一种向税务机关进行虚假纳税申报的违法行为，不足以认定其利用增值税专用发票的抵扣功能骗取了国家税款，其行为不符合虚开增值税专用发票罪的构成要件。但A公司与其他公司合谋，采取变票虚开增值税专用发票的方式，使得国家应征的消费税款未能实现，属于《税收征收管理法》第六十三条第一款规定的偷税行为，应由税务机关追缴其不缴或者少缴的税款、滞纳金，构成犯罪的，应根据《刑法》第二百零一条第一款规定，以逃税罪依法追究相应刑事责任。[1]

综上，对以“变票”方式虚开增值税专用发票行为性质的认定，聚焦点不应放在何种税款遭受损失方面，而应将具有骗取国家税款的目的，并利用增值税专用发票的抵扣功能实施骗取行为视为关键。而如果行为人只是利用增值税专用发票的票证功能隐瞒生产加工环节，进行虚假的消费税纳税申报，

[1] 根据《刑法》第二百零一条及《税收征收管理法》的规定，任何逃税案件未经税务行政机关处理的，不得进入刑事司法程序。对逃税案件，应先启动行政执法程序，让有权的税务机关查实造成税款损失的主体、数额并作出行政处罚决定，只有在税务机关下达追缴通知后不补缴应纳税款才追究刑事责任，但是5年内因逃税受过刑事处罚或被税务机关两次以上行政处罚的除外。

使得国家应征的消费税税款未能实现，即行为人虚开增值税专用发票、“变票”的行为，都是最终达到逃避缴纳消费税目的的手段，则不宜认定构成虚开增值税专用发票罪。

这篇文章引起的思考，与实践当中的借鉴应用，是非常具有价值的，实践当中还有一个代表性的案例。比如下面这篇摘自中国裁判文书网的判例摘录：

**专栏**

……

本院认为：一、被告单位东营市某某石油化工有限公司为谋取非法利益，由单位法定代表人巴某某从昌某市鑫成油脂有限公司购买增值税专用发票，用于抵扣税额，系让他人为自己虚开，构成虚开增值税专用发票的单位犯罪；被告单位法定代表人即被告人巴某某系直接责任人，应以单位犯罪追究其刑事责任。公诉机关指控的罪名成立，本院予以支持。被告人巴某某在单位犯罪中如实陈述案件事实，当庭认罪悔罪，构成坦白，依法可从轻处罚；被告单位庭后补缴了抵扣的税额，可酌情从轻处罚。被告人巴某某辩解该行为构成逃税罪于法无据，依法不予采信。被告单位辩护人提出单位犯罪部分应由公司所在地法院管辖的辩护意见，因被告人巴某某同时构成其他个人犯罪，为方便案件审理，一并由本院管辖符合法律规定，故对该辩护意见，不予采信。被告人巴某某的辩护人提出巴某某构成坦白的辩护意见，与本院查证相符，依法予以采信。

二、被告人巴某某以他人名义注册成立长丰某能源科技有限公司实施的虚开增值税专用发票行为：1. 被告人巴某某以长丰某能源科技有限公司名义分别与山东军胜化工有限公司和山东天弘化学有限公司等实施的案件事实中个人虚开的第（一）、（二）项行为，属于循环虚开；该虚开行为显然不是以抵扣税额为目的，以虚拟销售事项纳税，再以虚拟购进货物抵扣税额，客观上不可能造成国家税额损失。从罪责刑相适应的原则分析，如果不加区分行为人的目的以及造成的损害后果将导致处理结果不公正，偏离了实质正义。《中华人民共和国刑法》第二百零五条虽然采用了简单罪状，但从立法宗旨和立法体系可以判断，该罪侵犯的是复杂客体，即增值税专用发票管理制度和国家税收的安全，刑事法律关于危害国家税收犯罪的规定均是从保障国家税收不流失这一根本目的出发。因此，被告人巴某某实施的上述第（一）、（二）项行为，并未造成国家税收流失，依法不构成犯罪。第（三）项交易系真实的原油买卖，被告人巴某某只是在销售过程中违规变更了货物品名。按照最高人民法院关于适用《全国人民代表大会常务委员会关于惩治虚开、伪造和非法出售增值税专用发票犯罪的决定》的若干问题的解释第一条关于"虚开增值税专用发票"行为的列举，变名销售不在该解释列举的三种行为之内，依法不构成虚开增值税专用发票犯罪。2. 关于被告人从三家运输企业取得虚开的运输费发票，并抵扣税额的行为，属于让他人为自己虚开，主观上具有抵扣税额的目的，客观上实施了抵扣税额的行为，造成国家税额流失，构成虚开增值税专用发票罪，被告人巴某某设立长丰某能源科技有限公司主要从事虚开增值税发票的违法活动，应案个人犯罪追究其刑事责任。对公诉机关的该项指控，依法予以支持，被告人巴某某个人犯虚开增值税专用发票罪涉及虚开的税额按照人民币 333 312.98 元计算。被告人巴某某的辩护人关于巴某某循环虚开以及变名销售不构成犯罪的辩护意见，于法有据，依法予以采信。

综合上述案件事实，以及《最高人民法院研究室关于如何适用法发〔1996〕30 号司法解释数额标准问题的电话答复》关于虚开增值税专用发票犯罪数额较大调整为 50 万元以上的规定，依照《刑法》第二百零五条，第五十二条，第六十四条、第六十九条，第六十七条第三款，第七十二条，第七十三条第二、三款，《最高人民法院关于审理单位犯罪案件具体应用法律有关问题的解释》第二条之规定，判决如下：

一、被告单位东营凯龙石油化工有限公司犯虚开增值税专用发票罪，判处罚金人民币 20 万元。

（罚金于本判决生效之日起十日内缴纳。）

二、被告人巴某某（单位犯罪）犯虚开增值税专用发票罪，判处有期徒刑三年；犯虚开增值税专用发票罪，判处拘役六个月，并处罚金人民币10万元；决定执行有期徒刑三年，缓刑四年，并处罚金人民币10万元。

（缓刑考验期限，从判决确定之日起计算。罚金于本判决生效之日起十日内缴纳。）

三、对被告人巴某某抵扣的运输费税额333 312.98元，依法予以追缴。

如不服本判决，可在接到判决书的第二日起十日内，通过本院或者直接向安徽省合肥市中级人民法院提出上诉。书面上诉的，应当提交上诉状正本一份、副本三份。

### 2.4.3 “挂靠”方式情形下开具发票的行为

挂靠经营是一种较为普遍的方式，但其在涉票处理上，存在着一些不规范的地方。近年来，对于挂靠经营业务模式中的发票问题引起了很多的关注，也有一些新的理解。例如下面这则《最高人民法院研究室〈关于如何认定以“挂靠”有关公司名义实施经营活动并让有关公司为自己虚开增值税专用发票行为的性质〉征求意见的复函》：

公安部经济犯罪侦查局：

贵局《关于如何认定以“挂靠”有关公司名义实施经营活动并让有关公司为自己虚开增值税专用发票行为的性质的函》（公经财税〔2015〕40号）收悉，经研究，现提出如下意见：

一、挂靠方以挂靠形式向受票方实际销售货物，被挂靠方向受票方开具增值税专用发票的，不属于刑法第二百零五条规定的“虚开增值税专用发票”。

主要考虑：

（1）由挂靠方适用被挂靠方的经营资格进行经营活动，并向挂靠方支付挂靠费的经营方式在实践中客观存在，且带有一定普遍性。相关法律并未明确禁止以挂靠形式从事经营活动。

（2）虚开增值税专用发票罪是行政犯，对相关入罪要件的判断，应当依据、参照相关行政法规、部门规章等，而根据《国家税务总局关于纳税人对外开具增值税专用发票有关问题的公告》（国家税务总局公告2014年第39号），挂靠方以挂靠形式向受票方实际销售货物，被挂靠方向受票方开具增值税专用发票的，不属于虚开。

二、行为人利用他人的名义从事经营活动，并以他人名义开具增值税专用发票的，即便行为人与该他人之间不存在挂靠关系，但如行为人进行了实际的经营活动，主观上并无骗取抵扣税款的故意，客观上也未造成国家增值税款损失的，不宜认定为刑法第二百零五条条规定的“虚开增值税专用发票”；符合逃税罪等其他犯罪构成条件的，可以其他犯罪论处。

主要考虑：

（1）虚开增值税发票罪的危害实质在于通过虚开行为骗取抵扣税款，对于有实际交易存在的代开行为，如行为人主观上并无骗取的扣税款的故意，客观上未造成国家增值税款损失的，不宜以虚开增值税专用发票罪论处。虚开增值税专用发票罪的法定最高刑为无期徒刑，系严重犯罪，如将该罪理解为行为犯，只要虚开增值税专用发票，侵犯增值税专用发票管理秩序的，即构成犯罪并要判处重刑，也不符合罪刑责相适应原则。

（2）1996年10月17日《关于适用〈全国人民代表大会常务委员会关于惩治虚开、伪造和非法出售增值税专用发票犯罪的决定〉的若干问题的解释》虽然未被废止，但该解释制定于1997年刑法施行前，根据我院《最高人民法院关于认真学习宣传贯彻修订的〈中华人民共和国刑法〉的通知》（法发〔1997〕3号）第五条“修订的刑法实施后，对已明令废止的全国人大常委会有关决定和补充规定，最高人民法院原作出的有关司法解释不再适用，但是如果修订的刑法有关条文实质内容没有变化的，人民法院在刑事审判工作中，在没有新的司法解释前，可参照执行。其他对于与修订的刑法规定相抵触的司法解释，不再适用”的规定，应当根据现行刑法第二百零五条关于虚开增值税专用发票罪的规定，合理选择该解释中可以继续参照适用的条文。其中，该解释中关于"进行了实际经营活动，但让他人为自己代开增值税专用发票"也属于虚开的规定，与虚开增值税专用发票罪的规定不符，不应继续适用；如继续适用该解释的上述规定，则对于挂靠代开案件也要以犯罪论处，显然有失妥当。

（3）《刑事审判参考》曾刊登"芦才兴虚开抵扣税款发票案"。该案例提出，虚开可以用于抵扣税款的发票冲减营业额偷逃税款的行为。主观上明知所虚开的运输发票均不用于抵扣税款，客观上使用虚开发票冲减营业额的方法偷逃应纳税款，其行为不符合虚开用于抵扣税款发票罪的构成要件，属于偷税行为。2001 年福建省高级人民法院请示的泉州市松苑绵涤实业有限公司等虚开增值税专用发票案，被告单位不以抵扣税款为目的，而是为了显示公司实力以达到在与外商谈判中处于有利地位的目的而虚开增值税发票。我院答复认为该公司的行为不构成犯罪。

以上意见供参考。

这也是在法律界影响比较大的一个意见，具有广泛的影响力，所以现在很多的律师在进行辩护时，会特别考虑是否存在"挂靠"的行为。

不过，有实际发生的案例，以挂靠方式对外开具发票未被认定为虚开，但钱如何取出来，则可能又面临着发票的风险，因为被挂靠方收钱进来，挂靠方要取出钱来，这又是一个技术难题。比如中国裁判文书网中《周立新、邱登玉挪用资金罪一审刑事判决书》[（2017）新 2923 刑初 805 号] 中有委托其他单位投标在其后取款时出现虚开发票问题。内容摘录：

**专栏**

本院认为，虚开发票罪是指违反国家发票管理制度，虚开增值税专用发票或用于骗取出口退税、抵扣税款发票以外的其他发票的行为。主要表现为：为他人虚开、为自己虚开、让他人为自己虚开、介绍他人虚开发票的行为之一的，其犯罪主体为一般主体。本案被告人周立新没有实际劳务派遣业务，让他人为自己虚开48万元的劳务费发票用于公司做账，又指使被告人邱登玉从他人处虚开56万元的劳务费发票，用于公司做账。被告人周立新、邱登玉的行为触犯了《中华人民共和国刑法》第二百零五条之一的规定，已构成虚开发票罪。库车县人民检察院指控被告人周立新、邱登玉犯虚开发票罪事实清楚、指控罪名成立，本院予以支持。被告人邱登玉在共同犯罪中起次要辅助作用，系从犯，本院依法对其从轻处罚。

所以，若是要挂靠，由于所得税上并没有文件可以支持不作为被挂靠方的收入及所得，因此必须要通过成本扣减来支付处理，即需要通过票据进行入账处理，并不能直接抵减收入，这与虚开增值税专用发票罪中的理解方式存在差异，并没有给出突破路径。当然增值税上更需要被挂靠方进行计缴，所以有时候其增值税税负高的时候，就会要求扣下“税点”，甚至让挂靠方去想办法提供可抵扣的发票，这时若是处理不当，就可能产生涉嫌“虚开”的陷阱。

**情形一：供货人让他人代自己向购货人开具增值税专用发票。**

在本情形中，主要看合同关系与法律关系上的销售方是不是开具发票方，若是，同时开具发票方也是收款方或其指定第三方作为收款方、权利义务关系也是开票方时，这才能满足了“挂靠”的适用场景。如果相关证据表明合同是供货方与购买方签订的，发票却是第三方提供的，或者开票方供认其就是“卖票方”的，则就极可能认为是虚开行为。

在此类情形下，《最高人民法院关于适用〈全国人民代表大会常务委员会关于惩治虚开、伪造和非法出售增值税专用发票犯罪的决定〉的若干问题的解释》中的“进行了实际经营活动，但让他人为自己代开增值税专用发票”的情形，需要与时俱进地去理解了。

**情形二：购货人因供货人不能提供发票，让他人为自己开具发票。**

此时即使金额、数量一致，也因为是两次的法律行为，实质无关系，可以认为属于虚开，即让他人为自己虚开的行为。个案本判多属侥幸。

### 2.4.4　中间人介绍虚开增值税专用发票的行为

在刑法规定上，介绍他人虚开，也属于虚开增值税专用发票的行为，所以“做好人好事，切不要介绍虚开”。中国裁判文书网中有这样一则案例，《苑 × 英虚开增值税专用发票二审刑事裁定书》［北京市高级人民法院刑事裁定书（2018）京刑终 172 号］中提到：

**专栏**

北京市第一中级人民法院审理北京市人民检察院第一分院指控原审被告人苑 × 英犯虚开增值税专用发票罪一案，于 2018 年 6 月 29 日作出（2018）京 01 刑初 6 号刑事判决：被告人苑 × 英犯虚开增值税专用发票罪（单位），判处有期徒刑十二年；犯虚开增值税专用发票罪，判处有期徒刑十二年，剥夺政治权利三年，并处罚金人民币四十万元；决定执行有期徒刑十四年，剥夺政治权利三年，并处罚金人民币四十万元。

宣判后，原审被告人苑 × 英不服一审判决，向本院提出上诉。本院依法组成合议庭，经过阅卷，讯问上诉人苑 × 英并听取其辩护人的辩护意见，认为本案事实清楚，依法决定不开庭审理。本案现已审理终结。

北京市第一中级人民法院刑事判决认定：

2013 年至 2016 年间，被告人苑 × 英作为北京宇桥 ×× 科技发展有限公司（以下简称宇桥 ×× 公司）、北京中 ×× 达科技发展有限公司（以下简称中 ×× 达公司）、嘉 ×（北京）科技有限公司（以下简称嘉 × 科技公司）的兼职会计，在本单位与北京恒 ×× 源科技有限公司（以下简称恒 ×× 源公司）、恒 ×× 和（北京）商贸有限公司（以下简称恒 ×× 和公司）无实际业务往来的情况下，从恒 ×× 源公司、恒 ×× 和公司虚开增值税专用发票 272 张，税款合计人民币 1 345 万余元（以下币种均为人民币），案发前已抵扣税款 1 345 万余元。上述三家公司已补缴全部税款。

被告人苑 × 英在明知北京英 ×× 华智能科技有限公司（以下简称英 ××

华公司)、北京东方 ×× 科技发展有限公司(以下简称东方 ×× 公司)、北京森 ×× 信网络技术有限公司(后变更为北京东联 ×× 信息技术有限公司，以下分别简称森 ×× 信公司、东联 ×× 公司)、北京帕 ×× 科技有限公司(以下简称帕 ×× 公司)、北京思 ×× 医疗科技有限公司(以下简称思 ×× 公司)、北京天 ×× 科技发展有限公司(以下简称天 ×× 公司)、北京天 ×× 琪科技有限公司(以下简称天 ×× 琪公司)、北京中 ×× 通科技有限公司(以下简称中 ×× 通公司)等八家公司与恒 ×× 源公司、恒 ×× 和公司无真实业务的情况下，介绍上述公司从恒 ×× 源公司、恒 ×× 和公司虚开增值税专用发票405张，税款合计1 005万余元，案发前已抵扣税款1 000万余元。上述八家公司已补缴全部税款。

被告人苑 × 英作案后被查获归案。上述十三家公司均另案处理。

……

本院经审理认为，上诉人苑 × 英作为单位的其他直接责任人员，让他人为本单位虚开增值税专用发票，骗取国家税款，数额巨大，情节特别严重，其行为已构成虚开增值税专用发票罪；被告人苑 × 英介绍他人虚开增值税专用发票，骗取国家税款，数额巨大，情节特别严重，其行为亦构成虚开增值税专用发票罪。一审法院判决认定苑 × 英犯罪的事实清楚，证据确实、充分。上诉人苑 × 英及其辩护人均不否认苑 × 英作为单位的直接责任人员，让他人为本单位虚开增值税专用发票，骗取国家税款，以及苑 × 英介绍她人虚开增值税专用发票，骗取国家税款的行为，分别构成虚开增值税专用发票罪；上诉人苑 × 英及其辩护人仅对一审判决未认定苑 × 英属于自动到案，并如实供述犯罪事实的自首情节提出异议，本院认为，苑 × 英经民警电话传唤后，主动到指定地点配合调查，但到案后未如实供述其犯罪事实，故不符合自首的法律规定。故上诉人苑 × 英及其辩护人所提上诉理由和辩护意见均缺乏事实和法律依据，本院不予采纳。在二审审理期间，上诉人苑 × 英没有新的从轻、减轻处罚情节。

一审法院根据苑 × 英犯罪的事实、性质、情节和对于社会的危害程度，依法对其所作判决，事实清楚，证据确实、充分，定罪及适用法律正确，量刑适当，审判程序合法，应予维持。据此，本院依照《中华人民共和国刑事诉讼法》第二百二十五条第一款第（一）项之规定，裁定如下：

驳回苑 × 英的上诉，维持原判。

本裁定为终审裁定。

### 2.4.5　部分存在其他“救济情形”的可能

现实当中也存在一些特殊性的案例发生，比如因为取证不完整、不充分等情形下无法提起公诉。目前，老板们可以重点关注一下“合规整改不起诉”的政策与适用情形。

2021 年 6 月 3 日多部门联合发布的《关于建立涉案企业合规第三方监督评估机制的指导意见（试行）》提出：

专栏

**第一条**　涉案企业合规第三方监督评估机制（以下简称第三方机制），是指人民检察院在办理涉企犯罪案件时，对符合企业合规改革试点适用条件的，交由第三方监督评估机制管理委员会（以下简称第三方机制管委会）选任组成的第三方监督评估组织（以下简称第三方组织），对涉案企业的合规承诺进行调查、评估、监督和考察。考察结果作为人民检察院依法处理案件的重要参考。

**第二条**　第三方机制的建立和运行，应当遵循依法有序、公开公正、平等保护、标本兼治的原则。

**第三条**　第三方机制适用于公司、企业等市场主体在生产经营活动中涉及的经济犯罪、职务犯罪等案件，既包括公司、企业等实施的单位犯罪案件，也包括公司、企业实际控制人、经营管理人员、关键技术人员等实施的与生产经营活动密切相关的犯罪案件。

**第四条**　对于同时符合下列条件的涉企犯罪案件，试点地区人民检察院可以根据案件情况适用本指导意见：

（一）涉案企业、个人认罪认罚；

（二）涉案企业能够正常生产经营，承诺建立或者完善企业合规制度，具备启动第三方机制的基本条件；

（三）涉案企业自愿适用第三方机制。

**第五条** 对于具有下列情形之一的涉企犯罪案件，不适用企业合规试点以及第三方机制：

（一）个人为进行违法犯罪活动而设立公司、企业的；

（二）公司、企业设立后以实施犯罪为主要活动的；

（三）公司、企业人员盗用单位名义实施犯罪的；

（四）涉嫌危害国家安全犯罪、恐怖活动犯罪的；

（五）其他不宜适用的情形。

2021 年 6 月 3 日，最高人民检察院官网发布了《最高检发布企业合规改革试点典型案例》，其中涉及虚开发票的案例如下：

**案 例**

## 上海市 A 公司、B 公司、关某某虚开增值税专用发票案

### （一）基本案情

被告单位上海 A 医疗科技股份有限公司（以下简称 A 公司）、上海 B 科技有限公司（以下简称 B 公司），被告人关某某系 A、B 两家公司实际控制人。

2016 年至 2018 年间，关某某在经营 A 公司、B 公司业务期间，在无真实货物交易的情况下，通过他人介绍，采用支付开票费的方式，让他人为两家公司虚开增值税专用发票共 219 份，价税合计 2 887 余万元，其中税款 419 余万元已申报抵扣。2019 年 10 月，关某某到案后如实供述上述犯罪事实并补缴涉案税款。

2020 年 6 月，公安机关以 A 公司、B 公司、关某某涉嫌虚开增值税专用发票罪移送检察机关审查起诉。上海市宝山区检察院受理案件后，走访涉案

企业及有关方面了解情况，督促企业作出合规承诺并开展合规建设。

**（二）企业合规整改情况及处理结果**

检察机关走访涉案企业了解经营情况，并向当地政府了解其纳税及容纳就业情况。经调查，涉案企业系我国某技术领域的领军企业、上海市高新技术企业，科技实力雄厚，对地方经济发展和增进就业有很大贡献。公司管理人员及员工学历普遍较高，对合规管理的接受度高、执行力强，企业合规具有可行性，检察机关遂督促企业作出合规承诺并开展合规建设。同时，检察机关先后赴多地税务机关对企业提供的纳税材料及涉案税额补缴情况进行核实，并针对关某某在审查起诉阶段提出的立功线索自行补充侦查，认为其具有立功情节。

2020 年 11 月，检察机关以 A 公司、B 公司、关某某涉嫌虚开增值税专用发票罪对其提起公诉并适用认罪认罚从宽制度。12 月，上海市宝山区人民法院采纳检察机关全部量刑建议，以虚开增值税专用发票罪分别判处被告单位 A 公司罚金 15 万元，B 公司罚金 6 万元，被告人关某某有期徒刑三年，缓刑五年。

法院判决后，检察机关联合税务机关上门回访，发现涉案企业的合规建设仍需进一步完善，遂向其制发检察建议并公开宣告，建议进一步强化合法合规经营意识，严格业务监督流程，提升税收筹划和控制成本能力。检察机关在收到涉案企业对检察建议的回复后，又及时组织合规建设回头看。经了解，涉案企业已经逐步建立合规审计、内部调查、合规举报等有效合规制度，聘请专业人士进行税收筹划，大幅节约生产经营成本，提高市场占有份额。

**（三）典型意义**

一是检察机关推动企业合规与适用认罪认罚从宽制度相结合。本案中，检察机关在督促企业作出合规承诺并开展合规建设的同时，通过适用认罪认罚从宽制度，坚持和落实能不判实刑的提出判缓刑的量刑建议等司法政策，努力让企业“活下来”“留得住”“经营得好”，取得更好的司法办案效果。

二是检察机关推动企业合规与检察建议相结合。本案中，检察机关会同税务机关在回访过程中，发现涉案企业在预防违法犯罪方面制度不健全、不落实，管理不完善，存在违法犯罪隐患，需要及时消除的，结合合规整改情况，向涉案企业制发检察建议，推动其深化实化合规建设，避免合规整改走过场、流于形式。

再如，2021 年 12 月 16 日最高人民检察院官网《涉案企业合规第三方监管人座谈会举行》的报道中提到：

湖北黄石一民营企业涉嫌虚开增值税专用发票罪，案发后主动补缴税款。检察机关在办案中对企业启动合规监管，促令企业合规整改，健全财税管理等制度，经第三方组织评估予以充分肯定，遂依法作出不起诉决定。该企业不仅没有垮掉、一走了之，还在当地扩大投资超亿元，促进当地就业 130 多人。

2020 年 5 月 24 日，最高人民检察院官网转载检察日报的文章《排解民企“成长的烦恼”——检察机关用法治手段服务保障民营经济发展》中提到：

**案 例**

一次虚开发票，让王某和符某悔恨不已。作为一家民营企业负责人，王某为了抵扣税款，通过符某介绍，从他人处虚开增值税专用发票 10 张，税额共计 9 万余元。最终案发，2019 年 12 月 20 日，案件被移送检察机关审查起诉。

正担心企业今后何去何从时，检察机关于 2020 年 2 月 7 日，依法对二人作出不起诉决定。

这一决定的背后有着最温暖人心的司法政策。习近平总书记曾深刻指出，“法治是最好的营商环境”。最高人民检察院深入学习贯彻习近平总书记重要指示精神，要求各级检察机关依法妥善办理涉民营经济案件，对涉案民营企业负责人慎捕慎诉。

这一司法政策在该案得到很好的诠释。原来，检察机关在调查中了解到，案发后，王某、符某全额补缴了税款，且王某经营的物流公司是新冠肺炎疫情发生后当地为数不多可以复工的物流企业，并承接了多笔防疫物资运送业务。为保障防疫物资和民生用品物流畅通，浙江省湖州市吴兴区检察院落实宽严相济刑事政策，积极适用认罪认罚从宽制度，综合考虑王某、符某的主观恶性、犯罪数额和涉案税款全额补缴的客观实际，作出不起诉决定。

回到企业后，王某主动向当地慈善机构和乡政府捐款捐物，以极大的热情和诚意为疫情防控期间开展防疫物资和民生用品运输贡献力量。

……

重庆市检察机关主动加强与公安机关沟通，经过紧密协商，两家进一步统一执法理念、政策标准，对确有必要继续侦查的案件，检察机关加强提前介入引导侦查取证，共同推进案件办理；对不具备侦查条件和价值的案件，一律不再“疑案从挂”。

重庆市江津区有一家生产经营通用机械零配件的公司，2008年至2009年期间，该公司采购员白某采购钢材后，向公司提供了重庆市万里钢铁有限公司（化名）开具的增值税专用发票合计34张，该公司将这些增值税专用发票用于抵扣税款60余万元。2012年5月，该公司在财务自查中发现上述发票载明的部分材料与万里钢铁有限公司生产的材料不相符合，存在增值税发票系虚开的情形，遂于2012年5月28日向税务部门补缴了税款。

2012年6月17日，公安机关对该公司以涉嫌虚开增值税专用发票罪立案侦查。同年8月20日，对公司法定代表人采取监视居住强制措施。

此后，公安机关未再进一步侦查取证，未移送审查起诉，监视居住期限届满后也未及时予以解除。

“在专项清理工作中，我们发现了该案，调查后认为，嫌疑人虽然实施了虚开增值税专用发票的行为，但主观上不具有偷骗税款的目的，客观上亦未实际造成国家税收损失，其行为不符合刑法规定的虚开增值税专用发票罪的犯罪构成。”该案承办检察官、重庆市江津区检察院第二检察部主任王安胜告诉记者，2019年12月24日，该院向公安机关发出《要求说明立案理由通知书》，并针对未及时解除强制措施，发出《纠正违法通知书》。

收到通知后，公安机关于2019年12月30日将该案撤销，并对公司法定代表人解除监视居住强制措施。一件历时7年久侦不决的案子终于尘埃落定。

“由于这件案子，之前银行贷款我们都无法办理，现在好了，贷款也办下来了，企业资金缺口也解决了，虽然疫情影响了企业发展，但是对我们的影响很小，我们现在发展还是很好的。”在与该公司法定代表人对话时，透过她的笑声都能感受到喜悦和希望。

2018 年 6 月 6 日，齐鲁网报道了《山东省高级人民法院依法服务保障新旧动能转换重大工程十大典型案例》，其中有这样的内容：

案 例

## 一、崔某某虚开用于抵扣税款发票再审改判无罪案

### （一）基本案情

崔某某经营的运输车队在山东某新型面料公司内部设立。2010 年起，崔某某每年与面料公司签订货物运输承揽合同，负责面料公司的货物运送。因与面料公司结算运费需运输发票，崔某某遂在当地地税局开具运输发票提供给面料公司，开票税率为 5.8%。后崔某某得知沂源某物流公司可以低于地税局的税率开具运输发票，遂于 2010 年 6 月至 2011 年 3 月，陆续在该公司开具票面金额共计为 1 608 270 元的运输发票，崔某某向该公司按 4.6% 税率交纳开票费。崔某某将这些运输发票交与面料公司用于结算运费，面料公司用上述发票抵扣了 112 578.9 元税款（按运费金额的 7% 扣除率计算进项税额抵扣）。面料公司与沂源某物流公司之间没有实际业务往来。2014 年 12 月 11 日，检察院以崔某某涉嫌犯虚开用于抵扣税款发票罪向人民法院提起公诉。

### （二）裁判结果

一审法院认为，被告人崔某某在与沂源某物流公司无实际运输业务的情况下，多次让该公司为自己开具用于抵扣税款的运输发票，致使国家税款 11 万余元被非法抵扣，造成税款流失。虽进行了实际经营活动，但让他人为自己或他人虚开用于抵扣税款发票，其行为已构成虚开用于抵扣税款发票罪，应当追究刑事责任。最终以崔某某犯虚开用于抵扣税款发票罪，判处有期徒刑三年，缓刑三年，并处罚金人民币五万元；对被告人崔某某非法抵扣税款，

依法予以追缴。

二审法院认为，上诉人崔某某在无真实货物交易的情况下，虚开用于抵扣税款的运输发票，虚开税款数额较大，其行为已构成虚开用于抵扣税款发票罪。崔某某虽与他人进行了实际运输经营活动，但其与沂源某物流公司无实际运输业务，在此情况下，多次让沂源某物流公司为其开具用于抵扣税款的运输发票，致使国家税款被非法抵扣，其行为已构成虚开用于抵扣税款发票罪。裁定驳回崔某某上诉，维持原判。

经山东省高级人民法院指令再审，青岛市中级人民法院再审认为，虚开用于抵扣税款发票是指以骗取抵扣税款为目的，并实施为他人虚开、为自己虚开、让他人为自己虚开、介绍他人虚开的行为。对虚开用于抵扣税款发票的理解和认定，应当适用《中华人民共和国刑法》的有关规定。根据刑法的具体规定，具有骗取抵扣税款的故意应当是认定此类犯罪的构罪要件之一。最高人民法院研究室《〈关于如何认定以“挂靠”有关公司名义实施经营活动并让有关公司为自己虚开增值税专用发票行为的性质〉征求意见的复函》（法研〔2015〕58号）进一步明确“行为人利用他人的名义从事经营活动，并以他人名义开具增值税专用发票的，即便行为人与该他人之间不存在挂靠关系，但如行为人进行了实际的经营活动，主观上并无骗取抵扣税款的故意，客观上也未造成国家增值税款损失的，不宜认定为刑法第二百零五条规定的‘虚开增值税专用发票’”。本案中，没有证据证明崔某某有骗取抵扣税款或帮助他人骗取抵扣税款的故意，仅以崔某某找其他公司代开发票的行为不能认定其构成此类犯罪。至于检察机关认为崔某某到税率低的公司开具发票的行为可能造成税款流失的问题，该可能流失的税款并非指本案应涉及的抵扣税款，且该数额不大。青岛市中级人民法院再审据此认定崔某某犯虚开用于抵扣税款发票罪的事实不清、证据不足，改判被告人崔某某无罪。

### （三）典型意义：严格区分罪与非罪的界限，坚决防止刑事手段干预正常经济活动

党的十八大以来，以习近平同志为核心的党中央高度重视产权保护和企业家权益保护工作。党的十九大要求激发和保护企业家精神。人民法院作为

司法机关，就要依法担负起保护企业家合法权益的职责，切实增强企业家人身及财产安全感，让企业家安心经营、放心投资、专心创业。具体到审判实践中，就要坚持罪刑法定原则，对企业家的生产、经营等活动，只要不违反刑事法律规定，不得以犯罪论处。本案涉及虚开用于抵扣税款发票罪的认定问题。实践中应严格区分“代开”与“虚开”两类行为，并严格认定被告人是否具有以骗取税款为目的。被告人崔某某有实际经营活动，仅系找他人代开发票，并用于企业的正常抵扣税款，无证据证明其有骗取税款目的，也无证据证明达到犯罪数额标准，不应认定构成犯罪。再审判决没有拘泥于机械理解和适用法律法规，而是通过对法律背后法理的深刻分析及对最高人民法院指导意见和指导案例的深入解读，权衡多方利益，正确适用法律原则，充分发挥了审判监督程序职能作用，依法改判被告人无罪，保护了当事人合法权益，保障了企业的正常生产活动，取得了良好法律效果和社会效果。

实践中出现的这些有代表性的案例、意见或引导性文章，让我们的认识有了很多转变，更让我们在处理虚开增值税专用发票罪时重新考虑更多的因素、前提与结果等，从而能基于罪刑相当原则，从有利于发展的角度来处理此类涉税案件。

## 2.5 本章小结

这一章我们初步探讨了开具或取得发票情形下可能面临的一系列法律责任的问题、情形，以及带来的刑事或与行政责任后果，老板们应对此有所敬畏，特别是虚开增值税专用发票罪最高至无期徒刑的惩罚规定更应明确于心，远离此类风险，别稀里糊涂地触犯了刑律，“一失足成千古恨”，甚至“家破身困”的地步。

当然，对于故意骗取国家税款、给国家税款带来损失的不法分子，重拳打击，保持高压，维持发票与税收的基本运行秩序，确实很有必要。由于我们赋予发票的“税收功能与作用”，不可避免地产生漏洞与被利用的地方，以发票作为税收管理中的“抓手”，现实当中缺乏对企业与个人资金这条线的全流程管理，或许未来数字货币大规模使用之后，才会产生根本性的变化。毕竟发票是浮于业务层面上的形式票据，当发现问题，暴露出来风险时，往往是形成结果了。日常出现的异常凭证等要求转出的处理，也是基于业务链条的牵制之力，去打压与牵制存在的虚开行为。所以，对于发票所带来的风险，需时时警惕，保持威慑之力，这与它本身被赋予的价值与功能是分不开的。

### 2.5.1　虚开发票责任风险是没有“回头路”的风险

纳税人偷逃税款的行为中有“以罚代刑”的机会，但虚开发票的刑事之责，却没有！

在上面的内容中，我们有讨论偷逃税款由行政责任转刑事追责过程当中的“阻却事由[1]”，即给自己一次自我救赎的机会，补缴了税款、滞纳金及罚款之后，在特定条件下可以免除追究刑事责任，这是《刑法》中明确规定的。

但对涉嫌虚开增值税专用发票罪的情形下，却并没有这样的阻却事由，即使没有抵扣税款，或者是补缴了相应的税款及滞纳金的情形下，达到追责标准的，也是可能被追究刑事责任的。不过本章也有分析，此时要考虑是不是对国家税款造成了损失、其主观目的是不是骗取出口退税款、抵扣税款，并结合产生危害国家税收的结果综合来考虑。对此，以往单纯以行为论进行单一判定的情形已大有改观。

但不管如何，这是执行当中的理解与操作，可能存在不同的理解，比如法官的理解与纳税人（或老板）及其代理律师的理解就可能不同，即使可以再进行上诉等处理，也是需要成本与程序要求的，况且推翻的难度也很大。

---

[1]　在刑法理论上，犯罪阻却事由通常是指某种行为虽然在客观上具备了刑法对某一犯罪规定的行为形式，但其行为实质是有利于社会利益，因而不具有社会危害性，或者行为人在主观上缺乏罪过内容，因而不具有主观危险性，因此根据刑法的明确规定，阻却其犯罪成立的情形。

另外，对于虚开增值税普通发票，本章讨论比较少，其主要目的是抵减成本费用，进行企业所得税税前的扣除，个别情形下是为了抵减部分适用增值税差额计税的业务，还有逃避个人所得税的目的。

《刑法》规定：

**第二百零五条之一** 【虚开发票罪】虚开本法第二百零五条规定以外的其他发票，情节严重的，处二年以下有期徒刑、拘役或者管制，并处罚金；情节特别严重的，处二年以上七年以下有期徒刑，并处罚金。

单位犯前款罪的，对单位判处罚金，并对其直接负责的主管人员和其他直接责任人员，依照前款的规定处罚。

关于虚开普通发票的情形，实务当中大家并没有关注其为行为犯与结果犯之类的事项，从此条的规定来看，主要是要理解情节严重的情形，因为本身虚开普通发票所带来的税收影响会比较复杂，不像抵扣、骗税那样直接，所以在没有特别规定的时候，以行为来判断可能更为符合当前的条款之意（法意）。若还要去查证造成多少所得税的少缴，恐怕一个案件的判决将可能变得遥遥无期或争议事项颇多。在一些裁判实践中来看，因为虚开专用发票罪目的结果犯的广泛认可，因而在辩护中可能有一些突破点。但是，虚开普通发票只有数量、金额的追诉标准并没有目的结果犯的观点，一定程度上虚开普通发票更容易入罪。

由于普通发票与相应要达到的税收结果有牵连性，所以若发生逃税罪与虚开发票罪时，则会产生竞合的关系，此时宜择一重罪而处理。当然，若纳税人自行补缴了税款，不代表就不能追究虚开发票罪了，因为行为本身是发生的，此时由于没有竞合关系的存在前提了，自然是可以追究虚开发票罪的。

中国裁判文书网中《林某、张某虚开发票罪二审刑事裁定书》［重庆市第五中级人民法院刑事裁定书（2013）渝五中法刑终字第 438 号］中提到：

专栏

原审判决认为，被告人张某为了偷逃税款，要求被告人林某为其虚开票面金额750余万元的发票，被告人林某在没有销售商品或者没有提供服务的情况下，为张某虚开票面金额880余万元的发票，其行为均已构成虚开发票罪，且均属情节特别严重。林某到案后如实供述自己的主要罪行，依法予以从轻处罚。张某接到公安机关的口头通知后，主动到公安机关接受调查并如实供述自己的全部犯罪事实，系自首，积极协助公安机关抓获被告人林某，系立功，依法予以减轻处罚。鉴于被告人张某及时补缴税款和滞纳金，确有悔罪表现，没有再犯罪的危险，适用缓刑对所居住的社区没有重大不良影响，酌情予以从轻处罚并适用缓刑。2012年6月19日前被告人林某为张某虚开发票的违法所得人民币16 900元应予以追缴，2012年6月19日被告人林某被公安机关扣押的人民币2 500元系张某为配合公安机关抓获林某而垫付的资金，应发还被告人张某。依照《中华人民共和国刑法》第二百零五条之一第一款、第五十二条、第五十三条、第六十七条第一款、第三款、第六十八条、第六十三条第一款、第七十二条第一款、第三款、第七十三条第二款、第三款、第六十四条、《最高人民法院关于处理自首和立功具体应用法律若干问题的解释》第一条、第三条、第五条之规定，判决：一、被告人林某犯虚开发票罪，判处有期徒刑二年，并处罚金50 000元；二、被告人张某犯虚开发票罪，判处有期徒刑一年，缓刑二年，并处罚金30 000元；三、继续追缴被告人林某的违法所得16 900元，扣押在案的2 500元发还被告人张某。

上诉人林某及其辩护人提出，一审法院定性不准，林某的行为应当以出售非法制造的发票定罪处罚，且林某系从犯，请求二审法院减轻处罚。

上诉人张某及其辩护人提出，一审法院定性错误，适用法律不当，请求二审法院宣告张某无罪。

重庆市人民检察院第五分院提出，一审法院认定的事实清楚，证据确实充分，适用法律正确，量刑适当，审判程序合法，上诉人林某、张某的上诉理由不能成立，建议驳回上诉，维持原判。

经二审审理查明的事实和证据与一审相同。且二上诉人及其辩护人在二审中没有提供新的证据，本院对一审判决认定的事实和证据予以确认。

本院认为，上诉人张某在没有销售商品或者没有提供服务的情况下，要求上诉人林某为其虚开发票，其中张某要求他人为自己虚开发票金额750余万元，林某为他人虚开发票金额880余万元，二上诉人的行为均构成虚开发票罪，且情节特别严重，依法应予惩处。林某归案后如实供述了自己的犯罪事实，系坦白认罪，依法对其从轻处罚。张某接到公安机关的口头通知后，主动到公安机关接受调查并如实供述自己的全部犯罪事实，系自首，且积极协助公安机关抓获同案人，具有立功表现，依法对其减轻处罚。根据张某的犯罪事实、情节，以及及时补缴税款和滞纳金的悔罪表现，且没有再犯罪的危险，适用缓刑对所居住的社区也没有重大不良影响，依法对张某宣告缓刑。对于上诉人林某及其辩护人提出，一审法院定性不准，林某的行为应当以出售非法制造的发票定罪处罚，且林某系从犯，请求二审法院减轻处罚的辩解、辩护意见，经查，张某通过林某分发的“代开发票”的卡片，要求林某为其虚开发票，并商定按照发票总金额的0.3%收取费用。林某遂按照张某提供的购货单位、货物名称、单价和数量为张某开具了增值税普通发票37张，票面价税金额880余万元，由此可见，林某主观上系明知没有真实交易而为他人虚开发票，客观上也实施了为他人虚开发票的行为，其行为符合虚开发票罪的构成要件。虚开发票罪与出售非法制造的发票罪的主要区别不在于发票是否是真实的，而在于行为人是否实施了为他人虚开发票的行为。对于林某是否系从犯的意见，经查，从本案的证据来看，并没有证实林某与他人系共同犯罪，更没有充分的证据证实林某系从犯的事实，故林某及其辩护人的上述意见不能成立，不予采纳。对于上诉人张某及其辩护人提出，张某因逃税而让他人虚开发票，其行为属逃税罪与虚开发票罪的牵连犯罪，应当择一重罪，即逃税罪处罚，但张某在法定期限内补缴了应纳税款，缴纳了滞纳金，被行政机关免予行政处罚，按照相关法律规定对其逃税罪不予追究，且虚开发票罪的发票应是真实的发票，故一审法院认定张某犯虚开发票罪定性错误，适用法律不当，请求二审法院宣告张某无罪的辩解、辩护意见，审理认为，张某采取虚开发票的手段偷逃税款，其行为触犯了虚开发票罪和逃税罪，二罪属于牵连犯罪，依法应择一重罪处罚，即按逃税罪处罚。但不处罚轻罪并非否定了轻罪的犯罪性质和刑法处罚性。由于张某在法定期限内补缴了应纳税款和滞纳金后被免于行政处罚，按照相关法律规定不予追究其逃税罪的刑事责任，因而本案对张某的行为构成逃税罪和虚开发票罪的牵连犯罪附条件不处罚轻罪的条件已不成立，一审法院以虚开发票罪追究张某的刑事责任，定性准确，适用法律正确，故张某及其辩护人的上述意见不能成立，不予采纳。

综上，一审判决认定事实清楚，证据确实充分，适用法律正确，量刑适当，审判程序合法。出庭履行职务的检察员建议驳回上诉，维持原判的意见正确，予以支持。依照《中华人民共和国刑事诉讼法》第二百二十五条第（一）项之规定，裁定如下：

驳回上诉，维持原判。

本裁定为终审裁定。

### 2.5.2　善意取得发票情形的探讨

对于善意取得发票，多有专家、税务干部认为当前技术情景下适用“善意”的可能性并不大，也不多，那是在手工填开纸质发票的时期才会发生的，现在多数情形下是有主观故意性的，基本不存在善意处理的适用场景。但笔者认为，既然是一种情形，当相应的证据无法来支持非善意之时，就宜允许作为这类情形来处理，甚至在某些特定情形下，当处于“不善不恶”之时，也是可能的。

《国家税务总局关于纳税人善意取得虚开的增值税专用发票处理问题的通知》（国税发〔2000〕187 号）规定：

购货方与销售方存在真实的交易，销售方使用的是其所在省（自治区、直辖市和计划单列市）的专用发票，专用发票注明的销售方名称、印章、货物数量、金额及税额等全部内容与实际相符，且没有证据表明购货方知道销售方提供的专用发票是以非法手段获得的，对购货方不以偷税或者骗取出口退税论处。但应按有关规定不予抵扣进项税款或者不予出口退税；购货方已经抵扣的进项税款或者取得的出口退税，应依法追缴。

购货方能够重新从销售方取得防伪税控系统开出的合法、有效专用发票的，或者取得手工开出的合法、有效专用发票且取得了销售方所在地税务机关已经或者正在依法对销售方虚开专用发票行为进行查处证据的，购货方所在地税务机关应依法准予抵扣进项税款或者出口退税。

如有证据表明购货方在进项税款得到抵扣，或者获得出口退税前知道该专用发票是销售方以非法手段获得的，对购货方应按《国家税务总局关于纳税人取得虚开的增值税专用发票处理问题的通知》（国税发〔1997〕134号）和《国家税务总局关于国家税务总局关于纳税人取得虚开的增值税专用发票处理问题的通知的补充通知》（国税发〔2000〕182号）的规定处理。

**《国家税务总局关于纳税人善意取得虚开增值税专用发票已抵扣税款加收滞纳金问题的批复》（国税函〔2007〕1240号）在回复广东省国家税务局时，明确如下：**

你局《关于纳税人善意取得增值税专用发票和其他抵扣凭证追缴税款是否加收滞纳金的请示》（粤国税发〔2007〕188号）收悉。经研究，批复如下：

根据《国家税务总局关于纳税人善意取得虚开的增值税专用发票处理问题的通知》（国税发〔2000〕187号）规定，纳税人善意取得虚开的增值税专用发票指购货方与销售方存在真实交易，且购货方不知取得的增值税专用发票是以非法手段获得的。纳税人善意取得虚开的增值税专用发票，如能重新取得合法、有效的专用发票，准许其抵扣进项税款；如不能重新取得合法、有效的专用发票，不准其抵扣进项税款或追缴其已抵扣的进项税款。

纳税人善意取得虚开的增值税专用发票被依法追缴已抵扣税款的，不属于税收征收管理法第三十二条“纳税人未按照规定期限缴纳税款”的情形，不适用该条“税务机关除责令限期缴纳外，从滞纳税款之日起，按日加收滞纳税款万分之五的滞纳金”的规定。

要注意，善意的情形下，也是要补缴税款的，只是不罚滞纳金，这当然也是多数纳税人面临补税时想去争取的结果。

## 案例

张三投资的宏大公司，有一天来了一位推销办公用品的人，是张三在某次的“酒局”上认识的，推销说批量购买办公用品便宜，而且开专用发票。于是张三就一下子买了5万元的办公用品，对方提供了专用发票，进行了抵扣。结果过了半年，主管税务机关通知张三，开票方走逃，需要对发票进行查验，并要求作进项税额转出，张三此时咋办呢？

**分析：**一般朋友之间的生意，对于小企业来讲，还是比较多的，这也符合人之常情，此时作为善意之举，也不为过。只是由于熟人经济被滥用之后，相信的人就少了。就像“狼来了”，说得次数多了，就向恶意方向转化了，相信的人少了。很多税务争议的处理，当纳税人进行解释时，往往认为税务人员不近人情，其实是没有换位思考。很多时候，风险的防范不能百分之百地寄望于税务机关的征管保障或者“金税四期”的威力，需要老板提升风险敏感度，不要过于“义气”地将朋友之谊置于经营业务中，老板需要财务出来当“挡箭牌”时就该果断“出手”。

现在对于异常凭证的处理，在要求下游企业作转出之时，也给予了纳税人相应的申请核实的权利。

《国家税务总局关于异常增值税扣税凭证管理等有关事项的公告》（国家税务总局公告2019年第38号）规定：

现将异常增值税扣税凭证（以下简称“异常凭证”）管理等有关事项公告如下：

一、符合下列情形之一的增值税专用发票，列入异常凭证范围：

（一）纳税人丢失、被盗税控专用设备中未开具或已开具未上传的增值税专用发票；

（二）非正常户纳税人未向税务机关申报或未按规定缴纳税款的增值税专用发票；

（三）增值税发票管理系统稽核比对发现“比对不符”“缺联”“作废”的增值税专用发票；

（四）经税务总局、省税务局大数据分析发现，纳税人开具的增值税专用发票存在涉嫌虚开、未按规定缴纳消费税等情形的；

（五）属于《国家税务总局关于走逃（失联）企业开具增值税专用发票认定处理有关问题的公告》（国家税务总局公告2016年第76号）第二条第（一）项规定情形的增值税专用发票。

二、增值税一般纳税人申报抵扣异常凭证，同时符合下列情形的，其对应开具的增值税专用发票列入异常凭证范围：

（一）异常凭证进项税额累计占同期全部增值税专用发票进项税额70%（含）以上的；

（二）异常凭证进项税额累计超过5万元的。

纳税人尚未申报抵扣、尚未申报出口退税或已作进项税额转出的异常凭证，其涉及的进项税额不计入异常凭证进项税额的计算。

三、增值税一般纳税人取得的增值税专用发票列入异常凭证范围的，应按照以下规定处理：

（一）尚未申报抵扣增值税进项税额的，暂不允许抵扣。已经申报抵扣增值税进项税额的，除另有规定外，一律作进项税额转出处理。

（二）尚未申报出口退税或者已申报但尚未办理出口退税的，除另有规定外，暂不允许办理出口退税。适用增值税免抵退税办法的纳税人已经办理出口退税的，应根据列入异常凭证范围的增值税专用发票上注明的增值税额作进项税额转出处理；适用增值税免退税办法的纳税人已经办理出口退税的，税务机关应按照现行规定对列入异常凭证范围的增值税专用发票对应的已退税款追回。

纳税人因骗取出口退税停止出口退（免）税期间取得的增值税专用发票列入

异常凭证范围的，按照本条第（一）项规定执行。

（三）消费税纳税人以外购或委托加工收回的已税消费品为原料连续生产应税消费品，尚未申报扣除原料已纳消费税税款的，暂不允许抵扣；已经申报抵扣的，冲减当期允许抵扣的消费税税款，当期不足冲减的应当补缴税款。

（四）纳税信用A级纳税人取得异常凭证且已经申报抵扣增值税、办理出口退税或抵扣消费税的，可以自接到税务机关通知之日起10个工作日内，向主管税务机关提出核实申请。经税务机关核实，符合现行增值税进项税额抵扣、出口退税或消费税抵扣相关规定的，可不作进项税额转出、追回已退税款、冲减当期允许抵扣的消费税税款等处理。纳税人逾期未提出核实申请的，应于期满后按照本条第（一）项、第（二）项、第（三）项规定作相关处理。

（五）纳税人对税务机关认定的异常凭证存有异议，可以向主管税务机关提出核实申请。经税务机关核实，符合现行增值税进项税额抵扣或出口退税相关规定的，纳税人可继续申报抵扣或者重新申报出口退税；符合消费税抵扣规定且已缴纳消费税税款的，纳税人可继续申报抵扣消费税税款。

**关于善意的认定处理，最高人民法院有下面一则案例供大家参考，来自于中国裁判文书网：**

你们因方刚虚开增值税专用发票一案，不服河南省三门峡市中级人民法院（2015）三刑终字第00155号刑事判决、（2018）豫12刑申4号驳回申诉通知和河南省高级人民法院（2018）豫刑申600号驳回申诉通知。以方刚及深圳市民创建实业有限公司（以下简称民创建公司）没有虚开增值税专用发票的违法犯罪行为，本案以税务机关向公安机关“举报”方式进入司法程序违法等为由，向本院提出申诉。同时，提交深圳市国家税务局第三稽查局三稽处〔2016〕14号税务处理决定书复印件等证据欲支持你们的申诉理由。

本院经审查认为，原审生效裁判认定方刚犯虚开增值税专用发票罪的事实清楚，证据确实、充分，定罪准确，主刑量刑适当。审判程序合法。

关于你们所提方刚及民创建公司没有虚开增值税专用发票违法犯罪行为的申诉理由。经查，原审被告人陈钢御和方刚的供述证实，方刚明知陈钢御与民创建公司的表面处理剂实际交易情况，仍要求并接受陈钢御通过天一公司开具多于实际交易金额的增值税专用发票。银行账户交易记录、税务机关出具的天一公司开票明细表以及河南弘宇联合会计师事务所弘宇会专审字（2013）第022号司法会计鉴定报告等证据亦印证了上述事实。全案证据已形成证据锁链，足以认定。方刚作为民创建公司的负责人，要求天一公司为民创建公司虚开超过实际交易金额的增值税专用发票的行为，已构成虚开增值税专用发票罪。故你们的该申诉理由不能成立。

关于你们所提本案以税务机关向公安机关“举报”方式进入司法程序违法的申诉理由。经查，税务机关在稽查过程中发现天一公司存在虚开增值税专用发票的犯罪嫌疑，并将情况及线索一并移送公安机关立案侦查，符合法律规定。故你们的该申诉理由不能成立。

同时，你们提交的深圳市国家税务局第三稽查局三稽处〔2016〕14号税务处理决定书复印件等证据，不足以支持你们的申诉理由。该税务处理决定书复印件显示，深圳市税务稽查机关认为，民创建公司于2008年12月至2012年6月取得的由天一公司开具的881份增值税专用发票已被证实为虚开发票，上述发票涉及税额1 475.522 907万元；民创建公司取得上述发票的行为符合《国家税务总局关于纳税人善意取得虚开的增值税专用发票处理问题的通知》（国税发〔2000〕187号）的规定，属于善意取得虚开发票。经查，根据《国家税务总局关于纳税人善意取得虚开的增值税专用发票处理问题的通知》的规定，纳税人善意取得虚开的增值税专用发票是指购货方与销售方存在真实交易，且购货方不知取得的增值税专用发票是销售方以非法手段获得的情形。本案中，天一公司为民创建公司共开具893份增值税专用发票。根据陈钢御和方刚的供述，大部分增值税专用发票确因民创建公司与陈钢御之间的真实交易而开具。虽然民创建公司的交易对象并非天一公司，陈钢御亦非天一公司员工，但鉴于方刚始终供称其认为陈钢御为天一公司员工，故原审生效裁判并未将陈钢御与民创建公司之间存在真实交易、但由陈钢御居间介绍天一公司开具的增值税专用发票的金额，计入方刚虚开增值税专用发票的犯罪数额。然而，陈钢御与方刚在侦查阶段均供认，天一公司为民创建公司开具的全部增值税专用发票中，有一部分系陈钢御与民创建公司未发生实际交易而虚开，陈钢御供称金额达 1 000 多万元，方刚供称金额为 200 万元左右。该部分多开的发票，不符合前述国家税务总局相关文件规定的纳税人善意取得虚开增值税专用发票的情形，应认定为方刚的犯罪数额。原审生效裁判就低认定天一公司为民创建公司虚开增值税专用发票的金额为 200 万元，已体现了有利于被告人的原则。

综上，你们的申诉不符合《中华人民共和国刑事诉讼法》第二百五十三条规定的应当重新审判的情形，予以驳回。

不过，部分纳税人在面临这种情形时，往往内心会抵触："上游出现的问题，为何让我来承担！"有部分诉讼案例的发生，认为税务机关要求的处理"侵害"了纳税人的税收利益，但基本上全部给驳回了，其认为相关的税务机关的内部流转凭证，与纳税人没有直接的关联度，并不与纳税人产生权利义务关系。但事实上，它确实影响到了纳税人的转出，不管这种转出是以通知书还是以口头告知的方式进行处理的，税收的征管与法律的权利义务关系，还没有达成有效的协同。关于这一点，或许我们要站在更高的层级来思考这个问题了，至少要有一些更人性化的措施来维护纳税人的权利。但愿税务机关能通过一些更为及时有效的手段，一方面能及时发现问题，另一方面及时让下游纳税人知晓风险，完善程序工作，若纳税人只能被动承担因上游"出事"背负补税的结果，确是无奈之事，也不利于法制化的统筹考虑。

### 2.5.3　上游"走逃（失联）"未缴税，下游企业是否"连坐"担责

如上所述，一般而言，上游走逃（失联）情形下专用发票会形成异常凭证，或者经认定后形成已证实虚开的处理，推送到下游企业的主管税务机关

时，就极可能被主管税务机关要求作转出处理。这是在征管层面处理的，严重者被稽查局立案检查，进行全方面的稽查。

## 案 例

张三所投资的企业与某国有企业做了一起煤炭销售的生意，业务是真实的，但是张三买进来的煤炭却是无票的，对方不提供发票。张三为了少缴增值税，就找到某商贸类的企业“虚开”了对应的增值税专用发票用于抵扣，其听闻“有货交易不算虚开”，殊不知，这类情形下，对方也不是“傻子”，比如其用7%的税点买了13%税率的专用发票用于抵扣，明显是为了少缴税款，带来国家税款的损失，这类情形下是无解的。结果开票方现在出现问题了，张三的下游企业的主管税务机关也预收到了相应的风险点，要求这家下游企业作出说明，在未说明之前不再给这家国有企业批发票使用，下游国有企业也没有办法，又来找张三，让其去这家国有企业的主管税务机关进行沟通处理。张三想去“做工作”，问题是，这也不是你可以对接的工作啊。或许，这就是在风险即将发生的时刻了。

**分析：**对于异常凭证的处理，税务机关有可能会以不提供发票作为牵制手段，那么这种处理是不是违规的操作呢？《税收征收管理法》规定：

**第七十二条** 从事生产、经营的纳税人、扣缴义务人有本法规定的税收违法行为，拒不接受税务机关处理的，税务机关可以收缴其发票或者停止向其发售发票。

所以，这种操作方式，也是一种促其遵循的方法，停票往往也是纳税人的“软肋”。

## 案 例

某地企业采购了3 000余万元的货物，结果因开具发票方被查虚开案，对方的主管税务机关将数年来的发票一律标识为异常，采购方认为自己的采购是真实的，于是跟主管税务机关沟通不作转出处理。结果主管税务机关也没有办法，毕竟系统中出现这样的情形，没有特别强的证据之下，是要转出的，自己也没有办法消除异常。于是该企业的财务负责人跟到销售方的税务机关处进行沟通、申诉，让其消除异常标识，听闻最终结果可能真是达成了。

### 2.5.4　涉嫌虚开专用发票与虚开发票罪的定罪量刑标准

虚开发票会承担相应的法律后果、相应的法律责任，上面我们讨论了行政责任与刑事责任，但并不是所有的情形均需同时担责，特别是对于刑事责任的追究，需要达到一定的标准。

**（1）虚开增值税专用发票罪的量刑标准**

**专栏　最高人民法院关于虚开增值税专用发票定罪量刑标准有关问题的通知**

各省、自治区、直辖市高级人民法院，解放军军事法院，新疆维吾尔自治区高级人民法院生产建设兵团分院：

为正确适用刑法第二百零五条关于虚开增值税专用发票罪的有关规定，确保罪责刑相适应，现就有关问题通知如下：

一、自本通知下发之日起，人民法院在审判工作中不再参照执行《最高人民法院关于适用〈全国人民代表大会常务委员会关于惩治虚开、伪造和非法出售增值税专用发票犯罪的决定〉的若干问题的解释》（法发〔1996〕30号）第一条规定的虚开增值税专用发票罪的定罪量刑标准。

二、在新的司法解释颁行前，对虚开增值税专用发票刑事案件定罪量刑的数额标准，可以参照《最高人民法院关于审理骗取出口退税刑事案件具体应用法律若干问题的解释》（法释〔2002〕30号）第三条[1]的执行规定，

[1] 第三条　骗取国家出口退税款5万元以上的，为刑法第二百零四条规定的“数额较大”；骗取国家出口退税款50万元以上的，为刑法第二百零四条规定的“数额巨大”；骗取国家出口退税款250万元以上的，为刑法第二百零四条规定的“数额特别巨大”。

即虚开的税款数额在五万元以上的，以虚开增值税专用发票罪处三年以下有期徒刑或者拘役，并处二万元以上二十万元以下罚金；虚开的税款数额在五十万元以上的，认定为刑法第二百零五条规定的“数额较大”；虚开的税款数额在二百五十万元以上的，认定为刑法第二百零五条规定的“数额巨大”。

根据2022年4月6日修订发布且于2022年5月15日施行的《人民检察院、公安部关于公安机关管辖的刑事案件立案追诉标准的规定（二）》规定：

**第五十六条** 〔虚开增值税专用发票、用于骗取出口退税、抵扣税款发票案（刑法第二百零五条）〕虚开增值税专用发票或者虚开用于骗取出口退税、抵扣税款的其他发票，虚开的税款数额在十万元以上或者造成国家税款损失数额在五万元以上的，应予立案追诉。

此标准依然是没有对是行为犯还是结果犯等进行明确，只是界定了新的立案追诉标准，在此标准以上的，才达到公安机关立案及确定是否达到后述检察起诉的标准。值得注意的是，该标准是以虚开税款数额或造成于总款损失的数额为依据，两者达到其一就可进行刑事责任追究。

**（2）虚开发票罪的量刑标准**

根据2022年4月6日修订发布且于2022年5月15日施行的《人民检察院、公安部关于公安机关管辖的刑事案件立案追诉标准的规定（二）》规定：

〔虚开发票案（刑法第二百零五条之一）〕虚开刑法第二百零五条规定以外的其他发票，涉嫌下列情形之一的，应予立案追诉：

（一）虚开发票金额累计在五十万元以上的；

（二）虚开发票一百份以上且票面金额在三十万元以上的；

（三）五年内因虚开发票受过刑事处罚或者二次以上行政处罚，又虚开发票，数额达到第一、二项标准百分之六十以上的。

过去的标准是依据《关于公安机关管辖的刑事案件立案追诉标准的规定（二）的补充规定》（公通字〔2011〕47 号，2022 年 5 月 15 日作废）：

二、在《立案追诉标准（二）》中增加第六十一条之一：［虚开发票案（刑法第二百零五条之一）］虚开刑法第二百零五条规定以外的其他发票，涉嫌下列情形之一的，应予立案追诉：

（一）虚开发票一百份以上或者虚开金额累计在四十万元以上的；

（二）虽未达到上述数额标准，但五年内因虚开发票行为受过行政处罚二次以上，又虚开发票的；

（三）其他情节严重的情形。

这里的规定比较清楚，就是简单地以行为、数量或金额来判定，需要特别防范此风险。而且据笔者的观察，最近数年来，由虚开普通发票引起的起诉、判决案例屡有出现。比如某些企业为了给员工避个税、某些企业甚至国有企业以劳务派遣等方式不合规地取得发票套取资金进行发放，处理不好就会面临这样的刑事风险。

**（3）不合规开具不征税的发票是不是要承担责任**

在上面的内容中，我们有提及过不征税发票的类型，如果是不征税发票“虚开”了，是不是靠普通发票的追责标准来考虑呢？答案是肯定的。

首先，不征税的发票也是正式发票，只是税率栏次会写上“不征税”的字样。开具方不以此作为计征增值税的依据，但是，不征税发票同样有数量、金额的体现。

其次，《刑法》中对于非增值税专用发票的其他发票的处理规则是一致的，现实当中，不征税发票的需求往往较少。有一些购物卡（预付卡）的虚构业务，开具的是不征税的发票，在这类情形下，也是可以税前扣除的。一是这类情形下依规定在实际使用时不会再开具正式的发票，二是这类情形下税前扣除是据实发生的，这个环节缺乏有效的监管，一次性扣除的情形也多有发生，其真实性往往无法考究。

但是，对此要注意以下几点：

其一，通常我们讲到的开具发票，是根据增值税的应税行为来判断并开具的，尽管《发票管理办法》提到发票是结算凭证，但也规定是在发生业务时开具，进而在实务中的理解是有了增值税的应税行为时开具发票，特别是专用发票，更是明确在发生纳税义务时开具。

其二，不征税发票并非纳税人自己可以自由掌握随便可以开的，也是有限制的，相应的代码设置是需要国家税务总局赋予特定情形中下的开具，不然自由开具就不可控了，带来发票开具的混乱。比如有时需要办理过户登记手续需要提供发票、由于税收政策的“例外判断”给予某些行业的“生存机会”，给予了开具发票的机会与可能，这些都是考虑了某种社会与经济、管理需求而进行的规定。

其三，不征税发票与免税、征税的发票有何区别，其实对于取得方来讲，除抵扣等情形外没太多区别，本质上是一种结算的票据，有时也要在账上列支，也要税前扣除，它更多是给了相关的业务进行了“发票样式”的增信。比如当前的政策下，股权转让属于不征收增值税的事项，但是当前的政策并没有给予开具不征税发票的安排；另外对于部分地方政府给予企业财政补助的时候，有时也是让企业开具发票，结果部分企业还为此计缴了增值税，其实并不是增值税应税行为，对此国家税务总局明确可以开具不征增值税的发票类型。

### 2.5.5 恰当理解发票形式瑕疵的问题

在一些关于讨论发票事项的文章、图书、培训中，大家关注更多的是发票的“技术知识”，本书希望更多地从经营与法律两个角度进行一些新探讨，但并不是拒绝讨论发票的技术知识。本节内容我们就进行相应的分析，以供读者参考（表 2.9）。

**表 2.9**

| 事　项 | 描　述 | 风　险 |
|---|---|---|
| 购买方信息 | 现在开具发票一般要求全名称、税号，其中纸质的专用发票填开的信息还包括电话、账号、开户行信息等，全电发票已不需要 | 开具普通发票时有的人担心电话写的是手机号、银行开户信息不是基本户等情形，这些并不是强制性要求，倒是可以作为一种完美追求来看待 |
| 型号、数量 | 对于应税服务的发票，可以不进行填写 | 部分省份明确过不需要填写 |
| 专用发票的清单开具 | 需要以开票系统开具，不能自行制作 | 若自行制作清单，严重的结果是不可规不允许抵扣处理 |
| 普通发票的清单开具 | 可以凭汇总开具的增值税普通发票以及购物清单或小票作为税收凭证 | 不过这类情形越来越少了，目前商场开具的发票多是明细开具了，不会简单地以“办公用品”“劳保用品”等名称开具 |
| 备注栏填开要求 | 比如针对建筑服务、运输发票的备注要求，建议如实填开完整 | 特别涉及建筑服务差额计算增值税，或者是涉及土地增值税计算时需要扣除的情形下，尽量依照规范进行开具 |
| 开票人、复核、收款人 | 尽量开具完整，且不是同一个人，全电发票已简化为开票人 | 有较多的文章反反复复说这个问题，其实并没有强制性的要求，也其实是“自找烦恼”的问题 |

有兴趣的话，老板们不妨多看看税务机关官方微信号的文章或视频，倒不必投入十二分的精力去学习一些机构的微信号（不然很容易患上“恐惧症”，丢掉了自己的本职“商业工作”），用本当研究发展战略的精力来关注这些细节技术规范，笔者不是很赞同，老板们适当掌握了解即可。对此，宜请专业人士给出相应保障。

### 2.5.6　行政法与刑法对虚开行为处理的差异

同是“虚开”，在当前的行政处理上与刑法中存在范围差异（见表 2.10）。

**表 2.10**

| 适用法律法规 | 描　述 | 理　解 |
|---|---|---|
| 《发票管理办法》 | 第二十二条　开具发票应当按照规定的时限、顺序、栏目，全部联次一次性如实开具，并加盖发票专用章。<br>任何单位和个人不得有下列虚开发票行为：<br>（一）为他人、为自己开具与实际经营业务情况不符的发票；<br>（二）让他人为自己开具与实际经营业务情况不符的发票；<br>（三）介绍他人开具与实际经营业务情况不符的发票。<br>第三十七条　违反本办法第二十二条第二款的规定虚开发票的，由税务机关没收违法所得；虚开金额在 1 万元以下的，可以并处 5 万元以下的罚款；虚开金额超过 1 万元的，并处 5 万元以上 50 万元以下的罚款；构成犯罪的，依法追究刑事责任。<br>非法代开发票的，依照前款规定处罚。 | 定义表述上存在不同的适用范围，比如刑法当中所理解的不实是仅提到了数量与金额，行政法的范围更为广泛 |
| 《刑法》 | 具有下列行为之一的，属于“虚开增值税专用发票”：（1）没有货物购销或者没有提供或接受应税劳务而为他人、为自己、让他人为自己、介绍他人开具增值税专用发票；（2）有货物购销或者提供或接受了应税劳务但为他人、为自己、让他人为自己、介绍他人开具数量或者金额不实的增值税专用发票；（3）进行了实际经营活动，但让他人为自己代开增值税专用发票。 | |

若开具的型号不一致，就可以认为属于行政法上的虚开，而不一定属于刑法当中的虚开，关于这一点，财务工作者需要有所理解。

## 附　知识要点

**要点 1　开具发票与取得发票的法律责任有哪些?**

首先，合规开具发票与合规取得发票，依据行政法的相关规定，需据实、完整与准确，这是行为方面的规范。现实当中屡有企业因不给客户开具发票而被举报。

其次，发票影响到计税的准确性与及时性问题，比如滞后开具发票晚确认收入，或者取得不合规发票但仍抵扣了增值税，抵减所得额，这将涉及《税收征收管理法》的相关规定，严重者可能会发展到触犯《刑法》的规定。

最后，就是虚开发票的刑事责任问题，也是本章节中我们讨论比较多的内容。在一些情形下，相信一些人在发生涉刑辩护时宁愿向偷逃税款罪靠拢，也不愿向虚开增值税专用发票罪上靠拢。

**要点 2　为避风险宁愿要普通发票更好吗？**

有时候我们会听到有的老板说："为了避免自己虚开发票的风险，宁愿只要普通发票进行入账处理，从此不再要专用发票了。"这类情形当然是"可行"的，也不会对此进行限制，即要什么样的发票，可以认为是主观可以决定与协商的。比如一些小规模纳税人，不存在专用发票的抵扣利益，很正当地只要普通发票即可了，而且可能大量的小企业是小规模纳税人。

当作为一般纳税人，若主观上没有故意虚开的行为，就不宜"过度担心"，毕竟绝对安全的真空空间是不存在的。即使在路上走着也可能被绊倒，是不是？作为一个企业家，应具有风险意识，但也不能生活在"绝对世界"中。

另外，对于多数个体工商户，实行的是定期定额的核定计税方式，在小规模纳税人的情形下，发票也可要可不要了。虽然普通发票不能抵扣增值税款，但是在数量、金额较大的特定情形下虚开普通发票入罪将会更为直接。

**案　例**

某企业为增值税一般纳税人，账面上有大量的留抵增值税，为了更好地利用留抵税额，老板积极拓展业务，想做一些高溢价的贸易业务。老板也很清楚，不能对外虚开，因为这是有法律责任的。对自己来讲，虚开计税一时半会也抵不完进项，自己倒没什么，但可能给别人造成非法抵扣的风险。

一段时间以来，国家实施大规模的留抵退税的政策，2022 年增值税留抵退税规模约 1.5 万亿元，聚集小微企业以及制造业、科学研究和技术服务业、电力热力燃气及水生产和供应业、软件和信息技术服务业、生态保护和环境治理业、交通运输仓储和邮政业等 6 个行业企业的存量留抵税额。但大家也发现，各地税务机关密集地发布了一些骗取留抵退税的案例，这可是涉及真金白银的事，管理上当然需要宽严相结合。比如某地税务机关对某骗取留抵退税的企业进行处罚一倍，《行政处罚决定书》这样描述：

根据《中华人民共和国税收征收管理法》第六十三条第一款的规定，你司2021年度通过私人账户收取销售水泥款项924 029.00元（不含税销售收入817 724.78元），未在账簿上确认收入，也未计提增值税销项税额106 304.22元，造成销项税额小于进项税额而产生虚假留抵并申请留抵退税，多退增值税106 304.22元，属于“在账簿上少列收入”的偷税行为，综合考虑违法行为的事实、性质、情节以及社会危害程度，应处以未计提增值税销项税额106 304.22元1倍的处罚，即罚款106 304.22元。

**要点3　法律责任承担中“主犯”与“从犯”的划分**

在一些涉及虚开发票的审判案例中，经常会看到“主犯”与“从犯”的表述，很显然，若认定为主犯，相应的法律责任担的更大，从犯相对较小。若是一个公司涉嫌虚开增值税专用发票，则很可能在调查取证的时候会波及法定代表人、负责人（或实际控制人）、财务负责人、业务员或业务负责人、开票人员或报税人员等。如果仅仅是一个代持股份的人员，并不知道业务的情形，也不能与决策，甚至对经营并不知情，承担责任的风险相对较小。筹备、安排、联系业务的人员，或明知是违法但仍然参与的财务负责人，都可能涉及其中的担责问题。不过也不用过多提心，若只是普通工作人员（工具人），做着并不知虚开内情的财务、行政或后勤业务，而且履行了基本的审核资料与专业复核，也没有因为“出谋划策”获得额外的利益，通常不会因此受罚受刑。但财务人员面临的职业风险，特别是税收违法行为、发票违法行为的职业参与和判断风险越来越大，是不争的事实。

**要点4　发票使用安全至少是企业税务安全的保障**

从笔者的理解看，一个企业的税务安全度若为100%，那么发票大致占据其中的50%，只要发票安全，一个企业的税务安全就是有保障的，风险是相对可控的。

作为老板，必须要了解的是哪些行为会产生刑罚，在此基础之上，正正当当地做生意，利用好税收优惠政策，但轻易不要用发票作为筹划工具，多问问，多了解，身边有律师、有税务师的，可以多听听专业人士的意见再行动不迟，“开弓没有回头箭”。

另外，作为老板，多看看与发票相关的法院判例、上市公司的涉税涉票公告、官方的新闻报道等，以案说法，对知识的理解会更有感觉。尽管某个案例有其独立性，但以点带面，知彼知己是关键。

还有，某些老板迷信知名专家、教授的观点、态度，要知道，问题的解决还得靠事实和法律为基础，有些专家、教授也有局限性，每个人的知识面、经历与其擅长的领域不同，并不会百分之百正确、完美的。

在此延伸解释一下涉税风险的问题。在税务理解不一、各地执行口径不一的现状之下，大家对于某些专家、大咖的“迷信”自然就会产生，因为个人的内心需要某些潜意识的共识支持，或者是期许得到某些人的认可，以此作为决策的依据或参考。言必称“大咖说”，似乎成了某种“潜规则”。税务问题的处理，首先是自己的总结与理解，其次是主管部门的理解，最后是政策部门的理解，有一些问题是“现管”的，有一些是涉及长远决策的，但是当下的税务问题，很多是就税论税，并没有从综合性的角度进行思考，即在法律层面考虑得相对较少。还有中国的税收体系及处理程序、方式自成一体，也有专家言必称国外如何，此举也不宜“走火入魔”。很多打扮得很高大上的意见与方案，最终落脚的地方，还是一些基本的东西。只有在业务层面充分地创新，不走寻常路，别把风险过于集中于税务某个点上，或许才有思路。

**要点 5　代理记账人员从业过程中可能涉及与发票相关的法律责任**

近几年，代理记账（简称代账）平台迅猛发展，竞争激烈，至少目前来看，依靠代账业务很难实现有效的价值与投资回报。在商业发展不是很明朗之时，多有代账公司开始拓展附加值的业务，即进行一些筹划业务、园区招商之类的事项。另外，现实当中也有一些自由职业者、个人代理了一个公司的账务。通常需要代账的公司多是创业型的小公司居多，代账的企业确实有诸多的不规范之处，老板的法律思维相对缺乏，守法意识可能也不那么强，此时代账人员为了增强“服务价值”，有时也有“多挣点钱”的想法，也可能触犯《刑法》中关于虚开发票的条款。

## 案例

### 明星会计师“代账”将自己带进监狱
### 造成国家税款损失670余万被判11年

在徐州市看守所提审室，30岁出头的小晴一脸憔悴，她一边擦着眼泪，一边伤心地回想、诉说着自己参与虚开增值税专用发票犯罪的过程。

小晴大专毕业后一边打工，一边参加自学考试，取得大学本科学历，随后又考取了会计师资格证书，结合专业特长发起设立了徐州某会计咨询有限公司自主创业，带领一班年轻人开展业务。先后为20多家公司提供专业财会代账业务，在行业内也有不错的口碑，可以说是行业的“明星会计师”。2018年初，一次朋友的宴会上，小晴认识了贾某。贾某称自己的公司经营钢铁生意，但缺乏专业的财务工作人员，无法办理抵扣税款，想委托小晴代账，并开具有关增值税专用发票，小晴当场没有作出回应。5月份，小晴婚礼上，贾某大方地送上500元礼金。见贾某很诚心，小晴便同意了以每月500元的费用为贾某代账。

小晴为贾某公司代账后，贾某经常向小晴手机、微信发送代账信息，由小晴开票。一切工作似乎都在正常进行，可谁承想，罪恶的影子慢慢延展开来。大概半年后，因贾某经常不提供开票所依据的销售合同、资金结算等凭证材料，小晴逐渐产生了怀疑。年底，小晴向贾某当面了解情况，并称自己的公司因此面临严重风险。贾某见瞒不住，便如实说自己通过“空壳公司”虚开增值税专用发票、挣点差价的事。

人心不足蛇吞象。小晴想到，这代账的真相，是不是就能以此牵制住贾某，从而获取更多的费用呢？于是，小晴告诉贾某，如果再代账就务必增加费用。为求隐藏犯罪事实，贾某只得将代账费用增加至每月2 000元。此外，小晴还要求贾某专门租赁办公室、购置手机接收开票信息，以免引人注意。对于小晴的交代，贾某都一一照办。

2019年底，贾某虚开增值税专用发票一案案发，小晴意识到问题的严重性，向公安机关投案自首。后经税务稽查部门、公安机关侦查确认，贾某名下的六家"空壳公司"的虚开增值税专用发票行为，一共造成国家税款损失 670 余万元。小晴在明知为他人虚开增值税专用发票后，虚开的增值税专用发票已实际被抵扣税款 230 余万元。

2020 年 4 月，贾某被徐州泉山区人民法院一审判有期徒刑 11 年，并处没收财产。小晴系从犯，并具有自首、从犯等从轻处罚情节，被法院一审判决有期徒刑 2 年 6 个月，并处罚金 8 万元。这是徐州市办理的首例追究代账人员刑事责任的案件。

从笔者的经验来看，作为中介服务人员，有时对于数字的敏感度并不强，即并不一定去关注金额的大小，更多关注数据对不对，报表之间的钩稽关系平不平，数多数少与自己无关。另外，做代理记账的人员，其实挣的都是辛苦钱，对企业的责任度也不一定强，彼此都有"糊弄"的感觉，只要能报得上税，能开具发票就行，至于数据是不是完整真实，可能彼此也没有过多深究与了解，有时彼此之间也是"心照不宣"。

无论如何，对于代账人员或从事代账业务的机构来讲，切忌在票上"拿人财钱，替人消灾"，通过专业提升、资源对接，从其他的方面进行创新，不是更好吗？

### 要点 6　虚开增值税专用发票罪的"虚开"解读

#### 专栏　如何解读虚开增值税专用发票罪的"虚开"

如何理解虚开增值税专用发票罪的"虚开"行为，是准确定罪的关键。当前，无论是法学理论界还是司法实务界，对该罪"虚开"行为是否要求有特定目的，存在肯定说与否定说之争。这既造成了理论上的混乱，更给司法机关在处理这类案件时带来了错判的风险，实践中也已经出现类似案件处理结果迥异的情况。论述该问题的文章已不少，笔者不揣冒昧，就这个问题也略谈自己的浅见。笔者认为，虚开增值税专用发票罪，包括刑法第二百零五条第一款规定的虚开用于骗取出口退税、抵扣税款发票罪在内，均要求有骗取税款的主观目的，如不具备该目的，则不能认定为刑法第二百零五条之“虚开”行为，不能以该罪论处。理由是：

## 一、要结合本罪设立的历史渊源解读

从历史沿革上探究，立法初始阶段尚未出现不以骗取国家税款为目的的虚开增值税专用发票行为。我国刑法规定的虚开增值税专用发票罪，是我国税制改革、实行增值税专用发票抵扣税款制度之后出现的新型经济犯罪。与普通发票相比，增值税专用发票不仅具有记载经营活动的功能，更具有凭票依法抵扣税款的功能。由此，在增值税专用发票制度实行初期，即出现了一些不法分子利用增值税专用发票抵扣税款的这一功能，虚开增值税专用发票，套取国家税款。该行为不仅扰乱了正常的增值税专用发票管理秩序，更造成国家税款损失，社会危害很大。由此，1995 年 10 月 30 日全国人大常委会《关于惩治虚开、伪造和非法出售增值税专用发票犯罪的决定》(以下简称《决定》)，首次将这种行为规定为犯罪，并设置了最高可判处死刑的严厉法定刑。在当时特定的时代环境下，虚开增值税专用发票行为均是以骗取国家税款为目的，而以虚增业绩但不以骗取国家税款为目的的对开、环开增值税专用发票行为尚未出现。因此，《决定》中没有规定“虚开”行为要以骗取国家税款为目的。相反，《决定》在第一条第二款还规定：“有前款行为骗取国家税款，数额特别巨大、情节特别严重、给国家利益造成特别重大损失的，处无期徒刑或者死刑，并处没收财产。”从该款规定分析，似乎该条第一款的规定不需要骗取国家税款，至少不需要骗取国家税款这个实害结果。笔者认为，对《决定》上述规定的理解，不应脱离当时特定的时代背景，即在增值税专用发票制度刚刚设立之时，虚开增值税专用发票无疑是为了骗取国家税款，除此别无他目的。

## 二、要结合社会实践的新情况解读

随着增值税发票制度的推行，实践中出现了不以骗取税款为目的，客观上也不可能造成国家税款实际损失，但又不具有与增值税专用发票所记载的内容相符的真实交易的“虚开”行为，如为了虚增单位业绩而虚开增值税专用发票。这种行为虽然客观上也破坏了增值税专用发票的管理制度，但与以骗取国家税款为目的虚开增值税专用发票行为相比，已具有质的区别，如果无视这种区别，仅从字面上套用《决定》以及刑法关于虚开增值税专用发票罪的相关规定，将这种行为也认为是虚开增值税专用发票罪的实行行为，不仅是对法律的机械理解，也割裂了虚开增值税专用发票罪的立法历史渊源。

**三、要对比虚开发票罪解读**

从刑法对增值税发票的区别性保护制度分析，本罪的虚开行为必须是以骗取国家税款为目的。增值税发票包括增值税专用发票和增值税普通发票，在刑法修正案（八）之前，虚开普通发票，包括增值税普通发票的行为，不作为犯罪处理。之所以如此，最根本的原因是这些发票本身不具有抵扣税款的功能，行为人虚开这些发票无法凭票直接骗取国家税款。虽然如此，虚开增值税普通发票行为与虚开增值税专用发票一样，也会扰乱增值税发票的管理秩序。而虚开增值税普通发票，在刑法修正案（八）入刑后，也仅设置了最高可判处七年有期徒刑的法定刑。因此，那种以本罪侵犯的客体是增值税发票管理秩序，因此需要从严打击的观点不能成立。

**四、要根据刑法理论系统解读**

从法条文义分析，不能简单认为本罪当然是行为犯的结论。刑法第二百零五条关于虚开增值税专用发票罪的罪状表述，采用了简单罪状的表述方式，即“虚开增值税专用发票或者虚开用于骗取出口退税、抵扣税款的其他发票的，处三年以下有期徒刑或者拘役，并处二万元以上二十万元以下罚金”的方式。这一规定，仅简单表述了本罪的客观方面特征，对于本罪的主观方面，包括是否要求必须有骗取税款的目的，则从法条表述中并不能得出。立法上使用简单罪状，一般是因为立法者认为这些犯罪的特征易于被人理解和把握，无须在法律上作具体的描述。无论是在理论界，还是在实务界，不少人分析法条的这一规定后认为，本罪是典型的行为犯，理由是法条并未要求行为人必须具备特定的目的，更未要求本罪必须造成国家税款损失的后果。笔者认为，这种观点是对法条的曲解，对行为犯的误解。

行为犯是以法定的实行行为完成作为犯罪既遂标准的犯罪，在犯罪的分类上，它是与结果犯相对应的，而与目的犯不存在对应关系，实际上，行为犯与目的犯在一些犯罪中是包容的，即某罪既是行为犯，同时也是目的犯。如绑架罪，只要行为人以暴力、胁迫等手段绑架人质，即便其勒索财物的目的未得逞，也已构成犯罪既遂。

对简单罪状的解读，不能仅根据法条字面意思片面理解。如前所述，立法采用简单罪状，是因为立法者认为这种犯罪的特征易于被人理解，甚至不言自明，无须在法律上再作具体的描述。如侵犯财产犯罪大多采用简单罪状的方式，法条表述上均没有将非法占有目的作为获取他人财物为内容的财产型犯罪的成立要件，但无论是理论上还是司法实践中都认为，成立盗窃之类的获取型财产犯罪，行为人主观上必须要有非法占有的目的。因此，不能从刑法第二百零五条的罪状表述中当然地得出本罪不要求行为人主观上具有骗取国家税款目的的结论。

**五、要从罪责刑相适应原则解读**

从罪责刑相适应原则分析，本罪的实行行为应要求有严重的社会危害性。刑法第五条规定："刑罚的轻重，应当与犯罪分子所犯罪行和承担的刑事责任相适应。"这一原则不仅是司法实践中的量刑原则，也应该是刑法立法所遵循的原则。立法在将某行为犯罪化后，对其法定刑的配置就成为评价立法是否科学、合理的关键。如果说司法实践中的冤假错案损害的是个别人的权益，是对少数人的侵害的话，那么立法上的不公正则损害了某类人的权益，侵害的是多数人的利益。我国刑法分则各罪法定刑的配置，总体上都较好地体现了罪责刑相适应原则，如故意杀人罪的法定刑比故意伤害罪的法定刑重，抢劫罪的法定刑比抢夺罪的法定刑重，等等。因此，在我国刑法中，法定刑的轻重一般与行为人所犯罪行即社会危害性大小，和其所承担的责任大小相适应，这也是罪责刑相适应原则的应有之义。据此，从刑法分则关于某罪的法定刑配置中，也可以逆向推导出该罪的社会危害性大小。虚开增值税专用发票罪属重罪，在刑法修正案（八）之前，最高可判处死刑，即便是在刑法修正案（八）对本罪法定刑修改后，其法定最高刑依然可达无期徒刑。如果不是立法者的疏忽，那就一定是本罪的社会危害性严重才导致为本罪配置如此重的法定刑。1997 年刑法修订时，立法者将《决定》关于虚开增值税专用发票罪的相关规定略作修改后，纳入刑法第二百零五条中，但对罪状的表述没有修改，继续采用简单罪状的表述方式。结合前述关于当时虚开增值税专用发票行为，都是基于骗取国家税款的目的，因此，将“虚开”界定为骗取国家税款的实质意义上的虚开，既符合立法时立法者对本罪的认知，也符合罪责刑相适应原则。

从实质正义上分析，不加区分行为人目的将导致处理结果不公正。既然实践中，虚开增值税专用发票行为既可以是为骗取国家税款的目的，也可以是不以骗取国家税款的目的，且二者的社会危害性相差甚大，如果不加区分，都按照同样的定罪量刑标准追究行为人的刑事责任，显然有失公允。

在此问题上，最高人民法院的态度一贯明确。2001 年最高人民法院答复福建省高级人民法院请示的泉州市松苑锦涤实业有限公司等虚开增值税专用发票一案中，该案被告单位不以抵扣税款为目的，而是为了显示公司实力以达到与外商谈判中处于有利地位而虚开增值税发票。据此，最高人民法院答复认为，该公司的行为不构成犯罪。

因此，本罪的“虚开”与日常生活中的“虚开”不同，必须从实质意义上对其进行解读，必须要有通过虚开骗取国家税款的目的。

（资料来源：姚龙兵，《人民法院报》2016 年 11 月 16 日）

## 要点 7　“有货”型虚开增值税专用发票行为的定性

**专栏**

2016 年 11 月 16 日，《人民法院报》刊登了笔者《如何解读虚开增值税专用发票罪的“虚开”》一文（下称“虚开一文”）。2018 年 12 月 4 日，最高人民法院发布保护产权和企业家合法权益典型案例，其中有被告人张某虚开增值税专用发票无罪一案。“虚开一文”和案例都坚持了主客观相统一和罪责刑相适应原则，对虚开增值税专用发票罪之实行行为进行了目的性限缩，将该罪的“虚开”范围限定为以骗取税款为目的的行为，而将不具有该特定目的的的“虚开”行为排除在本罪实行行为之外。上述观点，在实务界引起了一定反响：有的质疑“虚开一文”的观点和案例的结论是对刑法第二百零五条之曲解，是司法权对立法权的僭越，是对罪刑法定原则的背离；有的曲解文义，认为“虚开一文”和案例均表达了只要有真实交易——即便是从第三方获取增值税专用发票的行为（为论述方便，下文统称为“有货虚开”行为），均不构成犯罪。针对围绕“虚开一文”和案例的争议，笔者拟在坚持之前观点的基础上，专门就“有货虚开”行为进行探讨，以进一步明确虚开增值税专用发票罪之“虚开”的本质。

虽然“虚开一文”和案例观点都将虚开增值税专用发票罪的“虚开”行为限定为基于骗取税款的特定目的，但能否由此得出“有货虚开”行为就肯定不构成虚开增值税专用发票罪，甚至无罪的结论呢？显然不能。因为无论是从逻辑上，还是在客观现实中，行为人是否有骗取税款的目的，与有无真实交易之间没有必然的联系。换言之，无货交易的行为人也可能基于贷款、融资等不以骗取税款的目的而“虚开”增值税专用发票，对这种“虚开”我们认为不构成本罪；有货交易的行为人，完全可能打着有真实交易的幌子，通过虚开骗取税款，从而构成本罪。“有货虚开”，也包括不以骗取税款为目的和以骗取税款为目的两种。对这两种行为的法律性质，要根据主客观相统一原则分别对待——对前一种不以本罪论处，对后一种则不能因其系“有货”而就认为不能构成本罪。

由于“虚开”的目的差别很大，根据主客观相统一原则，在法律上的评价也差别巨大。对于不以骗取税款为目的的“有货虚开”行为，还要进一步区分情况，对行为的法律性质进行界定：（1）对于符合国家税务总局2014年第39号公告规定的行为类型，因其本质上是一种法律允许的行为，就不能冠以“虚开”之名。对这种行为，税务行政机关已经明确排除了其行政违法性，而对于刑法中以违反行政法律法规为前提的行政犯来说，该行为自然丧失了构成刑事犯罪的刑事违法性；就本质来说，这种行为也确实不具有作为犯罪最本质特征的严重社会危害性。因而，这种被行政法认可的行为当然不可能构成犯罪。前述最高人民法院公布的张某虚开增值税专用发票案，张某以他人公司名义对外签订合同，以该他人公司名义收取货款、开具发票，实际加工劳务由其本人完成，交易产生的税款由开票公司（被挂靠方）扣除、缴纳，其本人与该他人公司之间存在事实上的挂靠关系。因此，张某的行为主观上不具有骗取税款之目的，客观上也不会造成国家增值税款的损失，不具有社会危害性，完全符合国家税务总局有关部门对2014年第39号公告解读的情形。而且，同类行为在现实社会中也普遍存在。由此，法院认为张某的行为不构成犯罪，不是仅仅基于有真实交易这一形式性的因素，仍是基于本罪的构成要件，基于对本罪危害性的实质把握。（2）对于不符合行政法律法规，虽不具有骗取税款之目的，但系出于逃税、骗取贷款等其他非法目的的“有货虚开”行为，不能以虚开增值税专用发票罪论处，但可能构成逃税罪、骗取贷款罪等其他犯罪。

有真实交易，与行为人是否有骗取国家税款的目的之间并无必然关联。有真实交易，并不意味着行为人当然不具有骗取税款的目的，也不能必然得出基于真实交易的“虚开”行为，客观上就不可能造成国家增值税款被骗的实际危害结果发生的结论。换言之，行为人基于真实交易行为进行虚开的，也可能实现骗取国家税款的目的。增值税是对货物和服务流转过程中产生的增值额作为计税依据而征收的流转税。只有在进项中缴纳了增值税的交易主体，才享有在销项中抵扣的权利。如果行为人在真实交易中没有缴纳增值税——如在进项中以不开具进项发票的低价交易，则国家并未基于该真实交易而征收到相应税款，这种情形下如果行为人在交易后以从第三方获取的发票进行抵扣，就将造成国家增值税税款损失。只有行为人在真实交易环节缴纳了增值税，并且根据法律规定不属于不应抵扣情形的，此时行为人才有向国家税务机关申请抵扣税款的权利，国家亦才有对行为人进行抵扣的义务，行为人向税务机关申报抵扣行为才不存在骗取税款之目的。换言之，行为人向国家申报抵扣税款的前提有二：一是行为人在上一交易环节缴纳了增值税，即国家从该交易的增值部分征收到增值税；二是行为人依照法律规定享有抵扣的权利。这两个条件必须同时具备，缺一不可。

行为人已经缴纳税款是其申请抵扣税款的前提。有缴才能抵，没有缴税就不可能抵税。以实践中的实物交易为例。实践中，一些单位或个人在购进货物时，与销售方约定以不需要发票作为交易条件，以所谓不含税的低价购进货物，之后购货方又从第三方获取进项发票向税务机关申报抵扣以“降低成本”。这种情形因购货方在购买环节没有缴税，故其不能享有抵扣的权利，其以从第三方取得的发票——大多是购买发票，向国家申请抵扣税款，本质上是以套取国家增值税款的方式降低自己的成本，是将自己的交易成本部分转嫁给国家承担的行为，与无货虚开的利用增值税专用发票套取国家税款的行为在本质上没有区别，对这种行为当然应认定为骗取国家税款的虚开增值税专用发票行为。如A装饰公司在对外经营过程中，从不具有开票资格的个体户B处以较低价格购买建材黄沙若干。之后，A公司以从B处购进的黄沙没有取得进项票不能抵扣，增加了公司经营成本为由，为“降低成本”，又从与B无关联的第三方C公司处以支付5%的“税点”名义，取得与从B处购沙款等额的增值税专用发票，到税务机关申报抵扣。本案中，A从B处确实购买了建筑材料黄沙，即有真实的货物交易，A到税务机关抵扣的发票金额也与其从B处购买的黄沙金额相等，但不能以有真实交易就否认A这种行为的虚开性质，更不能认为是合法行为。A的行为仍然属于虚开增值税专用发票的违法犯罪行为。因为A在购买黄沙时，支付给B的货款中并不包含增值税款，即A并没有在该笔真实交易中向税务机关缴纳增值税，基于没有缴纳就无权申请抵扣，A当然不能基于该交易申请抵扣税款。另外，对A以虚开增值税专用发票罪追究刑事责任时，其犯罪数额应该以其拟抵扣的税款数额计算，而不应扣除所谓的“开票费”或“税点”，因为该“开票费”“税点”系其违法犯罪的成本，不应予以扣除。

行为人依法享有抵扣税款的权利，是申请抵扣的又一前提条件。行为人依法享有抵扣税款权利，是基于其实际缴纳了税款，即先承担税负，后依法抵扣，避免重复征收。因此，行为人不能将他人已经负担的税收而以自己名义向税务机关申请抵扣。根据《中华人民共和国增值税暂行条例》第二十一条第二款的规定，向消费者个人销售货物或者应税劳务，销售货物或者应税劳务适用免税规定，以及小规模纳税人销售货物或者应税劳务的，不能开具增值税专用发票从而不得进行申报抵扣税款。实践中，一些不法分子将有真实货物交易但不能取得增值税专用发票的交易，通过移花接木式的手段，将自己与该交易关联上，规避增值税暂行条例的上述规定，通过不法手段取得增值税专用发票后向国家申请抵扣，骗取国家增值税款，这种行为也系虚开增值税专用发票违法犯罪行为。

综上，对虚开增值税专用发票罪的虚开进行阐释，要立足于虚开行为的社会危害性这个根本，根据主客观相统一原则，既要区分不同性质的“虚开”行为社会危害性之差异，而不机械套用法条；也不能客观归责——对没有造成增值税款损失就一概认为不构成犯罪的观点，放纵了对某些虚开犯罪行为的打击；更不能从张某案中得出“有货虚开就不构成犯罪”的武断结论。判断是否属于虚开增值税专用发票犯罪行为，不能基于“有货”“无货”这个标准，“有货”的“虚开”也可构成本罪；“无货”的“虚开”，如果不是为了骗取税款的目的，也不能以本罪论处。

（资料来源：姚龙兵，《人民法院报》2019年9月26日）

**要点8　关于印发《最高人民检察院 公安部关于公安机关管辖的刑事案件立案追诉标准的规定（二）》的通知（2022年4月6日修订节选）**

**第五十二条**　〔逃税案（刑法第二百零一条）〕逃避缴纳税款，涉嫌下列情形之一的，应予立案追诉：

（一）纳税人采取欺骗、隐瞒手段进行虚假纳税申报或者不申报，逃避缴纳税款，数额在十万元以上并且占各税种应纳税总额百分之十以上，经税务机关依法下达追缴通知后，不补缴应纳税款、不缴纳滞纳金或者不接受行政处罚的；

（二）纳税人五年内因逃避缴纳税款受过刑事处罚或者被税务机关给予二次以上行政处罚，又逃避缴纳税款，数额在十万元以上并且占各税种应纳税总额百分之十以上的；

（三）扣缴义务人采取欺骗、隐瞒手段，不缴或者少缴已扣、已收税款，数额在十万元以上的。

纳税人在公安机关立案后再补缴应纳税款、缴纳滞纳金或者接受行政处罚的，不影响刑事责任的追究。

**第五十三条** 〔抗税案（刑法第二百零二条）〕以暴力、威胁方法拒不缴纳税款，涉嫌下列情形之一的，应予立案追诉：

（一）造成税务工作人员轻微伤以上的；

（二）以给税务工作人员及其亲友的生命、健康、财产等造成损害为威胁，抗拒缴纳税款的；

（三）聚众抗拒缴纳税款的；

（四）以其他暴力、威胁方法拒不缴纳税款的。

**第五十四条** 〔逃避追缴欠税案（刑法第二百零三条）〕纳税人欠缴应纳税款，采取转移或者隐匿财产的手段，致使税务机关无法追缴欠缴的税款，数额在一万元以上的，应予立案追诉。

**第五十五条** 〔骗取出口退税案（刑法第二百零四条）〕以假报出口或者其他欺骗手段，骗取国家出口退税款，数额在十万元以上的，应予立案追诉。

**第五十六条** 〔虚开增值税专用发票、用于骗取出口退税、抵扣税款发票案（刑法第二百零五条）〕虚开增值税专用发票或者虚开用于骗取出口退税、抵扣税款的其他发票，虚开的税款数额在十万元以上或者造成国家税款损失数额在五万元以上的，应予立案追诉。

**第五十七条** 〔虚开发票案（刑法第二百零五条之一）〕虚开刑法第二百零五条规定以外的其他发票，涉嫌下列情形之一的，应予立案追诉：

（一）虚开发票金额累计在五十万元以上的；

（二）虚开发票一百份以上且票面金额在三十万元以上的；

（三）五年内因虚开发票受过刑事处罚或者二次以上行政处罚，又虚开发票，数额达到第一、二项标准百分之六十以上的。

**第五十八条** 〔伪造、出售伪造的增值税专用发票案（刑法第二百零六条）〕伪造或者出售伪造的增值税专用发票，涉嫌下列情形之一的，应予立案追诉：

（一）票面税额累计在十万元以上的；

（二）伪造或者出售伪造的增值税专用发票十份以上且票面税额在六万元以上的；

（三）非法获利数额在一万元以上的。

**第五十九条**〔非法出售增值税专用发票案（刑法第二百零七条）〕非法出售增值税专用发票，涉嫌下列情形之一的，应予立案追诉：

（一）票面税额累计在十万元以上的；

（二）非法出售增值税专用发票十份以上且票面税额在六万元以上的；

（三）非法获利数额在一万元以上的。

**第六十条**〔非法购买增值税专用发票、购买伪造的增值税专用发票案（刑法第二百零八条第一款）〕非法购买增值税专用发票或者购买伪造的增值税专用发票，涉嫌下列情形之一的，应予立案追诉：

（一）非法购买增值税专用发票或者购买伪造的增值税专用发票二十份以上且票面税额在十万元以上的；

（二）票面税额累计在二十万元以上的。

**第六十一条**〔非法制造、出售非法制造的用于骗取出口退税、抵扣税款发票案（刑法第二百零九条第一款）〕伪造、擅自制造或者出售伪造、擅自制造的用于骗取出口退税、抵扣税款的其他发票，涉嫌下列情形之一的，应予立案追诉：

（一）票面可以退税、抵扣税额累计在十万元以上的；

（二）伪造、擅自制造或者出售伪造、擅自制造的发票十份以上且票面可以退税、抵扣税额在六万元以上的；

（三）非法获利数额在一万元以上的。

**第六十二条**〔非法制造、出售非法制造的发票案（刑法第二百零九条第二款）〕伪造、擅自制造或者出售伪造、擅自制造的不具有骗取出口退税、抵扣税款功能的其他发票，涉嫌下列情形之一的，应予立案追诉：

（一）伪造、擅自制造或者出售伪造、擅自制造的不具有骗取出口退税、抵扣税款功能的其他发票一百份以上且票面金额累计在三十万元以上的；

（二）票面金额累计在五十万元以上的；

（三）非法获利数额在一万元以上的。

**第六十三条**〔非法出售用于骗取出口退税、抵扣税款发票案（刑法第二百零九条第三款）〕非法出售可以用于骗取出口退税、抵扣税款的其他发票，涉嫌下列情形之一的，应予立案追诉：

（一）票面可以退税、抵扣税额累计在十万元以上的；

（二）非法出售用于骗取出口退税、抵扣税款的其他发票十份以上且票面可以退税、抵扣税额在六万元以上的；

（三）非法获利数额在一万元以上的。

**第六十四条** 〔非法出售发票案（刑法第二百零九条第四款）〕非法出售增值税专用发票、用于骗取出口退税、抵扣税款的其他发票以外的发票，涉嫌下列情形之一的，应予立案追诉：

（一）非法出售增值税专用发票、用于骗取出口退说、抵扣税款的其他发票以外的发票一百份以上且票面金额累计在三十万元以上的；

（二）票面金额累计在五十万元以上的；

（三）非法获利数额在一万元以上的。

**第六十五条** 〔持有伪造的发票案（刑法第二百一十条之一）〕明知是伪造的发票而持有，涉嫌下列情形之一的，应予立案追诉：

（一）持有伪造的增值税专用发票或者可以用于骗取出口退税、抵扣税款的其他发票五十份以上且票面税额累计在二十五万元以上的；

（二）持有伪造的增值税专用发票或者可以用于骗取出口退税、抵扣税款的其他发票票面税额累计在五十万元以上的；

（三）持有伪造的第一项规定以外的其他发票一百份以上且票面金额在五十万元以上的；

（四）持有伪造的第一项规定以外的其他发票票面金额累计在一百万元以上的。

# 第3章

# 发票的“生意经”

发票本身不是货币，不是可流通物，但却有“货币（税）”的价值，这是因为它具有的抵税（税前扣除）的税收功能。若是正常的业务，发票起到了证据支撑的作用，符合税收征管的要求，满足增值税发票管理制度的要求；若是不正常的业务，发票可能仅能起到“掩盖真相”的作用，事后可能暴露或受牵连事发。这些年，涉及发票违法、违规行为比较多样、比较频繁，有的案件涉票金额与税额触目惊心，严重损害了国家正常的税收征管秩序，损害了国家的税收利益。

正是由于发现了发票的某些“值钱”的商机，日常经常会收到某些人、某些机构发的短信、邮件，兜售“发票”或打发票的擦边球，税点多少、解决痛点等之类的宣传；有的推销“解决个人高税负的方案”，实则也是以发票为载体进行“业务再造”；也有的通过所谓“朋友介绍”，取得某些企业虚开的发票，或者直接通过非法代开的方式进行虚开等。不难发现，做“发票生意”的大有人在，这里面有各行各业的人员，或有企业“转型”而来以抢占这一“风口”，个别人员更是无知者无畏，冒着牺牲人身自由的风险去挣“发票生意”的快钱。

在这个行业当中，有一些是挣“风口的钱”，对他们来讲，这就是一种生意，一个风口，错过了这个风口，就可能“错失良机”了；还有一些是从事传统税务、会计咨询审计服务的机构，一些从事人力资源服务的机构，在合规的边界，忐忑地做着这方面的业务拓展。

若是有真实的业务发生，且符合相关的征管政策与发票管理法律法规的规定，由此进行正当的发票处理是风险可控的。反之，若有瑕疵，甚至虚假，则就另当别论了。在本章内容中，我们主要结合当下一些热门的相关“发票生意”的业务场景，分析其中可能涉及的发票相关违规风险及其可能存在的法律后果，从而让老板们、服务人士提高警惕，防患于未然。

## 3.1 通过“门临代开”或委托代征代开发票的情形

很多人力（资源）圈的人士比较熟悉“门临”方式，这是近几年业界兴起的、使用频率比较高的用语，是指没有办理临时税务登记的自然人，直接向税务机关的窗口办理代开发票的行为。

委托代征、代开发票的情形，是指税务机关委托第三方单位或个人代征税款、代开普通发票，依法接受税务机关委托、行使代征税费权利并承担《委托代征协议书》规定义务的单位和个人。这种情形下，相应的税款暂存于受托单位，按协议约定的时限与税务机关进行结算。委托单位有点税务机关“代理人”的意思。

比如当下个人出租房屋、个人销售货物或提供劳务服务、提供建筑服务等事项，均可以向税务机关或税务机关的受托单位进行代开发票，按一定的确认标准缴纳税款。如果存在频繁的业务，通常会以个体工商户或企业等方式进行经营，所以个人的业务相对是比较零星的业务活动。那种即使是办理了注册登记的个体工商户或企业，可能并非自开发票，有需要时是直接去税务机关代开发票（而不是通过受托单位代开），但多数情形下，自开的居多。

在过往几年中，通过委托代征，拿到代开发票业务的机构非常多，有星星之火，可以燎原之势，有的机构“东奔西跑”，在不同的省份之间“跑马圈地”，也有的不断转移阵地，向当地的招商部门允诺可以带来多少税源，进而让当地的税务机关给予“有竞争力的条件”或默认的认定计税方式与代开发票的便利处理。

要做此类生意的，一般需要考虑表 3.1 所示的前置条件：

**表 3.1**

| 场景需求 | 条　　件 | 风险分析 |
| --- | --- | --- |
| 税负要绝对低 | 税负低才能吸引“客户”，其中最为主要的比如增值税享受小规模纳税人减征免征优惠，个税计缴多“套用”经营所得来计算，“十万元以下免税”之类宣传 | 转换概念，多数劳务报酬被以“经营所得”来默认并核定征税，又面临无真实交易、套现等风险，代开平台往往不过多地关注 |
| 委托代征、代开 | 多由与当地税务机关签订代征协议的机构进行代开 | 不排除机构的某些操作不规范，比如达到计征条件的自我掌握不征，或者人为调节系统中的约定的征收率、免征额等情形，甚至扣了“税”不缴 |
| 开具多少不多问 | 通常也不需要看合同、不付要付款，只要提供人身信息（部分地区有在线信息登记要求） | 少则几十万，多则百万、千万，甚至亿元并“不是梦”，甚至越多越好 |
| 老年、少年挣钱多 | 其实是利用别人的身份证虚假开具发票 | 如果调查人员打个电话与其确认，估计“一问三不知” |
| 无需支付单位代扣代缴 | 包装成经营所得征税后代开的发票，支付单位也就不强硬要求扣缴如劳务报酬的个税了。由于是采用的征收率代征的个税，目前征管中并不需要统计为经营所得的年度汇算清缴，所以被冒名使用时也没有发生像综合所得汇算清缴时的挂名举报情形 | 支付单位向外支付现金可能受到开户银行的问询或支付限制，进行反洗钱的调查等 |

税务机关本意是给部分人士，提供征管代开便利，结果是被无限地放大与滥用了。之所以有这样的问题，说明此环节还是存在较大的征管漏洞与职责漏洞的，直到目前，还没有得到体系化的完善与规范。但在审计督查、国家财税部门的规范与限制之下，原来“火热的地区”正变得安静。疫情之下，各地财政或多或少受到了影响，基于此，有些人“跃跃欲试”，没有体系化的系统自动识别与风险防范方法，这类生意还是会存在的。不过笔者也听闻，有一些地区的财政部门、招商部门有意愿引进这样的平台机构以带来财政收入，但当地的税务部门还是顶住压力，不愿碰这类会带来税收管理风险的事项，以免“惹火烧身”，产生不可控的风险。

那么，有哪些管理中的漏洞需要我们关注与思考呢？详见表 3.2。

**表 3.2**

| 可能存在的漏洞 | 描 述 | 风 险 |
| --- | --- | --- |
| 劳务报酬与经营所得的法定界限模糊被利用 | 实践当中对于影视演员的劳务报酬所得的调整认定，充分说明了筹划中税务机关的否定管理权，也说明了当前这类情形中的风险所在 | 本来是劳务报酬的特性，硬生生地被按经营所得来计税认定，征管中的漏洞，也是责任的漏洞 |
| 税务机关对受托代征机构的监督力度不够 | 比如人为调整约定的征收率、所得计征个税的基数等，甚至代征的款项不上缴等 | 不知情的“代开发票”的人们可能被假象或业务人员实传所迷惑，损害国家税款利益 |
| 代扣代缴的责任规避风险 | 支付单位以对方以“经营所得”计缴个税的资料，来规避扣缴的责任，这也是对劳务报酬的“包装”利用 | 规避扣缴个税的税负成本，于双方“皆大欢喜” |
| 以征收率计征个税的所得不汇总、不汇缴 | 对经营所得以征收率计征个人所得税，在征管当中是按单项管理的，不需要汇总计算，也不需要汇缴，即使此人还有个体工商户、独资企业的经营所得，也并不需要并入进行汇算清缴 | 属于单独事项的处理，造成征管与税款征收漏洞 |
| 税单上所得额的体现 | 税务系统中未对收入额与所得额进行比例风控管理，比如 1000 万元的收入，征收率是 0.68%，只填开了税额，体现不出来这种比例化的反差 | 税务总局层面量化指标的监控值得考虑一下规划与使用，相应的信息很可能被忽略掉了 |
| 代开发票及纳税地的混乱 | 劳务报酬一般为扣缴个税方式，年度结束后个人进行综合所得的汇算清缴处理，但个人临时经营所得的纳税地在哪里，比如在 A 省提供业务服务，其代开的发票可以在 B 省开出，也可能在 C 省，“洼地”的随意选择加剧了竞争，也加剧了筹划税负业务的泛滥 | 这是税收政策上不好明确的地方，也是极大的漏洞，明显地看比如在上海提供业务，却在云南代开发票，人不是云南的，没有常住云南，也没有去过云南，这种“跨地游”的发票在接受方来看，不好直接否定，也没有有效的牵制，纳税地的自由化本身就说明了征管的漏洞存在 |

既然有这样一些漏洞，笔者认为，无论是服务机构，还是企业的负责人，抑或是税务机关的干部，在遇到此类情形时，需要关注哪些风险事项呢？见表 3.3。

**表 3.3**

| 关注点 | 问　题 | 可能的风险 |
| --- | --- | --- |
| 业务真实性 | 结合人员、付款等进行确认，可以结合业务合理性进行分析，如果未付款或者现金结算的，有可能就说不清 | 代开发票的显名人不知情、未收款，此类情形尤其要防范，有时也是一种业务的“虚假行为”，或者就是简单的套现情形，代开发票的人根本没有收到款或者“代收款”情形 |
| 是否经营所得 | 关于这一点，如果是行业性检查，力度大的情形，不排除可以对其进行否定，但也要谨慎，毕竟经营所得与劳务报酬之间的切换并不是非常模糊，还是比较能靠上劳务报酬形式的多，比如佣金之类 | 目前的个案情形可能会存在这样的，也有行业性检查的特殊处理情形 |
| 金额合理性 | 比如有的代开金额达到 100 万元以上，500 万元甚至 1 000 万元的，这是什么业务会这样高呢，若真要检查，就需要向接受发票方进行检查了，查看相应的收费标准等，但不代表就是没有，比如有的财务融资费用、大额佣金等情形，高金额不代表就是虚假的 | 通常情形下劳动人民挣的比如 5 000 元的合理标准，在合情方面考虑，也不为过，确实不容易，比如一些建筑工地的工人，合理合情的时候，既然是略微混淆使用了经营所得的计税方式，倒是可以得到理解的 |
| 人员重叠性 | 注意查看相关的人员与公司的薪酬发放人员是不是有重合，是不是拆分薪酬规避个税的情形，或者规避利股红个税的情形 | 但有的时候，若是没有取得薪酬的股东或投资人，如果真实地提供了个人的业务活动，这时要考虑关联交易、反避税等情形 |
| 链条上的业务风险 | 比如对一些销售沙子、废旧物品的情形，通过代开解决入账成本的需求 | 这里需要考虑人员的替代风险，即真实的销售人，并不是代开的人，而是企业自找的人或批量进行操作的人，不排除里面还有部分虚假、金额不真实的情形 |
| 与实际业务不符合，只为找成本较低的代开发票替代 | 若有相应的合理性真实性的业务，这一业务场景也有一定的合理性与现实价值 | 业务真实下没有发票，生硬地找发票替代的属于虚开发票的情形 |

在代开机构与政府招商部门的合作过程当中，当地政府也极可能会给贡

献者一定的奖励作为回报，所以有的时候，部分的运营机构们就可以在价格上推出更有“诱惑力的税点”了，比如有的保险或地产佣金支出，假设市场上的税点行情是5%时，他们就可以4%“达成交易”，这是考虑了政府奖励的利益在内进行报价的，尽管当地政府有时会给的时间滞后一些，但在合作过程当中，可能还是合作比较愉快的，比如有的地方的“成本价”可能也就1%左右，还有一些批发商寄生在业务链条上，这就是代开发票业务链上的利益。可能有人会疑惑：“税单上不是写着税费金额吗，代开者为什么多要服务费呢？”这就是供需之间的问题了，关键自己去代开成本大、当地也不一定给同样的税费计征条件啊，所以有中间商挣差价也很正常的了。

有的人可能提出，从事这种业务的人员看来也不需要专业啊，只要识数就可以干啊！确实是，江湖之大，无奇不有，税务市场的很多“壮举”有时真不是专业机构比如律师事务所、会计师事务所或税务师事务所所为，很多生意人人抱着“捞一把就跑”的心态做这类业务。

对于从事此类业务的从业者，在当下的环境中，一是要谨慎，二是要让自己的业务做得靠谱，别挣了钱却给自己、给别人留下一堆麻烦。同时，那些有代开业务的企业或老板也要知道，现在的环境较之前大有变化了，不宜再有“有票就是娘”的那种想法了。

站在国家税收征管的层面上，保持税收公平性，平衡全国财政利益，堵住漏洞，确实需要大动作，改善征管政策与技术手段。比如某个个人去代开的发票，相较于他以劳务报酬扣缴，按综合所得汇算清缴计缴个税的情形，将极可能大大降低税负，造成劣币驱逐良币，其带来的不利影响是非常明显的。而且大家要知道，对于代开情形下的虚开普通发票的认定，较之机构销售业务发生的开具发票更为难管，操作人员流动性大，发票流向非常分散，形成有效的样本处理案例并不多见。

下面这则摘自12309网站的不起诉决定书，其中的个人算是相当幸运的情形了，但足以说明这是存在可追究违法责任的情形。

## 专栏 八宿县人民检察院不起诉决定书

被不起诉人王某某，男性，信息略，经八宿县人民检察院决定，于 2021 年 9 月 18 日被八宿县公安局取保候审。

本案由昌都市公安局侦查终结，以被不起诉人王某某涉嫌虚开发票罪，于 2021 年 9 月 10 日移送昌都市人民检察院起诉，2021 年 9 月 16 日，昌都市人民检察院指定本院起诉。本院受理后，于 2021 年 9 月 18 日告知被不起诉人依法享有的诉讼权利和认罪认罚从宽制度；已依法讯问被不起诉人，听取值班律师的意见，在值班律师的见证下签署了《认罪认罚具结书》。审阅了全部案件材料，核实了案件事实与证据。

经本院依法审查查明：

2019 年期间，西藏某某建筑有限公司（以下简称某某公司）以每年 100 万的租金向阿某某个人租用 3 台机械，但阿某某个人无租赁公司，无法开具增值税发票；同年，某某公司在建设工程中使用八宿县 ×× 村、×× 村、×× 村村民扎某某、多某某、洛某某等人共计 178 辆货车进行沙石运输，但当地村民无法提供运输发票。某某公司为兑现阿某某机械租赁费 100 万元，×× 村运输费 136 535 元、×× 村 967 934 元和 ×× 村运输费 795 714 元，共计 2 899 643 元（不含税费），在某某公司实际控制人珠某某的授意下，由会计尚某某编造与业务事实不符的 4 份运输合同和 5 份机械租赁合同共计 301.81 万元。尚某某在编造完合同之后，让阿某某联系人员前往八宿县税务局代开增值税普通发票，阿某某最终找到王某某等 8 人。尚某某分别给王某某 511 490.70 元、李某某 502 324.20 元、贡某某 522.490.50 元、次某某 365 145.80 元、吕某某 331 342.80 元的机械租赁合同（共计 5 份），尚某某给洛某某 264 600.60 元、多某某 373 843.19 元、旺某某 146 837.20 元（旺某某为两份合同分别为：125 000.00 元、21 837.20 元）的运输合同（共计 4 份），并安排王某某等 8 人，前往税务局代开增值税发票，王某某等 8 人收款后又将上述款项资金以现金或转账方式返还某某公司出纳账户。后某某公司通过转账方式向阿某某支付 100 万元，以现金方式向 ×× 村、×× 村、×× 村村民支付运输费共计 1 899 643.00 元。

认定上述事实的证据：

书证：受案登记表、受案回执，立案决定书、立案告知书，身份信息、前科证明，记账凭证、交易明细，昌都市税务局违法案件移送书、发票违法案件调查报告、税务行政处罚决定、税务稽查执行报告等；

证人德某某，洛某某，多某某，吕某某，扎某某等 ×× 村 23 名村民，洛某某等 ×× 村 14 名村民，多某某等 ×× 村 37 名村民证言；

被不起诉人的供述及辩解。

本院认为，被不起诉人王某某经阿某某安排，使用尚某某编造的运输合同和机械租赁合同为某某公司代开增值税普通发票，属于《发票管理法》禁止的"为他人开具与实际经营业务不符的虚开发票行为"，其行为触犯了《中华人民共和国刑法》第二百零五条之一规定，犯罪事实清楚、证据确实、充分，但犯罪情节轻微，主动坦白自己的罪行，根据《中华人民共和国刑法》第六十七条第三款的规定可以从轻处罚；在审查起诉期间，被不起诉人王某某自愿认罪认罚，签署了《认罪认罚具结书》，根据《中华人民共和国刑事诉讼法》第十五条之规定依法从宽处理。且在本案中起到辅助作用，系从犯，根据《中华人民共和国刑法》第二十七条的规定应当从轻、减轻或者免除处罚。依据《中华人民共和国刑事诉讼法》第一百七十七条第二款的规定，决定对王某某不起诉。

被不起诉人如不服本决定，可以自收到本决定书后七日内向本院申诉。

（资料来源：12309 中国检察网）

## 案 例

**BJ 某互联网教育公司，2020 年发生外部讲师在线服务费 5 000 万元，一直没有票入账，临近汇算清缴快结束了，此时主管财务的负责人着急了，税前扣除要取得发票啊。某代理服务机构提出，可以帮助解决此问题，通过在异地以核定征收率的方式代开发票（之前有的地方采取附明细汇总代开的方式），从而"顺利地"解决了这个风险事项。**

**注：**互联网公司支付款项时，可能小部分通过支付给代开机构转付，多数情形下是互联网公司直接支付给讲师（税后所得），后续由该公司集中进行发票的代开处理，其实讲师与代开机构之间并无联系，互联网公司集中协助“办理”，既替人买单，又为自己解决困难。

**分析：**这里就牵涉到了我们上面所提的问题点：

一是关于异地代开是否能够得到认可。只能这样解释，政策上并没有限制，而且现实中这样的情形大量存在，税务机关也没有“旗帜鲜明地”提出反对意见，似乎成了一种默认的状态。但这不合理的，若自然人从事其他经营所得，一是建议完善汇算清缴的数据汇集（比如有多类，多种经营所得以征收率征收的情形不含定期定额），形成全国的数据信息，形成“一人式”户头风险管理，比如针对演艺人员的档案化管理，可能就是一个不错的方向；二是建议强化代扣代缴的功能，个税法未要求对经营所得代扣代缴，这里的问题一是当被包装之后，扣缴风险是不是可以避开，同时也可以以一定的方式明确在业务发生地纳税的要求（支付方代为办理），避免全国到处跑的状态，从主动与被动相结合的角度展开；三是可以考虑在分不清的情形下，若没有办理税务登记之时，将其他经营所得并入综合所得来处理，此时可能有的成本确实比较高，比如经销货物、提供建筑服务的情形，那就督促其设立相应的主体进行经营。正是有了套利空间，才有了这些不登记情形的广泛发生。

二是讲师服务宜认为属于劳务报酬更符合所得类型，若“粗暴地”以经营所得的类型判定计税，明显是更改所得类型，错误适用了税法的规定，使税法失去了公平性，也混淆了社会的认知。

通过大规模的排查、检查、复核，通过完善数据归集与风控管理，通过税法层面的调整或修订，以样本为警示、引导，以责任追究与高收入、高净值个人纳税信息监控为手段，推进税收公平性，维护国家的税收利益，刻不容缓。欣喜的是，各地税务机关也采取了一些优化措施。

## 3.2 个体工商户（个人独资企业）等方式的筹划

承上节分析的情形，其解决了发票入账的问题，解决了不需要按劳务报酬扣缴个税的成本问题，这不是挺好的嘛。但细想一下，企业还是有风险的，主要是当企业直接支付款项给个人的时候，尽管异地税务机关或委托代征机构按经营所得计征的个税，但毕竟是直接付款给个人，还是有不被认可且要求按劳务报酬扣缴的风险的。如何办呢？那就是自然人的主体化，比如注册为个体工商户或个人独资企业（一般为个体工商户），以化解那些自然人按经营所得计税不被认可的风险。

首先，这类情形下，可能是很多人关注的核定征收经营所得个税的处理，但在另一个层面上，就是它能够继续保持发票的开具，以较小的税负成本实现发票的顺利获取。相较于代开发票，这是有一个经营的主体了，有“门面”了，进行定期计缴税款，有较好的自由度与保护度，现在谁还能说什么呢？可以想象一下：一个企业的工作人员，其实不是员工，而是个体工商户以承包的方式干活呢！你说奇怪不奇怪呢？是的，事实就是这样的。

其次，对于某些大额的收入，比如某个体工商户的年收入都上亿元了，但是核定无上限，较多地区的个税经营所得的核定如火如荼，实现了极大的税收价值筹划安排。十多年来，此类情况在筹划行业中相当普遍，而且实施成本之低，让其成为一门人见人爱、轻松上手的生意。不过当下多地已控制在每年 500 万元以下了。

正是因为上述的核定处理，才有了继续开具发票的可能性，也提供了相应的保障，若非核定而是查账证税，按 5%~35% 的个税级距来计算经营所得的个税，估计早就没有这样的火爆场景了。

那么，这些大批量成立的主体，对于某些“双高收入”的人群来讲，他们提供了与收入相应的业务活动了吗？很明确的是，有一些是没有的，就是个“空壳”，比如某个自然人设立一个，提供业务活动，这比较正常；若设立数十个上百个自己控制的主体，难道他有分身术吗？所以，这就是一种玩魔术式的戏法，当没有业务支撑的发票开具出来，不是虚开是什么呢？

2021年以来，对某些在线带货、直播的“网红”们进行检查补税的处理，其中存在许多以成立个体工商户或个人独资企业的方式收取款项的情形，而且很多是平台统一安排的，有的“网红”有自己的运营公司，还稍好一些，有一些进退之策。在税务检查中，直接否定了他们设立个体按经营所得计税的方式，更是否定了其核定征税方式，直接以劳务报酬定性，按一定折扣方式要求补缴个税。不过我们所担心的发票问题，并没有提及，其实也是对其“放过一马”，若真的不配合，动发票这条线也可以是一个策略。

即使有了这些个体化的方法，某些企业依然不愿直接向大量个体工商户付款的方式，而是前置置人一个环节——用工平台（可能企业类型各异），相当于一个总的“包工头”，把所有的业务说成是这个用工平台接的单，进而向个人或人体工商户进行结算支付。这种方式下，仍保留了对最终收款人以“经营所得”“核定计税”的方式计税，这是这一套游戏规则的基础，同时这个用工平台的地域选择，也是考虑了财政的利益在内，在开票方式上，相当于它承接了个人的成本支付，且进行了税前扣除，所有的流水算作收入，向用工的企业开具增值税专用发票，一般税率为6%，用工企业进行抵扣。这种方式在链条上是“完美”的，若相关的业务真实、可控，还是有一定的合理性，不宜直接认定其违法违规或虚开发票；但若在欲望之下失控，则保不齐会面临风险。在后面的灵活用工章节，我们将进一步探讨。

还有一种情形，某些民营企业通过设立一些个体工商户、个人独资企业或合伙企业等，由经营主体向他们支付费用，获取发票税前扣除。待取得的款项以核定方式计缴个人所得税后，再私下向高管等不同的人员转移支付，经营所得的纳税人只是一个“代理人”身份。

在2022年4月14日某公司发布了招股说明书，其中有《通过关联方上海××企业管理中心代发奖金》内容：

2019年和2020年，公司曾通过上海××企业管理中心将部分资金支付至个人账户，并将该部分资金用于支付员工奖金，以实现为员工降低个人所得税税负的目的。从2019年10月至2020年8月，公司累计向上海××企业管理中心支付资金491万元。经自查，公司上述行为不符合个人所得税、增值税相关征收管理的规定。因此，公司积极进行了整改规范，一是从2020年9月起不再对上海××企业管理中心支付资金；二是于2021年6月，在2020年度个人综合所得年度汇算截止之前，督促相关人员补缴了个人所得税；三是办理了前述从上海××企业管理中心取得的增值税专用发票对应的1.46万元进项税的转出；四是对相关账务进行了调整；五是进一步完善公司资金管理制度，避免再次发生类似不规范行为。国家税务总局湘潭市雨湖区税务局已出具《证明》："鉴于以上情况系公司自查补正，根据《中华人民共和国税收征收管理法》及实施细则相关规定，上述情况不构成重大违法违规行为，因此我局未就该事项对湖南裕能及相关人员进行行政处罚。"

不过我们也可以宽容地理解，在增值税上没有造成国家税款的流失，没有形成损害，一方开具一方抵扣，没有形成增值税的少缴，不宜认为是虚开，现在企业主动转出，算是一种主动认错的改正，意在上市的大局安排。主管税务机关给予出具这样的证明，也"够意思"了，都不属于法定的证明出具事项。目前来看，个体工商户、个人独资企业和合伙企业的核定计征个税已不再"放任自流"，各地已变得比较谨慎，比如对于年收入180万元甚至100万元以上的就不给予核定，也有的是对于年收入500万元以上的规模，不再主动核定个税。而且税收政策也进一步收紧，详见财政部、税务总局2021年第41号公告：

**专栏**

为贯彻落实中央办公厅、国务院办公厅《关于进一步深化税收征管改革的意见》有关要求，深化"放管服"改革，现就权益性投资经营所得个人所得税征收管理有关问题公告如下：

一、持有股权、股票、合伙企业财产份额等权益性投资的个人独资企业、合伙企业（以下简称独资合伙企业），一律适用查账征收方式计征个人所得税。

二、独资合伙企业应自持有上述权益性投资之日起30日内，主动向税务机关报送持有权益性投资的情况；公告实施前独资合伙企业已持有权益性投资的，应当在2022年1月30日前向税务机关报送持有权益性投资的情况。税务机关接到核定征收独资合伙企业报送持有权益性投资情况的，调整其征收方式为查账征收。

三、各级财政、税务部门应做好服务辅导工作，积极引导独资合伙企业建立健全账簿、完善会计核算和财务管理制度、如实申报纳税。独资合伙企业未如实报送持有权益性投资情况的，依据税收征收管理法相关规定处理。

四、本公告自2022年1月1日起施行。

下面这个官方通报的检查案例，说明了所得定性的问题，以及滥用空壳主体的问题。

**案 例**

## 浙江省杭州市税务部门依法对朱×慧、林×珊偷逃税案件进行处理

前期，浙江省杭州市税务部门通过税收大数据分析，发现朱×慧、林×珊两名网络主播涉嫌偷逃税款，在相关税务机关协作配合下，对其依法开展了全面深入税务稽查。

经查，朱×慧、林×珊在2019年至2020年期间，通过在上海、广西、江西等地设立个人独资企业，虚构业务将其取得的个人工资薪金和劳务报酬所得转变为个人独资企业的经营所得，偷逃个人所得税。两人的上述行为违反了相关税收法律法规，扰乱了税收征管秩序。

杭州市税务局稽查局依据《中华人民共和国税收征收管理法》《中华人民

共和国个人所得税法》《中华人民共和国行政处罚法》等相关法律法规，对朱×慧追缴税款、加收滞纳金并拟处1倍罚款共计6 555.31万元，对林×珊追缴税款、加收滞纳金并拟处1倍罚款共计2 767.25万元。日前，杭州市税务局稽查局已依法向朱×慧、林×珊下达税务行政处理决定书，并依法履行税务行政处罚告知程序。

检查中，税务部门发现李志强涉嫌策划、实施和帮助朱×慧、林×珊偷逃税，并干扰税务机关调查。目前，税务部门已依法对李志强进行立案检查，将依法另行处理。同时，税务部门通过税收大数据分析，还发现其他个别网络主播在文娱领域税收综合治理中自查自纠不到位，存在涉嫌偷逃税行为，正由属地税务机关依法进行稽查。

杭州市税务局有关负责人表示，将按照文娱领域税收综合治理工作的有关要求，进一步加强对文娱领域从业人员的税收管理，促使其提升税法遵从意识，自觉依法纳税。对涉嫌偷逃税的人员，依法依规加大查处力度，营造公平竞争的税收环境，积极推动文娱领域长期规范健康发展。杭州市税务局稽查局有关负责人就朱×慧、林×珊偷逃税案件答记者问如下：

日前，杭州市税务局稽查局对朱×慧、林×珊两名网络主播涉嫌偷逃税款问题进行了查处。该局有关负责人就案件查处情况回答了记者提问。

1. 为什么杭州市税务部门要对朱×慧、林×珊二人进行检查？

答：我们在开展规范文娱领域税收秩序工作中，通过税收大数据分析发现，朱×慧、林×珊两名网络主播涉嫌偷逃税款，于是依法依规对其进行立案并开展全面深入税务稽查。目前，案件事实已经查明并依法进行了处理。

2. 朱×慧、林×珊二人违法事实有哪些？

答：朱×慧在2019年至2020年期间，通过设立北海宸汐营销策划中心、北海瑞宸营销策划中心、上海豆梓麻营销策划中心、上海皇桑营销策划中心、宜春市宜阳新区豆梓麻营销服务中心、宜春市宜阳新区黄桑营销服务中心等个人独资企业，虚构业务把从有关企业取得的个人工资薪金和劳务报酬所得8 445.61万元，转换为个人独资企业的经营所得，偷逃个人所得税3 036.95万元。

林 × 珊在 2019 年至 2020 年期间，通过设立北海灵珊营销策划中心、北海珊妮营销策划中心、宜春市宜阳新区玉珊企业管理中心、宜春市宜阳新区蓝珊营销服务中心等个人独资企业，虚构业务把从有关企业取得的个人工资薪金和劳务报酬所得 4 199.5 万元，转换为个人独资企业的经营所得，偷逃个人所得税 1 311.94 万元。

3. 为什么对朱 × 慧、林 × 珊拟处偷税金额 1 倍的罚款？

答：朱 × 慧、林 × 珊二人通过设立多家个人独资企业，虚构业务将个人工资薪金和劳务报酬所得转换为个人独资企业的经营所得，偷逃个人所得税，属于税收征管法规定的偷税行为。同时，综合考虑朱 × 慧、林 × 珊在税务稽查立案后较为配合，在案情查实前主动补缴部分税款，具有主动减轻违法行为危害后果等情节，依据《中华人民共和国税收征收管理法》第六十三条、《中华人民共和国个人所得税法》第二条、《中华人民共和国行政处罚法》第三十二条等规定，对两人拟处偷税金额 1 倍的罚款。

这类筹划方式在过去数年较为普遍，似乎大家认为是再正常不过的筹划之策。但是当大环境发生变化的时候，问题就会一下子凸显出来，很明显就是一个税收的漏洞，有的还夹杂着不同情形下的违法违规事项。

可能有人提出：“这里所分析的问题，没有发票什么事啊！”实则不然，发票是隐在后面的“大鱼”，在核定之后，它的功能就浮现出来，这中间的虚开情形，有很多是经不起推敲的，只是税务机关没有“赶尽杀绝”，愿意补税的就给一个机会。但话说回来，若要定虚开，在相关证据的取证上也是要做充分的工作的，并不是“一拍桌子”就可以定的。若涉及虚开发票罪，在补缴完税款之后，达到标准依然是可以追诉的，并没有“补税赎罪”的法定条件，在此不能按“择一适用”的方式判定。

## 3.3 赤裸裸的“卖票”“买票”行为

“卖票”“买票”行为当然是国家要打击的对象，其中的利益诱惑之大，使一些不法分子难以抗拒，此种情况屡禁未止。即使伴随数字技术、区块链技术的应用，也难以完全防范与控制，当无法预先掌握业务的真实性并及时进行防范之时，采取发票这一形式的结果，是难以完全预判的。最终暴露出来，往往是后知后觉侦查与追究相关人员的法律责任，此时或有一些无辜的纳税人受到牵连。

### 案 例

某地产公司老板张三，早些年拍得一块地，准备开发商业与住宅，当时拿地的价格较低，按说应是开心的事情。但张三一想到土地增值税中最高部分60%的税负，就不开心，于是找到专家咨询筹划。专家提出了一些方案后，提及收取费用的方式可以按节税额10%~20%，张三直接给予回绝，其认为我自己就可以解决："我让建筑企业随便多做出一些土方的预算，开建筑服务发票，我给对方一些税点就行了！你们的收费比我买发票的税点还高，这谁干！"

**分析：**大家可以想想，习惯了用"税点买票"虚增成本的方法，在个别老板眼里就是个生意，只算经济账，而不是考虑政策合规，也可能想不到最坏的结果。问题是，当上一家低于税率的"收费"情形下，张三还以为得便宜了，上一家也要想办法找进项填补"窟窿"，说不定哪个环节出事，一连串地就把自己牵涉进来了。此类案例太多了。

比如有的企业开完专用发票就"走逃"了，或者去想办法以农产品收购等方式虚增进项抵扣，总有秋后算账的时候，强烈建议离这类情况越远越好。正是因为增值税专用发票链条的互相牵制之力，老板们可能对自己企业的经营风险处理能力比较强，但是对于跨地区、异地的税警检查、羁押风险应对能力就不一定强了。

除了专用发票之外，近年来，向外"批发销售"普通发票的情形越来越多样化，利用国家的财政优惠政策的漏洞，或者是某些征管漏洞，又或者是一些差额计税等技术性的变通蒙蔽之术等，疯狂开票。

摘自中国裁判文书网的《费×艳、吴×春、周×涵等虚开发票罪一审刑事判决书》[四川省仪陇县人民法院刑事判决书(2021)川1324刑初11号]中提到:

## 专栏

……

经审理查明，2017年，被告人吴×春与被告人费×艳商议通过虚开增值税普通发票的方式赚钱。费×艳遂利用自己和他人的身份，在仪陇县内先后注册成立由其实际控制管理的仪陇县春春科技有限公司、仪陇县芯蕾科技管理有限公司成立、仪陇鑫蕾科技咨询有限公司、仪陇县春燕医药咨询有限公司、仪陇县胜旭医药咨询有限公司、仪陇县小林医药咨询有限公司、仪陇县安民医药咨询有限公司、仪陇县蓉芳医药咨询有限公司、仪陇县林宇医药咨询有限公司、仪陇县春信医药咨询服务部成立、仪陇县海英医药咨询服务部等十三家医药咨询公司。吴×春负责向他人宣传费×艳可以虚开医药类增值税普通发票的业务。2017年10月18日至2020年4月23日，费×艳成立的11家公司在没有实际业务往来的情况下，向全国44家医药公司累计虚开增值税普通发票740份，税价合计59 778 801.84元(其中150万元未能收取手续费)，被告人费×艳实际收款57 813 337.22元，并按照税价合计金额的6%以上比例收取手续费，实际缴纳税款2 268 066.72元，收取手续费共计1 200 732.51元。案发后，被告人吴×春、费×艳退缴违法所得1 155 732.6元。

被告人朱×、吴×梅分别为仪陇县金××财务有限公司的法人、合伙人，在公司为费×艳注册的公司代理做账期间，明知费×艳的公司无实际业务经营，仍安排公司员工帮助费×艳代为开具增值税普通发票、注册、注销公司，帮助开具增值税普通发票税价金额合计28 164 951.21元。收取代理做账费用共计33 000元，帮助注销公司收取费用至少15 000元。

被告人易×祥在任职四川九州×医药公司医院事业部副总经理期间，在无真实业务往来的情况下，安排被告人王×平向费×艳购买医药咨询类增值税普通发票44份，税价合计3 780 298.99元。

被告人周×涵系黑龙江中×医药营销有限公司（简称中×公司）四川区域代理商，在明知没有真实业务往来的情况下，帮助中×公司向费×艳购买医药咨询类增值税普通发票420份，税价合计39 001 340元。

……

综上，被告人费×艳、吴×春为他人虚开增值税普通发票，情节特别严重；被告人周×涵帮助他人购买虚开增值税普通发票，情节特别严重；被告人朱×、吴×梅明知费×艳在虚开增值税普通发票，仍然为其提供帮助，情节特别严重。被告人易×祥让他人为自己虚开增值税普通发票，情节严重；被告人王×平帮助他人购买虚开的增值税普通发票，情节严重；上述七名被告人的行为均已构成虚开发票罪。公诉机关的指控罪名成立。被告人吴×春、费×艳、易×祥在共同犯罪中起主要作用，系主犯；被告人朱×、吴×梅、周×涵、王×平在共同犯罪中起次要作用，系从犯，依法应当从轻或减轻处罚。被告人王×平犯罪以后自动投案，如实供述自己的罪行，系自首，依法可以从轻或减轻处罚。被告人费×艳、吴×春、周×涵、易×祥、朱×、吴×梅到案后如实供述自己的犯罪事实，系坦白，依法可以从轻处罚。被告人费×艳、吴×春、朱×、吴×梅自愿退缴了大部分赃款，可酌情从轻处罚。据司法局的社会调查评估意见，本案各被告人均适宜社区矫正。各被告人均自愿认罪认罚，依法可以从宽处罚。公诉机关建议判处被告人费×艳有期徒刑二年六个月，缓刑三年六个月，并处罚金5万元；判处被告人吴×春有期徒刑二年六个月，缓刑三年六个月，并处罚金5万元；判处被告人朱×有期徒刑一年，缓刑一年六个月，并处罚金2万元；庭审中建议判处被告人吴×梅有期徒刑一年一个月至一年三个月，缓刑一年六个月，并处罚金2万元；判处被告人周×涵有期徒刑一年三个月，缓刑一年八个月，并处罚金2.5万元；判处被告人易×祥有期徒刑六个月，缓刑一年，并处罚金1万元；判处被告人王×平拘役四个月，缓刑八个月，并处罚金5 000元的量刑建议适当，本院予以采纳。综上，依照《中华人民共和国刑法》第二百零五条之一第一款、第二十五条第一款、第二十六条第一款及第四款、第二十七条，第五十二条、第五十三条、第六十四条、第六十七条、第七十二条第一款及第三款、第七十三条，《中华人民共和国刑事诉讼法》第十五条、第二百零一条，《最高人民法院关于适用〈中华人民共和国刑事诉讼法〉的解释》第三百四十七条、第三百五十五条、第三百五十六条之规定，判决如下：

一、被告人费×艳犯虚开发票罪，判处有期徒刑二年六个月，缓刑三年六个月，并处罚金五万元（已缴纳）。

（缓刑考验期限，从判决确定之日起计算）

二、被告人吴×春犯虚开发票罪，判处有期徒刑二年六个月，缓刑三年六个月，并处罚金五万元（已缴纳）。

（缓刑考验期限，从判决确定之日起计算）

三、被告人周×涵犯虚开发票罪，判处有期徒刑一年三个月，缓刑一年八个月，并处罚金二万五千元（已缴纳）。

（缓刑考验期限，从判决确定之日起计算）

四、被告人吴×梅犯虚开发票罪，判处有期徒刑一年一个月，缓刑一年六个月，并处罚金二万元。

（缓刑考验期限，从判决确定之日起计算。罚金在判决生效后十日内一次性缴纳）

五、被告人朱×犯虚开发票罪，判处有期徒刑一年，缓刑一年六个月，并处罚金二万元。

（缓刑考验期限，从判决确定之日起计算。罚金在判决生效后十日内一次性缴纳）

六、被告人易×祥犯虚开发票罪，判处有期徒刑六个月，缓刑一年，并处罚金一万元（已缴纳）。

（缓刑考验期限，从判决确定之日起计算）

七、被告人王×平犯虚开发票罪，判处拘役四个月，缓刑八个月，并处罚金五千元（已缴纳）。

（缓刑考验期限，从判决确定之日起计算）

八、没收被告人费×艳、吴×春的违法所得1 167 732.51元（已缴纳777 046元，已冻结378 686.6元），没收被告人朱×、吴×梅的违法所得48 000元（已扣押在案45 000元），依法上缴国库（已扣押在案和已缴纳金额由收取机关上缴国库）。

九、没收作案工具和发还被告人被扣押的相关物品，由扣押机关执行。

如不服本判决，可在接到判决书的第二日起十日内，通过本院或者直接向四川省南充市中级人民法院提出上诉。书面上诉的，应当提交上诉状正本一份，副本三份。

从此可以看出，代理记账人员的风险也是无所不在，明知违法而为之，看似仅仅提供了一个服务，但其潜在的法律风险是相当大的，也有一些不可预知性。在选择业务与排除风险之间，是需要作出取舍的，但不排除有时确实也不大清楚，最后“阴差阳错”地担了责任。

## 3.4 人力资源公司涉嫌虚开与偷逃税款的风险

目前市场上人力资源服务企业比较多，业务类型也比较多样，各家挣钱的方式不一，又恰逢良机，国家对用工市场比较重视，给予了大量的政策支持，体现为一系列的税收支持政策或特例政策。在此温室环境中，人力资源公司蓬勃发展，创业、上市等讯息不断。但是，繁华背后，良莠不齐。

### 3.4.1 人力资源类服务的分类

常见的人力资源服务企业类型和计税依据见表3.4。

理论上讲，人力资源类服务的提供可分为劳务派遣、外包及业务服务三种类型（见表3.4）。但实际情形却复杂得多，比如名义上是劳务派遣，却并不是真正的“员工”身份，而只是“东拼西凑”的服务人员，更可能连个税都没有扣缴或把劳务方的报酬按经营所得核定取得发票计成本费用，还有的可能要根本没有人，就是编造的业务事项，通过政策漏洞进行操作处理以达到“筹划”的目的。这其中的发票风险，说大会很大，说小也可能有解释的空间存在。

**表 3.4**

| 类　型 | 计税规则或依据 | 特　　性 |
| --- | --- | --- |
| 劳务派遣① | 1. 增值税<br>一般纳税人提供劳务派遣服务，可以按照《财政部 国家税务总局关于全面推开营业税改征增值税试点的通知》（财税〔2016〕36 号）的有关规定，以取得的全部价款和价外费用为销售额，按照一般计税方法计算缴纳增值税；也可以选择差额纳税，以取得的全部价款和价外费用，扣除代用工单位支付给劳务派遣员工的工资、福利和为其办理社会保险及住房公积金后的余额为销售额，按照简易计税方法依 5% 的征收率计算缴纳增值税。<br>小规模纳税人提供劳务派遣服务，可以按照《财政部 国家税务总局关于全面推开营业税改征增值税试点的通知》（财税〔2016〕36 号）的有关规定，以取得的全部价款和价外费用为销售额，按照简易计税方法依 3% 的征收率计算缴纳增值税；也可以选择差额纳税，以取得的全部价款和价外费用，扣除代用工单位支付给劳务派遣员工的工资、福利和为其办理社会保险及住房公积金后的余额为销售额，按照简易计税方法依 5% 的征收率计算缴纳增值税。<br>选择差额纳税的纳税人，向用工单位收取用于支付给劳务派遣员工工资、福利和为其办理社会保险及住房公积金的费用，不得开具增值税专用发票，可以开具普通发票。<br>劳务派遣服务，是指劳务派遣公司为了满足用工单位对于各类灵活用工的需求，将员工派遣至用工单位，接受用工单位管理并为其工作的服务。<br>2. 企业所得税<br>劳务派遣公司支付派遣员工的工资薪酬支出，以发放明细作为支出凭据，以扣缴个税作为扣除的辅助条件。<br>3. 个人所得税<br>由劳务派遣公司进行支付并扣缴个人所得税。 | 派遣人员是劳务派遣公司雇佣的员工，支付薪酬，扣缴个税并进行明细申报；<br>差额计税的部分限于列举事项，不包括其他事项中各种补贴名义的支出；<br>派遣的人员需要进行综合所得的申报，若有使用冒名者很容易被发现举报 |

续表

| 类 型 | 计税规则或依据 | 特 性 |
| --- | --- | --- |
| 人力资源外包服务 | 1. 增值税<br>纳税人提供人力资源外包服务，按照经纪代理服务缴纳增值税，其销售额不包括受客户单位委托代为向客户单位员工发放的工资和代理缴纳的社会保险、住房公积金。向委托方收取并代为发放的工资和代理缴纳的社会保险、住房公积金，不得开具增值税专用发票，可以开具普通发票。<br>一般纳税人提供人力资源外包服务，可以选择适用简易计税方法，按照5%的征收率计算缴纳增值税。<br>2. 企业所得税<br>代收代转的款项不属于企业的收入，支出也不是成本，属于代收代转的款项，相应的差价手续费属于企业自己的收入。<br>3. 个人所得税<br>通常情形下由委托发放方代扣代缴个人所得税。 | 相关人员是委托方的雇佣人员或使用的劳务人员，个税应由承担支付者进行扣缴，代发方帮其发放；<br>可以开具普通发票是个“混淆”式的规定，根本不需要开具，反而带来管理的漏洞，申报时还得用差额方式进行技术处理，但目前政策如此规定了 |
| 业务服务关系 | 1. 增值税<br>通过人力公司的平台找人提供服务，跟一般的商业服务关系无异，本质上就是销售服务，中间转包或者是“空转”提供服务。<br>2. 企业所得税<br>属于所得税收入，成本由服务方计算其成本，就所得额计税。<br>3. 个人所得税<br>由提供服务的人资公司向个人支付所得时进行扣缴。 | |

**注：**

① 依据《中华人民共和国劳动合同法》规定：

**第二节 劳务派遣**

**第五十七条** 经营劳务派遣业务应当具备下列条件：

（一）注册资本不得少于人民币二百万元；

（二）有与开展业务相适应的固定的经营场所和设施；

（三）有符合法律、行政法规规定的劳务派遣管理制度；

（四）法律、行政法规规定的其他条件。

经营劳务派遣业务，应当向劳动行政部门依法申请行政许可；经许可的，依法办理相应的公司登记。未经许可，任何单位和个人不得经营劳务派遣业务。

**第五十八条** 劳务派遣单位是本法所称用人单位，应当履行用人单位对劳动者的义务。劳务派遣单位与被派遣劳动者订立的劳动合同，除应当载明本法第十七条规定的事项外，还应当载明被派遣劳动者的用工单位以及派遣期限、工作岗位等情况。

劳务派遣单位应当与被派遣劳动者订立二年以上的固定期限劳动合同，按月支付劳动报酬；被派遣劳动者在无工作期间，劳务派遣单位应当按照所在地人民政府规定的最低工资标准，向其按月支付报酬。

**第五十九条**　劳务派遣单位派遣劳动者应当与接受以劳务派遣形式用工的单位（以下称用工单位）订立劳务派遣协议。劳务派遣协议应当约定派遣岗位和人员数量、派遣期限、劳动报酬和社会保险费的数额与支付方式以及违反协议的责任。

用工单位应当根据工作岗位的实际需要与劳务派遣单位确定派遣期限，不得将连续用工期限分割订立数个短期劳务派遣协议。

**第六十条**　劳务派遣单位应当将劳务派遣协议的内容告知被派遣劳动者。

劳务派遣单位不得克扣用工单位按照劳务派遣协议支付给被派遣劳动者的劳动报酬。

劳务派遣单位和用工单位不得向被派遣劳动者收取费用。

**第六十一条**　劳务派遣单位跨地区派遣劳动者的，被派遣劳动者享有的劳动报酬和劳动条件，按照用工单位所在地的标准执行。

**第六十二条**　用工单位应当履行下列义务：

（一）执行国家劳动标准，提供相应的劳动条件和劳动保护；

（二）告知被派遣劳动者的工作要求和劳动报酬；

（三）支付加班费、绩效奖金，提供与工作岗位相关的福利待遇；

（四）对在岗被派遣劳动者进行工作岗位所必需的培训；

（五）连续用工的，实行正常的工资调整机制。

用工单位不得将被派遣劳动者再派遣到其他用人单位。

**第六十三条**　被派遣劳动者享有与用工单位的劳动者同工同酬的权利。用工单位应当按照同工同酬原则，对被派遣劳动者与本单位同类岗位的劳动者实行相同的劳动报酬分配办法。用工单位无同类岗位劳动者的，参照用工单位所在地相同或者相近岗位劳动者的劳动报酬确定。

劳务派遣单位与被派遣劳动者订立的劳动合同和与用工单位订立的劳务派遣协议，载明或者约定的向被派遣劳动者支付的劳动报酬应当符合前款规定。

**第六十四条**　被派遣劳动者有权在劳务派遣单位或者用工单位依法参加或者组织工会，维护自身的合法权益。

**第六十五条**　被派遣劳动者可以依照本法第三十六条、第三十八条的规定与劳务派遣单位解除劳动合同。

被派遣劳动者有本法第三十九条和第四十条第一项、第二项规定情形的，用工单位可以将劳动者退回劳务派遣单位，劳务派遣单位依照本法有关规定，可以与劳动者解除劳动合同。

**第六十六条**　劳动合同用工是我国的企业基本用工形式。劳务派遣用工是补充形式，只能在临时性、辅助性或者替代性的工作岗位上实施。

前款规定的临时性工作岗位是指存续时间不超过六个月的岗位；辅助性工作岗位是指为主营业务岗位提供服务的非主营业务岗位；替代性工作岗位是指用工单位的劳动者因脱产学习、休假等原因无法工作的一定期间内，可以由其他劳动者替代工作的岗位。

用工单位应当严格控制劳务派遣用工数量，不得超过其用工总量的一定比例，具体比例由国务院劳动行政部门规定。

**第六十七条**　用人单位不得设立劳务派遣单位向本单位或者所属单位派遣劳动者。

《国家税务总局关于企业工资薪金和职工福利费等支出税前扣除问题的公告》（国家税务总局公告2015年第34号）相关规定如下：

**三、企业接受外部劳务派遣用工支出税前扣除问题**

企业接受外部劳务派遣用工所实际发生的费用，应分两种情况按规定在税前扣除：按照协议（合同）约定直接支付给劳务派遣公司的费用，应作为劳务费支出；直接支付给员工个人的费用，应作为工资薪金支出和职工福利费支出。其中属于工资薪金支出的费用，准予计入企业工资薪金总额的基数，作为计算其他各项相关费用扣除的依据。

这个所得税的文件是以实质重于形式的原则进行的判断处理，接受劳务派遣方直接发给派遣工的费用，算作工薪类支出。大家知道，员工给公司打工不视为经营活动，不是增值税的应税事项，也不存在发票开具的情形，所得税认为属于税前扣除的工薪范围，不代表这些人真的变成了员工，他们的身份仍是劳务派遣公司进行的派遣服务，仍需要其开具发票给接受派遣方作为结算凭证或抵扣凭证，同时这个工薪支出也应凭发票作为税前扣除凭证才对，毕竟法律关系是不能更改的，这种视同工薪处理的规定，只是更有利于纳税人的政策。据笔者观察，这一点被忽略了。

### 3.4.2 劳务派遣公司的涉票风险

分析劳务派遣公司的涉票风险，由于其主要的成本构成是“员工薪酬”，依政策当选择差额按5%计增值税时，（实际上多数的劳务派遣公司选择此类，而不是全额作为一般收入计6%的增值税）对应开具增值税普通发票，且计算增值税时差额扣减。在实践当中，当所发生的业务不符合劳务派遣的事项，也不符合人力资源外包服务的事项时，首当其冲的风险当然是虚开增值税普通发票，听说有的地区都有接近“疯狂”的地步，而对应的“税点（手续费）”部分，是可以开具增值税专用发票的，这时对应的业务可能真实的，也可能不真实。

摘自中国裁判文书网的《文×、范×虚开发票一审刑事判决书》[湖南

**省长沙市岳麓区人民法院刑事判决书〔（2017）湘0104刑初790号〕中有这样的内容：**

专栏

经查，现有证据能够充分证实文×担任法定代表人的文×劳务公司与湖南龙××鑫物流集团有限公司、湖南省宏×土木工程检测有限公司、湖南省宏×检测技术股份有限公司、长沙宏×建筑检测有限公司、湖南中×工程检测有限公司、湖南省勘×设计研究院、湖南理×交通科技发展有限公司、湖南湖×土木建筑工程检测有限公司、湖南同×检测咨询有限公司并没有真实发生劳务派遣业务和收取对方单位劳务人员工资费用，均无真实的劳务派遣协议，亦无与劳动者签订的劳动合同，不存在挂靠关系，受票单位接受的发票项下是否存在真实劳务关系不影响被告人文×、范×作为开票人向上述九家受票单位虚开发票事实的认定，且获利与否也并非虚开发票罪的构成要件；被告人文×、范×在侦查机关的供述证实其二人对于上述虚开发票的行为是违法的是明知的，故二被告人主观上具有虚开发票的故意。综上，被告人文×、范×开具给上述九家单位的共计112 780 835.6元的发票金额均应认定为其虚开的数额。故对上述辩解、辩护意见，本院不予采纳。

……

本院认为，被告人文×、范×违反国家发票管理法规，为他人虚开增值税专用发票、用于骗取出口退税、抵扣税款发票以外的其他发票，情节特别严重，其行为已构成虚开发票罪。公诉机关指控被告人文×、范×犯虚开发票罪的事实和罪名成立。

被告人文×、范×主动投案后，如实供述了自己的犯罪事实，系自首，依法可从轻处罚。本案系共同犯罪，被告人文×、范×在共同犯罪过程中，积极主动实施犯罪，均系主犯，但被告人范×的地位、作用相对较小，在量刑时可予以区分。公诉机关建议对被告人文×、范×在有期徒刑三年以上六年以下，并处罚金的幅度内量刑的意见，本院予以采纳。被告人文×、范×

所在的社区矫正部门出具帮教材料，愿意对其加强教育和监管。根据被告人文×、范×的事实、性质、情节以及其行为对社会的危害程度，依照《中华人民共和国刑法》第二百零五条之一第一款、第二十五条第一款、第二十六条第一、四款、第六十七条第一款、第四十五条、第七十二条第一款、第七十三条第二、三款之规定、第五十二条、第五十三条之规定，判决如下：

一、被告人文×犯虚开发票罪，判处有期徒刑三年，宣告缓刑四年，并处罚金人民币四十五万元。

（缓刑考验期限，从判决确定之日起计算。罚金限本判决生效后一个月内向本院缴纳。扣押在案的钱款人民币四十三万七千六百元予以折抵罚金。）

二、被告人范×犯虚开发票罪，判处有期徒刑三年，宣告缓刑三年，并处罚金人民币五万元。

（缓刑考验期限，从判决确定之日起计算。罚金限本判决生效后一个月内向本院缴纳。）

如不服本判决，可在接到判决书的第二日起十日内，通过本院或者直接向湖南省长沙市中级人民法院提出上诉。书面上诉的，应当提交上诉状正本一份，副本三份。

在这个判例中，并没有去深究验证受票方的业务真假，而是在相应证据、口供的基础之上直接认定其为《刑法》中的虚开发票罪进行判决。如果受票方有真实的业务，那么其找第三方开具的发票，第三方无从掌握人员、业务真实性，也可能被认定为虚开，这里并没有深究；如果没有业务只是为了套现或规避税负的行为，则更可被认定为属于虚开发票罪。

## 案 例

近日，国家税务总局青岛市税务局第一稽查局联合青岛市公安局市南分局展开收网行动，成功破获某控股管理有限公司虚开人力资源发票案，抓获犯罪嫌疑人18名，查获涉嫌虚开发票10 360份，涉案金额高达23.18亿元。这是青岛市税务局破获的首起虚开人力资源发票案件。

该案为青岛市税务局稽查局交办的重点案件。接到任务后，青岛市税务局第一稽查局迅速抽调业务骨干，与市南区公安分局组成税警联合专案组开展侦查。侦查过程中，税警联合专案组成员密切沟通、统一部署、统一行动。税警双方充分发挥各自所长，运用数字化稽查手段绘制模型，全链条调查，多方取证。

该案涉及地域广，侦办难度大，专案组迎难而上，与作案团伙斗智斗勇。在青岛市税务局货劳税处大数据平台的支持下，经过近一年的深入调查取证，专案组对涉案团伙的发票流、资金流等追本溯源，查明了某控股管理有限公司的作案轨迹，固定了资金回流等关键证据，摸清了涉案团伙的组织架构、人员构成及有关涉案企业的名单。最终，税警双方协同制定周密的抓捕行动方案，将该案犯罪团伙一网打尽，现场查获了大量虚开发票证据。

办案人员表示，经查发现，一段时间以来，社会上有部分劳务派遣公司，利用差额征税政策，虚构经营成本中的人员工资、人员社保及福利，虚开发票，谋取非法利益。

所谓差额征税政策是指，根据《财政部 国家税务总局关于进一步明确全面推开营改增试点有关劳务派遣服务、收费公路通行费抵扣等政策的通知》（财税〔2016〕47 号）规定，一般纳税人和小规模纳税人提供劳务派遣服务，可以选择差额纳税，以取得的全部价款和价外费用，扣除代用工单位支付给劳务派遣员工的工资、福利和为其办理社会保险及住房公积金后的余额为销售额，按照简易计税方法依 5% 的征收率计算缴纳增值税。

办案人员希望，广大纳税人以此案为警示，遵从税法规定，依法经营，规范发展。

（资料来源：半岛网，2021 年 9 月 30 日）

上面的案例，是直接定性为虚开进行涉案相关行政或刑事处理的，后果将非常严重，只是很多人盲目自信，认为“没有发生在自己身上，永远感觉是别人的故事”。劳务派遣公司涉票方面的主要风险点体现如表 3.5 所示：

**表 3.5**

| 风险点 | 说　明 | 可能的法律风险 |
|---|---|---|
| 无人“空转”发票 | 一般是帮“甲方”单位做成本费用“套现”之类的情形，也有可能甲方一些费用无法便利处理而立“劳务派遣项目”进行付出款项的“中转处理” | 虚开及偷逃税款的风险 |
| 为甲方人员“变性”开具发票 | 甲方人员取得的薪酬进行变性劳务派遣“以票报销”，中转款项支付给甲方指定的人员 | 同上 |
| 不符合差额计税的情形故意使用差额 | 不是文件规定中的“劳务派遣”适用的差额政策，而是一般的服务关系，或者无服务关系，帮甲方支付一些不好处理的费用 | 同上 |
| 虚报人头的情形 | 虚增劳务派遣的人员，真假不一，比如有套现的安排 | 同上 |

另外，也不排除这类业务中有“洗钱”的风险性，也可能有行贿的风险，比如有一些费用的处理上，借助劳务派遣公司的名义开具发票，对方扣税点后帮其支付。对于一些大额的支付，往往是需要跟银行达成某种默契，比如大额的公转私的处理，有时会通过劳务派遣公司的人员转付，公司收款后先统一转付到个人名下，个人再通过其个人账户分付给甲方指定的人员，不排除这中间有“水分”的差额截留问题，即形成利润。

《陈 × 阳受贿刑事一审刑事判决书》［辽宁省沈阳市和平区人民法院刑事判决书（2020）辽 0102 刑初 988 号］有这样的描述：通过上海 ×× 人力资源有限公司向被告人陈 × 阳的姑父张某银行账户先后转款共计人民币 2 299 999.99 元。所以有些钱不是想挣就能挣的，其中的“坑”与“雷”往往防不胜防。

## 专栏　国家税务总局 ×× 市税务局稽查局税务处理决定书

我局于 2020 年 4 月 30 日至 2021 年 11 月 1 日对你公司（地址：×× 市 ×× 区 ×× 路 19 号 ×× 大厦 616 房）2020 年 1 月 1 日至 2020 年 3 月 31 日涉税情况进行了检查，违法事实及处理决定如下：

**一、违法事实**

你公司 2020 年 1–2 月期间，为他人开具与实际经营业务情况不符的增值税普通发票。

### （一）支付派遣员工工资的资金来源不真实

对于支付给派遣到用工单位的员工工资问题，你公司的法定代表人巫××在两次询问笔录中均表示，是以现金方式支付派遣员工工资的，但是对用于发放工资的现金来源，巫××在两次询问笔录中作出了完全不同的陈述。

在2020年6月30日的询问笔录中，巫××声称由于你公司的银行账户不能提现，所以把用工单位转账来的资金分别再转账到他和你公司监事郑×名下的个人银行账户，在提取现金后，由他与你公司员工冯×超两个人去到派遣员工的用工地点逐一发放。

在2020年11月11日的询问笔录中，当检查人员询问巫××关于你公司没有按照《税务事项通知书》（×税稽税通〔2020〕52号）要求提交有关用于发放派遣人员工资所提取现金的银行交易记录或者其他证据资料的原因时，他一改之前的说法，声称发放工资的资金是源自向朋友介绍的人借入的现金；郑×名下账户转账给王×芳、文×梅、韩×昆、黄×霞的事情是由他提供对方账户及金额，让郑×来实施的；他忘记了他和郑×名下个人账户转账给文×梅、韩×昆、黄×霞的原因；他曾向王×芳借过现金，曾写过借据，但记不清楚借据上是否写有还款日期，因为是短期借款所以没有约定要支付利息，已经通过他和郑×名下个人账户转账全部还清借王永芳的款项；他名下个人账户转账给王永芳是归还借款，还款金额具体到十位、个位没有不合理，只要是还钱就行了。

检查组查询核对了巫××和郑×名下个人账户的交易记录，没有发现提取现金发放工资的情况；巫××声称向王×芳等人借入巨额现金，借款时不收取利息，还款时金额精确到十位、个位，与日常经验中的借款行为不符；综上，我局对巫××以借款及还款来辩解资金回流的理由不予采信。

### （二）发放派遣员工工资的方式不真实

巫××在询问笔录中声称，劳务派遣人员的工作所在地是在云南昆明、四川成都、广东阳江、茂名、湛江等地，他和郑×在2020年1–3月期间去到劳务派遣人员的工作所在地以现金形式发放工资。我局认为，2020年1–3月是全国新型冠状病毒疫情暴发期，当时全国各地都限制人员流动，要求居家隔离，此时仍携带大量现金去到云南、四川、广东阳江、茂名等地向所派遣的员工（三个月合计 1 612 人次）逐一发放工资，不符合实际情况。

**（三）会计资料中没有支付派遣员工工资的记录**

经检查账簿凭证、合同及相关经营资料，发现你公司与用工单位签订《劳务合作协议书》或《人力资源外包服务合同》，招聘人员作为劳务派遣人员派往用工单位，每月派遣劳务人员人数由 300 至 500 多人不等，具体根据用工单位需求确定。协议书或者合同约定你公司向劳务派遣人员发放工资并为其缴交社保费用，按照每人每月 50 元收取劳动事务代理服务费。但你公司 2020 年 1–3 月的账簿凭证中，“其他应付款 / 代付代缴社保费及工资”科目 1 月上年结转为贷方 18 423 867.16 元，2020 年 3 月余额为贷方 25 635 885.2 元，并没有反映你公司支付劳务派遣人员工资的记录，这与你公司的法定代表人巫 ×× 所表述的已发工资自相矛盾。

**（四）虚假资金交易**

经核查相关银行账户，你公司在 2020 年 1–2 月期间与下游 2 家用工单位的业务往来中存在资金回流情况。资金回流的形式为下游用工单位账户先转账至你公司账户，再由你公司账户转账到法定代表人巫 ××、监事郑 × 或者员工冯华超名下个人账户，最后从巫 ××、郑 × 名下个人账户转账至用工单位的特定人员名下个人账户。上述资金回流涉及的账户交易记录整体表现为资金快进快出、账户交易频发、过渡性质明显。经统计，资金回流金额合计 1 747 230.71 元。

综合上述情况，我局经过比对相关银行账户交易记录和你公司账簿凭证，认定你公司通过虚构交易业务，用虚假资金流转来伪装正常经营活动，为他人开具与实际经营业务情况不符的增值税普通发票 19 份，金额合计 1 890 104.75 元，税额合计 1 045.25 元，价税合计 1 891 150.00 元。

1. 你公司为广东 ×× 管理服务有限公司开具与实际经营业务情况不符的增值税普通发票。

经检查账簿凭证、合同及相关经营资料，2020 年 1–3 月期间你公司向广东 ×× 管理服务有限公司共开具增值税普通发票 10 份，项目名称为“人力资源服务 * 劳务费”，金额合计 999 369.04 元，税额合计 530.96 元，价税合计

999 900 元。双方通过公司账户转账方式结算，款项已结清。

经查询核对相关银行账户交易记录，发现存在由广东 ×× 管理服务有限公司账户先转账至你公司账户后，再由你公司账户转账到法定代表人巫 ×× 和监事郑 × 名下个人账户，最后从巫 ××、郑 × 名下个人账户将资金转回至广东 ×× 管理服务有限公司员工文小梅名下个人账户的情况，形成资金回流。最终流转回文小梅名下个人账户资金合计 952 285.71 元。

我局认定你公司为广东 ×× 管理服务有限公司开具与实际经营业务情况不符的增值税普通发票共 10 份，金额合计 999 369.04 元，税额合计 530.96 元，价税合计 999 900 元。

2. 你公司为江西 ×× 欣科技有限公司开具与实际经营业务情况不符的增值税普通发票。

经检查账簿凭证，2020 年 1–3 月期间你公司向江西 ×× 欣科技有限公司共开具增值税普通发票 62 份，项目名称为“人力资源服务”，金额合计 6 135 071.46 元，税额合计 3 197.54 元，价税合计 6 138 269.00 元。双方通过公司账户转账方式结算，款项已结清。

经查询核对相关银行账户交易记录，发现存在江西 ×× 欣科技有限公司账户先转账至你公司账户后，再由你公司账户转账到法定代表人巫 ××、监事郑 × 名下个人账户，最后从巫 ×× 和郑 × 的个人账户将资金转回至江西 ×× 欣科技有限公司监事王 × 芳名下个人账户的情况，形成资金回流。最终流转回王永芳名下个人账户资金合计 794 945 元。

我局认定你公司向江西 ×× 欣科技有限公司开具与实际经营业务情况不符的增值税普通发票共 9 份，金额合计 890 735.71 元，税额合计 514.29 元，价税合计 891 250 元。

以上事实主要有以下证据证明：

1. 上述受票企业的协查资料，证明文小梅是广东 ×× 管理服务有限公司员工，王 × 芳是江西 ×× 欣科技有限公司监事，受票企业收到你公司开具的增值税普通发票及通过公司账户结算的情况；

2. 你公司的账簿凭证、公司银行账户交易明细记录证明你公司向上述 2

家企业开具增值税普通发票，全部通过公司账户收取“货款”；

3. 你公司法定代表人巫××的询问笔录、相关银行账户交易明细记录，证明你公司利用虚假资金流转手段，虚构交易业务，虚开发票。

**二、处理决定**

根据《中华人民共和国发票管理办法》（根据2010年12月20日《国务院关于修改〈中华人民共和国发票管理办法〉的决定》修订）第二十二条第二款第（一）项的规定，对你公司上述为他人开具与实际经营业务情况不符的增值税普通发票违法行为定性为虚开发票行为，共计19份增值税普通发票（发票代码：44001900204，发票号码：44585788–44585790、44585793、44585797–44585801，44579159–44579168），金额合计1 890 104.75元，税额合计1 045.25元，价税合计1 891 150.00元。

限你公司自收到本决定书之日起15日内按照规定进行相关账务调整。

你公司若同我局在纳税上有争议，可自本处理决定书送达之日起六十日内依法向国家税务总局广东省税务局（地址：广州市天河区花城大道767号）申请行政复议。

附件：本文书引用的相关税收规定

二〇二一年十二月八日

附件：《税务处理决定书》引用的相关规定

《中华人民共和国发票管理办法》（根据2010年12月20日《国务院关于修改〈中华人民共和国发票管理办法〉的决定》修订）

**第二十二条** 开具发票应当按照规定的时限、顺序、栏目，全部联次一次性如实开具，并加盖发票专用章。

任何单位和个人不得有下列虚开发票行为：

（一）为他人、为自己开具与实际经营业务情况不符的发票；

（二）让他人为自己开具与实际经营业务情况不符的发票；

（三）介绍他人开具与实际经营业务情况不符的发票。

上面的这个案例说明了，在业务链条当中，若要进行检查，其实是很容易核实是否存在虚假事项的，这种业务的风险也是显而易见的，人力公司的从业人员需要谨慎考虑，切忌有这种给自己套枷锁的规划。

**案 例**

**国家税务总局：税警联合查处5起增值税发票虚开骗税案件（节选）**

**三、广西破获通过虚假劳务合同虚开增值税发票案**

2019年7月，广西桂林市税警协作成功打掉一虚开发票犯罪团伙，捣毁窝点1个，抓获犯罪嫌疑人4人，查获身份证、印章、银行卡、手机、税控装置等作案工具一批。经查，犯罪团伙在没有提供真实劳务派遣服务的情况下，通过签订虚假的“劳务合同”和“劳务派遣合同”，虚构劳务派遣业务，虚开增值税普通发票501份，虚开金额8 041万元。2021年1月，该案4名犯罪嫌疑人因犯虚开发票罪，分别被判处1年6个月至2年6个月不等的有期徒刑，并处罚金。

税务机关在检查劳务派遣企业的涉税风险及问题时，可以考虑如表3.6所示的一些因素：

**表3.6**

| 关注点 | 风险点 | 可能性 |
|---|---|---|
| 差额扣减部分与员工薪酬的个税申报数据之间比对 | 只有差额没有申报扣缴个税的明细数据的，可能存在风险 | 要注意查实合同及对方人员的信息。但要注意同期对应进行比较，因为个税申报是次月申报上月的所得 |
| 合同 | 查看合同中的相关约定，特别是对于个税的约定，相关业务交付的事项 | 必要时可以向受票单位进行协查 |
| 发放明细 | 比如相关人员相对分散，且金额相对不大，比如5 000元上下的，符合基本的劳务派遣的行情 | 若是对于10万元以上的单笔支付额，有可能是规避个税等情形 |
| 相关人员的名称 | 比如董高监的人员名字出现在发放名单中，有可能是套现、避个税的行为 | 可以查询工商登记的信息或上市公司公告的信息 |

大家可以发现，劳务派遣公司的涉票违法问题，其实很容易被发现，因为个人所得税申报记录上就可以看出来，之前可能有的单位找了一些“身份证”进行虚拟申报，在新个税法实施之后，依规定个税要进行综合所得汇算清缴，分位中信息推选时一下子就露出了马脚，被举报者比比皆是。自此，再想按 5 000 元 / 月来空报（达不到征税的标准）的好日子基本上结束了。

下面这个案例是以代发工资的名义进行虚开发票的行为（摘自 12309 网站），值得人力公司引以为戒。

## 专栏　上海市黄浦区人民检察院起诉书

被告人何某某，男，1984 年 ×× 月 ×× 日出生，居民身份证号码：420684 1984××××××××，汉族，大学本科文化，原系上海 ×× 有限公司华东区销售总监，户籍在湖北省宜城市 ×× 镇 ×× 组。2020 年 12 月 19 日因涉嫌虚开发票罪，由上海市公安局黄浦分局刑事拘留，同月 21 日延长拘留期限至三十日；2021 年 1 月 22 日经本院批准，同日由该局执行逮捕。

本案由上海市公安局黄浦分局侦查终结，以被告人何某某涉嫌虚开发票罪，于 2021 年 3 月 22 日移送本院审查起诉。本院受理后，于次日告知被告人有权委托辩护人和认罪认罚可能导致的法律后果；依法讯问了被告人，听取了被告人及辩护律师的意见，审查了全部案件材料。被告人何某某同意本案适用简易程序审理。

经依法审查查明：

2016 年 10 月，时任上海 × 甲服务有限公司（以下简称：× 甲）总裁史某某（另案处理）在负责公司经营期间，为达到少缴个人所得税等避税目的，经与上海 ×× 有限公司（以下简称：×× 公司）总裁胡某某（另案处理）约定，以支付 3.5% 的服务费的方式，通过 ×× 公司控制的第三方平台以走账套现等手段，为 × 甲及其子公司上海 × 乙服务有限公司（以下简称：× 乙）员工代发薪资及虚开增值税普通发票。后时任 ×× 公司华东区销售总监被告人何某某受胡某某指使，在明知无实际业务往来的情况下，与 × 甲、× 乙工作人员对接联系操作代发薪资及虚开发票事宜。经审计，2016 年 10 月至 2018 年 7 月，×甲、×乙先后虚受由××公司实际控制的上海××企业服务有限公司、上海×甲技术有限公司、上海×乙技术有限公司、上海××科技有限公司、上海×丙技术有限公司开具的增值税普通发票价税合计人民币 31 540 169.02 元，涉案发票均入账使用。

2020 年 12 月 19 日，被告人何某某在本市崇明区被公安民警抓获，其到案后对上述事实供认不讳。

上述事实，有以下证据证明：

1. 证人胡某某、史某某、康某某、刘某某、彭某某、虞某某、严某某的证言，证实被告人何某某受他人指使，为×甲、×乙对接联系虚开发票的情况。

2. 相关客户服务协议、电子邮件往来记录、费用分发表单等证据，证实被告人何某某在明知无真实业务往来的情况下，为他人对接联系虚开发票的情况。

3. 涉案增值税普通发票、付款申请表、相关记账凭证、银行转账记录等证据，分别证实涉案虚开发票入账使用及资金回流的情况。

4. 上海公信会计师事务所有限公司出具的司法鉴定专项审计报告，证实本案虚开发票涉案金额等情况。

5. 税务机关出具的税务事项通知书、自行补税明细、完税证明等证据，证实×甲、×乙接税务机关通知自查涉案发票纳税情况后补缴个人所得税的情况。

6. 公安机关调取的户籍信息、工商信息及出具的抓获经过，分别证实被告人的身份信息、到案情况及涉案单位的工商信息。

7. 被告人何某某的多次供述，证实其对上述事实供认不讳。

上述证据收集程序合法，内容客观真实，足以认定指控事实。被告人何某某对指控的犯罪事实和证据没有异议，并自愿认罪认罚。

本院认为，被告人何某某受他人指使，在无实际业务往来的情况下，为他人虚开发票，情节特别严重，其行为已触犯《中华人民共和国刑法》第二百零五条之一，犯罪事实清楚，证据确实、充分，应当以虚开发票罪追究其刑事责任。本案系共同犯罪，适用《中华人民共和国刑法》第二十五条第一款，其中被告人何某某系从犯，根据《中华人民共和国刑法》第二十七条的规定，应当减轻处罚。被告人认罪认罚，依据《中华人民共和国刑事诉讼法》第十五条的规定，可以从宽处理。被告人如实供述自己罪行，根据《中华人民共和国刑法》第六十七条第三款的规定，可以从轻处罚。建议判处被告人何某某有期徒刑一年，并处罚金人民币二万元。根据《中华人民共和国刑事诉讼法》第一百七十六条之规定，提起公诉，请依法审判。

### 3.4.3 临时工或小时工模式的用工方式

在上面的两类人力资源公司的服务模式中，相关人员要么是甲方（用工单位）的员工，要么是乙方（人力公司）的员工，当身份不明确的情形下，意在避税、套现及其他非法目的筹划的，多是明明确确地形成了涉税与涉票并存的违法违规问题。

**案 例**

某国有建筑公司在某地实施一个旧房拆除的项目中，需要找一些当地的劳动力人员进行协助，比如维持当地的施工秩序、晚上的安全防护等工作，于是找到某人力派遣的公司，要求让其找人。在找到50人以后整体派往工地工作。2021年共结算金额1 000万元，支付了800万元，中间利差200万元，人力服务公司给建筑公司开具的增值税普通发票，在申报时进行的差额扣减处理，支付个人的款项未扣个税，通过向“包工头”个人账户付款的方式进行了统一结算处理。

**分析：**在这类情形下，其业务是有真实的，但开具发票与计税方式不合规，即其可以开具普通发票，6%的税率（若是小规模纳税人则依征收率），但进行申报时不能差额扣减销售额，而只能有抵扣凭据进行抵扣，当人员成本支出不能抵扣时，增值税的差额计缴在结果上往往是少缴了大额的增值税，补缴增值税及附加税费基本是确定的！其二相关的人员是人力公司找来的，则支付的费用宜认定为劳务报酬所得，进行预扣预缴个人所得税，人力公司没有扣缴时需要征管法进行罚款处理，同时其企业所得税的扣除，在税前扣除凭证上也存在瑕疵，需要完善扣除凭证。大家可以看到，本来还挣钱的生意，这样分析下来，一旦有了补税罚款，亏大了，所以做生意一定要想好自己的"后路"，不能想当然地只算经济账，忘了税务合规的账。

有人提出建议："能不能将这些人以非全日制用工的方式进行薪酬列支处理，同时又达不到缴纳社保的条件？"这样不用发票也可以税前扣除，没有社保成本的问题。笔者认为，依政策规定，这还真是一个可以考虑的方式，但列支薪酬了需要进行个税的明细申报，无论如何有人取得所得，但扣除不需要发票了，若真是非全日制用工情形下，是可以不缴纳社保的，[1] 当然可以化解差额计缴增值税的问题了。

有的时候，包工头们可能不想让服务人员知道收了多少钱，而是自己称统一将钱领出来，再进行分发，其本人可能扣下一点差价，若此时，包工头去代开发票，以经营所得计税，交给人力公司入账作成本处理，这也是当下存在的一种处理思路，毕竟其本人的服务范围确实是有成本支出的，以经营所得计个税可行，至于其本人私下支付的个人款项，已游离在税收征管之外了，可能就会存在相应个税的漏缴情形，这也是当下税收征管的一处"痛点"所在。

### 3.4.4　人力资源公司的涉税涉票风险主要在于意识合规与利益取舍

做着开票挣钱又缴不了多少税的业务，这不是躺赢了吗？天上没有掉下

---

[1]《中华人民共和国社会保险法》相关规定：

第十条　职工应当参加基本养老保险，由用人单位和职工共同缴纳基本养老保险费。

无雇工的个体工商户、未在用人单位参加基本养老保险的非全日制从业人员以及其他灵活就业人员可以参加基本养老保险，由个人缴纳基本养老保险费。

公务员和参照公务员法管理的工作人员养老保险的办法由国务院规定。

第二十三条　职工应当参加职工基本医疗保险，由用人单位和职工按照国家规定共同缴纳基本医疗保险费。

无雇工的个体工商户、未在用人单位参加职工基本医疗保险的非全日制从业人员以及其他灵活就业人员可以参加职工基本医疗保险，由个人按照国家规定缴纳基本医疗保险费。

来的“馅饼”，人力公司面临的风险首先就是发票的风险，其次是协助偷逃税款的风险。

从笔者看到的一些官方案例来看，人力资源公司其实有一些像做批发生意的一样，靠的是业务量，比如有的是按流水比例收取费用3%~5%，还有的是按人头收取费用30~40元不等，之前有一些国企背景的人力资源公司给外企提供员工薪酬发放、档案管理等事务，后来发展为代发工资、代交社保等业务，也有一些发展为代为招工派遣的方式。这几年，人力资源行业迅猛发展，难道真有业务量的需求，真的是有这么多的企业不愿意自己雇佣人而进行业务委托？这里面自然有其追求的价值所在，在一定程度上看，是基于行业用工的一种“创新”，比如自雇模式下的承担成本大，公司承担的社保及公积金基本上达到了薪资的30%，另外公司的附带责任也大，比如女工生育、员工生病及休假，加之疫情期间停业的影响，在这类情形下，基于公司责任与用工成本的“规避”，希望采取“有活时再找人干”的用工方式，也趋向计件制的外包方向发展，而人力公司相对灵活，被找的工作人员也没有要“以此为家”的长远准备，在这种合作模式下，相应工作人员的合法权益或许会受到影响。同时，当新个税法实施后，综合所得的汇算清缴管理日益严格，信息化手段越来越完善，人力资源类公司的业务快速驶入了“税务赛道”，承载了税收利益筹划的“中转器功能”，且一发不可收拾。一段时间内，这个行业野蛮生长、杂象乱生，业内人士也缺乏对于税法的敬畏之心。

一个新兴行业的出现与发展，在历经扶持、鼓励与宽容阶段之后，对其不合规之处的清理、整顿、引导自然就会纳入政府的管理与控制的范围。而现在，问题日益暴露，人力资源公司面临着合规风险，急需从业人员引以为戒，对不合规的操作方式及时调整策略与方向。

有人说：“有些人力资源公司啥也不大用干，就是帮人开发票、转钱，就挣到钱了，这不是太幸福了吗？”其实好的人力资源公司，比如有真实的劳务派遣员工，用工管理的成本、维护运营的有效，还是很不容易的，毕竟很多人员是拿着养家糊口的钱，工作在又脏又累的一线，社会的发展与进步，离不开他们的默默付出。从运营者挣钱的方向理解，只要不违法，其经营也没问题，只是在这个复杂的体系当中，又或多或少存在一些问题，这难以避免。社会价值的认同与体现，这是一个很复杂的体系化工程，只是希望相关的劳动法、税法等法律法规，能更多地保护好从业者的权益，推动正能量的社会价值观更好体现。

从笔者的观察来看，表 3.7 所示的一些方面值得税务机关关注：

**表 3.7**

| 注意事项 | 关注方向 | 风险点 |
|---|---|---|
| 合同签署的内容 | 有没有约定服务事项、个税承担方式、人员名单等要求，有没有约定税务筹划的字样 | 定性业务适用税收政策的类型，双方的法定税收义务及约定权利、义务 |
| 人力资源公司扣个税的手续费 | 有的人力公司进行扣缴代发薪人员的个税，得到手续费返还，此时委托方要关注自己的法定扣缴义务问题 | 跨地区时会有争议 |
| 业务解释 | 提供的是什么服务，有时业务人员的解释与财务人员的解释会产生差异，关注不同层面的调查 | 要明确自己公司的业务类型及保持风险意识 |
| 客户类型 | 比如央企、政府部门，相对管理完善，有管理要求，对于民企则就可能不一定存在商业合理性需求的必要性 | 若人力公司是民企，可能会涉及如规避个税的问题，比如客户若是地产中介，则可能会有从业人员取得高管佣金时的转付避税问题 |

虽然现实当中，有一些涉及人力资源公司的稽查案件处理，没有定性为发票虚开处理或进行移交，这里面有侥幸的一面，也有可能顾及近两年疫情之下，没有“一棍子打死”的酌情考虑。当然，“幸运”有可能会有，但老板们不能指望靠“运气”过一辈子。正是因为某些人力资源服务提供方的“空手道玩法”存在着广泛的税务风险，存在着巨大的虚开发票风险，一些人力资源公司开始转型，向灵活用工平台方向发展，这是另外一个待讨论的事项。

有的老板提出来，我们给人家“代发工资”（差额票套现为对方个人逃避个税的情形），就挣了一个流水 2% 的手续费，税务机关不允许以差额方式计缴增值税，我们都得亏本做了，至少得考虑我们的实际情况吧，而且政策上也有问题啊，为何不考虑这种业务情形呢？

对此，笔者的意见是，因为本身就是奔着逃避国家税收的目的去的，再要求享受保护性的政策，哪有这样的好事？再者说，是否挣钱，挣多少钱，这是自己商业上的事，与政策无关。

“人力资源外包服务”按差额计缴增值税（政策中并没有规定差额，但因为允许其就代发的金额开具发票，因此在申报表中只能以差额来扣减体现发票销售额的减少），而且个人所得税也不用人力公司扣缴（个别情形除外），不需要进行所得税收入与成本的核算（不进所得税的核算体系，挂往来账户处理），若真就做这样的工作，估计发放单位是不会轻易地给出手续费的。有的情形下，委托发放的一方本意就是规避个人所得税，同时为达到税前扣除，必须要取得支付的发票（人力资源服务类型）入账才算获得形式凭据。实践当中，有不规范操作时，相应的合同内容就会“五花八门”，因为若条款体现为“代发工资”，个税的扣缴义务还在委托方自己一方，“锅甩不出去”，于是自然都不想体现代发工资，所以多会签成模糊性的用工服务协议、技术协议等，在形式上还要靠政策以人力资源服务来开，不好开具类似咨询服务费的发票，从而套上差额计缴增值税的方法；有的时候就签成虚假的劳务派遣服务，此时人力公司又难以薪酬入账处理，不进行个税明细申报，也没有社保等事项支出，适用不了差额计算增值税。定性为虚开增值税普通发票可不可以呢？当然可以，上面列示的案例也有相应的体现，但有人提出来：“我们是有资金流转的啊，相关人员的工作也是真实的！”这就属于错配解释了，因为资金流转是形式上的体现，若进一步检查就要看是不是存在回流的情形；就算付款对应的工作是真的，但那与人力资源公司不相关，相关工作人员也没有“挂靠”到人力公司身上，自然属于虚开的情形。若折中考虑的话，比如某个案例的本意是规避个人所得税，让委托付款方进行追补个税、处以罚款还是更接近事实，至于付 3% 的手续费，就当买个教训吧。不过，每个业务的场景需要详细分析，若人力资源公司从平台的角度解释，且相关的款项是实际发放给了真实提供服务的人员（非对方雇员），从补税罚款的角度处理，似乎也是可行的。

当下人力公司所面临的行业性、个案性稽查检查，处理结果不尽相同，严重者定虚开，轻者可能给一个“可解释的理由”，补缴全部或部分差额的增值税或个税等。但个税明细申报的检查是个麻烦的事情，一是去查询当时发放对象的个人信息，耗时耗力不说，对方还不一定配合；二是一些业务本身就是假的，发放对象就是一个“代办人”，当个人收到的金额较大时，税负自然很高，说不定又可能产生虚假明细申报的情形，后期还可能涉及举报之事；三是有一些情形下税务机关还不一定敢让其补个税的明细申报，因为这里涉及买房、买车的情形，若恰好有人在这里“做手脚”，说不定存在职务风险。

## 3.5 取得国家财政奖励或补贴的实现手段

地区招商的财政利益驱动，而前提是要在当地产生税收，形成财政利益，才会有返还的基础。这时，让当地的业务能开具发票纳税就成为一个必需的环节。如何才能形成当地的税款缴纳呢，这里要考虑两个方面的问题：

一是对于存量税收的转移，即将原来 A 地没有财政利益的税收，通过交易或其他方式转移到 B 地有财政利益的地方；对于新增的税收，恐怕创造起来并不是那么简单，但一定情形下的拆分业务也可以切出一部分税收到另外一个地方。

二是虚拟税收的“实现”，税款缴纳是真的，但业务是假的。比如增值税纳税之后，另一方得到抵扣，相关主体综合起来看并没有多缴税，但是却能得到财政利益的流入，这也是比较普遍的筹划方式。

具体的实施路径就不作过多的介绍了。下面是三个官方发布或司法机关处理的案例，可以进一步了解其中的风险。

**案 例**

**国家税务总局曝光 8 起虚开发票违法典型案例**

八、江苏查处利用软件产品税收优惠政策虚开发票，骗取政府补贴案。2020 年 12 月，江苏警税协同配合，成功破获某软件科技公司虚开案，抓获犯罪嫌疑人2人。经查，2019年7月以来，该公司控制人利用国家对软件产品增值税实际税负超3%部分即征即退的优惠政策，虚高软件产品价格向当地37家实体企业开具增值税专用发票3 518万元，同时与受票单位勾结，共同制作虚假材料骗取当地工信部门鼓励企业技术升级的财政补贴。截至案发，已有21家受票单位向政府申报政策补贴100余万元。

**山东公安发布十大经济犯罪典型案例**

六、枣庄“2.25”特大虚开增值税专用发票案

2019年，枣庄市公安局立案侦办“2.25”再生资源行业特大虚开增值税专用发票案。经查，某再生资源有限公司在没有实际业务的情况下，利用当地政府对废旧物资行业的补贴政策，采用虚开增值税发票手段骗取所上缴增值税的50%税款进行返还，直接造成国家税款重大损失。该案涉及11个省市74家企业，涉案金额高达300亿余元，共抓获犯罪嫌疑人21名。2020年3月5日，该案移送检察机关审查起诉。

**佛山市高明区人民检察院起诉书（明检刑公诉刑诉〔2020〕Z85号）**

被告人张某某，男，1973年××月××日出生，居民身份证号码440225 1973××××××××，汉族，中专文化程度，广州市××实业有限公司负责人，户籍所在地广东省广州市番禺区××路××号××街××座××幢××梯××房，现住址广东省广州市黄埔区××路××号。因涉嫌诈骗，于2019年11月21日被佛山市公安局高明分局刑事拘留，经本院批准，2019年12月27日由佛山市公安局高明分局执行逮捕。

本案由佛山市公安局高明分局侦查终结，以被告人张某某涉嫌诈骗罪，于2020年5月27日向本院移送起诉。本院受理后，于2020年5月27日已告知被告人有权委托辩护人和认罪认罚可能导致的法律后果，2020年5月27日已告知被害人及其近亲属有权委托诉讼代理人，依法讯问了被告人，听取了被告人及其律师、被害人的意见，审查了全部案件材料。本院于2020年6月27日退回侦查机关补充侦查，侦查机关补充侦查完毕后，于2020年7月27日重新移送审查起诉。

经依法审查查明：

广州市 ×× 企业管理咨询有限公司（以下简称“×× 公司”）与申请企业串通，签订委托申报高新企业认定或者培育的《服务协议》，并按照 30% 至 50% 不等的比例约定分成财政补助款。申报企业按照协议的要求提供营业执照、财务报表、纳税报表、销售合同、销售发票等基本材料，然后再由 ×× 公司根据申报的条件对相关数据进行修改，并联系知识产权代理公司购买申报所需的专利、联系税务师事务所按照申报条件出具虚假的研发费用审计报告和高新技术产品收入审计报告等材料，最后由申报企业加盖公章并提交科技部门，以此骗取国家高新技术企业认定或者培育的财政补贴款，具体情况如下：

被告人张某某在经营管理广州市 ×× 有限公司（以下简称“×× 公司”）期间，伙同 ×× 公司以上述方式成功为 ×× 公司申报了高新企业认定，并于 2018 年 6 月 26 日获得高新企业认定的财政补贴人民币 70 万元。被告人张某某收到该笔款项后，支付给了 ×× 公司分成款人民币 30 万元，剩下的人民币 40 万元已被被告人张某某用于公司经营开支。2020 年 3 月 5 日，被告人张某某已退回人民币 70 万元至佛山市公安局退赃专用账户。

认定上述事实的证据如下：

1. 书证；2. 证人陈某某等人的证言；3. 被告人张某某的供述和辩解。

上述证据收集程序合法，内容客观真实，足以认定指控事实。

本院认为，被告人张某某以非法占有为目的，伙同他人虚构事实，骗取国家财物共计人民币 70 万元，其行为触犯了《中华人民共和国刑法》第二百六十六条，犯罪事实清楚，证据确实、充分，应当以诈骗罪追究其刑事责任。被告人张某某在共同犯罪中起次要作用，是从犯，依照《中华人民共和国刑法》第二十七条第二款的规定，应当从轻、减轻处罚或者免除处罚。根据《中华人民共和国刑事诉讼法》第一百七十六条的规定，提起公诉，请依法判处。

（资料来源：摘自 12309 中国检察网）

上面的案例样本，说明了通过某些虚假的安排或交易，骗取国家财政的行为、方式。不过在这里要说明一下，认定虚开的情形下，是不是危害国家税收的征管及税收利益损害，不需要考虑财政补偿的情形，也不能因存在财政补贴就认为存在虚开增值税专用发票情形下的危害结果。这是独立于虚开增值税专用发票罪、虚开发票罪之外的情形，需要行政部门或司法机关单独进行处理。

## 3.6 “燃料油”等变名销售的涉票风险

在第二章中我们分析了燃料油变名虚开逃避消费税的问题，有的案例并没被判为虚开却被判为逃税罪或者是非法购买增值税专用发票罪，但不排除有涉及燃料油的虚开行为，并没有关联到消费税的情形。

**案 例**

**盘锦警方破获一起涉油虚开增值税专用发票案**

从开业到覆灭，生意寥寥，却合计开了29.6亿元发票，非法获利4 760余万元。近日，在辽宁盘锦，警方联合税务部门侦破了一起虚开增值税专用发票案。

2019年12月，税务部门移交的一条线索引起了盘锦市公安局税侦支队的警觉：盘锦长辉石油化工有限公司在进项发票品名为化工原材料，销项发票品名为成品油的情况下，涉嫌存在变名虚开大量增值税专用发票犯罪行为。

盘锦警方对长辉石油化工有限公司发票流向梳理分析后发现，该企业2019年3月成立，10月之前只有极少业务发生。他们只在2019年5月、6月分别从河南和盘锦当地一家公司，虚开了税额116万余元，价税合计1 014万余元的增值税专用发票。随后于2019年6月给犯罪嫌疑人谷某某实际经营的盘锦锋顺石油化工有限公司开了税额近117万元，价税合计1 016万余元的增值税专用发票。

办案人员介绍，犯罪嫌疑人通过这三笔虚开发票行为为公司发票增版增量，为今后长辉石油化工有限公司大量虚开成品油发票做了准备。

2019年10月开始，犯罪嫌疑人王某、王某某、谷某、齐某经多次密谋商谈，首先通过齐某在成品油消费税管理模块里采取了非法手段，之后，王某、杨某等人分别以每吨支付70元左右开票费的价格虚开了化工原材料进项发票，随后以每吨收取340~450元开票费的价格向下游数家公司虚开了成品油销项发票。

盘锦市公安局有关负责人介绍，长辉石油化工有限公司经营期间购销货物严重背离，犯罪嫌疑人以获取非法利益为目的，让江苏、山东、浙江等地多家石化公司为自己虚开货物品名化工原料的增值税专用发票。而后利用成品油发票开具模块漏洞，采取篡改税控盘和海关进口增值税专用缴款书数据等手段，为山东、上海、江西等地多家石化企业虚开货物品名为燃料油的增值税专用发票。

盘锦警方侦查发现，2019年11月、12月，长辉石油化工有限公司共计虚开取得了税额合计1.5亿余元、价税合计13.4亿余元的进项增值税专用发票。通过非法手段向外虚开了税额合计1.8亿余元、价税合计16.2亿余元销项增值税专用发票。

2019年12月30日，盘锦警方组织精干警力60余人实施抓捕，对6名犯罪嫌疑人采取强制措施，及时追缴违法所得4 760余万元。

（资料来源：新华社，2020年8月18日）

下面是摘自国家税务总局官网报道的新闻：

**案 例**

## 辽宁省税务局稽查局依法对部分企业偷逃成品油消费税案件进行查处

2021年初，辽宁省税务局稽查局根据有关信息和反映以及税收大数据分析发现，辽宁省盘锦市部分企业存在数额巨大的涉嫌虚开发票偷逃成品油消费税问题。随后，在国家税务总局、辽宁省人民政府的指导督办下，辽宁省税务局稽查局会同有关部门开展深入调查。

经查，盘锦北方沥青燃料有限公司、辽宁宝来生物能源有限公司、盘锦浩业化工有限公司以篡改生产设备名称等方式为掩护，以虚开增值税专用发票为手段，通过将应税成品油变名为非应税化工品销售等方式，偷逃成品油消费税。辽宁省税务局稽查局依法对涉案企业进行查处，其在规定期限内未能缴清税款、滞纳金和罚款，相关人员涉嫌构成虚开增值税专用发票罪和逃避缴纳税款罪，已依法移送司法机关。公安机关已对涉案企业实际控制人及相关犯罪嫌疑人抓捕归案并采取强制措施，检察机关正依法审查起诉。有关部门依纪依规依法对涉嫌违纪违法、失职失责的政府部门公职人员进行了严肃处理，对涉嫌犯罪的移送司法机关。

在案件查处过程中，有关部门和地方政府始终坚持把严厉打击违法犯罪分子与维持企业正常生产经营区分开来，积极采取系列有效措施，确保企业生产经营稳定。目前，涉案企业职工队伍稳定，生产运行平稳。

辽宁省税务局有关负责人表示，下一步将坚决依法严查严处各种偷逃税行为，坚决维护国家税法权威，促进社会公平正义，持续营造良好税收营商环境，促进相关企业和行业长期规范健康发展。

中国裁判文书网中《李长东、李铁成、高伙根虚开增值税专用发票、用于骗取出口退税、抵扣税款发票罪二审刑事裁定书》［浙江省高级人民法院刑事裁定书（2018）浙刑终397号］中摘录内容：

## 专栏

关于上诉理由、辩护意见，经查：

1. 关于是否有真实货物交易问题。被告人李长东、李铁成、高伙根等人的供述，毕某1、刁某1、代某、刘某1、吴某、刘某2、项某等人的证言印证，李长东等人与涉案上下家之间没有任何真实货物交易。在案亦无证据支持，本案的上家和下家进行了直接的石油货物交易。李长东等人在两个多月中，在没有任何实际货物交易的情况下，通过编造购销合同，伪造货物交易背景，虚构货、票合一的假象，接受他人虚开的以原油为进项品名的增值税专用发票370份，价税合计7.1亿余元。同时，李长东、李铁成等人还在没有实际采购、协商、签订合同以及实际加工生产的情况下，将货物由原油开成燃料油，虚开增值税专用发票630份，价税合计7亿余元，涉及燃料油数额达23万余吨。在案证据足以证实，相关购销合同均为配合李长东等人虚开增值税专用发票而虚构。双方之间没有签订合同、购销油品的真实意思表示和实际行为。李长东、高伙根及其辩护人辩解上家与下家之间可能存在真实货物交易的理由，李铁成辩解其不知道开票的不真实等理由，与查明的事实不符，不予采信。同时，在案查扣的购销合同均系李长东等人为虚开增值税专用发票而虚构，李长东的辩护人称李长东对合同进行了审核，没有虚开故意的理由亦不能成立，不予采信。

2. 关于主观明知问题。被告人李长东、李铁成、高伙根等人在没有实际货物交易的情况下，通过编造合同和虚假资金走账，接送他人虚开的增值税专用发票，又在没有生产和加工的情况下，改变应税货物品名，虚开燃料油增值税专用发票。李长东等人还在没有实际货物运输的情况下，虚构货物运输，虚开运输增值税专用发票。此外，会计人员吴某、项某、刘某2均证实，作为贸易公司，开进增值税专用发票和开出增值税货物品名需一致，如果有加工必须有加工发票，三人多次向李长东等人催过加工发票，但李长东等人一直拖着没有给他们。李长东等人在不需要任何出资和实际经营情况下，非法获利526万余元。李长东、李铁成及高伙根称其等主观上没有犯罪故意，认识尚存在盲区，以此否认犯罪主观，理由均不能成立，不予采信。

3. 关于税收损失和行为危害性。被告人李长东、李铁成、高伙根等人通过变票行为，导致国家消费税损失达2.8亿余元。下家辽通公司和东旺公司通过接受虹星公司虚开的增值税专用发票，抵扣1.02亿余元的税款，造成国家税收的巨大损失。李长东等人还获利526万余元。李长东等人称其行为没有造成国家税收的损失，其行为没有危害性的理由不能成立，不予采信。高伙根称其进行虚拟交易产生利润没有造成国家增值税损失，相反给国家税收带来好处的辩解，显不成立，不予采信。

4. 关于征收消费税依据。《中华人民共和国消费税暂行条例》以及财政部、国家税务总局等部门发布的《关于消费税有关政策问题的公告》《关于进一步提高成品油消费税的通知》《关于进一步调整成品油消费税有关征收管理问题的公告》等，对成品油征收消费税作出明确规定。辩护人提出对成品油征收消费税法律依据不足的理由，于法无据，不予采信。

5. 关于本案的定性问题。李长东、李铁成等被告人人通过变票的行为，在没有实际货物和实际生产加工的情况下，将原油开成燃料油，供下家到国家税务部门进行抵扣税款，下家辽通公司和东旺公司接受虹星公司虚开的增值税专用发票，实际抵扣1.02亿余元的税款。同时，李长东、李铁成等人也获取了526万余元的非法利润。此外，李长东等人在没有实际运输的情况下，虚开了运输增值税专用发票并申报抵扣。原判认定李长东等人的行为构成虚开增值税专用发票罪，并无不当。李长东、李铁成、高伙根对原判定性提出的异议，本院不予采纳。

6. 关于在毕某1账户上冻结1 008万余元是否系李长东的个人合法财产问题。毕某1等人的证言及李长东等人的供述证实毕某1在中国银行开设的银行账户，系李长东实际控制。中国银行交易明细证实，2017年2月24日，毕某1的账户转账收入1 000万元。李长东稳定供述，其在案发前其亏不少钱的情况，故同意齐某的提议到南方开票。2月24日齐某汇进来1 000万元。当天，因为其手头上缺钱，其还分四次取了6.9万元。银行交易明细亦印证了李长东等人取现的情况。同时，在案证据印证，齐某为了配合虚开增值税专用发票而进行大额资金走账的情况。李长东及其辩护人称毕某2的中国银行账户被冻结的资金系李长东的合法财产的理由，与查明的事实不符，不予采信。

7. 关于李铁成、高伙根在共同犯罪中的地位和作用。李长东、李铁成的供述印证，李铁成和李长东经与其朋友齐某商议后，决定到南方开设公司进行开票。在虹星公司设立之初，由李铁成负责。李铁成还通过代某、刘某1介绍认识了高伙根、毕某1、刁某1等人。李铁成还先后三次到丽水策划开设公司和进行开票相关事宜。李铁成是本案犯罪的策划者之一。李铁成称自己只起到介绍作用的辩解不能成立，不予采纳。在案证据亦证实，虹星公司设立后，高伙根负责虹星公司的日常事宜，并应对税务部门相关事宜。高伙根称其在共同地位中作用微乎其微的理由，与查明事实不符，不予采信。

8. 关于李铁成、高伙根的获利问题。李长东、李铁成等人的供述和代某等人的证言一致印证，每吨燃料油30元利润，高伙根分得10元，毕某1、刁某1分1.5元，代某、刘某1分2元，开支后剩余归李长东和李铁成。本案违法所得为526.5万元，除了支付给高伙根等人的费用之外，剩余183.89万元，按照约定归李长东和李铁成共同所有。李长东稳定供述，剩下来的钱其和李铁成一起用掉了。对于该183万余元在李长东和李铁成之间如何分配，不影响两人在共同犯罪中的地位和作用。李长东还稳定供述，其分三次给了高伙根175.5万元，公安机关查扣的李长东记账本上反映，李长东支付给高伙根三次合计175.5万元的事实。高伙根及其辩护人称高拿到的资金为120万元，与查明事实不符，不予采信。

9. 关于本案是否系单位犯罪的问题。最高人民法院《关于审理单位犯罪案件具体应用法律有关问题的解释》第二条的规定，个人为进行违法犯罪活动而设立的公司，不以单位犯罪论处。虹星公司是李长东、李铁成等人为虚开增值税专用发票而成立的空壳公司，依法不以单位犯罪论处。李铁成的辩护人提出本案系单位犯罪的理由，于法无据，不予采信。

10. 关于高伙根检举他人犯罪的行为是否构成重大立功。最高人民法院《关于处理自首和立功具体应用法律若干问题的解释》第七条规定，犯罪分子有检举、揭发他人重大犯罪行为，经查证属实，应当认定为有重大立功表现。所称“重大犯罪”一般是指犯罪嫌疑人、被告人可能被判处无期徒刑以上刑罚。根据相关刑事裁定书，高伙根所检举的毒贩杨某某依法被判处有期徒刑十五年。故高伙根检举他人犯罪的行为不构成重大立功。辩护人提出高伙根检举他人的行为构成重大立功的理由，与查明的事实及相关法律规定不符，不予采信。

本院认为，被告人李长东、李铁成、高伙根虚开增值税专用发票，造成国家税款损失，数额巨大，其行为均已构成虚开增值税专用发票罪。李长东、李铁成、高伙根在共同犯罪中系从犯，依法可从轻或者减轻处罚。同时，高伙根于案发后主动投案并如实供述主要犯罪事实，有自首情节，其还具有立功表现，原审根据上述情节及相关酌定情节，对李长东从轻处罚，对李铁成和高伙根减轻处罚。李长东、李铁成、高伙根及其辩护人提出原判认定事实和定性错误，量刑过重，要求从轻处罚或适用缓刑的理由，均不能成立，不予采纳。原判定罪和适用法律准确。量刑适当。审判程序合法。依照《中华人民共和国刑法》第二百零五条第一款、第三款、第二十五条第一款、第二十七条、第六十七条第一款、第六十八条、第六十四条，及《中华人民共和国刑事诉讼法》第二百三十六条第一款第（一）项之规定，裁定如下：

驳回上诉，维持原判。

本裁定为终审裁定。

由于篇幅所限，上面的案例，我们仅摘录了其中的关联内容，建议可以在中国裁判文书网中查阅全文。但相关的案例一定会给读者带来一些思维的拓展与思考方向。不管是为了利，还是为了业绩规模，参与燃料油变名业务的，一旦某个环节出现问题，那处理起来可就不是一时半会的事了，具有很多的不确定性风险。

## 3.7 “富裕票”虚开的情形

《李森等虚开发票一审刑事判决书》［北京市东城区人民法院刑事判决书（2021）京0101刑初365号］中有这样的内容：

专栏

北京市东城区人民检察院指控并经本院依法审理查明：

2019年至2020年8月期间，被告人李森、李正权二人在明知与受票方无真实交易的情况下，在本市东城区中国石化销售股份有限公司北京石油分公司广渠门易捷便利店内，为多家单位虚开增值税普通发票并从中谋利。其中，李正权负责联络中间人王涛（另案处理）等人，李森负责使用中国石化销售股份有限公司北京石油分公司发票及税控设备开具发票。二被告人虚开发票合计2 000余张，票面金额合计人民币1.14亿余元。被告人李森获利约20万元人民币，被告人李正权获利约12万元人民币。中国石化销售股份有限公司北京石油分公司发现虚开发票情况后向公安机关报案。公安机关于2020年8月24日将被告人李森抓获，于2020年8月26日将被告人李正权抓获。起获的增值税普通发票、手机、电脑等在案扣押。

……

本院认为，被告人李森、李正权在明知无真实交易的情况下，共同为他人虚开增值税普通发票，情节特别严重，二被告人的行为均构成虚开发票罪，依法均应予以惩处。北京市东城区人民检察院对二被告人的指控成立。对于二被告人的辩护人所提二被告人分别具有立功情节的辩护意见，经查与事实不符，本院不予采纳。对于被告人李正权的辩护人所提在案证据只能证明起诉书指控的部分发票系李正权伙同李森虚开的辩护意见，经查，根据被告人李森的供述、犯罪嫌疑人王涛的供述、司法鉴定意见书、微信聊天记录等书证，足以证明起诉书指控的发票均系李正权伙同李森虚开，被告人李正权当庭亦自愿认罪，故本院对上述辩护意见不予采纳。对于被告人李正权的辩护人所提李正权在本案中系从犯、有自首情节、请求法院对其减轻处罚的辩护意见，经查，根据在案被告人供述及公安机关出具的工作说明等证据，本案的共同犯罪不宜区分主从犯，李正权亦不具备自首情节，不符合减轻处罚的法定条件，故本院对上述辩护意见不予采纳。鉴于被告人李森、李正权均系初犯，当庭自愿认罪认罚，被告人李正权退缴违法所得，本院对二被告人分别予以从轻处罚，辩护人的相关辩护意见本院酌予采纳。综上，根据二被告人犯罪的事实、性质、情节和对于社会的危害程度，对被告人李森、李正权分别依照《中华人民共和国刑法》第二百零五条之一第一款、第二十五条第一款、第五十二条、第五十三条、第六十一条、第六十四条的规定，判决如下：

一、被告人李森犯虚开发票罪，判处有期徒刑三年六个月，并处罚金人民币七万元。

（刑期从判决执行之日起计算。判决执行以前先行羁押的，羁押一日折抵刑期一日，即自2020年8月24日起至2024年2月23日止。罚金于本判决生效后7日内缴纳）。

二、被告人李正权犯虚开发票罪，判处有期徒刑三年三个月，并处罚金人民币七万元。

（刑期从判决执行之日起计算。判决执行以前先行羁押的，羁押一日折抵刑期一日，即自2020年8月26日起至2023年11月25日止。罚金于本判决生效后7日内缴纳）。

三、继续追缴被告人李森违法所得人民币二十万元，连同被告人李正权退缴在案的违法所得人民币十二万元，一并予以没收。

四、未随案移送的扣押物品，由扣押机关依法处理。

如不服本判决，可在接到判决书的第二日起十日内，通过本院或者直接向北京市第二中级人民法院提出上诉。书面上诉的，应当提交上诉状正本一份，副本两份。

这类情形下的虚开比较难发现，因为对于销售方来讲，替换原来的“无票收入”，客户名称换成了未真实消费的单位，其销项税额没有减少，但虚开行为发生了，之前可能有人遇到过如有的酒店对外“虚开”卖发票的，有一次笔者看到有的员工一下子报销10万元的住宿费，是不是感觉不太正常呢?

富余票中若虚开的是专用发票，取得方可以进行抵扣，会带来税收危害；若是普通发票，则可能形成税前扣除等税收影响，同时两者都可能带来个税少缴的情形。一般富余票的问题，更多是接受方出现问题，这是因为销售方已收到了真正的“买家”的钱，而后面拿到发票的人进行报销，多会自己取得现金报销处理，对于资金正规核算的销售方，往往不会主动配合去收款并回流给对方。当然如果内控检查，也是可以发现发票与收款的差异的，只是当公司业务量较多时，这个环节容易出现漏洞或发现滞后。

受票方的财务若看到这样的发票，应建立起谨慎的处理态度与方式，因为这类情形下，当开票方出现问题后，是很容易追踪过来的。对于来路不明的“发票”，最起码的要求也是要让报销人员在发票上签字确认一下，电子的也可以打出来要求其签名，将来若有何风险，可以找到相应的人员，以免出现赖账的情形。

**案　例**

某公司有一个不成文的规定，每个高管每个月可以报销 2 000 元的费用，其主要的目的是为了少报个税。但是找发票就出现麻烦了，员工找的发票“五花八门”，有的是成堆的出租车票，有的是别人名字的火车票，有的是超市的明细购物发票，有的是个人名字的通信费发票等，财务总监比较“烦”，若取消此政策，会因此“得罪”员工；而不取消，又害怕存在发票的风险，左也不是右也不是，最能只能走一步看一步再说了。不光民营企业有这样的情形，一些国有企业也存在这样的情形。

**分析：**从笔者观察的案例看，对于这种金额不大的不合规发票的处理，规避的是个人所得税问题，一般检查到后要求企业把员工的个税进行补缴，并加收滞纳金（也有的地方可能认为未扣缴个税不需要计缴滞纳金），一般不会对此以虚开定性进行追责处理。笔者认为，财务总监应有一个预警意见，无论是公司管理会议当中还是对员工的解释当中提出这么做的风险，别到最后自己又成了不专业的“受埋怨人”。

可能有人会提出来，给员工避税的方式，有一些是不用发票报销方式的，比如提前解约的补偿金，这样在当地上一年度年平均工资三倍以内可以享受免税待遇，通过这种方式行不行？如果属实当然没有问题，但若是批量地进行“筹划”，至少个人所得税法中有反避税的条款，税务机关可以对此进行否定。

也有人提出来，能不能虚拟一个交易，比如能不能约定一个交易事项，结果最后没有成交，赔偿了大额的款项，支付方也可以税前扣除，以此来避开“应税所得”的范围。但笔者认为，相应的业务要具备真实性、合理性，大额的通常也会考虑法院诉讼的方式，但若是虚假诉讼，这也是被整治的行为，还要谨慎，另外也不宜有其他利益关系在内，避免被认为有拆分所得的情形。之前听闻一些涉税案例的处理，通过法院进行诉讼，形成与税务机关沟通的“有力工具与证据”，借力而为之的纳税人或专家也是有的。

## 3.8 灵活用工等平台的业务创新及开具发票的合规性探讨

灵活用工这个“创新的业务”“创新的名词”在最近发展得“突飞猛进”，一些地方政府、人力资源公司、财税服务机构、个人、IT 互联网公司、国有企业等主体，纷纷进入这一领域。有的是奔着挣钱去的，有的是意在业务创新，有的是在做一些互联网的业务场景意在募资讲故事，也有的国有企业可能是从国有职能发挥上，从解决就业的贡献等方面进行考虑。

在前述讨论人力资源公司涉税涉票的内容中，我们提及一些用工单位为了转移本身的责任、风险、成本等，使灵活用工平台（通常是公司的形式，以下或称灵工平台）成了“接盘侠”，但灵活用工平台也要有利益输入，有风险防范空间，才能将这一模式维护下去。目前来看，这一模式还没有受到税务机关或审计部门、劳动部门等政府机关的重点“关注”，其业务仍可大规模探索创新，而让这一模式运转的核心基础就是发票、税及社保。

### 3.8.1 灵活用工平台要解决的业务与税务痛点

诚然，疫情之下，多有企业经营出现困难，其用工量难以饱和，这种情形下，出现了一些类似“共享员工”的情形，但由于涉及个人与用工平台、雇用单位与用工平台的多重关系，这类共享员工的方式并没有发展起来。更多的情形下，个人与公司之间还是“点对点”的传统模式。同时大规模的互联网平台的发展所创造出来的即时对接的接单模式，在技术上实现了跨办公时空的单位与个人即时的业务联系与对接，还有了交付跟进的动态监控与监督功能，有了完善的评价体系、结算体系，独立个人的工作交付业态在某些行业迅速达成，比如快递、家政、在线教育等高频单次的业务类型中，由于灵活、机动，效益计量可视化，也为个人从业者所接受，传统的“自雇型用工模式”发生了巨大的变化。比如现在大家所看到的某些着公司工装的人员，很可能不是公司的员工，而是为自己打工的“小老板”。

除了上面提到的用工关系的自由化，当下灵活用工平台也在大量地“侵蚀着”传统的用工企业。所谓“无利不起早”，我们来看看灵活用工平台的底层运行逻辑有哪些？说见表 3.8。

**表 3.8**

| 相关事项 | 说　明 | 灵工平台的做法 |
| --- | --- | --- |
| 自雇个税税负成本 | “羊毛出在羊身上”，为了减少支出总额，减少成本或避免亏损，需要降低总支出，同时规避法定扣缴义务、缴纳义务 | 灵工平台运营的机构也不会去雇佣这些人员发薪酬，而是采取外购服务的方式，并力求达到套用“经营所得”核定征收率等的个税计算并代缴（甚至扣下了但并不代缴，属于欺骗的行为） |
| 社保及住房公积金成本 | 多数企业承担的意愿并不强烈，甚至以拆分工资发放的方式进行“逃避”，部分个人缴纳的意愿也不强 | 破解雇用关系，以外购劳务的方式进行 |
| 发票 | 支付方以发票入账，灵工平台一般为其用工方开具 6% 增值税专用发票，用工方进行抵扣 | 灵工平台通常按 6%+X% 作为加成基数向用工方收费，再经汇总代开普票或“白条明细”进行中转支付，支付行为是多为支付方直接操作直达用工人账户内，这其中也说明了支付方对于用工平台过户资金的“担心”，似乎也说明了它并不是真实的服务关系，这些人员还是跟支付方直接利益相关 |
| 个人的身份标签 | 有的要求在平台上体现为自然人提供服务，有的要求批量成立个体工商户提供服务 | 平台倾向于让自然人成立个体工商户，避免对个人以经营所得进行核定的风险，同时“做实”主体之间的法律关系，因为个人的身份比较复杂，可能存在“混水摸鱼”非真正工作人员或者虚构业务的套现的情形 |
| 财政奖励 | 多数情形下，用工平台会取得一些当地招商的财政奖励，有的是自己在商务报价中考虑了此因素，有的可能会用于商务推广的支出 | 灵活用工平台的财政奖励是其主要的利润来源 |

灵活用工平台的出现，有其天时、地利、人和之处，流动性人员的增多，技术的升级及产业的变化与升级，平台型撮合交易等企业的出现也属正常，

大量互联网产业的兴起，打破了过去那种位置固定化、流水线式的工作模式，比如直播带货、快递行为、在线约车、家庭保洁与维修、在线教育等的快速发展，出现了一系列跨越时空的业务关系，灵活式的工作有了供需，自然就产生了区别于传统用工方式的业务模式。同时，因为疫情等影响，有效就业也是政府需要关切与鼓励的，这恰逢一个宽松的政策环境。另外，作为一个新兴的行业，政策的配套与监管还有不到位的地方，有一些漏洞的存在，所以一些平台在“高大上的口号”之下，也可能存在一些问题，不排除也有违法行为的存在。

目前，灵活用工平台进入了一个模式相对成熟、基本无差异的竞争格局，无非就是在行业偏好和规模上有所不同。也有一些平台提出了一些行业规范标准、业务创新的场景，但本质没有发生变化，处于“数据化”虚拟世界中。

### 3.8.2　灵活用工平台可能涉及的虚开增值税专用发票风险

很多人在关注灵活用工，有的人是边干心里边没底，有的人认为风险很高，出事的概率是存在的。从笔者观察与查询的资料来看，目前已零星地发生了“灵活用工平台”涉嫌虚开发票的样本案例，同时可能涉及洗钱、电信欺诈等案情的报道。当下，运营灵活用工平台的主体名称比较多样，比如称为 ×× 技术服务公司、×× 人力服务外包公司、×× 电子商务服务公司、×× 信息服务有限公司等，那么，在这个业务场景中，有哪些可能产生问题的风险值得关注呢（见表 3.9）：

**表 3.9**

| 事　项 | 平台可能提供的解释 | 虚开的风险 |
|---|---|---|
| 若有真实的业务场景 | 有详细的人员明细，有提供的业务合同，有交付的业务清单 | 很多情形下，工作人员并非是平台找的，是用工单位找的，平台只是履行一个代发代缴税的人力服务，但却是以总包服务来开具全额的增值税专用发票（不是按差额计缴增值税的普通发票），主要是为了相关方的抵扣利益不受损失，用工方是左口袋给右口袋来看待税额 |

续表

| 事　项 | 平台可能提供的解释 | 虚开的风险 |
|---|---|---|
| 给高管避个税、给特定人员支付费用的处理 | 发放人员属于用工单位的高管（或员工）等情形，平台方也无力、无法去检查确认服务是不是完成，反正用工方“说有就有” | 此类情形下，知道或不知道“资金”回流的问题。相关人员可能认为，对方按 6% 计缴了增值税，用工方抵扣了 6% 的增值税，没有引起国家税款的流失，但业务是不是真实的这个先要“确定有还是没有”，至于个税如何缴的，财政补贴拿了多少，这还是次要的 |
| 业务人员是个体户的形式 | 有法定的主体，一定程度上增加了计税的便利性与安全性（或个人临时登记） | 个体工商户的形式出现，或平台推进让个人成立若干个体工商户，“形式上”有一定的保护 |

在现实当中，比如对于送餐的外卖骑手来讲，由于其业务在系统当中均有完善的记录，所以业务真实性的验证非常清楚，这时灵工平台对于这些人员进行外包管理，是可行的，也是有应用场景的，而对其以经营所得计征个税，似乎也说得过去，毕竟使用了相应的劳动工具。这里有一个值得讨论的问题，比如这些人员的服务地是在北京，而纳税地是在江西的某个平台公司所在地，似乎属于政策的一个“盲区”，也会造成财政关系的复杂，形成招商的利益竞争关系。

据笔者的观察，在某些法院判例中，对于以灵工方式工作的快递人员，当出现纠纷之时，进行了雇佣劳动关系的实质性认定，但能否据此以反避税的方式对灵工平台所“包装”的服务关系而非雇佣关系进行否定，以此要求他们按工资薪金计缴个税，缴纳社保呢？结合当下行政部门政策及引导方向，这样似乎比较难。同时因为存在于不同的法律关系之间，并不能直接进行彼此的引用与验证，但是保护这些相对弱势的服务人群，笔者认为相当重要。

从业人员的职责清晰、真实，服务的事项、数量、收入金额的具有合理性，这种情形下，此类发票有没有问题，很多人对此是打问号的。笔者认为，对于有真实的业务场景及管理流程的业务，直接被监管部门定性为虚开的可能性小。但是，除了上面提到的一些有轨迹记录、业务跟踪的业务之外，有的佣金类、咨询类业务，用工人员有时可能真不知道自己与平台是什么关系，就是以为有人给钱就行了，才不管究竟如何业务关系呢。若以形式来看，有人可能提出“这算不算是让第三方给自己虚假‘代开发票’”，笔者认为是可以探讨的。对于某些税务风险比较高的敏感行业，单次支付不是很合理的金额（比如收入在每月 10 万元以上的），可能就不大符合灵活用工人员的收入水平。

市场上的灵活用工业务活动，有真实场景的情况确实是存在的，也有一些仅是以“形式服务”进行套现与“变性”支付费用或薪酬（劳务报酬）的通道，深究起来，虚开的可能性当然是存在的。

### 3.8.3 灵活用工平台运行中的税收风险防范

利用个税中对所得类型的“模糊”规定及其征收率的核定计缴个税方式，加之地方财政奖励的存在，灵活用工平台处于快速的发展之路上，用工一方为了规避风险与责任，服务一方有相应的资源平台，彼此结合起来，是灵工平台的利益交汇点。这种流水式的生意，所带来的收入自然会迅猛增长，只要规模够大，完全可以成为“大型企业集团”了。当下，也有一些用工单位基于“肥水不流外人田”，开始组建自己控制的用工平台并达成关联交易，甚至也开始向外部单位进行接单，也有的灵工平台引入了地方政府的投资，以期增强自己经营的“安全度”。

其实对于这类业务存在的风险，大家基本上心知肚明，但对外宣传却不能点破，更多地会宣传平台上有多少万人的用工数量，以此说明平台的数量大，有规模有潜力。同时，企业趋利很正常，企业就是要盈利的。只是，灵活用工方式走到今天，财税部门对其关注已久，也在持续地研究其中的问题，不排除后续对其中存在的问题进行处理，至于这“火山”什么时候爆发，不确定性本身就是风险，就是要防范的，所以作为灵工平台来讲，对于防范其中的风险，就需要未雨绸缪了。

下面的事项建议关注（见表 3.10）：

**表 3.10**

| 问　题 | 说　明 | 可以考虑的方式 |
|---|---|---|
| 是不是涉嫌虚开 | 若只是用工单位给了一堆人名让其发放，是不是有业务也不知道 | 相关的人员必须知道他们是通过平台进行的业务提供，可以借助信息工具。对于交付物，可以让用工单位进行提供，这一点，当下很多的平台没有进行“查核与要求”，只求有业务流水与利益点的商务合作 |
| 业务合理性 | 明显的“套现”情形需规避，需要进一步完善证据链条 | 比如大额的支付，往往需要合理性支持，否则很容易涉及为高收入人员避个税的操作，或“提现”的目的 |
| 涉嫌洗钱的风险 | 对于某些敏感的行业，比如金融 P2P 相关的行业要有敏感度 | 对于电信欺诈、P2P 风险的行业的用工服务，要有行业风险的敏感性，并不是“拉个大活”就没有风险意识了 |
| 合同内容 | 有一些平台的合同就是简单地套用“人力派遣”的模式，其实应是服务关系，基本全回避业务内容，说明“心里还是没底” | “中介”的身份本身说明了开具服务业务全额增值税专用发票的心态是不正常的，建议明确服务内容，约定用工单位、人员的业务关系，从而在主观上避开不是“空壳开票”的出发点 |
| 差价的描述 | 灵活用工平台的销售人员更多地表述是收多少税点，某种程度也还是做的“发票”的生意，本身业务上一点不参与、不管理、不负责，人员招募与辞退也不属于自己管理，跟自己不相关，似乎暗示着虚开的某种原始心态 | 关于挣得的差价如何表述，建议不要简单地用“税点”来表述，本质上是提供的业务承揽、服务收费 |
| 与灵活用工人员的协议 | 通常认为与用工人员之间要有一个关系的描述 | 打通不了平台与个人之间的关系（部分包装为个体工商户），就不能保证 |
| 保险 | 为了减少人员的从业风险，一般用工单位会提供一份雇主责任险，金额很低，其实“最受伤”的还是辛苦的用工人员 | 对于用工责任的风险，提供相应的保险，或者未来国家政策的导向，鼓励用工单位为其承担一定的社会保障，还是非常有必要的，这是体现的一种企业的社会责任，而不仅仅是“盈利机器” |

这个行业的出现及发展，区别于传统行业的“一对一”的业务关系，形成了“多对一”或“一对多”的业务关系。若从传统的思维方式来看待，涉嫌虚开增值税专用发票的行为风险还是相对比较“明显”存在的，只不过这

里存在两种方式，一是有真实业务体现的；二是纯以套现等为目的的，我们也需要用发展的眼光来看待这个行业的现状。俗话说“存在即有其合理性”，若真的能够创造出更有效率的业务模式，让税收规则或发票规范为其服务也未尝不可，可进行相应的激励性调整或确认。由于业务场景的多样化，是不是涉嫌虚开发票还要结合不同的业态来分析看待。

或许有的经营者会反驳：“我们是互联网用工，就是看不见摸不到的虚拟经济，这是创新业务，需要政府部门多理解，多包容，多支持。”这说得一点问题没有，但凭什么你要给用工方统一开具发票呢，是你从事的业务吗，你取得的财政奖励与给个人核定的个税处理，是基于什么目的，是做“好人好事”吗？笔者认为，底层的逻辑还是传统的业务路径，只是形式上体现了信息化的管理，很多都不是撮合型的对接业务，业务用工根本没有经过互联网平台，所说的互联网的功能可能体现为用工单位发放费用时，平台提供了一个通道转付了一下，这也是因为，用工单位害怕平台转付款项时不安全，不放心，所以大多数引入了“三方即时付款通道”，并非全部是基于自己的业务创新来做的事情。如果平台方只字不问什么人，做什么事，只负责转账、开票，那么离认定为“虚开”真不远。也有人认为，我们的项目都属于当地政府特别欢迎的招商平台，而且领导时常来公司考察、讲话，得到了当地政府的支持、背书，我们做的肯定不是违法的事！大家可以想想，之前各地那些招商的，搞园区出了税务问题的，这是税务部门、审计部门、司法机关的管理职责与监管职责，其他的部门并不能兜底。

对一个新的业态，给予一定的包容是应该的，但包容不是无序的、长期的。当某个点出现问题之后，破坏社会与经济的底层保障，破坏税收的公平性，产生更多的“创新型虚开”，很可能会有连锁的反应，因此彼此之间的提前防范，很有必要。

## 3.9 关联方交易中的发票开具行为

在现实中大量存在利用关联交易，转移利润避税，享受国家税收优惠或财政奖励的情况，而关联交易中，发票的开具又是一种行为与结果的体现，这中间的风险也值得我们关注。

### 3.9.1 反避税调整企业所得税中的发票问题

其实这个问题是容易被忽略的，由于不同的税种之间的“独立判断原则”，在企业所得税的反避税调整之时，也并不强求调整企业所得税时就必然引出增值税的价格调整及发票开具价格的问题。

**案 例**

张三在两个地区分别设立了一家公司：A公司与B公司，A公司是高新技术企业，B公司是没有所得税优惠的一般企业。2020年A公司向B公司销售一批货物，金额为5 000万元。税务机关在风险排查中认为其定价有避税的行为，进行反避税调整，拟将金额调整为4 000万元。但A公司已按5 000万元计缴了增值税，且开具了专用发票，已由B公司进行了抵扣。

**分析：**首先要理清一个前提，即关联交易货物销售中价格的高或低，并不是虚开增值税发票本身带来的影响，若有反避税的调整，原来业务中开具的发票，不是法定的虚开发票的列举类型。其次，本案例中，反避税是基于所得税政策进行的调整，并不“殃及”增值税，两个是不同的判断规则与处理规范，是基于税收政策进行的计税价格调整，不代表交易的价格补退差价，所以增值税并不必然跟随所得税的调整而调整，发票的开具也不需要进行调整。最后，若真要进行增值税的调整，主要是基于增值税规定中的定价不合理进行的调整，但这种调整也是独立的。

### 3.9.2 利用税收优惠政策进行关联交易获利的问题

如下为摘自连云港市税务局官网的一则公告信息：

## 专栏 国家税务总局连云港市税务局稽查局税务处理决定书

灌×创豪电子科技有限公司（纳税人识别号：略）：

我局于2019年9月26日至2020年4月8日对你单位2016年1月1日至2019年8月31日期间纳税义务履行情况进行了检查，违法事实及处理决定如下：

**一、违法事实**

虚开增值税专用发票。你单位2017年1月至2019年8月向下游灌×英豪电子科技有限公司、深圳市××鑫电子科技有限公司、崇义××电子科技有限公司、瑞昌市××电子科技有限公司等4户企业共计开具增值税专用发票800份，开票金额98 537 029.66元，税额16 751 294.59元。

1. 生产经营情况异常

（1）你单位税务登记注册地址及生产经营地址均为连云港市××县经济开发区××南路×号（灌云县××局的办公大楼），检查人员至现场未发现你单位在该地址开展生产经营活动。

（2）你单位开业日期为2016年9月20日，至2019年5月企业正常经营期间，销售额合计98 537 029.66元，税额16 751 294.59元，但从国网江苏省电力有限公司灌云县供电分公司购进电力不含税金额仅为55 230.42元，进项税额8 989.56元，且2017年5月至8月未发生电费支出。你单位产品生产能耗较低，与其产出销售额不匹配。

（3）你单位生产的专利产品姿态稳定控制系统V1.0、崇义××软件开发有限公司生产的产品智能电流控制V1.0、崇义××软件开发有限公司生产的产品智能电源控制系统V1.0均被灌×英豪电子科技有限公司采购，并用于生产同一种产品姿态稳定控制器，且上述四家公司均为“总局201903–x13专案”“总局201903–x06专案”涉案企业，存在明显异常情形。

（4）你单位2017年4月22号凭证反映销售产品姿态稳定控制系统集成电路V1.0给深圳市××鑫电子有限公司含税单价为每件52元，你单位2017年5月6号凭证销售产品姿态稳定控制系统集成电路V1.0给深圳市××鑫电子有限公司含税单价为每件 150 元，你单位 2017 年 5 月 7 号凭证销售产品姿态稳定控制系统集成电路 V1.0（集成电路）给灌 × 英豪电子科技有限公司（“总局 201903-x13 专案”列明的涉嫌“洗票”企业）含税单价为每件 174 元，姿态稳定控制系统集成电路 V1.0 是你单位的专利产品，同样的产品销售价格相差较大，存在明显异常。

2. 资金流向异常

你单位银行往来资金显示其大部分销售款项转入 4 张个人银行卡且用途不明，金额为 84 006 600 元。你单位正常经营期间银行账户基本无余额。资金流量与你单位销售金额相当，停留时间短，即进即出，一般不超过当天，存在资金回流嫌疑。

3. 利用软件企业税收优惠政策骗取税收优惠

你单位 2018 年 10 月 22 日被江苏省经济和信息化委员会认定不符合软件企业税收优惠政策，故主管税务机关国家税务总局 ×× 县税务局于 2019 年年初追缴其 2017、2018 年度少缴的企业所得税 27 097 463.52 元，由于公司法定代表人和实际控制人现已失联，故形成欠税 27 097 463.52 元。

你单位无固定的研发团队、无规范的研究场所，研发人员专业水平不对口、学历层次不达标，研发人员实际工资水平极低，研发支出基本上都是工资支出和业务招待费支出，你单位的软件企业优惠资格存在明显异常。从人才结构、资金投入、研发团队、技术力量、设备设施和研发周期时间需求等硬性条件综合分析，你单位涉嫌利用国家关于对软件企业的税收优惠政策，没有开展实际科研活动和真实的软件生产，直接从深圳等地低价购入软件芯片，成为其专利产品“姿态稳定控制系统 V1.0”并作为产品物流道具进行销售开票，从软件载体的取得，到软件信息录入；从产品出库，到快递发货；从受票方收货，到物流费用、货款资金结算，形成了一整套真实的物流链、资金链、发票链、货物链。其背后是以“低值高开”的手法虚开增值税专用发票，最终使其终端下游出口企业骗取国家出口退税，从而达到和下游生产、出口企业分利的目的。

你单位涉嫌利用软件企业税收优惠政策，通过欺诈手段得以享受“自主研发”软件产品增值税实际税负超过3%部分即征即退增值税优惠政策和集成电路设计和软件产业企业所得税“两免三减半”优惠政策进行源头低值高开增值税专用发票。

**4. 属失联企业**

你单位的现法定代表人王×（江苏沭阳人）手机号是空号，已无法联系。据主管税务机关了解，你单位的第三任法定代表人冯××为公司实际控制人，经多次联系，均无法查找法人代表或实际经营人，无法强制履行纳税义务；你单位税务登记注册地址及生产经营地址均为连云港市××县经济开发区××南路×号（灌云县××局的办公大楼），检查人员至现场未发现你单位在该地址开展生产经营活动。你单位企业所得税最后申报日期为2019年5月17日，其他税种2019年1月至今未申报。

**5. 你单位为“总局201903-x13专案”“总局201903-x06专案”中列明的“税惠诈骗虚开源头”企业**

上述专案的软件开发企业、生产企业成立时间较短，成立之后就开具价值上千万的销售，不符合软件企业经营规律；经营地址选择经济欠发达地区且多在地方经济开发园区，多家企业法定代表人为浙江台州人。作案手法为“税惠诈骗虚开源头”企业通过欺诈手段得以享受软件开发企业实际增值税税负超过3%部分即征即退优惠政策，进而开具软件专票。然后通过中游变票企业将以进项软件销项为各种电子元件的方式向下游开具几乎与购进软件等额的电子元件发票。最终通过洗票企业流向或直接流向出口企业骗取出口退税。

你单位为专案列明的“税惠诈骗虚开源头”企业，以软件为载体向下游虚开软件专票，通过中游企业“洗票”，最终流向出口企业骗取出口退税。

**二、处理决定**

1. 根据《中华人民共和国发票管理办法》（中华人民共和国国务院令第587号）第二十二条“任何单位和个人不得有下列虚开发票行为：（一）为他人、为自己开具与实际经营业务情况不符的发票；（二）让他人为自己开具与实际经营业务情况不符的发票；（三）介绍他人开具与实际经营情况不符的发票”以及《国家税务总局关于走逃（失联）企业涉嫌虚开增值税专用发票检查问题的通知》(税总发〔2016〕172号)第一条第五项“生产经营真实性核定情况:检查人员核实企业是否有实际生产加工场所;注册经营地生产场所是否真正为企业生产场地(可能是他人生产场所,企业借用、租用虚假挂牌等);生产设备是否能够生产其所开具增值税专用发票上载明的货物,有无委托加工;生产能耗与销售是否相符;购进货物是否能直接生产其销售的货物,有无委托加工等”、第三条第二项“对走逃(失联)企业,稽查部门可通过集体审理程序,充分审查有关证据,分析认定事实和适用法律,提出相应的审理意见”的规定,你单位涉嫌以“低值高开”的手法虚开增值税专用发票,定性为虚开发票。

2. 根据《税收违法案件发票协查管理办法(试行)》(税总发〔2013〕66号)第九条“已确定虚开发票案件的协查,委托方应当按照受托方一户一函的形式出具《已证实虚开通知单》及相关证据资料,并在所附发票清单上逐页加盖公章,随同《税收违法案件协查函》寄送受托方”的规定,建议出具《已证实虚开通知单》并附相关证据材料,发往下游受票企业所在地税务机关依法处理。

3. 根据《中华人民共和国发票管理办法》第三十七条“违反本办法第二十二条第二款的规定虚开发票的,由税务机关没收违法所得;虚开金额在1万元以下的,可以并处5万元以下的罚款;虚开金额超过1万元的,并处5万元以上50万元以下的罚款;构成犯罪的,依法追究刑事责任”及《中华人民共和国税收征收管理法》第77条、《最高人民检察院、公安部关于公安机关管辖的刑事案件立案追诉标准的规定(二)》(公通字〔2010〕23号)第8条、第57条至第68条、《最高人民检察院、公安部关于公安机关管辖的刑事案件立案追诉标准的规定(二)的补充规定》(公通字〔2011〕47号)第2条、第3条、《行政执法机关移送涉嫌犯罪案件的规定》(国务院令第310号)第3条、第5条、第6条的规定,移送公安机关进一步查处。[1]

限你单位自收到本决定书之日起15日内按照规定进行相关账务调整。

你单位若同我局在纳税上有争议,必须先依照本决定的期限缴纳税款及

[1] 公通字〔2010〕23号与公通字〔2011〕47号于2022年5月15日废止。

滞纳金或者提供相应的担保，然后可自上述款项缴清或者提供相应担保被税务机关确认之日起六十日内依法向国家税务总局连云港市税务局申请行政复议。

（资料来源：连云港税务局官网）

这是一起明显的以“销售软件”取得增值税税负超3%取得退税为手段的筹划案例，且下游利用正常税率抵扣进项，再向下游开具发票，最后形成骗取出口退税，中间进行了“变票”处理。在这个案例当中，我们可以发现：

一是，决定书中提到的“低值高开”，结合没有生产条件等因素，这些所谓的软件是通过低价采购进来的，不是自行开发生产的软件产品，本身也达不到即征即退的享受条件。不过稽查对其的定性是虚开。这里要注意一点，尽管我们提到过，过高或过低的定价不宜认为是虚开增值税专用发票，在特定的情形下，这种包装的软件，虽然有一定的真实性的载体存在，但当它不符合真实性的体现，只是一个道具的话，仍是可以定性为虚开增值税专用发票的，不能绝对化去理解。

二是，超增值税税负3%即征即退的政策，是限于一般纳税人享受的。比如企业软件销售额是100万元，销项税额13%是13万元，若当期没有进项，则应取得即征即退10万元，而下游取得的专用发票仍是按13万元进行抵扣的。很明显，“一倒手”，白得国家10万元的财政补贴，当下，一些集团公司正是利用了这一政策，但若是真实地用在了生产经营当中，也是正常的，是符合国家产业政策引导方向的，只是可能定价方面会有“虚高”的情形，此时并不是“空转开票”，最终得到的利益，也是有合法保障的。这种情形跟上面我们提到的关联方跨地区交易，销售方取得财政返还的方式是“异曲同工”之处。

## 案　例

张三经营着一家从事旧货交易的平台企业A公司，2020年度取得了不错的所得，利润有5 000万元，同时张三还经营着另一家投资类的企业B公司，当期的财务费用等比较高，形成亏损5 000万元。于是张三让会计由B公司开具4 000万元的发票给A公司，以平衡税负。结果在风险排查时被发现，要求其给出解释，到底提供了什么服务，不然要定偷税甚至虚开处理！

**分析：**这个案例相对比较极端一些，现实当中，这类情形可能还是会有同类的，老板认为自己的企业都是一家的，搅和在一起也是自己的，所以在税收筹划上"拆东墙补西墙"。是要反避税处理吗？显然不是，因为没有证据支持做了什么业务，除非真的从开始就"做得非常完美"，但一般并不会开具货物的发票，货物交易是否存在还是比较容易查验的，更多的是从服务入手的，定为故意偷逃税款，不为过；定为虚开增值税专用发票，也不是不可，至多可以认为没有造成国家税款流失等原因进行解释，这只能算是一个理由，而不是一个法定的事由。

类似的场景还有技术转让、技术开发的情形，跨境交易的情形，"洼地"安排的情形，技术出资的情形，以及当下小型微利企业享受的企业所得税的待遇与小规模纳税人享受的免税待遇，无疑提供了很多的"筹划空间"。但老板利用国家的税收优惠政策，统筹进行功能及投资架构的搭建，通过真实的交易，实现一定的税收利益，也并不全是有问题的；若是国家的税收优惠都不让轻易享受，那么税收的调节功能又如何实现呢？利益驱动投资活动、经营活动，只是要真实，要合理，配比的政策使用就应得到权利保护。

### 3.9.3 利用"空壳"主体转移利润逃避税款的行为

《国家税务总局 国家互联网信息办公室 国家市场监督管理总局关于规范涉税中介服务行为 促进涉税中介行业健康发展的通知》（税总纳服发〔2022〕34号）提出：

根据中办、国办印发的《关于进一步深化税收征管改革的意见》关于加强对涉税中介组织的执业监管和行业监管的要求，针对近期涉税中介领域出现的新情况、新问题，此次规范涉税中介服务行为相关工作重点聚焦以下内容：

（一）涉税中介通过各类自媒体、互联网平台以对避税效果作出保证性承诺为噱头招揽业务，以利用注册“空壳”企业、伪造享受税收优惠资质等方式，帮助纳税人偷逃税款或骗取享受税收优惠为目的，违规提供税收策划服务的问题。

（二）涉税中介通过各类自媒体、互联网平台发布涉税服务虚假宣传及广告信息，妨碍市场公平竞争、损害委托人利益的问题。

（三）涉税中介通过各类自媒体、互联网平台发布不实信息，歪曲解读税收政策，扰乱正常税收秩序的问题。

近年来，大量的中介服务机构、招商机构、平台企业参与筹划的大潮，不匹配业务关系的、不真实的空壳企业大量出现，利用某些地区极低的核定政策与财政返还政策，大量出现了套现、套票，似乎已成为公开的秘密。自2021年国家开始强化税收征管以后，经过整顿已取得了非常好的效果，但不排除有的个人、机构仍贪恋之前的“筹划生意”，利用夹缝中的筹划渠道进行宣传、从事此类业务。但风雨已来，中介机构宜应正己为先。

《江西省企业高发犯罪风险防控指引》中提出：

**（三）虚开增值税专用发票罪**

【法律依据】

**《中华人民共和国刑法》第二百零五条** 虚开增值税专用发票或者虚开用于骗取出口退税、抵扣税款的其他发票的，处三年以下有期徒刑或者拘役，并处二万元以上二十万元以下罚金；虚开的税款数额较大或者有其他严重情节的，处三年以上十年以下有期徒刑，并处五万元以上五十万元以下罚金；虚开的税款数额巨大或者有其他特别严重情节的，处十年以上有期徒刑或者无期徒刑，并处五万元以上五十万元以下罚金或者没收财产。

单位犯本条规定之罪的，对单位判处罚金，并对其直接负责的主管人员和其他直接责任人员，处三年以下有期徒刑或者拘役；虚开的税款数额较大或者有其他严重情节的，处三年以上十年以下有期徒刑；虚开的税款数额巨大或者有其他特别严重情节的，处十年以上有期徒刑或者无期徒刑。

虚开增值税专用发票或者虚开用于骗取出口退税、抵扣税款的其他发票，是指有为他人虚开、为自己虚开、让他人为自己虚开、介绍他人虚开行为之一的。

【风险防控指引】

1. 企业应当合法诚信经营，按照《中华人民共和国发票管理办法》的规定，在购销商品、提供或者接受服务以及从事其他经营活动中，由付款方向收款方取得发票，取得发票时不得变更品名和金额。开具发票应当按照规定的时限、顺序、栏目，全部联次一次性如实开具，并加盖发票专用章。企业应当拒收不符合规定的发票，不得作为财务报销凭证。

2. 企业不得以骗取税款为目的，在无实际生产经营活动的情况下为他人、为自己、让他人为自己、介绍他人开具增值税专用发票，或者虽有实际生产经营活动，但为他人、为自己、让他人为自己、介绍他人开具数量或者金额不符的增值税专用发票，抵扣进项税款或者骗取出口退税，造成国家税款损失。有实际生产经营活动的企业出于非骗取抵扣税款的目的，且没有造成增值税款损失的虚开增值税专用发票行为，不以虚开增值税专用发票罪论处，但若使用虚开发票冲减营业额偷逃税额的，属于偷税行为。虚开增值税专用发票入罪、数额较大、数额巨大的标准分别为5万元、50万元和250万元。

3. 企业应当认真落实增值税专用发票开具使用管理规定，合法取得并以自己名义开具与实际交易相符的增值税专用发票，注意资金流、发票流、货物流“三流一致”，若存在“先卖后买”、挂靠经营等“三流不一致”情况的，尽量通过签订与上家的货物买卖合同、取得货物的所有权，签订书面挂靠协议、形成明确挂靠关系等方式，形成完整的交易锁链，防止被认定为虚开增值税专用发票。企业对于第三人为交易相对方开具发票的要审慎对待，对合法性存疑的发票在核查后付款和申报抵扣税款。

4. 企业应当建立发票使用登记制度，设置发票登记簿，并定期向主管税务机关报告发票使用情况。企业应当按照税务机关的规定存放和保管发票，不得擅自损毁、转借、转让发票。已经开具的发票存根联和发票登记簿要保存5年。

5. 企业应当建立健全资本权属清晰、财务关系明确、符合法人治理结构要求的财务管理制度，严格遵守国家有关内部财务制度、规定和财经纪律，按照风险与收益均衡、不相容职务分离等原则，建立必要的费用开支范围、标准和报销审批制度，明确管理权限和责任，统一使用和管理资金；建立健全会计账簿，统一登记、核算各项业务事项，控制财务风险。

6. 企业应完善交易各环节内控制度。在进行交易活动前，要加强对交易对方经营范围、经营规模、企业资质、开票资格等情况的了解；加强存货、发货环节控制，财务人员应根据出库凭证及购销合同开具增值税专用发票；验证并留存领票人的身份信息，防止不法分子套取增值税专用发票；尽量通过银行采取转账方式进行结算并保留银行结算凭证，对交易方提供的银行账户与发票信息一致性进行审查。

### （四）虚开发票罪

【法律依据】

《中华人民共和国刑法》第二百零五条之一　虚开本法第二百零五条规定以外的其他发票，情节严重的，处二年以下有期徒刑、拘役或者管制，并处罚金；情节特别严重的，处二年以上七年以下有期徒刑，并处罚金。

单位犯前款罪的，对单位判处罚金，并对其直接负责的主管人员和其他直接责任人员，依照前款的规定处罚。

【风险防控指引】

1. 企业不得违反国家发票管理规定，在无实际生产经营及业务往来的情况下，为他人、为自己、让他人为自己、介绍他人开具与实际经营业务情况不符的普通发票（即增值税专用发票或者虚开用于骗取出口退税、抵扣税款的其他发票外的发票）；或者虽有实际生产经营或业务往来，为他人、为自己、让他人为自己、介绍他人开具交易内容或交易数量、金额不符的普通发票；或者篡改电子发票信息、使用伪造或者变造的发票虚开；或者违反规定让与业务无关的第三方开具普通发票。

2. 企业不得通过低价购买或虚开普通发票，多列成本，减少企业缴纳所得税等税的数额，或者利用不同行业的税率差异来偷逃税款；不得通过购买虚开普通发票列支支出，在业务往来中用于贿赂或利益输送。实施以上行为同时触犯了虚开发票罪和逃税罪、单位行贿罪等罪名的，将根据其犯罪情节择一重罪从重处罚。

3. 企业虚开普通发票的入罪标准是虚开发票500份以上或者虚开金额累计在40万元以上的，或者虽未达到上述金额，但5年内因虚开发票行为受过行政处罚2次以上，又虚开普通发票的。因此，在税务机关对企业虚开发票违法行为进行行政处罚时，企业要高度重视，积极应对，及时补缴税款；认为税务机关的处理决定事实不清、法律适用错误或程序违法的，依法提起行政复议或行政诉讼，防止二次处罚的涉刑风险。

4. 销售货物、提供劳务一方无法提供发票的，企业不得通过与第三方"空壳公司""皮包公司"签订虚假合同，支付开票费后私账回流的形式虚开发票，应凭购销商品、提供或者接受服务以及从事其他经营活动等书面证明，依法向经营地税务机关或者税务机关委托的单位申请代开发票。为了虚开发票而注册成立"空壳公司""皮包公司"，向税务机关领购发票用于虚开，实际上并没有经营活动或者以虚假经营活动掩盖其虚开发票的违法行为，收取开票费牟取暴利的，系为了实施虚开发票的违法犯罪而成立的公司、企业，不以单位犯罪论处，而是对实施犯罪的自然人予以定罪处罚。

5. 前述虚开增值税专用发票罪的风险提示第1条、第4~6条，同样适用于本罪。

**相较于灵活用工平台，空壳企业多是个体工商户、个人独资企业或合伙企业，比如有一些网红们设立了数十甚至上百家的个人（代理人）上述主体进行转移利润、低税负转现的处理。**

### 案 例

据绩溪法院消息，利用四百多家"空壳"公司，长期从事虚开增值税专用发票等违法犯罪活动，涉案税额巨大、涉及多个罪名，2月24日，绩溪法院依法对被告人张某凌等39人特大涉税案一审宣判。

张某凌犯虚开增值税专用发票罪，虚开发票罪，持有伪造的发票罪，伪造国家机关印章罪，伪造公司、事业单位印章罪，数罪并罚，判处有期徒刑二十年，并处没收个人全部财产；被告人张某艳、王某等38人犯虚开增值税专用发票罪，虚开发票罪，持有伪造的发票罪，伪造国家机关印章罪，非法购买增值税专用发票罪其中一罪或数罪，被判处十年八个月至一年不等的刑期，并处数额不等的罚金。

法院审理查明，2015年以来，被告人张某凌成立宣城市大凌商务信息咨询有限公司（以下简称大凌公司），并以此为管理平台。张某凌为谋取非法利益，先后纠集被告人张某艳、王某、吴某等人陆续成立财务部、业务发展部、宣城办事处等部门，注册、租用、购进445家“空壳”公司，长期从事虚开增值税专用发票等违法犯罪活动，形成了以被告人张某凌为首要分子，被告人张某艳、王某、吴某为主要成员，被告人洪某琦、程某霞、孙某龄等人为一般成员的犯罪集团。该犯罪集团在无真实业务发生的情况下，采取虚构业务往来、虚假资金走账等手段，以收取开票费的方式，为购票人虚开增值税专用发票43 283份，价税合计45亿余元，税额4.5亿余元，已认证抵扣税款4.5亿余元；虚开增值税普通发票8 575份，价税合计8亿余元。同时，该犯罪集团以支付开票费的方式，通过高某勇、周某某等人介绍，从石化等企业虚开增值税专用发票4 209份至张某凌控制的公司，价税合计18亿余元，税额2亿余元，已认证抵扣税款2亿余元。被告人张某凌还介绍上游石化公司为周某松等人虚开增值税专用发票334份，价税合计1亿余元。

为应对税务部门检查，该犯罪集团从司某林、王某等人处购买伪造的通行费发票、加油发票1万余份，并利用控制的空壳企业“互开洗票”，以虚构空壳企业的运营成本及业务的真实性；安排公司员工伪造国家机关印章5枚及公司、事业单位印章20枚，以虚构业务合同，应对税务检查。

下游人员郑某勇等25人为牟取非法利益，在无真实业务往来的情况下，从张某凌控制的公司及经营部购买增值税专用发票至相关公司进行认证抵扣、虚开增值税普通发票，并从中赚取好处费。

法院审理认为，张某凌等39名被告人犯罪事实清楚，证据确实充分，公诉机关指控各被告人所犯罪名均成立，依法应当按照各被告人所参与的犯罪追究刑事责任，法庭综合考量各被告人的量刑情节，依法作出前述一审判决。

（资料来源：《绩溪：39人特大涉税案一审宣判》，安徽网，2022年2月25日）

这些类似的空壳，有的是为“卖票”的人设立的，有的是一些个人自己设立的，比如很多的个体工商户性质的工作室，个人从事一些培训等业务活动，前者的很容易出问题，因为它对外虚开的对象比较广泛，说不定哪一家出现问题；后者虽然是自己设立与控制的，若没有实际业务支撑，也容易被否定。不过当下这类主体的核定受到越来越多的限制，在没有核定可大额使用的情形下，空壳主体的价值会大打折扣，在查账计税时，去套现或计入税前扣除的成本会大大增加，当核定的额度受到限制之时，通过进一步分解成立数量更多的空壳主体进行“交易”转移利润，开具发票的合理性、真实性就易出现瑕疵。

## 3.10　为做大做强规模、贷款等而发生的发票开具行为

**案　例**

某民营集团公司老板为了做大规模，形成表面上好看的数据，以利于融资、业绩等方面的考虑，于是就找到了两家经销煤炭的企业，意在中间过一道手，做大贸易量。结果在 2021 年 8 月，主管税务机关告知企业这家上游企业走逃，要求对进项税额进行转出。老板感觉自己很无辜，认为自己只是经手，付款、合同、收货单都有。其实问题点就在于，该企业的所有人员均没有看到实物，也不知是不是真有货，只是认为当初做客户的资料尽调时，到上游企业的现场看过，有一个很大的煤场。现在就体会到痛苦的滋味了！

**分析：**煤炭行业存在着一些虚开增值税专用发票的情形，有的案例中确实有实物，但是由于煤炭的开采销售有一定的数量控制，有一些无证的小煤矿，个人销售给贸易公司煤炭，贸易公司再找买方，由于个人不能给开具发票，于是贸易公司就去找的第三方的发票来作为成本及进项处理，由此“埋下祸根”，整个链条受到牵连。不过这个案例还是可以有空间去处理的，前提是其本身主观上没有参与到虚开“协助”上，也没有额外的利益获取（比如单位或个人）。

"空转交易"下的做大做强，不知害得多少企业陷入了虚开的陷阱中。可能有的人提出："我们是集团内部的空转交易，不涉及不熟悉的第三方，这样没有损害国家税款，彼此互换了！"如果是形成了闭环的交易，在没有货物的情形下，以我们上面提到的虚开增值税专用发票结果导向来理解，可以不理解为虚开犯罪，但不代表这是绝对的，毕竟法条上没有这样写明，同时对于相关证据、链条的某环节检查，还是完整的进行闭环的检查，这种不确定性也需要面临实践的考验。

如《湖北汽车商场总经理虚开增值税发票6000万被公诉》曾报道：

**案　例**

近日，武汉市检察院依法对虚开增值税发票6 000余万元的湖北汽车商场及商场总经理陈某等人提起公诉。

检察机关指控该企业及其法人代表所犯罪名为虚开增值税专用发票罪，而犯罪的主要动因则是为扩大商场销售额、完成指标任务，以显示其销售形势"火爆"。

据指控，湖北汽车商场法定代表人、总经理陈某任职期间，在没有货物交易及任何资金往来的情况下，于1996年6月至1998年5月期间，授意或指使商场职员先后向另外15家公司虚开增值税专用发票计111份，价税合计6 283万余元，其中税款913万余元。与此同时，商场接受其中13家公司为其虚开的价税相同的增值税专用发票，到税务机关申报抵扣。

今年1月，武汉公安部门经过侦查，弄清了湖北汽车商场销售形势"火爆"的真实内幕，并报请检察机关批准，将商场总经理陈某、商场下设汽车部经理李某执行逮捕，并于今年7月予以取保候审。

对此案，最高人民法院《关于湖北汽车商场虚开增值税专用发票一案的批复》中曾有提到"被告单位和被告人虽然实施了虚开增值税专用发票的行为，但主观上不具有偷骗税款的目的，客观上亦未实际造成国家税收损失，其行为不符合刑法规定的虚开增值税专用发票罪的犯罪构成，不构成犯罪"。

这一回复意见难能可贵，但由于属于批复，尚不能直接作为类同案例的处理依据直接使用，后来 2020 年在最高人民检察院的意见当中，也体现了这一精神。

## 案　例

近年来，有一类经营贷的业务，有人虚构某类购销业务形成交易，等到银行将款项打给销售方后，才通过一定的方式转化出来供自己使用，这种情形下，交易的真实性就可能面临着考验。还有一类情形，即当某企业取得了一定的授信额度后，为了有现金套出来，也可能存在与相关单位串谋虚构交易，开具发票帮其转现。这中间也可能存在虚开的情形，当然还有骗贷的问题。多年前，上海某知名老板为了虚增销售业务，以利于向银行贷款，就曾被定为虚开增值税专用发票罪获刑。

另外，近年来，随着证券监管的强化，上市公司虚构业务，虚增利润的情形多有发生，我们看到监管部门对相关人员进行了相应的追责及罚款，还有追究刑事责任的情形，此时，企业需要追溯调整相应的报表数据。我们也看到企业去申请基于原来的虚增利润多缴的税款的退回，主要涉及企业所得税，但增值税却少有看到申报退税，这是因为一般情形下相应的业务是开具发票的，税是需要完整缴纳的，下家基于利益的考虑多数也是抵扣了，此时的退税必然存在牵一发动全身，相应的发票还须要红冲处理，似乎是很难做到的，在这种情形下，基本上没有对增值税进行申请退税，因为有不少的限制性的因素存在，而且说不定还涉嫌虚开增值税专用发票罪，就更严重了。但是，若是税务机关就以虚假交易定性虚开增值税专用发票且进行移交公安机关，也是可以理解的，毕竟追究刑事责任，是不是立案、提起公诉，并不是税务机关决定的，但虚假开具发票的事实是存在的。

《郭某某、宋某某、杜某某等违规披露、不披露重要信息罪一审刑事判决书》[ 浙江省杭州市拱墅区人民法院刑刑事判决书　（2020）浙 0105 刑初 255 号 ] 中提到：

专栏

经审理查明：2013年至2015年期间，九好网络科技集团有限公司（以下简称九好集团，原名浙江九好办公服务集团有限公司）为了吸引风投资金投资入股、完成政府招商引资税收目标以及实现上市等目的，通过与其他公司签订虚假业务合同、虚开增值税专用发票、普通发票、利用资金循环虚构银行交易流水、改变业务性质等多种方式虚增服务费收入共计264 897 668.7元，虚增2015年贸易收入574 786.32元。

……

本院认为，九好集团作为依法负有信息披露义务的公司，向社会公众提供虚假的以及隐瞒重要事实的财务会计报告，对依法应当披露的其他重要信息不按照规定披露，严重损害他人利益，情节严重，被告人郭某某作为公司直接负责的主管人员，被告人宋某某、杜某某、王某作为其他直接责任人员，其行为均构成违规披露、不披露重要信息罪。公诉机关指控罪名成立。在共同犯罪中，被告人郭某某、杜某某、宋某某其主要作用，系主犯；被告人王某其次要作用，系从犯，予以从轻处罚。被告人王某案发后主动向公安机关投案，并在归案后如实供述自己的罪行，构成自首，予以从轻处罚。被告人郭某某、宋某某、杜某某当庭表示认罪，予以从轻处罚。被告人宋某某的归案缺乏主动性，被告人杜某某虽主动归案，但在归案后的未立即如实供述自己的罪行，均不构成自首。二被告人的辩护人提出的二人构成自首的辩护意见与法律规定不符，本院不予采纳。根据被告人宋某某、杜某某、王某的犯罪情节及认罪、悔罪表现，决定对其适用缓刑。辩护人的相关辩护意见予以采纳。公诉机关建议量刑恰当，本院予以采纳。据此，依照《中华人民共和国刑法》第一百六十一条、第二十五条第一款、第二十六条第一款、第四款、第二十七条、第六十七条第一款、第三款、第七十二条第一款、第三款、第七十三条第二款、第三款、第五十二条之规定，判决如下：

一、被告人郭某某犯违规披露、不披露重要信息罪，判处有期徒刑二年三个月，并处罚金100 000元（刑期从判决执行之日起计算，判决执行以前先行羁押的，羁押一日折抵刑期一日，即自 2019 年 6 月 4 日起至 2021 年 9 月 3 日止。罚金限判决生效后十日内缴纳）。

二、被告人宋某某犯违规披露、不披露重要信息罪，判处有期徒刑二年，缓刑三年，并处罚金 50 000 元（缓刑考验期从判决确定之日起计算。罚金限判决生效后一个月内缴纳）。

三、被告人杜某某犯违规披露、不披露重要信息罪，判处有期徒刑二年，缓刑三年，并处罚金 50 000 元（缓刑考验期从判决确定之日起计算。罚金限判决生效后一个月内缴纳）。

四、被告人王某犯违规披露、不披露重要信息罪，判处有期徒刑一年，缓刑二年，并处罚金 20 000 元（缓刑考验期从判决确定之日起计算。罚金限判决生效后一个月内缴纳）。

如不服本判决，可在接到判决书的第二日起十日内，通过本院或直接向杭州市中级人民法院提出上诉。书面上诉的，应当提交上诉状正本一份，副本二份。

另外还有一些代表性的案例，也是值得读者们了解、关注。如《李某甲、李某乙犯虚开增值税专用发票罪二审刑事裁定书》[ 四川省宜宾市中级人民法院刑事裁定书（2016）川 15 刑终 113 号 ] 中有这样的内容：

### 专栏

本院认为，1995 年全国人大常委会作出《关于惩治虚开、伪造和非法出售增值税专用发票犯罪的决定》，对包括虚开增值税专用发票罪等危害国家税收犯罪予以了详细规定。全国人大常委会的立法宗旨，在该《决定》前言部分得以充分体现，即“为了惩治虚开、伪造和非法出售增值税专用发票和其他发票进行偷税、骗税等犯罪活动，保障国家税收”。该《决定》的条文内容，1997 年修订后《中华人民共和国刑法》的第三章第六节“危害税收征管罪”中予以了全部继承。其中，虚开增值税专用发票罪，分别体现在《决定》第一条和《刑法》第二百零五条的规定之中。

严重的社会危害性是任何犯罪都具有的本质特征。一行为如果没有严重的社会危害性，则不属于犯罪的范畴。虚开增值税专用发票罪也不例外，必然具有严重的社会危害性。其社会危害性的体现，司法理论和实践普遍认为，该罪侵犯的是复杂客体，即行为人既侵犯了国家增值税专用发票监督管理制度，又破坏了国家税收征管，造成了国家应税款大量流失。无论是之前的全国人大常委会立法决定，还是之后的刑法规定，从立法宗旨和立法体系可以判断，国家刑事法律无不是从保障国家税收不流失这一根本目的出发而规定一系列危害国家税收犯罪的。如果不严厉惩治这些犯罪行为，则必然或可能造成国家税收流失，危害国家税收征管。如果根本没有造成国家税收流失的可能，则不在危害税收征管犯罪的评价范围。

就本案而言，原审被告人李某甲、李某乙在协助何某甲办理板厂沟煤矿扫尾工作期间，何某甲基于解决其所控制的椰雅煤业公司超能生产煤炭对外销售的实际问题，伙同罗某某及二原审被告人虚增了白庙乡板厂沟煤矿向丰源集团销售煤炭这一交易环节，利用白庙乡板厂沟煤矿实际停产但具有煤炭生产指标的有利条件，在此期间，由板厂沟煤矿开具煤炭过关票和相应38份增值税专用发票，从而将椰雅煤业超能生产煤炭对外销售。上列开具增值税专用发票的行为虽与实际交易行为不符，但行为人主观上没有偷逃国家税款目的，而是为了促成超产煤炭的外销，根据销售煤炭数量如实向国家上缴了增值税和相关规费，即使在下一销售环节将增值税发票进行抵扣，客观上也不会造成国家税款流失。因此，原审被告人李某甲、李某乙等人主观上没有偷逃国家税款目的，客观上也没有造成国家税款流失，不具有危害国家税收征管的严重社会危害性，不应构成虚开增值税专用发票罪。

抗诉机关提出，原审被告人李某甲、李某乙实施了虚开增值税专用发票的行为，其主观上是否具有偷、骗税的目的，以及客观上是否会造成国家税收的流失，并非本罪的构成要件。本院认为，如果不从立法宗旨和立法体系认识到保障国家税款不流失的立法目的，也不从社会危害性方面认识到客观上不会、也没有造成国家税款流失的行为不具有严重的社会危害性，而仅从形式上将只要有虚开行为一律以虚开增值税专用发票罪追究刑事责任，明显违背了主客观相一致的基本定罪要求，属于客观归罪。如果简单地按照抗诉意见认定二原审被告人构成虚开增值税专用发票罪，则势必对其施以严重的刑罚，这也与情理不合，因为本案并未造成国家税款损失的严重危害后果。对上列抗诉意见，本院不予支持。原审被告人李某甲及其辩护人、李某乙请求驳回抗诉、维持原判的意见，本院予以采纳。

综上，原审被告人李某甲、李某乙不构成虚开增值税专用发票罪，依照《中华人民共和国刑事诉讼法》第二百二十五条第一款第（一）项之规定，裁定如下：

驳回抗诉，维持原判。

本裁定为终审裁定。

**《福建省泉州市松苑锦涤实业有限公司等伪造、出售伪造的增值税专用发票案——虚开增值税专用发票罪与非罪之认定》有这样的内容：**

## 专栏

福建省高级人民法院二审查明的案件事实与一审认定的案件事实基本一致，认为：上诉人林建基违反国家对增值税专用发票管理规定，为牟取私利，受人之托，从他人处购买了伪造的增值税专用发票942份，从中出售给松苑公司326份，其行为已构成出售伪造的增值税专用发票罪。因其购买时即明知不是为了抵扣税款，也没有将抵扣联交给买方，未给国家税款造成损失，综合考虑本案的情节及后果，对林建基可予从轻处罚。林建基及其辩护人关于只构成虚开增值税专用发票一罪和具有自首和立功情节等辩护意见，经查与法律、事实不符，不予采纳。上诉单位松苑公司和上诉人陈松柏、施维昌向他人购买伪造的增值税专用发票的行为，不是以抵扣税款为目的，而是为了提高购进设备价值，显示公司实力，以达到在与他人合作谈判中处于有利地位的目的。根据国家税法的规定，注明为固定资产的增值税专用发票不能抵扣税款，且陈松柏也没有要抵扣联，国家税款不会因其行为而受损失，松苑公司、陈松柏、施维昌的行为不具有严重的社会危害性，因此不构成犯罪。各被告人及其辩护人的有关辩护理由，予以采纳。原审以虚开增值税专用发票罪对松苑公司、陈松柏、施维昌定罪处刑不当，应予撤销。原审认定上诉人林建基出售伪造的增值税专用发票的事实清楚，但定罪不当。

## 3.11 本章小结

在本章中，我们梳理了十类样本情形，探讨了以发票为载体进行的一些“生财”的业务活动，这里面内容并非全部是不合规的，一样的情形下也是可以合规处理的；也有存在监管不到位的“灰色地带”、有政策不明确的，也有违法犯罪的行为发生。有许多人经不起利益的诱惑，做起了发票的“生意”，也为此付出了沉重的代价。作为一个有追求、有正当生意的老板，完全没有必要去野蛮地做发票的生意，要正当地、合理地享受国家的财税优惠政策，不宜贪心过重，要远离绑在发票上的违法风险。就是涉及一些筹划，也要有相应的业务作为支撑，辅助以合同与付款及交付物等体现，在合理的空间内，是可以探讨的。

君子爱财，取之有道。受近两年疫情影响，可能想发点“外财”的人比较多，不过越在这种情形下，越需要保持清醒的头脑，切忌受诱惑跟风，做简单粗暴的“发票生意”进行逃税，不然后果可能会很严重。

有的人士提出来：“从你上面讲到的案例看，不是有一些虚开没有被判刑认定为虚开吗，这不可以借鉴吗？”请注意，上面的一些案例，是个案，并不代表普遍情况；况且当面临的是对某一类违法行为进行严厉打击的情形下，还会有那么多幸运降临吗？

发票的生意经，无外乎是为了如表 3.11 所示的利益考虑：

**表 3.11**

| 目　标 | 说　明 | 风　险 |
| --- | --- | --- |
| 规避个税 | 这几年兴起的一系列的“筹划风暴”多数是基于规避个税的目的，比如人力公司以人工之名协助套现，代开发票套现，个体经营主体的核定方式拆解收入等，也有如网红、演员的所得“变性”被查事项（将劳务报酬所得混淆为经营所得），还有大量存在的灵活用工平台所存在的规避社会责任及逃避个税的做法 | 对于高净值、高收入的个人强化税收征管，似乎是不得不做，而必须要做好的事项，不然良好的责任心、遵从感无从谈起，老板个人是这样，何况他的企业的税务合规的遵从呢 |
| 规避企业所得税 | 一般在规避个税之时，企业所得税一并税前扣除了，已达到了规避企业所得税的目的。但也有情形下，是通过可控或找到的公司进行“过渡”操作，款项由关联方收到或者是让第三方代为“提现回流” | 涉嫌偷逃税款的风险 |
| 少缴增值税 | 为了抵扣增值税，特别如建筑业、地产行业、服务业、一些贸易类企业，实际发生的进项少，认为自己吃亏了，以较低的价格去“买”进项抵扣。同时涉及资金回流时，也逃避了所得税与个税。不过有的情形下，虚开是为了有的交易情形下无法取得专用发票时的“替代”，同样极可能会涉嫌虚开刑责的问题 | 涉嫌虚开增值税专用发票罪，违规风险极大 |
| 规避社会与经济责任 | 比如灵活用工平台，本身雇佣方式不是挺好的吗，能够很好地实现人员的管控，但为了规避社保，解决个税成本，所以就进行了“甩锅式”创新，进行人力外包。特定场景下，比如基于某项装修业务的完成进行外包，是可以理解的，那种将长期实质上进行人员雇佣模式管理的情形，如饭店服务员、车间流水线的工人，就有一些勉强。至于拆分的方式将部分薪酬、劳务转化为“人力服务”凭票列支，就会涉及逃避个人所得税及法定扣缴义务的问题 | 规避个税的法定扣缴义务，规避社保成本，减少扣缴个人所得税的问题，同时伴随着虚开发票的风险 |
| 转移利润的安排 | 虚构交易，转移利润，以实现少交税的目的 | 反避税的风险，或有虚开增值税专用发票的风险 |
| 取得（套取）地区间财政补贴 | 这类情形下，通过“变更过渡”纳税地，实现地区间的财政补贴利益的获取 | 若业务不真实可能会涉及骗取国家财政补贴的风险 |

续表

| 目　标 | 说　明 | 风　险 |
|---|---|---|
| 政策红利的空间 | 比如利用小微企业的优惠政策，以实现整体利益的筹划，但若没有真实业务，设立众多工作室的方式核定纳税下开具发票的无支；或者是利用如销售软件增值税即征即退的政策套取政策“红利”的方式 | 业务真实，建议有相应的合理性安排，比如在某案例当中提到的“低值高开”虚开的认定风险 |
| “变名”销售规避消费税的问题 | 比如“地炼行业”中存在的规避消费税的操作，以多环节的交易实现发票“变名”实现自己少交消费税的偷逃税行为 | 逃避消费税及附加税费的问题 |

《新的组合式税费支持政策 已为企业减轻税费负担和增加现金流超1万亿元 税务部门公开曝光4起涉税违法案件》披露了一个案例：

安徽查处一起“黑中介”协助虚开发票案。安徽省合肥市税务局稽查局在查处某重大虚开增值税发票案件时，发现合肥天×财务咨询有限公司涉嫌协助其他企业虚开增值税发票，与公安部门联合依法进行了查处。经查，该财务公司实际负责人陈××及员工等5人，利用他人身份信息，长期为不法分子违规设立空壳公司，在没有发生实际经营业务的情况下大量虚开发票，并帮助不法分子伪造财务数据，从中牟取非法利益。陈××等5名犯罪嫌疑人分别被判处有期徒刑5年6个月及其他刑罚。该财务公司被纳入涉税服务失信名录，税务机关不予受理其所代理的涉税业务。

以虚开方式取得的专用发票形成留抵得到退税，国家财政真真切切地给予了“现金”，为了堵上财政退税的漏洞，必须对此给予严厉打击。另外，对于某些行业，国家在增值税的政策中给予了加计抵扣的优惠政策，若是关联方之间形成交易，则可以得到更多的抵扣，依笔者的观察，由于加计抵扣的比例并不大，现实当中对此进行筹划的情况并不多见。

曾经有位老板提出：“我们的税负太重了，公司的利润若分配给个人股东，要按20%计缴个人所得税，缴完企业所得税还要缴个人所得税，不敢分配了啊！只能用钱的时候从公司拿钱挂账处理。”这可能是很多老板的想法与做法，不想缴税不分红。当然，企业不分红，个人也不需要纳税，当前的政策也不强制要求进行分配来征个税。在这种场景下，就会出现一些以票套利的情形出现，利益的诱惑有时难免会让老板们动心。

笔者认为，对那些逃避税方式的税务筹划，该说再见了。若再留恋，留给自己的只能是忐忑的未来，老板们还是要有所警惕。无论服务机构如何打“保票”，如何声称自己“有渠道”，如何进行“专业的解释”，都不一定是安全可靠的。

本章中的样本案例，只是涉票生意中的一部分，再延伸来看，比如还有跨境安排的、创新产品或金融产品之类的，利用非营利组织进行筹划的，利用金融市场的优惠或空间进行操作的。对于非专业人员而言，我国的税法规定比较繁杂，很容易迷茫不知所以然，但是有一点，其更多专注的是传统涉税处理的规范，对于创新型的业务，会或多或少地存在一些不明确甚至有漏洞的地方。

但是，对于发票的管理、责任的追究，相关规定是非常严厉的，也是非常严密的，体系化的金税工程对于发票的定向或链条跟踪式风险管理，已非常成熟。另外，暴露出来的违法违规的案例，虽是少数，但很多原来的模糊地带已在布局与监控之中，正如我们在分析中提到的：可能以前别人没有事，但不代表自己没有事！不能光看别人的热闹。

未来，笔者相信，做发票“生意”的人，参与到相关业务当中的老板们，面临的不确定性风险会越来越大，空间会越来越小。“适可而止，舍得为上”，这样说并不为过。应及时转型，以专业加持，回归真实，才有“未来”。

## 附　知识要点

### 要点 1　39 号文件及其解读的应用价值

国家税务总局 2014 年第 39 号公告内容以及解读如下：

## 国家税务总局关于纳税人对外开具增值税专用发票有关问题的公告

国家税务总局公告2014年第39号

现将纳税人对外开具增值税专用发票有关问题公告如下：

纳税人通过虚增增值税进项税额偷逃税款，但对外开具增值税专用发票同时符合以下情形的，不属于对外虚开增值税专用发票：

一、纳税人向受票方纳税人销售了货物，或者提供了增值税应税劳务、应税服务；

二、纳税人向受票方纳税人收取了所销售货物、所提供应税劳务或者应税服务的款项，或者取得了索取销售款项的凭据；

三、纳税人按规定向受票方纳税人开具的增值税专用发票相关内容，与所销售货物、所提供应税劳务或者应税服务相符，且该增值税专用发票是纳税人合法取得、并以自己名义开具的。

受票方纳税人取得的符合上述情形的增值税专用发票，可以作为增值税扣税凭证抵扣进项税额。

本公告自2014年8月1日起施行。此前未处理的事项，按照本公告规定执行。

特此公告。

国家税务总局

2014年7月2日

## 关于《国家税务总局关于纳税人对外开具增值税专用发票有关问题的公告》的解读

虚开增值税专用发票，以危害税收征管罪入刑，属于比较严重的刑事犯罪。纳税人对外开具增值税专用发票，是否属于虚开增值税专用发票，需要以事实为依据，准确进行界定。

为此，税务总局制定发布了《国家税务总局关于纳税人对外开具增值税专用发票有关问题的公告》。公告列举了三种情形，纳税人对外开具增值税专用发票，同时符合的，则不属于虚开增值税专用发票，受票方可以抵扣进项税额。

理解本公告，需要把握以下几点：

一、纳税人对外开具的销售货物的增值税专用发票，纳税人应当拥有货物的所有权，包括以直接购买方式取得货物的所有权，也包括“先卖后买”方式取得货物的所有权。所谓“先卖后买”，是指纳税人将货物销售给下家在前，从上家购买货物在后。

二、以挂靠方式开展经营活动在社会经济生活中普遍存在，挂靠行为如何适用本公告，需要视不同情况分别确定。第一，如果挂靠方以被挂靠方名义，向受票方纳税人销售货物、提供增值税应税劳务或者应税服务，应以被挂靠方为纳税人。被挂靠方作为货物的销售方或者应税劳务、应税服务的提供方，按照相关规定向受票方开具增值税专用发票，属于本公告规定的情形。第二，如果挂靠方以自己名义向受票方纳税人销售货物、提供增值税应税劳务或者应税服务，被挂靠方与此项业务无关，则应以挂靠方为纳税人。这种情况下，被挂靠方向受票方纳税人就该项业务开具增值税专用发票，不在本公告规定之列。

三、本公告是对纳税人的某一种行为不属于虚开增值税专用发票所做的明确，目的在于既保护好国家税款安全，又维护好纳税人的合法权益。换一个角度说，本公告仅仅界定了纳税人的某一行为不属于虚开增值税专用发票，并不意味着非此即彼，从本公告并不能反推出不符合三种情形的行为就是虚开。比如，某一正常经营的研发企业，与客户签订了研发合同，收取了研发费用，开具了专用发票，但研发服务还没有发生或者还没有完成。这种情况下不能因为本公告列举了“向受票方纳税人销售了货物，或者提供了增值税应税劳务、应税服务”，就判定研发企业虚开增值税专用发票。

在这个文件及其官方解读当中，特别提到了“先卖后买”“挂靠”等情形的理解，给业界提供了一些处理与应对涉虚开案件的参考与方向。

## 要点2 关于“三流一致”或“四流一致”的恰当理解及误区

在传统的货物交易中，一般认为需要票、款、物一致，以此来佐证或支持不是虚开增值税专用发票的情形，这一概念已流行很多年，似乎成了“经典”之论。后来也有人提出来，还要考虑合同流，形成“四流一致”。其实这样的理解没有问题，做生意，通常是一对一的关系，偶有多对一或一对多的情形，针对虚开增值税专用发票罪所列的虚开的情形，往往可以从上面的要素的一致性方面发现瑕疵与漏洞，几流一致的方式作为一种判断方式没有问题，但作为一种判断依据，就可能导致“误伤”之事。

表 3.12

| 情　形 | 说　明 | 问　题 |
| --- | --- | --- |
| 直发货方式 | 比如货物未经中间销售方直接发到最终购买方，这类情形中可能存在虚开，但不能绝对化 | 建议中间方完善发收货的确认证据，不是简单的“编制一张入出库单据”作为形式凭据 |
| 分子公司合同是集团公司一并签署实施 | 比如有的合同是集团公司一并签署转由子公司或分公司实施，子公司进行销售、开票及发货的方式 | 还有可能存在集团一并收，付款的处理（资金归集管理） |
| 款项是抵债方式或第三方代付方式 | 比如有的时候是将款项以保证金方式存入平台公司，由平台公司进行直接转付处理 | 只要债权，债务关系清楚，不应据此认为是虚开，但建议要有相应方签署的协议 |
| 服务的体现 | 由于服务发生的证据难以像货物一样可查询可记录，所以若是大额的服务费用，也可能引起质疑 | 建议梳理出来服务的过程记录 |

增值税进项税额抵扣上有一个税收政策的“陷阱”，即发票开具方与收款方的一致性要求，其实这个规定早就应该废止了，属于过于机械式的规定，已不适应当下一些交易场景。虽然适用性不恰当了，但政策条款没有废止，企业就容易陷入其内“有理讲不通”。

上面所提到的文件为《国家税务总局关于加强增值税征收管理若干问题的通知》（国税发〔1995〕192号）的规定：

购进货物或应税劳务支付货款、劳务费用的对象。纳税人购进货物或应税劳务，支付运输费用，所支付款项的单位，必须与开具抵扣凭证的销货单位、提供劳务的单位一致，才能够申报抵扣进项税额，否则不予抵扣。

在营业税改征增值税（简称营改增）之后，政策部门就旅行社业“营改增”反映集中的问题所进行的答复如下：

“三流合一”是1995年国税发192号文件，那个文件的其他条款全都废止了，就留了这一条。到现在已有二十多年，现在形势的发展无论是支付手段，还是发票监管，都是电子抵账，已经很强大了。当时都是手开票，拿手写的专用发票，那个情况下税务局需要看是否三流合一，但是现在该条款管的范围还仅限于货物和运输服务。营改增的服务领域不适用该条规定。关于该条款总局会再评估一下，如果觉得它存在已经没有意义的话，今后有可能会取消。

尽管我们有这样的解释或理由，但是对于税务问题的处理，既要有大原则、大方向，更要有小细节、小心处，有时甚至要应对“教条主义”式的理解。为什么我们的一些涉税争议并非大是大非的问题，仅仅就是一些文字理解差异所导致的，原因就在于此。

**要点3 什么是灵活用工**

从我们的理解看，灵活用工其实没有一个统一的规范性定义，本身它也不是一个名词解释的事项，只是存在于当前社会与经济中的一种用工方式。有一些业务平台给出了一些解释性的“定义”，或者通过官方平台给出了一些“定义”，其实更多是为了自己的经营之需给出的狭义理解。但是若认为当下拿工资的雇佣人员都可以无缝转化为灵活用工人员，这显然是违背社保体系规定与社会稳定要求的。灵工平台可以作为一种正式雇佣用工的补充，但不能取而代之，这是一个社会组织与社会体系运行的基础性问题。可参见国家税务总局办公厅对十三届全国人大三次会议第8765号建议的答复：

专栏

您们提出的关于从税收政策和征管方式等方面加大平台经济发展支持力度的建议收悉，现答复如下：

**一、关于平台企业存在自然人无法视同登记户享受增值税起征点优惠**

《中华人民共和国增值税暂行条例》及其实施细则、《财政部 国家税务总局关于全面推开营业税改征增值税试点的通知》（财税〔2016〕36号）附件1《营业税改征增值税试点实施办法》规定，纳税人销售额未达到国务院财政、税务主管部门规定的增值税起征点，免征增值税；达到起征点的，应全额计算缴纳增值税。按期纳税的纳税人，增值税起征点为月销售额5 000元至2万元；按次纳税的纳税人，增值税起征点为每次（日）销售额300元至500元。目前全国各地均按照最高额度确定起征点。

2019年，为贯彻落实党中央、国务院决策部署，进一步支持小微企业发展，我局会同财政部制发《关于实施小微企业普惠性税收减免政策的通知》（财税〔2019〕13号），明确2019年1月1日至2021年12月31日，对月销售额10万元以下（含本数）的增值税小规模纳税人，免征增值税。

自然人能否享受小规模纳税人月销售额10万元以下免税政策，需要根据其业务实际情况进行判断。按照上述规定，自然人持续开展经营业务的，如办理了税务登记，并选择按期纳税，履行按期申报纳税义务，则可以按规定享受小规模纳税人月销售额10万元以下免税政策；自然人不经常发生应税行为的，如未办理税务登记，或只选择了按次纳税，则应按规定享受按次纳税的起征点政策。

**二、关于允许内控机制完善的平台经济使用内部凭证列支成本费用**

《企业所得税税前扣除凭证管理办法》（国家税务总局公告2018年第28号，以下简称《办法》）明确规定了内部凭证作为税前扣除凭证的一般要求和具体情形，在一定程度上与代表所提建议是一致的。如，《办法》第八条规定，税前扣除凭证按照来源分为内部凭证和外部凭证，内部凭证是指企业自制用于成本、费用、损失和其他支出核算的会计原始凭证。再如，《办法》第九条、

第十条规定，企业在境内发生的支出项目属于增值税应税项目的，对方为依法无需办理税务登记的单位或者从事小额零星经营业务的个人，其支出以税务机关代开的发票或者收款凭证及内部凭证作为税前扣除凭证；企业在境内发生的支出项目不属于增值税应税项目的，对方为个人的，以内部凭证作为税前扣除凭证。这些规定，能够解决平台企业在一定条件下使用内部凭证作为税前扣除凭证的问题。

如果允许平台企业所有经营活动均使用内部凭证列支成本费用，在企业所得税征管上会造成平台企业与非平台企业之间的差异，不利于营造公平竞争的市场环境。特别是增值税应税项目如果均使用内部凭证作为税前扣除凭证，不利于增值税发票的规范管理，破坏了增值税抵扣链条的完整性，易引发偷漏税风险。因此，建议平台企业依法依规使用内部凭证和外部凭证列支成本费用。

**三、关于明确灵活用工人员从平台获得的收入作为经营所得**

根据《中华人民共和国个人所得税法》及有关规定，灵活用工人员从平台获取的收入可能包括劳务报酬所得和经营所得两大类。灵活用工人员在平台上从事设计、咨询、讲学、录音、录像、演出、表演、广告等劳务取得的收入，属于“劳务报酬所得”应税项目，由支付劳务报酬的单位或个人预扣预缴个人所得税，年度终了时并入综合所得，按年计税、多退少补。灵活用工人员注册成立个体工商户，或者虽未注册但在平台从事生产、经营性质活动的，其取得的收入属于“经营所得”应税项目，“经营所得”以每一纳税年度的收入总额减除成本费用以及损失后的余额为应纳税所得额，适用经营所得税率表，按年计税。

因此，灵活用工人员取得的收入是否作为经营所得计税，要根据纳税人在平台提供劳务或从事经营的经济实质进行判定，而不是简单地看个人劳动所依托的展示平台，否则容易导致从事相同性质劳动的个人税负不同，不符合税收公平原则。比如，从事教育培训工作的兼职教师，在线下教室里给学生上课取得收入按劳务报酬所得缴税，在线上平台的直播间给学生上课取得收入按经营所得缴税，同一性质劳动，不宜区别对待。

## 四、关于建议有关部门对平台企业上的经营者简化前置许可的审批条件与流程

对平台企业上的经营者简化前置许可的审批条件与流程，主要是优化货运平台司机办理道路普通货物运输经营许可证的审批流程，放宽相应的条件。近年来，交通运输部、税务总局等部门按照国务院推进“互联网+”高效物流以及促进平台经济发展的有关决策部署，积极支持鼓励依托互联网平台从事货运经营的物流新业态创新发展。

一是取消相关道路货运经营许可。先后取消了4.5吨及以下普通货运车辆道路运输证和从业资格证等4项经营许可。同时，简化并公开普通货运驾驶员从业考试题库、推行从业人员线上线下异地考试、取消从业人员强制继续教育制度。

二是优化道路货运经营许可流程。2014年，国务院印发了《关于取消和调整一批行政审批项目等事项的决定》(国发〔2014〕50号)，将“道路货运经营许可证核发”工商登记前置许可事项改为后置许可，即道路运输经营业户在取得营业执照后，办理道路运输经营许可证。同时，在全国自由贸易试验区，对道路货运经营许可实行告知承诺制，即对申请人尚不具备经营许可条件，但承诺领证后一定期限内具备的，经形式审查后当场作出行政审批决定，放宽了准入条件、简化了审批流程。

三是推进道路货运经营证照异地办理。为满足广大道路运输经营者和驾驶员异地运营需要，组织开发互联网道路运输便民政务服务系统，实现了普通货运车辆年度审验及年审凭证下载，道路运输驾驶员诚信（信誉）考核及考核凭证下载，货运车辆道路运输证换发、补发、注销，货运驾驶员从业资格证补发、换发、变更、注销，普通货运驾驶员学习教育等12个事项的网上办理。

四是有序规范网络货运经营行为。2019年，交通运输部联合我局印发《网络平台道路货物运输经营管理暂行办法》(交运规〔2019〕12号)，配套出台《网络平台道路货物运输经营服务指南》，健全完善了网络货运新业态法规制度及标准规范，为道路货运领域平台经济发展创造了良好的政策环境。为有效保

障运输安全，明确网络货运经营者应当对实际承运人、车辆及驾驶员资质进行审查，保证实际承运人具有合法有效的道路运输经营许可证，提供运输服务的车辆具有相应的营运证、驾驶员具有相应的从业资格证，有效遏制无证无照经营，减少运输安全事故的发生。根据制度要求，实际承运人只需在网络平台注册登记其名称、经营许可证号。由于道路货运普遍跨区域经营，流动性较强，为更好发挥平台经济资源整合的作用，交通运输有关管理制度未要求网络平台注册的货车司机一定要在平台所在地申请取得道路运输经营许可证。

下一步，交通运输部将加快推进互联网道路运输便民政务服务系统（二期）建设，尽快实现道路运输从业资格网上申请、国际道路运输行车许可证申领等业务网上办理；加快推进道路货运驾驶证和从业资格证考试“两考合一”，优化培训考试流程；加强对网络货运新业态信息化监测，引导支持企业规范健康发展。

**五、关于优化一照一码登记模式，实现批量登记**

2014年商事制度改革实施以来，市场监管部门按照国务院部署积极推进“先照后证”改革。目前除法律法规明确的前置许可事项外，包括道路普通货物运输经营许可在内的各项许可事项均为后置许可事项，即经营者先行办理营业执照，再到相关行业主管部门办理许可。经营者在办理营业执照经营范围登记时，可自主申请登记相关经营项目，并不需要考虑是否能够取得该行政许可，市场监管部门未对后置许可项目经营范围的登记顺序作出限制性规定。

近年来，我局会同市场监管总局先后推进“三证合一”“五证合一”“多证合一”改革，通过加强数据信息共享，提高了行政审批效率，减少了重复审批行为，节约了企业成本。平台上的经营者在完成市场主体登记后，税务部门通过信息共享获得市场主体登记信息，纳税人无需单独办理税务登记，在后续办理涉税业务时补充完善相关涉税信息即可。日前，市场监管总局联合我局等六部门制发《关于进一步优化企业开办服务的通知》（国市监注〔2020〕129号），从全程网上办理，压减开办时间、环节和成本，以及推进电子化三方面提出了9条措施，明确2020年年底前，开通企业开办一网通办平台，实现企业开办全程网上办理，并将开办时间压缩至4个工作日以内，进一步便利企业开办登记。

下一步，我局将会同市场监管总局等部门继续推进商事登记制度改革，加强部门协作，不断完善数据共享机制，提高数据共享质量，为企业提供更多便利服务。

**六、关于助力区块链电子发票在平台经济领域的推广**

2017年4月起，我局在深圳、广东、云南、福建、北京等5省（市）针对特定业务和特定票种探索推动区块链电子发票应用，取得了一定成效。目前试点票种包括通用机打发票、定额发票、冠名发票等。下一步，我局将根据平台经济的实际用票需求，进一步研究论证推进相关电子发票事宜。

## 要点4　什么是反避税

反避税与偷逃税款存在性质的差异，虽然最终结果都是以补缴税款为目的，但反避税并没有滞纳金，而是以加征利息惩罚，远低于每日万分之五的滞纳金的惩罚力度，且追溯期最长为10年。

目前的反避税政策主要存在于企业所得税与个人所得税中，企业所得税的规范更为明确、规则也更为复杂，个人所得税是2019年新明确的内容，之前并没有相关规定（见表3.13）。

**表3.13**

| 税种 | 规　定 | 依　据 |
|---|---|---|
| 企业所得税 | **第四十一条**　企业与其关联方之间的业务往来，不符合独立交易原则而减少企业或者其关联方应纳税收入或者所得额的，税务机关有权按照合理方法调整。 | 《企业所得税法》 |
| | **第一百一十条**　企业所得税法第四十一条所称独立交易原则，是指没有关联关系的交易各方，按照公平成交价格和营业常规进行业务往来遵循的原则。 | 《企业所得税法实施条例》 |

续表

| 税种 | 规　　定 | 依　据 |
|---|---|---|
| 个人所得税 | **第八条**　有下列情形之一的，税务机关有权按照合理方法进行纳税调整：<br>（一）个人与其关联方之间的业务往来不符合独立交易原则而减少本人或者其关联方应纳税额，且无正当理由；<br>（二）居民个人控制的，或者居民个人和居民企业共同控制的设立在实际税负明显偏低的国家（地区）的企业，无合理经营需要，对应当归属于居民个人的利润不作分配或者减少分配；<br>（三）个人实施其他不具有合理商业目的的安排而获取不当税收利益。<br>税务机关依照前款规定作出纳税调整，需要补征税款的，应当补征税款，并依法加收利息。 | 《个人所得税法》 |

反避税的处理其实是一种协商机制，彼此以可参考的样本或者利润率等，来分析某一主体可能少纳的所得税，同时另一方也有权利调整其对应的收入或成本。本质上看，它不是实质性的违法行为，而是居民企业与其关联方之间的交易不符合独立交易原则，导致减少缴纳税款的行为。一直以来，税务总局更多关注的是境内主体向境外主体转移利润的调整。随着这年来外资投资方对全球资源的重新配置，一些生产型的企业、研发性的企业在重新选择投资国或地区，比如转向越南、印度等东南亚国家，某些地区的税务机关对外资企业反避税的调整强度也有所变化，在特定的时期或阶段，税收政策的制定与适用，也宜更好地为经济建设与发展服务才是。

# 第4章
# 发票对税种的计缴影响

可能有人提出："税款的计缴不是有自己的规则吗，跟发票有关系吗？"笔者想解释的是："不仅有关系，是关系很大！"

因为没有发票或者发票有瑕疵，不让抵税或扣除，这是主要的问题；也有特定情形下，并不需要发票时，会计非让老板开发票的情形，这也是老板的一种苦恼，结果往往发生了不该发生的故事。

目前我国在征收的税种共计 18 个，如表 4.1：

表 4.1

| 序号 | 税　种 | 是否与发票计算相关 |
|---|---|---|
| 1 | 增值税 | 相关度强 |
| 2 | 消费税 | 相关度强 |
| 3 | 企业所得税 | 相关度强 |
| 4 | 个人所得税 | 相关度小 |
| 5 | 资源税 | 相关度小 |
| 6 | 城镇土地使用税 | 相关度小 |
| 7 | 房产税 | 相关度小（从租的可能会考虑收入） |
| 8 | 城市维护建设税 | 相关度小 |
| 9 | 耕地占用税 | 相关度小 |
| 10 | 土地增值税 | 相关度强 |
| 11 | 车辆购置税 | 相关度小 |
| 12 | 车船税 | 相关度小 |

续表

| 序号 | 税　种 | 是否与发票计算相关 |
|---|---|---|
| 13 | 印花税 | 相关度小 |
| 14 | 契税 | 相关度小 |
| 15 | 烟叶税 | 相关度小 |
| 16 | 关税 | 相关度小 |
| 17 | 船舶吨税 | 相关度小 |
| 18 | 环境保护税 | 相关度小 |

对于某些税种，发票在税款计算中发挥着相当强的作用，比如增值税计算中的进项税额抵扣，一般情形之下就需要取得抵扣的凭证才能进行扣减。

## 4.1　增值税的计算

很多的虚开增值税专用发票的行为，其主要目的就是为了抵扣销项税额，简直有了“现金等价物”的价值。

我们国家对于增值税的纳税人区分为一般纳税人与小规模纳税人，前者计税是销项税额减去进项税额，后者不实施抵扣制，主要依销售额直接计缴增值税额，当下小规模纳税人享受减免税的待遇[1]，以应对疫情之下小微企业面临的经营困难，支持其生存与发展。

### 4.1.1　增值税的抵扣凭证

承上说明，抵扣计算增值税的方法主要适用于增值税的一般纳税人，在当前的税收政策下，取得相应的抵扣凭证是抵扣的基本前提，在纳税申报表中对此进行了详细的规范。

在这里要比较一下企业所得税与增值税之间计缴的一个基本逻辑（见表 4.2）：

[1]　财政部、税务总局 2023 年第 1 号公告明确：自 2023 年 1 月 1 日至 2023 年 12 月 31 日，对月销售额 10 万元以下（含本数）的增值税小规模纳税人，免征增值税。适用 3% 征收率的应税销售收入，减按 1% 征收率征收增值税。

表 4.2

| 比较事项 | 增值税 | 企业所得税 |
| --- | --- | --- |
| 扣除方式 | 取得抵扣凭证后即可一次性抵扣，当期及后期进行抵扣均不受限制，理论上讲可以无限期地在以后期间确认抵扣，当然抵扣越早可能会更节约现金流出 | 需要考虑受益期，有的需费用化处理，有的是资本化需分期摊计扣除，当下政策有允许选择固定资产加速折旧与购买软件加速摊销扣除的使用 |
| 取得时间 | 在取得之时，比如取得专用发票，在受票方的电子勾选平台上体现信息即可以进行勾选确认抵扣，对于纸质的专用发票理论上仍需实际取得作为凭证 | 无论是专用发票还是普通发票，在税前扣除的原则上，多要求在次年汇算清缴之前取得（理论上到次年的 5 月 31 日） |
| 周期性 | 增值税的期间是指每个月或每个季度，没有年度汇算清缴的概念 | 企业所得税有年度汇算清的概念，平时预缴，准确与否有时没有那么严格，年度汇算清缴时计缴准确就不涉及偷逃税款的情形 |

当下法定可以抵扣增值税的凭证种类如表 4.3 所示：

表 4.3

| 序号 | 票据种类 | 注意事项 |
| --- | --- | --- |
| 1 | 增值税专用发票 | 在勾选平台确认抵扣，包括电子与纸质介质的发票 |
| 2 | 机动车销售统一发票 | 在勾选平台确认抵扣，近年来虚开案件频发，各地有相关的报道 |
| 3 | 海关进口增值税专用缴款书 | 单抬头的在勾选平台确认抵扣，双抬头的上传海关缴款书信息，经系统稽核比对相符后在勾选平台确认抵扣 |
| 4 | 收费公路通行费增值税电子普通发票 | 在勾选平台确认抵扣，普通发票作为抵扣凭证，但若是预存费时开具的“不征税”的发票不得抵扣，使用后开具的有税额的才可以抵扣 |
| 5 | 农产品采购相关票据 | 纳税人购进农产品，取得一般纳税人开具的增值税专用发票或海关进口增值税专用缴款书的，以增值税专用发票或海关进口增值税专用缴款书上注明的增值税额为进项税额；从按照简易计税方法依照 3% 征收率计算缴纳增值税的小规模纳税人取得增值税专用发票的，以增值税专用发票上注明的金额和 9% 的扣除率计算进项税额；取得（开具）农产品销售发票或收购发票的，以农产品销售发票或收购发票上注明的农产品买价和 9% 的扣除率计算进项税额。纳税人购进用于生产销售或委托受托加工 13% 税率货物的农产品按 10% 抵扣 |
| 6 | 解缴税款的完税凭证（境外购进） | 纳税人凭完税凭证抵扣进项税额的，应当具备书面合同、付款证明和境外单位的对账单或者发票。资料不全的，其进项税额不得从销项税额中抵扣 |

续表

| 序号 | 票据种类 | 注意事项 |
| --- | --- | --- |
| 7 | 桥、闸通行费 | 桥、闸通行费发票上注明的金额 ÷（1+5%）×5% |
| 8 | 旅客运输服务 | 纳税人购进国内旅客运输服务，其进项税额允许从销项税额中抵扣。<br>（一）纳税人未取得增值税专用发票的，暂按照以下规定确定进项税额：<br>1. 取得增值税电子普通发票的，为发票上注明的税额；<br>2. 取得注明旅客身份信息的航空运输电子客票行程单的，为按照下列公式计算进项税额：<br>航空旅客运输进项税额 =（票价 + 燃油附加费）÷（1+9%）×9%<br>3. 取得注明旅客身份信息的铁路车票的，为按照下列公式计算的进项税额：<br>铁路旅客运输进项税额 = 票面金额 ÷（1+9%）×9%<br>4. 取得注明旅客身份信息的公路、水路等其他客票的，按照下列公式计算进项税额：<br>公路、水路等其他旅客运输进项税额 = 票面金额 ÷（1+3%）×3% |

在上述抵扣类凭证中，专用发票是最为普遍的，也是大家较为熟悉的，更是出问题较多的。多年来，违法犯罪情形屡禁不止，皆因为“利”，很多纳税人也深受其苦。票真但业务假，这类情形应该重拳治理，但因上游走逃（失联）而追究下游抵扣责任的，则防不胜防。

其中涉及农产品的抵扣比较复杂一些，进一步补充如表 4.4 所示：

**表 4.4**

| 情形 | 销售方 | | | 购买方 | |
| --- | --- | --- | --- | --- | --- |
| | | | | 购买方用于特例外一般事项 | 购买方用于生产或者委托加工 13% 税率货物 |
| | 主体身份 | 发票类型 | 征免税 / 率 | 抵扣率 | 抵扣率 |
| 农业生产者销售自产初级农产品 | 一般纳税人 | 增值税专用发票 | 销项税率 9% | 9%（注明税额） | 10% |
| | | 免税农产品销售发票（如增值税普通发票） | 免税 | 9%（买价总金额 ×9%） | 10% |

续表

| 情形 | 销售方 | | | 购买方 | |
|---|---|---|---|---|---|
| | | | | 购买方用于特例外一般事项 | 购买方用于生产或者委托加工 13% 税率货物 |
| | 主体身份 | 发票类型 | 征免税 / 率 | 抵扣率 | 抵扣率 |
| 农业生产者销售自产初级农产品 | 小规模纳税人（除自然人外） | 增值税专用发票 | 征收率 3% | 9%（不含税金额 ×9%） | 10% |
| | | 同上 | 征收率 1% | 1%① | 认为难以享受② |
| | | 免税农产品销售发票（如增值税普通发票） | 免税 | 9%（买价总金额 ×9%） | 10% |
| | 自然人 | 农产品收购发票③ | 免税 | 9%（买价总金额 ×9%） | 10% |
| | | 代开发票④ | 免税 | 同上 | |
| 批发、零售（非自产销售）初级农产品 | 小规模纳税人（不含自然人） | 增值税普通发票 | 免税 | 不得抵扣 | 不得抵扣 |
| | | | 征收率 3% 或 1% | 不得抵扣 | 不得抵扣 |
| | | 增值税专用发票 | 征收率 3% | 9%（不含税金额 ×9%） | 10% |
| | | | 征收率 1% | 1% | 认为难以享受 |
| | 一般纳税人 | 增值税普通发票 | 免税 | 不得抵扣 | 不得抵扣 |
| | | | 9% | 不得抵扣 | 不得抵扣 |
| | | 增值税专用发票 | 9% | 9%（注明税额） | 10% |
| 海关进口缴纳后再抵扣 | – | – | – | 9% | 10% |

**注：**

① 我公司是一家餐饮企业，属于一般纳税人资格，本月取得了小规模纳税人开具的税率为 1% 农产品专票，能否按 9% 计算抵扣进项税额？

留言时间：2021 年 08 月 30 日　答复时间：2021 年 08 月 31 日　答复单位：国家税务总局网站

答：根据《财政部 国家税务总局关于简并增值税税率有关政策的通知》（财税〔2017〕37 号）第二条、《财政部 税务总局关于调整增值税税率的通知》（财税〔2018〕32 号）第二条、《财政部 税务总局 海关总署关于深化增值税改革有关政策的公告》（财政部、税务总局、海关总署公告 2019 年第 39 号）第二条规定，纳税人购进农产品，从依照 3% 征收率计算缴纳增值税的小规模纳税人取得增值税专用发票的，以增值税专用发票上注明的金额和 9% 的扣除率计算进项税额；纳税人购进农产品用于生产或者委托加工 13% 税率货物的，按照 10% 的扣除率计算进项税额。

因此，你公司购进农产品，如销售农产品的小规模纳税人选择放弃享受减征增值税政策，开具 3% 征收率的增值税专用发票，你公司取得了小规模纳税人开具的 3% 征收率的增值税专用发票，即可按上述规定计算抵扣进项税额。

② 主要是因为基于加计的比例是基于按 9% 抵扣的情形下产生的逻辑，对于 1% 征收率情形下若不认可按 9%，则很难加计扣除，不过这一情形是短期内的优惠政策，未来还是 3% 为主要的方向。

③ 纳税人通过增值税发票开票软件使用增值税普通发票开具收购发票，系统在发票左上角自动打印“收购”字样。

④ 代开的发票也属于开具的普通发票，是可以作为抵扣凭证的。比如《三亚税务推出掌上代开免税农产品增值税电子普通发票 农民开票不再“多头跑”》报道中有这样的内容：据了解，农户（个人）销售自产农产品，可向税务机关申请代开免税农产品增值税普通发票，购买方（增值税一般纳税人）可凭发票抵扣税款。

大家可以发现，增值税的抵扣是基于“上游缴纳、下游抵扣”的逻辑，即承上启下的链条式抵扣逻辑。但凡事皆有源头，在最初的环节上，比如依靠智力创造收入的企业，人力薪酬成本支出是不能抵扣的，当前的增值税政策不考虑此方面支出的可抵扣估算，此时的“税负感”可能就会感觉重一些。但通过上面的分析，可以看到，对于免税的初级农产品销售，是按“无形中编制出来可以抵扣的进项税额”处理的，前一环节是无端生出来的，并没有计缴增值税，于此在这个环节中的造假就比较多，因为可抵扣的数据并未在整个征管系统中展示出来，无法溯源追查。当然如果查出来的收购发票过多，与产出严重不匹配的话，是可以作为预警信息进行管理的。在此节点上，相当于国家以财政成本承担了进项税额的“产出”。

企业所得税也有类似的逻辑，上一方确认的收入是下一方取得的成本，也是链条相扣的逻辑。但企业所得税相较于增值税的计算逻辑存在巨大的差异。比如上一方享受收入免税或所得免税时，整体来看，下游的成本扣减相当于是国家的让利，是一种政策鼓励的实现；也有的政策，比如技术出资情形下，上游的收入可以暂不确认，下游的成本可以即时确认，这是一种时间上的差异，相当于国家暂时给予了时间性的优惠。而增值税却是先行缴纳，下游企业取得的时间是滞后的，当下是实现了数据平台的有效在线传递与勾选确认抵扣，在营改增之前，是以取得纸质专用发票后进行扫描上传验证后进行抵扣的方式，这相当于先行实现了财政收入，而欠着抵扣方的抵扣款项，一定程度上存在增值税的“虚增贡献”。

### 4.1.2 增值税销售额的差额计税计算

在上一节中，我们探讨了增值税一般纳税人在计缴增值税时的抵扣凭证类型，在营改增的过程当中，考虑到从营业税到增值税过程当中的“税负只减不增”的改革目标，所以规定了一些不用进项抵扣来“降低”税负的方式，这就是“差额扣减”应税销售额的方式。从本质上看，他们都实现了纳税额的减少，对于老板来讲，看结果就好，不必过于纠结政策上的实现路径、法理逻辑上的通或不通等。

表 4.5 为一般纳税人适用差额计算销项税额的主要类型：

**表 4.5**

| 适用事项 | 计税方式 | 说　明 | 差额计税 | 下游抵扣说明 |
| --- | --- | --- | --- | --- |
| 清包建筑服务 | 简易计税 3% | 施工方不采购建筑工程所需的材料或只采购辅助材料，并收取人工费、管理费或者其他费用的建筑服务 | 全部价款和价外费用扣除支付的分包款后的余额为销售额 | 下游企业全额按3% 取得专用发票可抵扣 |
| 甲供建筑服务 | 同上 3% | 全部或部分设备、材料、动力由工程发包方自行采购的建筑工程 | 同上 | 同上 |
| 建筑服务老项目 | 同上 3% | 建筑工程老项目，是指：<br>（1）《建筑工程施工许可证》注明的合同开工日期在 2016 年 4 月 30 日前的建筑工程项目<br>（2）未取得《建筑工程施工许可证》的，建筑工程承包合同注明的开工日期在 2016 年 4 月 30 日前的建筑工程项目<br>（3）《建筑工程施工许可证》未注明合同开工日期，但建筑工程承包合同注明的开工日期在 2016 年 4 月 30 日前的建筑工程项目 | 同上 | 同上 |

续表

| 适用事项 | 计税方式 | 说　明 | 差额计税 | 下游抵扣说明 |
| --- | --- | --- | --- | --- |
| 销售不动产（非房开企业） | 简易计税 5% | 2016 年 4 月 30 日前（含）取得的不动产，可以选择适用简易计税方法 | 该项不动产购置原价或者取得不动产时的作价后的余额为销售额 | 取得差额的专用发票可用于抵扣（没有条款规定，也有观点认为宜认可全额开具专用发票，税务总局的培训资料中支持差额） |
| 劳务派遣 | 同上 6% | ①一般纳税人提供劳务派遣服务，可以按照《财政部 国家税务总局关于全面推开营业税改征增值税试点的通知》（财税〔2016〕36 号）的有关规定，以取得的全部价款和价外费用为销售额，按照一般计税方法计算缴纳增值税；也可以选择差额纳税，以取得的全部价款和价外费用，扣除代用工单位支付给劳务派遣员工的工资、福利和为其办理社会保险及住房公积金后的余额为销售额，按照简易计税方法依 5% 的征收率计算缴纳增值税<br>②纳税人提供安全保护服务，比照劳务派遣服务政策执行<br>③纳税人提供武装守护押运服务，按照“安全保护服务”缴纳增值税 | 差额计税，差额开具专用发票[①]或全额开具普通发票，或部分开具普通发票部分开具专用发票 | 取得专用发票的税额可以抵扣 |
| 人力资源外包服务 | 同上 5% | ①纳税人提供人力资源外包服务，按照经纪代理服务缴纳增值税，其销售额不包括受客户单位委托代为向客户单位员工发放的工资和代理缴纳的社会保险、住房公积金。向委托方收取并代为发放的工资和代理缴纳的社会保险、住房公积金，不得开具增值税专用发票，可以开具普通发票<br>②一般纳税人提供人力资源外包服务，可以选择适用简易计税方法，按照 5% 的征收率计算缴纳增值税 | 服务费用可开具专用发票，代发与代缴部分可以开具增值税普通发票，其实并不属于收入的组成部分，但是因为允许开具发票，则在申报表只能体现了差额扣减了 | 取得服务费用对应的专用发票部分可抵扣 |

续表

| 适用事项 | 计税方式 | 说明 | 差额计税 | 下游抵扣说明 |
|---|---|---|---|---|
| 金融商品转让 | 按 6% 一般计税方式 | ①按照卖出价扣除买入价后的余额为销售额<br>②转让金融商品出现的正负差，按盈亏相抵后的余额为销售额。若相抵后出现负差，可结转下一纳税期与下期转让金融商品销售额相抵，但年末时仍出现负差的，不得转入下一个会计年度<br>③金融商品的买入价，可以选择按照加权平均法或者移动加权平均法进行核算，选择后 36 个月内不得变更 | 差额后的销售额并入当期纳税人的整体销售额计算销项税额 | 没有专用发票不适用抵扣，但可以适用差额计税 |
| 转让土地使用权 | 按 5% 简易计税 | 纳税人转让 2016 年 4 月 30 日前取得的土地使用权，可以选择适用简易计税方法，以取得的全部价款和价外费用减去取得该土地使用权的原价后的余额为销售额，按照 5% 的征收率计算缴纳增值税 | 差额计税，全额开具普通发票，全额开具专用发票或差额征税开具专用发票 | 取得专用发票对应的税额部分可抵扣 |
| 房地产企业销售房地产 | 一般计税方法按 9% | 扣除向政府、土地管理部门或受政府委托收取土地价款的单位直接支付的土地价款 | 可全额开具专用发票 | 取得专用发票可抵扣 |
| 教育辅助收入 | 一般计税方法按 6% | 教育部考试中心及其直属单位应以取得的考试费收入扣除支付给境外单位考试费后的余额为销售额，按提供“教育辅助服务”缴纳增值税 | 差额部分不得开具专用发票只能开具普通发票 | 同上 |
| 签证代理服务 | 同上 6% | 扣除向服务接受方收取并代为支付给外交部和外国驻华使（领）馆的签证费、认证费后的余额为销售额 | 同上 | 同上 |
| 代理进口按规定免征进口增值税的货物 | 同上 6% | 销售额不包括向委托方收取并代为支付的货款 | 向委托方收取并代为支付的款项，不得开具增值税专用发票，可以开具增值税普通发票 | 同上 |
| 物业管理服务的纳税人，向服务接受方收取的自来水水费 | 简易计税 3% | 扣除其对外支付的自来水水费后的余额为销售额 | 可以全额开具专用发票 | 购买方取得专用发票可以抵扣 |

续表

| 适用事项 | 计税方式 | 说　明 | 差额计税 | 下游抵扣说明 |
| --- | --- | --- | --- | --- |
| 经纪代理服务 | 一般计税方法 6% | 扣除向委托方收取并代为支付的政府性基金或者行政事业性收费后的余额为销售额 | 向委托方收取的政府性基金或者行政事业性收费，不得开具增值税专用发票 | 同上 |
| 融资租赁服务 | 同上 9% | 扣除支付的借款利息（包括外汇借款和人民币借款利息）、发行债券利息和车辆购置税后的余额为销售额 | 可以全额开具专用发票 | 同上 |
| 融资性售后回租服务 | 同上 6% | 全部价款和价外费用（不含本金），扣除对外支付的借款利息（包括外汇借款和人民币借款利息）、发行债券利息后的余额作为销售额 | 利息部分按贷款服务计税，由于不得抵扣，实务中开具普通发票即可 | 不得抵扣 |
| 航空运输企业 | 同上 9% | 不包括代收的机场建设费和代售其他航空运输企业客票而代收转付的价款 | 旅客取得行程单 | 行程单可以计算抵扣 |
| 客运场站服务 | 同上 6% | 扣除支付给承运方运费后的余额为销售额 | 服务费用可以开具专用发票，或全额开具普通发票差额扣减 | 国内旅客运输服务以行程单计算抵扣 |
| 航空运输销售代理企业提供境外航段机票代理服务 | 同上 6% | 扣除向客户收取并支付给其他单位或者个人的境外航段机票结算款和相关费用后的余额为销售额 | 可开具普通发票，服务费用部分可开具专用发票 | 国内旅客运输服务以行程单计算抵扣 |
| 旅游服务 | 同上 6% | 扣除向旅游服务购买方收取并支付给其他单位或者个人的住宿费、餐饮费、交通费、签证费、门票费和支付给其他接团旅游企业的旅游费用后的余额为销售额 | 向旅游服务购买方收取并支付的上述费用，不得开具增值税专用发票，可以开具普通发票 | 取得专用发票可抵扣 |
| 航空运输销售代理企业提供境内机票代理服务 | 同上 | 扣除向客户收取并支付给航空运输企业或其他航空运输销售代理企业的境内机票净结算款和相关费用后的余额为销售额 | 向购买方开具行程单，或开具增值税普通发票 | 国内旅客运输服务以行程单计算抵扣 |

**注：**

**① 此开具方式没有统一的官方明确，但是现实当中或部分地区的税务机关认同此开具方式，只要税额准确，其实并不是很重要。**

对于增值税小规模纳税人来讲，其适用差额的政策与一般纳税人有类同之处。上面我们分析过，差额其实也是抵扣的一种“变形”，只是不可大范围地影响到抵扣的严肃性与可控性，索性就抵减销售额吧。但抵减销售额的逻辑不难理解，比如人力资源外包服务，代发的工资根本都不属于自己的收入，政策上却允许就此金额开具普通发票，冲减销售额是恰当的，因为没有计会计核算的收入，作为成本扣除就不匹配了。但是房地产企业销售房屋时，用土地成本去冲减销售额就不大符合逻辑了，因为土地成本是计入会计核算的成本的，收入真真切切地在卖房时实现了，用土地成本冲减收入的逻辑来计算申报增值税，似有不妥之处。

另外，在发票开具时，若存在形式上的瑕疵，也将面临不让扣除（减）的风险。比如表 4.6 的一些要求事项，就要关注其填开的完整性要求：

**表 4.6**

| 税种 | 规　定 | 依　据 |
|---|---|---|
| 土地增值税 | 营改增后，土地增值税纳税人接受建筑安装服务取得的增值税发票，应按照《国家税务总局关于全面推开营业税改征增值税试点有关税收征收管理事项的公告》（国家税务总局公告 2016 年第 23 号）规定，在发票的备注栏注明建筑服务发生地县（市、区）名称及项目名称，否则不得计入土地增值税扣除项目金额 | 国家税务总局公告 2016 年第 70 号 |
| 增值税 | 提供建筑服务，纳税人自行开具或者税务机关代开增值税发票时，应在发票的备注栏注明建筑服务发生地区（县）名称及项目名称 | 国家税务总局公告 2016 年第 17 号[①] |
| | 增值税一般纳税人提供货物运输服务，使用增值税专用发票和增值税普通发票，开具发票时应将起运地、到达地、车种车号以及运输货物信息等内容填写在发票备注栏中，如内容较多可另附清单 | 国家税务总局公告 2015 年第 99 号 |
| | 销售不动产，纳税人自行开具或者税务机关代开增值税发票时，应在发票“货物或应税劳务、服务名称”栏填写不动产名称及房屋产权证书号码（无房屋产权证书的可不填写），“单位”栏填写面积单位，备注栏注明不动产的详细地址<br>出租不动产，纳税人自行开具或者税务机关代开增值税发票时，应在备注栏注明不动产的详细地址 | 国家税务总局公告 2016 年第 23 号 |

**注：**

① 第六条　纳税人按照上述规定从取得的全部价款和价外费用中扣除支付的分包款，应当取得符合法律、行政法规和国家税务总局规定的合法有效凭证，否则不得扣除。

上述凭证是指：

（一）从分包方取得的 2016 年 4 月 30 日前开具的建筑业营业税发票。

上述建筑业营业税发票在 2016 年 6 月 30 日前可作为预缴税款的扣除凭证。

（二）从分包方取得的 2016 年 5 月 1 日后开具的，备注栏注明建筑服务发生地所在县（市、区）、项目名称的增值税发票。

（三）国家税务总局规定的其他凭证。

发票在我们国家的增值税计税规则之中，发挥着举足轻重的作用，它是税收征管体系的核心基础，是征管手段、监控手段，已深度地融入了商业运行体系。在企业之间的交易关系之中，发票具有结算凭证、抵扣凭证、税前扣除凭证等的功能，已成为彼此之间相互牵制纳税合规性的“有力工具”。

在差额计算增值税时，通常需要取得相应的凭证，财税〔2016〕36 号规定：

从全部价款和价外费用中扣除的价款，应当取得符合法律、行政法规和国家税务总局规定的有效凭证。否则，不得扣除。

上述凭证是指：

（1）支付给境内单位或者个人的款项，以发票为合法有效凭证。

（2）支付给境外单位或者个人的款项，以该单位或者个人的签收单据为合法有效凭证，税务机关对签收单据有疑义的，可以要求其提供境外公证机构的确认证明。

（3）缴纳的税款，以完税凭证为合法有效凭证。

（4）扣除的政府性基金、行政事业性收费或者向政府支付的土地价款，以省级以上（含省级）财政部门监（印）制的财政票据为合法有效凭证。

（5）国家税务总局规定的其他凭证。

纳税人取得的上述凭证属于增值税扣税凭证的，其进项税额不得从销项税额中抵扣。

这里有一个例外的情形，《国家税务总局关于纳税人转让不动产缴纳增值税差额扣除有关问题的公告》（国家税务总局公告 2016 年第 73 号）规定：

现将纳税人转让不动产缴纳增值税差额扣除有关问题公告如下：

一、纳税人转让不动产，按照有关规定差额缴纳增值税的，如因丢失等原因无法提供取得不动产时的发票，可向税务机关提供其他能证明契税计税金额的完税凭证等资料，进行差额扣除。

二、纳税人以契税计税金额进行差额扣除的，按照下列公式计算增值税应纳税额：

（一）2016 年 4 月 30 日及以前缴纳契税的

增值税应纳税额 =[ 全部交易价格（含增值税）– 契税计税金额（含营业税）] ÷（1+5%）×5%

（二）2016 年 5 月 1 日及以后缴纳契税的

增值税应纳税额 =[ 全部交易价格（含增值税）÷（1+5%）– 契税计税金额（不含增值税）] ×5%

三、纳税人同时保留取得不动产时的发票和其他能证明契税计税金额的完税凭证等资料的，应当凭发票进行差额扣除。

### 4.1.3 增值税申报数据与当期开具发票金额的预警管理

依政策，结合日常的实务操作，达到增值税纳税义务时，需要计缴增值税；但先行开具发票时，则需要计缴增值税。这两者的关系是孰先原则，在日常的增值税申报中，税务机关建立起了一套复核机制，即首先以当期开具的发票为基准，当申报的收入小于发票的金额时则给予预警，不让其自行申报，需要作出解释解除预警才能正常申报纳税。

《国家税务总局关于印发〈增值税纳税申报比对管理操作规程（试行）〉的通知》（税总发〔2017〕124 号）规定：

**五、申报比对规则**

（一）申报表表内、表间逻辑关系比对，按照税务总局制定的申报表填写规则执行。

（二）增值税一般纳税人票表比对规则

1. 销项比对。

当期开具发票（不包含不征税发票）的金额、税额合计数应小于或者等于当期申报的销售额、税额合计数。

纳税人当期申报免税销售额、即征即退销售额的，应当比对其增值税优惠备案信息，按规定不需要办理备案手续的除外。

2. 进项比对。

（1）当期已认证或确认的进项增值税专用发票（以下简称“专用发票”）上注明的金额、税额合计数应大于或者等于申报表中本期申报抵扣的专用发票进项金额、税额合计数。

（2）经稽核比对相符的海关进口增值税专用缴款书上注明的税额合计数应大于或者等于申报表中本期申报抵扣的海关进口增值税专用缴款书的税额。

（3）取得的代扣代缴税收缴款凭证上注明的增值税税额合计数应大于或者等于申报表中本期申报抵扣的代扣代缴税收缴款凭证的税额。

（4）取得的《出口货物转内销证明》上注明的进项税额合计数应大于或者等于申报表中本期申报抵扣的外贸企业进项税额抵扣证明的税额。

（5）按照政策规定，依据相关凭证注明的金额计算抵扣进项税额的，计算得出的进项税额应大于或者等于申报表中本期申报抵扣的相应凭证税额。

（6）红字增值税专用发票信息表中注明的应作转出的进项税额应等于申报表中进项税额转出中的红字专用发票信息表注明的进项税额。

（7）申报表中进项税额转出金额不应小于零。

3. 应纳税额减征额比对。当期申报的应纳税额减征额应小于或者等于当期符合政策规定的减征税额。

4. 预缴税款比对。申报表中的预缴税额本期发生额应小于或者等于实际已预缴的税款。

5. 特殊规则。

（1）实行汇总缴纳增值税的总机构和分支机构可以不进行票表比对。

（2）按季申报的纳税人应当对其季度数据进行汇总比对。

（三）增值税小规模纳税人票表比对规则

1. 当期开具的增值税专用发票金额应小于或者等于申报表填报的增值税专用发票销售额。

2. 当期开具的增值税普通发票金额应小于或者等于申报表填报的增值税普通发票销售额。

3. 申报表中的预缴税额应小于或者等于实际已预缴的税款。

4. 纳税人当期申报免税销售额的，应当比对其增值税优惠备案信息，按规定不需要办理备案手续的除外。

（四）表税比对规则

纳税人当期申报的应纳税款应小于或者等于当期实际入库税款。

（五）申报比对其他规则

1. 税务总局可以根据增值税风险管理的需要，对申报表特定项目设置申报比对规则。

2. 各省国税机关可以根据申报比对管理实际，合理设置相关比对项目金额尾差的正负范围。

3. 主管税务机关可以结合申报比对管理实际，将征收方式、发票开具等业务存在特殊情形的纳税人列入白名单管理，并根据实际情况确定所适用的申报比对规则。白名单实行动态管理。

（六）本条第（一）至（三）项比对规则为基本规则，第（四）至（五）项比对规则为可选规则。各省税务机关可以在上述比对规则的基础上，根据申报管理的需要自主增加比对规则。

**六、申报比对操作流程**

申报比对环节可以设置在事中或者事后，由省税务机关根据申报管理需要进行确定。主管税务机关通过征管信息系统或网上申报系统进行申报比对，并根据比对结果分别采取以下处理流程：

（一）申报比对相符

申报比对相符后，主管税务机关对纳税人税控设备进行解锁。

（二）申报比对不相符

申报比对不相符的，向纳税人反馈比对不相符的内容，并按照下列流程进行处理：

1. 申报比对不符的，除符合本项第 2 点情形外，暂不对其税控设备进行解锁，并将异常比对结果转交申报异常处理岗。

2. 纳税人仅因为相关资格尚未备案，造成比对不符的，应当对税控设备进行解锁。

3. 异常比对结果经申报异常处理岗核实可以解除异常的，对纳税人税控设备进行解锁；核实后仍不能解除异常的，不得对税控设备解锁，由税源管理部门继续核实处理。

4. 异常比对结果经税源管理部门核实可以解除异常的，对纳税人税控设备进行解锁。核实后发现涉嫌虚开发票等严重涉税违法行为，经稽查部门分析判断认为需要稽查立案的，转交稽查部门处理，经处理可以解除异常的，对纳税人税控设备进行解锁。

5. 异常比对结果的处理期限，由主管税务机关根据实际情况确定。

随着税务系统的持续升级与改造，风险管理的事项会越来越多，比如对于上下游间开具发票销售名称的校对；对于纳税人开具发票时间的关注，若是经常深夜开具发票，就可能推送不正常的风险；或者是某个地址或个人开具的发票是顶格金额开具，单客户金额较大的，也可能提示异常等。不过，这种风险管理方式，有时也会产生“误伤”，让纳税人面临一些无奈境地，因为有一些东西，越是解释越可能解释不清，需要纳税人关注这些繁杂性的风险因素。此类型案例比较多见，有的能得到很好的沟通，有的却不能得到很好的沟通。

**案 例**

张三投资设立了大强公司，2021 年销售一批货物，当时是发货收款 100 万元，税额是 13 万元，结果遇到老赖，不给钱，张三也未给对方开具发票，但张三依照税法规定，自觉地在2021年完成了增值税的计缴申报。2022年对方答应给钱了，张三也给对方开具了专用发票，但税款不能重复计缴啊，张三对这点还是清楚的，于是让会计在当期的申报表“未开票收入”中用负数冲抵当期的其他销售额，对此负数的填写，受到风控的监控，于是主管税务机关要求张三进行解释，若要冲减必须证明此笔业务之前纳过税的事项，不然不同意。

**分析：**张三做的没错，税务机关的风控管理要求也有合理存在的地方，无非就是要证明之前缴过税，别让纳税人钻空子。但这个证明没有标准与模板，张三把当时的报表找出来，会计凭证也记录着此笔收入，写了一个说明，好在此笔收入是单一的，金额又正好对得上，税务管理人员同意了其填报负数。

这里要准确地理解一下这个政策的逻辑，这不是去申请退回之前年多缴的增值税，之前缴纳的方式是对的，现在只是因为开具发票，此发票在税务系统中作为一个申报的“保底基准”进行比较，所以当期开具发票并不需要计税，税务系统的风控地对是一个风险管理的指标，不代表就是一个确定性的问题。当然，也可以认为企业2021年没有在发生纳税义务时开具发票，有点瑕疵，最多依《发票管理办法》进行一点处罚吧。

2019年4月19日国家税务总局以“解读深化增值税改革政策”为主题开展在线访谈活动。其中有一段这样的回复内容：

15号公告规定，自2019年5月1日起，纳税人申报适用16%、10%等原增值税税率应税项目时，按照申报表调整前后的对应关系，分别填写相关栏次。

因此，你商城2019年4月补开16%税率的增值税专用发票，应将金额、税额填入4月税款所属期的《增值税纳税申报表附列资料（一）》第1行“13%税率的货物及加工修理修配劳务”“开具增值税专用发票”相关列次。同时，由于原适用16%税率的销售额已经在前期按照未开具发票收入申报纳税，本期应当在《增值税纳税申报表附列资料（一）》第1行“13%税率的货物及加工修理修配劳务”“未开具发票”相关列次计入相应负数进行冲减。

有的人提出来："防范红冲形成负数的原因，也是怕纳税人故意不真实地填报来偷逃税款，这是不能排除的。"站在担心的角度上，还是可以理解的。但纳税人还是要掌握好证据，不然真有可能要计缴二遍税。

但是，增值税的计税规则建立在发票基础之上，不像企业所得税一样有较灵活的处理方式，虽然它的政策规则相较于企业所得税简单得多，但其复杂性就在于征管实践上，有时可能也会让纳税人"欲哭无泪"。

**案　例**

某企业拟进行注销，会计在当月的操作中，依照惯例继续开具了一张不动产租赁的专用发票给关联企业，销售额100万元，税额9万元。在次月1号，财务负责人发现了此事："对方不要发票，这税不能交啊！"于是就开始想办法，比如能不能红冲处理、能不能在"未开发票收入栏"填写负数等，就此咨询了不少专家，也跟税务机关主管人员解释求助，但都没有办法，发票所属期的当月，必须要先计缴税款，次月再申报退税处理。

**分析：**要在当期的申报中不计缴上述开具发票对应的税款，是不现实的。尽管可以解释为业务没有发生，就是多开具了一张没有用的发票，但增值税的截止日是一个非常重要的节点，企业做好风险的自我排查，非常有必要。

笔者观察到，之前有发生这样的案例，某企业对外虚开增值税专用发票，在当月月末又开具红字增值税普通发票红冲收入。因为红字普通发票由企业自行操作，并不像专用发票一样需要填开信息表上传税务机关，企业想以这种"聪明的做法"来"中和"虚开专用发票表成的税额。目前，这个漏洞在政策当中已堵住了，财税〔2016〕36 号规定：

**第四十二条**　纳税人发生应税行为，开具增值税专用发票后，发生开票有误或者销售折让、中止、退回等情形的，应当按照国家税务总局的规定开具红字增值税专用发票；未按照规定开具红字增值税专用发票的，不得按照本办法第三十二条和第三十六条的规定扣减销项税额或者销售额。

## 4.2 企业所得税的计算

考虑与发票的关系，企业所得税的计算逻辑是这样的：

一是，应税收入的确认不以开具发票为基础，这跟增值税的规定不一样。有一项风险监控指标是以增值税的收入与企业所得税的收入进行比较，其实企业所得税的收入是以所得税的收入规则来判断的，这有点“关公战秦琼”的感觉，不过倒是可以比较一下，若有出入，可要求企业给出解释。

二是，成本费用的税前扣除，若是需要发票作为税前扣除凭证的，依据当下税务部门的规范要求，取得发票是税前扣除的前置条件，以此作为真实发生的凭证，利于简化征管，提升认定的效率。有人提出：“我们的费用是真实发生的，难道就因为缺少了发票就不让扣除，这是不是剥夺了我们合法的权利呢，依上位法的规定，能不能不执行税务机关此项征管规定呢？”从已有的案例来看，若从《税收征收管理法》的原则来看，如无票据应该进行所得核定才是，而非绝对不让扣除。

### 4.2.1 税前扣除凭证的分类

《关于发布〈企业所得税税前扣除凭证管理办法〉的公告》（国家税务总局公告2018年第28号）是关于税前扣除凭证管理的主要文件，其中明确：

**第八条** 税前扣除凭证按照来源分为内部凭证和外部凭证。

内部凭证是指企业自制用于成本、费用、损失和其他支出核算的会计原始凭证。内部凭证的填制和使用应当符合国家会计法律、法规等相关规定。

外部凭证是指企业发生经营活动和其他事项时，从其他单位、个人取得的用于证明其支出发生的凭证，包括但不限于发票（包括纸质发票和电子发票）、财政票据、完税凭证、收款凭证、分割单等。

我们对其分类进行梳理（见表4.7）：

**表 4.7**

| 类　型 | 说　明 | 案　例 |
| --- | --- | --- |
| 发票 | 这是最为常见的税前扣除凭证，多数情形下是基于发生增值税应税行为情形下开具的发票；偶有特例允许的不征税发票，但不征税发票并不是强制性的要求取得 | 如股权转让不是增值税应税事项，就不存在取得发票以满足税前扣除之需 |
| 财政性票据 | 如支付政府部门的出让金等财政收据，或行政事业性单位收据、公益事业捐赠票据等 | 如房地产企业“招拍挂”支付出让金时取得的财政票据 |
| 境外发票或收据 | 境外国家或地区或许并没有统一制式的发票，以其自制的单据或自制的发票可以作为入账凭证，企业从境外购进货物或者劳务发生的支出，以对方开具的发票或者具有发票性质的收款凭证、相关税费缴纳凭证作为税前扣除凭证 | 比如境外货物销售方开具的invoice，有的也是给盖了单位的印章或签名 |
| “白条”（自制凭证） | 如企业支付给员工的薪酬、福利、出差补贴等，以自制的明细表加上支付的记录（如银行转账记录）作为税前扣除的凭证。员工工作不视为向单位提供增值税应税服务，是非经营活动 | 比如出差补贴，以自制票据批准、签收却可，但需要考虑各地的个税应税的处理 |
| 完税凭证 | 比如支付的税费，以完税凭证作为支出的凭据 | 如缴纳的土地增值税 |
| 分割单 | 依照国家税务总局公告 2018 年第 28 号规定，主要分为两种情形：<br>第十八条　企业与其他企业（包括关联企业）、个人在境内共同接受应纳增值税劳务（以下简称“应税劳务”）发生的支出，采取分摊方式的，应当按照独立交易原则进行分摊，企业以发票和分割单作为税前扣除凭证，共同接受应税劳务的其他企业以企业开具的分割单作为税前扣除凭证。<br>企业与其他企业、个人在境内共同接受非应税劳务发生的支出，采取分摊方式的，企业以发票外的其他外部凭证和分割单作为税前扣除凭证，共同接受非应税劳务的其他企业以企业开具的分割单作为税前扣除凭证。<br>第十九条　企业租用（包括企业作为单一承租方租用）办公、生产用房等资产发生的水、电、燃气、冷气、暖气、通信线路、有线电视、网络等费用，出租方作为应税项目开具发票的，企业以发票作为税前扣除凭证；出租方采取分摊方式的，企业以出租方开具的其他外部凭证作为税前扣除凭证。 | 但是分割单存在一个抵扣的利益问题，笔者认为以二次销售的方式进行处理，将有利于彼此之间利益的平衡，企业所得税相当于采取了一种较为宽容的处理方式 |

另外，国家税务总局公告2018年第28号文件还给予了一种特殊的处理方式：

**第九条** 企业在境内发生的支出项目属于增值税应税项目（以下简称“应税项目”）的，对方为已办理税务登记的增值税纳税人，其支出以发票（包括按照规定由税务机关代开的发票）作为税前扣除凭证；对方为依法无需办理税务登记的单位或者从事小额零星经营业务的个人，其支出以税务机关代开的发票或者收款凭证及内部凭证作为税前扣除凭证，收款凭证应载明收款单位名称、个人姓名及身份证号、支出项目、收款金额等相关信息。

小额零星经营业务的判断标准是个人从事应税项目经营业务的销售额不超过增值税相关政策规定的起征点。

税务总局对应税项目开具发票另有规定的，以规定的发票或者票据作为税前扣除凭证。

当下对这一政策的实施存在理解不一致的地方，比对若按日或按次，个人的起征点比较低，最多为500元的上限，但个人按月又不易统计与掌握，稍大额的一些支出，还是以代开发票或“挂靠式”、办理临时税务登记等方式开具发票进行结算更为保险。

## 4.2.2 取得税前扣除凭证的时间要求

在理想的状态下，企业所得税的纳税人支付款项，形成成本费用，在报销入账时随附发票，这样的税前扣除凭证的取得时点是完美的。但往往事与愿违，由此多了许多让财税人或者老板们烦恼的事。

**（1）费用化与资本化的取得凭证要求分析（表4.8）**

**表4.8**

| 事项 | 费用化 | 资本化 |
|---|---|---|
| 税前扣除截止 | 在次年汇算清缴前取得，支持当年度的税前扣除 | 若涉及当年度折旧、摊销的税前扣除，取得时间同左 |

续表

| 事项 | 费用化 | 资本化 |
|---|---|---|
| 之前已取得发票的情形 | — | 之前取得过发票的固定资产、无形资产等，后续分摊扣除期视为已取得，不必再复制凭证 |
| 难以区分的情形 | 比如存货销售，涉及部分取得发票，部分未取得，则当期税前扣除的部分应有发票等凭证支持，而未销售的并不强制一定在当期取得发票 | |
| 凭证不合规或未取得的情形 | 内汇算清缴期结束后，税务机关发现企业应当取得而未取得发票、其他外部凭证或者取得不合规发票、不合规其他外部凭证并且告知企业的，企业应当自被告知之日起 60 日内补开、换开符合规定的发票、其他外部凭证。其中，因对方特殊原因无法补开、换开发票、其他外部凭证的，企业应当按照本办法第十四条的规定，自被告知之日起 60 日内提供可以证实其支出真实性的相关资料 | |

企业所得税的纳税调整，其实有一些地方是存在“误区”的。理论上看，企业所得税是基于当期利润总额进行的调增或调减，比如会计上没有核算的收入成本，而税法上要求核算时，就需要调整进来；反之则需要调减出去。但是，最近同行咨询笔者：“企业的员工薪酬进行调整时，是调整当期全企业口径发生的，还是基于利润表调整税前扣除部分的？”这真是一个好问题，笔者在数年前就有此疑惑并且咨询过专家，因为政策的条款规定就发生的金额进行调整，未规定以利润为基础的调整，无形当中增加了纳税人的“时间性纳税成本”。笔者认为，从简考虑，可以就企业全部发生的口径进行统计调整，计提减去发放后的调整，虽然违背了基于利润表进行调整的原则，但由于存在无法详细地进行划分的情形，实务中只能是进行整体性的调整。不过若真的能划分清楚，是可以锁定就税前扣除部分进行调整的。

## 案　例

张三开了一家生产加工企业，2021 年生产了一批日用品盘子，进入了库存商品科目核算，是企业的存货，2022 年开始在互联网平台上销售。2021 年在生产成本中对工人工资计提了 50 万元，其中有 10 万元预计在 2022 年 6 月 30 日统算发放。当期利润表中只有运营的费用 8 万元，已取得相应的票据。

**分析：**依照上面的意见，在“偷懒”的情形下，由于2021年度汇算清缴截至2022年5月31日止，工资10万元没有发放完，当期工资薪金税前扣除调增10万元，在2022年发放后放在2022年度税前扣减，相当于时间性上看，2021年没有收入还是要计税的，纳税调增的10万元减去可税前扣除的费用8万元后，应纳税所得额为2万元计缴所得税。

从上述案例可以发现，虽然金额不大，但说明了一个问题，就是所得税的计算调整并不是那么简单的事情。

**（2）次年汇算清缴前（5月31日）取得合规凭证的要求**

《国家税务总局关于企业所得税若干问题的公告》（国家税务总局公告2011年第34号）规定：

**六、关于企业提供有效凭证时间问题**

企业当年度实际发生的相关成本、费用，由于各种原因未能及时取得该成本、费用的有效凭证，企业在预缴季度所得税时，可暂按账面发生金额进行核算；但在汇算清缴时，应补充提供该成本、费用的有效凭证。

这里要注意两个问题：

一是，要恰当地理解次年汇算清缴时取得的发票的情形。有的人可能会“蒙混过关”，以次年发生的成本费用取得的票据，去作为汇缴年度的成本费用，这反而是提前扣除了成本费用。一般可以理解，开具发票的一方多数也应是在汇缴年度作为收入，这样在同一个年度内，两个主体之间的收支才是平衡的。比如一次性收款销售机器设备的企业，需要一次性确认收入，购买方可视条件进行一次性加速折旧扣除，或者分年度折旧扣除。

二是，要注意增值税纳税义务发生时间对开具发票的要求。比如某银行给某公司提供贷款，利息是三年到期一次性支付，企业每年计入费用50万元利息。依照财税〔2016〕36号文件规定：

（一）纳税人发生应税行为并收讫销售款项或者取得索取销售款项凭据的当天；先开具发票的，为开具发票的当天。

收讫销售款项，是指纳税人销售服务、无形资产、不动产过程中或者完成后收到款项。

取得索取销售款项凭据的当天，是指书面合同确定的付款日期；未签订书面合同或者书面合同未确定付款日期的，为服务、无形资产转让完成的当天或者不动产权属变更的当天。

依照国税发〔2006〕156 号文件规定按照增值税纳税义务的发生时间开具专用发票。企业所得税要求在次年汇算清缴时取得相应的凭证，对应上面的案例，这不是矛盾吗？确实矛盾，因为开具发票的前提是基于增值税上纳税义务发生时间或收款的规范，并不受企业所得税的期间要求及管理。有人提出："企业所得税的要求，要考虑增值税及发票管理办法对发票开具的规范与主导性，而不能强制去要求其遵循税前扣除的要求。总不能让业务对方为了满足税前扣除，在未达到纳税义务或未收款时，全部在汇算清缴前给开具发票吧，由此对手是要计缴增值税，但其实并没有达到纳税义务发生时点，在没有收到款项的时候，肯定是一个矛盾。"

曾有专家提出来："企业所得税的要求，要在满足增值税及发票管理办法明确的开具时点要求，不要简单化地理解为所得税的税前扣除凭证的时限要求！"但是，据笔者的观察，当下一些地方的所得税主管部门明确性地不予认可这样的理解，笔者还曾专门向所得税的权威专家咨询，也是得到了同样意见的回复。其实想想也是，若所得税的判定规则再绑定于增值税及发票管理的规定，这不是陷入了企业的业务当中了，其中存在的多样性、复杂性，还有争议，这谁能说得清呢？所以撇清关系还是对的，那么企业就尽量去满足所得税的政策吧，若不满足，则可能会给自己带来税前扣除麻烦！

所得税上有一个追溯调整的方式，若因当年度未取得有效的税前扣除凭证，进行了纳税调增处理，在以后年度取得后，合规的操作是应追溯调整之前年度重新申报进而形成退税或更正亏损数据，而不能在取得发票的年份进行扣减。大家试想，办理退税是一件有难度的事情，若过了5年还得不到追溯的机会，相当于永久性地剥夺了纳税人税前扣除的权利。

《国家税务总局关于企业所得税应纳税所得额若干税务处理问题的公告》（国家税务总局公告2012第15号）进一步提出：

**六、关于以前年度发生应扣未扣支出的税务处理问题**

根据《中华人民共和国税收征收管理法》的有关规定，对企业发现以前年度实际发生的、按照税收规定应在企业所得税前扣除而未扣除或者少扣除的支出，企业做出专项申报及说明后，准予追补至该项目发生年度计算扣除，但追补确认期限不得超过5年。

企业由于上述原因多缴的企业所得税税款，可以在追补确认年度企业所得税应纳税款中抵扣，不足抵扣的，可以向以后年度递延抵扣或申请退税。

亏损企业追补确认以前年度未在企业所得税前扣除的支出，或盈利企业经过追补确认后出现亏损的，应首先调整该项支出所属年度的亏损额，然后再按照弥补亏损的原则计算以后年度多缴的企业所得税款，并按前款规定处理。

应该说，在某些项目上，企业所得税与发票开具的规范较难达成一致，无形之中可能“伤”了纳税人的利益，对此我们要有清醒的认识。

## 案 例

张三遇到一件困惑的事，其2022年4月取得了一张发票，对应的业务是2021年发生的，可是会计提出日期不对，应开具2021年的发票，因为其认为贴在2021年的会计记账凭证后面必须要日期一致。

**分析：**会计人员对此有误解。汇算清缴期取得发票，自然是次年的日期，只是用它来举证上一年度业务的真实性，并且，这类发票也并不强求贴在上一年度的凭证上，比如次年汇款支付“应付款项”时，放在此笔业务的记账凭证后即可。

另外对于房地产开发企业的税前扣除，给予了某项特殊性的可以限额计提扣除的方式，只能具体情况具体分析了。

### 4.2.3 特定情形下"替代发票"税前扣除凭证的认可方式

国家税务总局公告 2018 年第 28 号文件规定：

**第十四条** 企业在补开、换开发票、其他外部凭证过程中，因对方注销、撤销、依法被吊销营业执照、被税务机关认定为非正常户等特殊原因无法补开、换开发票、其他外部凭证的，可凭以下资料证实支出真实性后，其支出允许税前扣除：

（一）无法补开、换开发票、其他外部凭证原因的证明资料（包括工商注销、机构撤销、列入非正常经营户、破产公告等证明资料）；

（二）相关业务活动的合同或者协议；

（三）采用非现金方式支付的付款凭证；

（四）货物运输的证明资料；

（五）货物入库、出库内部凭证；

（六）企业会计核算记录以及其他资料。

前款第一项至第三项为必备资料。

其中有一项，非现金方式支付的凭证，这一点很重要，有的老板特别喜欢用现金结算费用，其实在确认发票真实性时，一般会看款项的流向，用现金结算就不好解释与证明。当然，用现金结算不代表是违法事项，只是没有第三方的证明会增加解释的难度。但有一些费用，老板个人用微信、支付宝等垫支了，后面再用现金进行的报销，这样自己付款的明细能举证也是可行的。若是提供发票的一方给的发票有问题，自己收到现金也没有真实地支付，很容易出现被动的风险。

有的老板可能提出来："我们收到的发票被认定为增值税的异常凭证，并要求作进项税额转出处理，税务机关一并提出让补缴企业所得税，并加收滞纳金，这该如何办啊？我们一直在拖着！”

这里要重点考虑其业务关联性，是以“买进卖出”方式还是仅以“买进”方式进行扣除的。对于前者来讲，是存在解释空间的。对于后者，曾有法院判例支持税前扣除，但在征管层面，没有税前扣除凭证是很难得到认可的；在稽查层面或复议、诉讼层面，或可从证明真实性的角度给予认可或核定认可。当然，若涉及虚开情形的，重新取得发票是很难的，若业务真实且能取得上述业务的可补充凭证，是可以争取税前扣除认可的。

**案 例**

某公司老板对外支付劳务费，会计依规定预扣预缴了个人劳务费的个人所得税，个人没有提供代开的发票，金额 50 000 元。会计提出：“老板，没有发票税前不让扣除啊！让对方给我们代开一张发票吧！”老板说：“对方说代开发票还要扣一次个税，就给开具个收据可以吧！”

**分析：**在劳务费代开发票时，现在代开的税务机关一般不预扣个税或部分个税，而是在备注中标注个人所得税由支付单位预扣预缴的方式，所以计缴两次个税的可能性是不存在的。另外还要计缴增值税等，未达到起征点的免税。但税务机关对于起征点的把握往往会按次进行判断，不好判断月底的统计金额。不过按照当下实践操作，个人（自然人）享受月 10 万元免税的待遇是很难的，个别情况下需做个人临时税务登记方可。

## 4.3 土地增值税的计算

土地增值税的清算，是绝对“依赖”发票的完整性、真实性的。比如曾经遇到某公司的清算，其主管税务机关要求将单张 5 000 元及以上金额的发票全部复印提交。也就是说，在发票上，有则扣除，没有则基本上不予认可。即使后面取得了发票，但是清算已结束了，那也很难给予办理退税的说法。

在土地增值税的清算业务及服务中，多有中介机构提出筹划的方式、路径，但是由于土地增值税清算的政策口径，在各地区之间差异较大，所以地域性的“服务”作为首选的情况较多，一些处理事项是否被认可，存在沟通的空间。

另外，对于旧房的销售，发票在计算其土地增值税中也起着重要的作用。《国家税务总局关于营改增后土地增值税若干征管规定的公告》（国家税务总局公告 2016 年第 70 号）规定：

**五、关于营改增后建筑安装工程费支出的发票确认问题**

营改增后，土地增值税纳税人接受建筑安装服务取得的增值税发票，应按照《国家税务总局关于全面推开营业税改征增值税试点有关税收征收管理事项的公告》（国家税务总局公告 2016 年第 23 号）规定，在发票的备注栏注明建筑服务发生地县（市、区）名称及项目名称，否则不得计入土地增值税扣除项目金额。

**六、关于旧房转让时的扣除计算问题**

营改增后，纳税人转让旧房及建筑物，凡不能取得评估价格，但能提供购房发票的，《中华人民共和国土地增值税暂行条例》第六条第一、三项规定的扣除项目的金额按照下列方法计算：

（一）提供的购房凭据为营改增前取得的营业税发票的，按照发票所载金额（不扣减营业税）并从购买年度起至转让年度止每年加计 5% 计算。

（二）提供的购房凭据为营改增后取得的增值税普通发票的，按照发票所载价税合计金额从购买年度起至转让年度止每年加计 5% 计算。

（三）提供的购房发票为营改增后取得的增值税专用发票的，按照发票所载不含增值税金额加上不允许抵扣的增值税进项税额之和，并从购买年度起至转让年度止每年加计 5% 计算。

《国家税务总局关于土地增值税清算有关问题的通知》（国税函〔2010〕220 号）规定：

**七、关于转让旧房准予扣除项目的加计问题**

《财政部　国家税务总局关于土地增值税若干问题的通知》（财税〔2006〕21 号）

第二条第一款规定“纳税人转让旧房及建筑物，凡不能取得评估价格，但能提供购房发票的，经当地税务部门确认，《条例》第六条第（一）、（三）项规定的扣除项目的金额，可按发票所载金额并从购买年度起至转让年度止每年加计5%计算”。计算扣除项目时“每年”按购房发票所载日期起至售房发票开具之日止，每满12个月计一年；超过一年，未满12个月但超过6个月的，可以视同为一年。

《财政部 国家税务总局关于土地增值税若干问题的通知》（财税〔2006〕21号）规定：

**二、关于转让旧房准予扣除项目的计算问题**

纳税人转让旧房及建筑物，凡不能取得评估价格，但能提供购房发票的，经当地税务部门确认，《条例》第六条第（一）、（三）项规定的扣除项目的金额，可按发票所载金额并从购买年度起至转让年度止每年加计5%计算。对纳税人购房时缴纳的契税，凡能提供契税完税凭证的，准予作为“与转让房地产有关的税金”予以扣除，但不作为加计5%的基数。

对于转让旧房及建筑物，既没有评估价格，又不能提供购房发票的，地方税务机关可以根据《中华人民共和国税收征收管理法》第三十五条的规定，实行核定征收。

相对而言，加计5%与评估或核定的方法之间，有一定的可转化空间，不过各地对于核定的权限使用比较严格，基本上不倾向于使用核定的办法，特别是一些在房管系统中能够查到交易成本的情形。

## 4.4 个人所得税的计算

老板们对于个人所得税的税负成本比较敏感，在这里我们只是分析一下发票等凭证对个人所得税有哪些方面的影响（见表4.9）。

**表 4.9**

| 个人所得税所得类型 | 与发票相关性 | 说　明 |
|---|---|---|
| 工资、薪金所得 | 无关 | 毛收入扣减规定项目，部分情况发票可作为辅助证据 |
| 劳务报酬所得 | 无关 | |
| 稿酬所得 | 无关 | |
| 特许权使得费所得 | 无关 | |
| 经营所得 | 有关 | 对于有经营主体的仍应在发生成本费用时进行记账核算，只是核定征收中不过分关注，但若是否定核定之时，这些支出的核算票据就非常有用了 |
| 利息、股息、红利所得 | 无关 | 毛收入，即使借入的款项再进行转借，支出的利息也不得扣减 |
| 财产转让所得 | 需要 | 但若属于非应税事项的，可以提供转让凭据等，如股权转让的成本扣减 |
| 偶然所得 | 无关 | 毛收入 |

## 案　例

张三2017年设立了一家公司，当时不方便自己当股东，于是委托李四作为名义出资人，注册成立了大强一人有限公司。当时，张三通过银行汇款方式将1 000万元款项打入李四的个人银行卡中，随后李四进行了实际出资。在2018年时李四将股权变更给张三，无收入未办理个税申报；2021年，张三想转让该股权，定价3 000万元，于是张三收到了3 000万元，想办理变更登记，此时依照“先税后照”的方式，税务机关要求计缴财产转让个税600万元，对成本1 000万元不予认可。税务人员提出：“你没有给李四的转让款记录，我们不认可成本，你说当初是代持关系，税务上并不认可代持，当时你转给李四的1 000万元，我们也无从查验是转让款且在李四转让给你之前支付的，无法说明是当初的支付对价性质。”这搞得张三很郁闷，有理说不通啊！

**分析：**基于防范税收漏洞的出发点，税务人员“不讲情理”的情形在所难免。百般无奈之下，张三跟李四说：“兄弟，再帮助我一下，我再给你转一遍1 000万元，算作让税务机关认可的支付成本，后面你再给我！”这样操作之下，1 000万元成本扣减了。

这里说明一个问题，有一些税务问题的解决，不要“硬碰硬”，而是要变通，以变化应对不变，而不是以“不变应万变”。在税收政策尚未体系化与完善化的时候，征管的处理方式极有可能决定着政策的实施。

## 4.5 其他税种的计算情形

发票对于其他税种的影响相对较小，如表4.10所示：

表4.10

| 税种 | 发票影响事项 | 风　险 |
| --- | --- | --- |
| 印花税 | 发票并不影响，比如印花税对于签订的购销合同的金额进行计税时，并不关注最终的业务是不是完成，完成多少，而是看约定的金额 | 可以考虑拆分增值税额单独列示，这样可以不就税额部分计为购销合同印花税的计算基数 |
| 房产税 | 以会计上核算的数据为基础进行核算，有一些列举事项，即使没有计入固定资产的，也需要并入以核算房产税 | 要考虑土地使用权对应价值的并入 |
| 土地使用税 | 以占用土地的面积来计算 | 通常参考产权证上的面积进行计算 |

虽然发票在其他税种中的事项影响并不直接，但是发票往往决定着入账的时间，此时可能会对相关税种带来时间性的提前或滞后的潜在影响。比如已使用的外购房产，却因对方未开具发票，一直放在预付款项科目中挂账处理，这时就会造成房产税与土地使用税的滞后计缴。

## 4.6 本章小结

在税款的计缴过程当中，特别是在增值税与企业所得税的计算中，发票等凭证发挥着巨大的作用，这既是政策规定使然，也是征管的实施手段。

除了在平台上操作的增值税的抵扣确认是一个时时监控管理的环节，其他比如增值税差额扣减、企业所得税的税前扣除凭证支持呢，还没有达到这样的管控结果。首先，需要纳税人的自我评价、计算；其次，税务检查或风控识别的个性化处理。这个过程也是滞后的，我们经常发现的一些补税案例，问题就出在发票等凭证未取得或取得不完整上，出现这种情况的原因：一是老板认为自己的全都花出去了，不扣减太亏了，尽管未取得合规的票据，但老板们认为暂时税务机关也查不到，先扣着再说，这是一种侥幸的心理；二是老板们可能有一些费用，起始就是知道并不能取得支持性的票据的，比如一些回扣等好处费的列支，到哪儿去找发票呢？

**案　例**

大强公司是一家商务策划服务公司，老板张三很有生意头脑，经常承接一些社区促销、互联网平台促销的业务。2020 年度，大强公司账面列支了 3 000 万元的咨询服务费用，由于金额过大，当地税务机关的风控管理部门对此进行锁定后，进一步检查了企业取得发票的情形，结果发票显示其接收的发票只有 300 万元左右，相差巨大，于是分排给大强公司的主管税务机关进行核实处理。

**分析：**这种风险识别的手段是合理的、精准的，而且在技术上也能够有效的实施的，我们国家的税务信息系统化建设，对于发票信息的归集、分析与比对，发挥着重要的作用，且有无限的想象空间。如果说这家企业没有发票，但是个税的扣缴明细中有申报数据，可也会支撑成本费用的扣除。不过，劳务报酬的发票取得，则是另外一个较为复杂的问题了。

## 附　知识要点

**要点 1　取得专用发票不抵扣有问题吗**

首先，自然人不能取得专用发票，没有意义，直接规定不得开具；其次，免税业务不得开具专用发票，以免形成未计缴增值税却形成抵扣的失衡结果。

取得专用发票要不要勾选抵扣，并没有严格的要求，可以不选择；也可以选择勾选抵扣，再作进项税额转出处理。很多年前在发票管理中有一个“滞留票”的问题，即当一方开具专用发票之后，却没抵扣，起始可能认为这是好事，不抵扣不是更有益吗？后来在某些案例的检查中，发现不抵扣的原因是另有隐情，因为其收入也没有入账，或者变换收入性质进行筹划了。网上有一些专家对此的分析比较多，其实大可不必如此的“专业”，不必重视过程，只要掌握好结果就可以了。

**要点2　补开营改增之前的营业税发票的情形**

《国家税务总局关于明确中外合作办学等若干增值税征管问题的公告》（国家税务总局公告2018年第42号）规定：

七、纳税人2016年5月1日前发生的营业税涉税业务，包括已经申报缴纳营业税或补缴营业税的业务，需要补开发票的，可以开具增值税普通发票。纳税人应完整保留相关资料备查。

**要点3　增值税中的免税优惠并不一定真的“优惠”**

在一般的理解常识中，免税是好事，但要区分情形、看交易对手的情形。比如增值税免税了，下游自然不能抵扣了，若下游根本不需要抵扣，是小规模纳税人或者是行政单位，则免税是带来节约价值的；若下游可以抵扣，免税后下游得不到抵扣，此时利益是对冲的，对方可能会基于商业利益的考虑更换采购方。

**案　例**

A、B、C三家公司均为一般纳税人，A公司当月销项为100万元，进项税额为0元；B公司采购A公司的货物，形成进项100万元，销项为120万元；C公司采购B公司的货物，进项为120万元，销项为150万元，下面我们比较一下当B享受免税后带来的变化。

**表 4.11**

单位：万元

| 分　类 | A 纳增值税 | B 纳增值税 | C 纳增值税 | 合计 |
|---|---|---|---|---|
| B 不享受免税 | 100 | 120−100=20 | 150−120=30 | 150 |
| 若 B 享受免税 | 100 | 0 | 150−0=150 | 250 |

因为起始的 100 万元进入不了抵扣链条，所以产生了对下游的影响，虽然这些影响可以通过商业定价进行缓冲，但这样的处理无疑会增加商业上的争议。免税的情形，需要看链条及业务场景，国家对于小规模纳税人的免税激励政策，其客户多是消费者，不需要抵扣之需时，这是真真实实的优惠政策。在上面的案例中，需要考虑一个因素，即100万元得不到抵扣计入成本费用时，税前扣除是可以的，此时会抵减所得税的缴纳，不过只能抵减部分（以税率来计算看结果），整体看还是有利益影响的。

**要点 4　放弃抵扣增值税计入成本费用所得税前扣除不是个问题**

某企业进项税额"够用"了，于是不想再抵扣了，直接计入成本费用，想在企业所得税前扣除。结果有专家提出来："能抵扣的不抵扣，不对，不能因此影响企业所得税的缴纳！"似乎这两者之间存在权衡的协调之处，但这个问题，其实是一个"自欺欺人"的问题，增值税的抵扣要看好多情形，比如财务人员忘记了没有勾选不能抵扣之时，自然得不到抵扣，增值税不会强制要求抵扣，在这类情形下，自然要计入成本费用。

《企业所得税法》中规定可扣除的税金，是指企业发生的除企业所得税和允许抵扣的增值税以外的各项税金及其附加。有人就紧盯着"允许抵扣"的字眼，企业未抵扣，就是不允许抵扣，难道所得税的判断标准要建立在增值税的判断之上吗?

**要点 5　取得发票与付款的关联关系**

现实当中，有一些关于发票与付款关联关系中的误区，比如表 4.11 列示的：

表 4.12

| 误 区 | 说 明 | 风险点 |
|---|---|---|
| 不付款进项税额不得抵扣 | 上游达到纳税义务发生条件并不绑定于受票方付不付款，不付款可以抵扣，关键在于上一方的纳税义务履行，非特殊原因即使最终赖账没有付款，也不影响抵扣 | 若上游企业走逃（失联）则属于异常凭证，或已确认为虚开之时，依当前的规范通常情形下游不能抵扣 |
| 不付款不得在企业所得税前扣除 | 比如有的专家认为税前扣除的发票，必须要支付才能扣除，其实这是不对的，本身发票提供的是扣除凭证的作用，付款与否并不强制绑定于税前扣除上，可以作为一种复核的方式，比如查核发票的真实性等方面。若最终赖账不付款，通常在会计上转入收入或者清算时需要进行确认转入所得计税 | 不能简单地认为年末截止的应付款项均要进行纳税调整，是严重不对的理解 |
| 某些自制凭证的扣除条件 | 这里是基于税前扣除的特殊规定，比如工资薪金是按实际发放作为税前扣除的标准的，并不是自己制作一张“待发凭证”就让扣除 | 当年度计提且在汇算清缴前发放的也认可达到了实际发放的条件 |

在上面的内容中，我们还要考虑一些特殊的判断因素：一是，比如增值税是一次性抵扣，并不考虑分摊销期或折旧期的匹配原则，也没有分期抵扣的选择规定了。除非自己选择一次性抵扣的时点滞后晚抵扣的情形；二是，企业所得税税前扣除，除了凭证之外，还要考虑配比与受益原则等，是不是与生产经营相关，这是区别于增值税的事项。

**要点 6　自然人代开增值税专用发票的特例情形**

首先，没有办理登记的自然人，是不能领取发票自行开具的，需要向税务机关代开发票，其中多数情形下为代开普通发票，但个别情形之下，是允许代开增值税专用发票的，这是考虑了当时营改增改革时降低企业税负的“调整之策”。

其次，我们要思考一个问题，营改增的税制改革，在顶层设计上以减税降费为大方向，原来存在的一些征管漏洞或微观认识得到了有效纠正，比如所谓“甲供材”的计税额确认、异地施工地开具发票的纳税成本等。税收为经济、社会服务的功能得到了应有的体现。

根据《国家税务总局关于营业税改征增值税委托地税局代征税款和代开

增值税发票的通知》（税总函〔2016〕145 号）的规定，其他个人销售其取得的不动产和出租不动产，购买方或承租方不属于其他个人的，纳税人缴纳增值税后可以向地税局申请代开增值税专用发票。根据《国家税务总局关于个人保险代理人税收征管有关问题的公告》（国家税务总局公告 2016 年第 45 号）的规定，接受税务机关委托代征税款的保险企业，向个人保险代理人支付佣金费用后，可代个人保险代理人统一向主管国税机关申请汇总代开增值税普通发票或增值税专用发票[1]。对于某些办理了临时税务登记的自然人，也是可以考虑代开专用发票的。

代开发票时盖章有点小差异，增值税纳税人应在代开增值税专用发票的备注栏上，加盖本单位的发票专用章（为其他个人代开的特殊情况除外）。税务机关在代开增值税普通发票以及为其他个人代开增值税专用发票的备注栏上，加盖税务机关代开发票专用章。

[1] 国家税务总局《减税降费疑难问题 50 答》（2019 年 3 月 8 日）

★（其他个人）以预收款形式收取租金和到期一次性收取租金是否都属于采取一次性收取租金形式出租不动产取得的租金收入，可在对应的租赁期内平均分摊，分摊后的月租金收入未超过 10 万元的，免征增值税？

答：（其他个人）以预收款形式收取租金和到期一次性收取租金都属于采取一次性收取租金形式出租不动产取得的租金收入，可在对应的租赁期内平均分摊，分摊后的月租金收入未超过 10 万元的，免征增值税。（依据财政部、税务总局公告 2023 年第 1 号，当前标准仍为 10 万元）

★自然人与保险公司签订长期代理合同，且不属于一次性取得收入的，是否可视为按期纳税的纳税人，按规定适用小微企业增值税优惠政策？

答：如果按月发放并开具发票，可以按照小微企业增值税优惠政策执行。

## 第 5 章
# 如何防范发票风险，应对发票争议

经过前面四章内容的梳理、分析与案例解释，现在是时候看看如何管理发票，应对在开具、收取发票中的风险问题了。

我们可以从两个角度对此进行说明：

其一，老板与财务人员、业务人员层面的，各司其职。老板要有风险意识，保护技能，有些钱不是自己挣的就是合法的；同时老板要知人善任，在专业技术方面，财务人员要有基本的专业水平，业务人员不宜见钱眼开，忽悠老板做“发票”生意，老板也要了解情形，不能简单地理解“用人不疑”。

其二，行政责任与刑事责任，经常我们会听到：“能用钱解决的事，都不是事！”这说明在行政责任下补缴税款、滞纳金及罚款时，有足够的经济势力保障，有可能能够应对、防范自己的刑事法律责任承担的风险。但在发票的刑事责任下，经济实力并不一定能解决问题。

需要补充的是，当出现涉及发票的问题后，无论是涉及行政责任，还是刑事责任，建议还是要有律师、税务师等专业人士的专业协助，在特定情形下的专业判断和建议是有非常重要的价值的。

## 5.1　老板的“五不宜”

作为老板，乃是“一家之主”，有责任，有压力，特别是疫情之下，相信企业能坚持经营下去就很不错了。但是，国有国法，在这个环境之中的一言一行，均要遵循国家的法律法规，它既保护我们的权利，也要求我们必须遵守相应的规则，履行法定的义务。

老板们可能认为："作为第一代创业人，不走寻常路方可能成功，完全遵循要求没有办法成功。若真按政策的要求合法地纳税，我挣得的钱还不够缴税的，我们的利润就是不缴的那点税款！"这样的思路，本身就说明这个业务模式不会成功，一时的成功，不代表一世的成功，上面我们提到，有一些法律责任的追究期是无限的，侥幸一时可能有，但一世的侥幸，恐怕难有这么多的好运的。

笔者梳理了"五不宜"的事项，供老板们作为一个参考。

一是，不宜总认为"马无夜草不肥"。

这里要理解，真正的事业，并不是靠偷逃税款来实现的。同时，笔者认为老板们要知道，税收政策的多样性、多重应用，个人或企业的纳税行为判断与结果是可以改变的，并不是一成不变的，合法的路径不说很多，至少有多种组合、多种选择的计税方式。

二是，不宜总认为"兄弟之间情义重"。

不过做生意的老板们，总或多或少的有自己的社交与生意圈子，且大都好面子。比如可能有的朋友在酒场畅饮时提出来："兄弟啊，帮我开张发票吧，200 万元，你把税点留下，帮我转点账转点钱！"这事要是不办，是不是很没面子，但办了，是不是虚开，这里要打一个大大的问号！

三是，不宜认为"有关系，搞得定"。

看看现在的环境，是不是发生了巨大的变化，比如对于某项税务检查的案例，现在谁还大包大揽地认为："没问题，包在我身上！"关系好，朋友情，不能把朋友向火堆上推。但是若自己有合理的、有依据的理由，积极陈述自己的意见，这是正规的程序，要保护好自己的程序权利，别错过法律法规规定的时限。

四是，不宜认为"出事是别人的，自己是幸运的"。

可能有的老板们比较喜欢收藏，也有的比较相信大师，多处求神拜佛，甚至公司也有所供奉。可以作为一个爱好，但不宜认为自己可以在经营上，在法律上套用这些许愿之事。专业的事，就是专业的解决路径，若是在心理能起到对专业的重视与投入，或许也并不是坏事。

五是，不宜认为“企业关门了，钱转移了，就没风险了”。《最高人民检察院关于涉嫌犯罪单位被撤销、注销、吊销营业执照或者宣告破产的应如何进行追诉问题的批复》(高检发释字〔2002〕4号)如下：

四川省人民检察院：

你院《关于对已注销的单位原犯罪行为是否应当追诉的请示》(川检发研〔2001〕25号)收悉。经研究，批复如下：

涉嫌犯罪的单位被撤销、注销、吊销营业执照或者宣告破产的，应当根据刑法关于单位犯罪的相关规定，对实施犯罪行为的该单位直接负责的主管人员和其他直接责任人员追究刑事责任，对该单位不再追诉。

近年来，屡有发生企业注销后又被以偷逃税款进行追缴税款的案例，其突破口在于注销时法定代表人签署的承诺书，即认为没有未决的债权债务情形了，而税务机关或其代理律师可能认为，当时企业的负责人明知偷逃税款的存在，办理的是不真实的承诺。笔者认为，不排除有这样的情形，主要看证据方面的支持，但对于税收政策的把握，有时对与错、确定与不确定的，也并不一定是纳税人的经办人员与老板所能掌握的，有争议的事项发生，这也可能是存在的，并不绝对就是故意地去逃避缴纳税款的行为。

有的老板时常感慨：“我很累，太不容易了！”没错，但责任越大，或许使命越光荣，老板们就是要有所担当。即使是“创一代”交班以后，“二代”们虽然没有经历拼搏之苦，但是能否子承父业，如何承好父业，既面临着情感上的传承，也面临着未来如何承担经营的法律责任的方向选择。

## 5.2 合规不起诉的适用情形

当某些个人发生触犯刑法责任的事项之后，往往是公安部门进行证据调查、取证，而后移交给检察部门查阅、提起公诉或退回重新调查、不予起诉等处理，提起公诉的由法院进行审判，被告人不服的可以提起二审的上诉，以维护自己的合法权益。

现在，检察部门可以考虑一种特殊情形，即对于某些情形下的个人涉嫌违法的行为，可以提起公诉；不过考虑一些因素后，可以给予不起诉的决定，给予其“自我改造、重新做人”的机会。

下面是一篇摘自《检察日报》的文章：

**专栏**

**听证会后，检察机关对涉案企业作出了不起诉决定**

“检察官，我们企业生产的疫苗蝶式离心机又一次中标了中国生物的项目，我刚收到中标通知书，真得感谢你们！”3 月 17 日，张某在电话里向江苏省无锡市梁溪区检察院的检察官分享了这个好消息。

张某经营的公司是一家有 30 多年历史的机械制造企业，因市场竞争加剧及传统机械制造行业的不景气，公司找到了新的发展方向——疫苗领域离心机制造。转型升级时期，研发投入占比较大，而公司的进项税发票并不足以抵扣。2013 年 10 月，公司财务主管陈某经人介绍认识了王某（另案处理），王某称自己有门路可以虚开增值税专用发票。在此后的 5 年时间里，陈某为公司解决了进项税发票问题，而王某也从中赚取了大额好处费。

然而，这些隐藏在公司正常经营幕后的违法行为终有败露的一天。2021 年 3 月，陈某及其所在公司因涉嫌虚开增值税专用发票罪，被移送无锡市梁溪区检察院审查起诉。

承办检察官受案后进行了实地走访，对涉案企业进行了全方位的调查，并听取了企业所在管委会、税务局等单位的意见。

承办检察官了解到，张某作为企业法定代表人，平时只负责研发及业务接洽，具体的财税工作由陈某全权负责。涉案企业是一家拥有 45 项专利技术的江苏省高新技术企业，且中国生物集团正在试用该企业生产的离心机设备用于生产新冠疫苗，对于疫情防控有重要意义。在案件事实清楚、证据确实充分的基础上，一诉了之无疑是最简单的做法，但势必会导致“办了案子、垮了厂子”的后果。

在无锡，如这家涉案企业一样的小微企业众多，如何使这类小微企业“活下去、留下来、经营好”是检察机关需要思考的重要问题。2021 年 9 月，江苏省检察院将探索适合小微企业的合规监管模式列为涉案企业合规改革试点工作重点项目，梁溪区检察院被确立为全省首批试点单位之一。本案中的这家企业正符合小微企业合规的适用条件，该院在征询企业意向、层报省检察院后，对该企业启动了为期三个月的涉税专项合规，并委托税务机关作为第三方监督人。

“要不是你们针对企业的财税工作做了这次‘全身体检’，我还不知道存在这么多漏洞。”一次次的财税培训，不仅做到了为企业财务部门查漏补缺，也让负责人张某觉得受益匪浅。

为期三个月的涉税专项合规，检察机关会同税务机关为企业量身定制，从加强员工管理、精细化财务管理制度、完善合同审核等方面为企业提供了针对性的整改建议及定制化的合规培训。

承办检察官先后 4 次前往涉案企业，与企业重点岗位员工会谈 13 次、检查 9 次，为企业建立了切实可行的财税内控机制。在会同第三方监督人、巡回检察监督员对涉案企业合规工作进行验收、召开听证会后，3 月 10 日，该院对涉案企业作出了不起诉决定，并对陈某依法提起了公诉。

“企业合规不仅为我们根除了顽瘴痼疾，更是给了企业再活一次的机会。”张某感慨地说道。

“‘尽量放过企业，但要严惩责任人’，该案是我院对单位犯罪二元责任追究制度的探索，也是集约资源、为小微企业‘定制式’合规监管服务的有效实践。”该院副检察长沈小平在 3 月 24 日的检企座谈会上这样说。2021 年 9 月以来，该院已对 8 家涉案小微企业开展合规监管，相关做法被省检察院领导批示肯定，并在全省转发推广。

（资料来源：徐雪娜，《检察日报》2022 年 3 月 29 日）

从笔者接触及处理的合规整改的案例看，一是，这并不是形式主义的整改，而是要结合企业的业务类型、发生问题的起源进行分析，不仅仅是反思，还要结合问题给出可变通的方式，比如有的业务若排除虚开的风险之后，还会遗留发票的问题，即企业所得税税前扣除凭证不合规的问题，若没有合规、合理的调整，未来不排除还有发票的违规风险，因为它留下了利益的诱惑空间。二是，要特别关注与供应商、客户之间关系的协调，比如可能会影响到招投标的资质等因素。

## 5.3　老板的未来站在发票的起跑线上

读到这里，老板可能想到一个解决的办法："我就找一位国内顶尖的、最牛的律师给我提供咨询服务、审核服务，给我保驾护航！"坦然讲，有则更好，但不代表就是百分之百的安全，一是时间成本与效率成本的问题，最牛的律师的咨询服务，不大可能只为你一个人服务，若只是团队助理人员提供的服务，专业水准极可能有折扣；二是发票的问题，不仅仅涉及诉讼的辩护与应对，还包括财务、税务的事项，它是一个综合性的问题的集合，需要在法律与税务上统筹考虑，需要日常工作的参与。

同时笔者观察到，每个律师的行事风格是不一样的，对于涉嫌虚开的案例，有的可能重点强调保护企业家，有的会引用一些有利的判例或专家的文章或观点，有的会表述行为犯与结果犯之间的区别关系，有的会关注程序的合法性与证据的充分性等，以及是否为从犯、认罪认罚情形下的判刑或缓刑等的争取，并没有太过高深的理论需要研究，需要的是系统的梳理、分析与观点的恰当表述。整体来看，我们处在一个不断完善、不断进步的时代，老板们要充分地理解自己的权利，更要关注自己的义务。

当一个企业从创业到慢慢成长的过程当中，老板们往往面临的问题比较直接，也需要老板的拍板与参与实施，身兼数职之时，责任的风险当然更大。对于相对成熟的企业，比如已上市发行股票的企业，有了资金作为运营基础之后，更多地将会在商业模式、商业竞争、技术或渠道上建立优势，而不再那么依赖税收上的那点利益，其在发票上的主观违规风险多会慢慢地减少，不再成为主要的风险点。

“道阻且长，行则将至”，“君子爱财，取之有道”。知晓底线操守，远离发票风险，做正能量的事业，过程虽辛苦但却精彩。

## 5.4 本章小结

大家可以发现，当前在国家税务总局官网发布及各地税务机关官网发布的税务稽查进行处理的案例，多数是涉及发票相关的，有虚开的，有接受虚开的；有专用发票，有普通发票。近年来，涉及普通发票的案件日益增多，这说明从过去以抵扣增值税为目的的虚开行为，慢慢避开涉嫌专用发票犯罪的情形，而向规避其他税种的方向转移。

笔者建议，老板在决策重大交易或者是做某种筹划安排时，可以考虑如下一些方式：

一是“货比三家”。通过比较发现差异，差异就是风险点集中的地方，这跟做生意是一样的逻辑。在选择对象时，可以规模大的与规模小的交错选择；

二是“心里有杆秤”。有一些便宜不是想得就能得的，做决策时一定要有依据，而不是道听途说，或者看到别人搞自己也“照猫画虎”；

三是“亡羊补牢”。之前若有问题之处，积极修补，及时调整，清理旧账，轻装上阵；

四是“分步推进”。有创业、有守业、有传承，在每个阶段应有不同的目标，相应涉及税务的态度与方向也是会有差异的，税收因素要助力老板的目标分步推进；

五是“顺势而为”。顺趋势、依法制，有风口、有逆风之时，做与时代、社会与国家共命运，同发展的参与者。

我们相信，合规经营，善念经营，防范发票的风险，需要时刻地保持敬畏之心！

附 录

## 《中华人民共和国发票管理办法》（修改草案征求意见稿）

### 第一章 总 则

**第一条** 为了加强发票管理和财务监督，保障国家税收收入，维护经济秩序，根据《中华人民共和国税收征收管理法》，制定本办法。

**第二条** 在中华人民共和国境内印制、领用、开具、取得、保管、缴销发票的单位和个人（以下称印制、使用发票的单位和个人），必须遵守本办法。

**第三条** 本办法所称发票，是指在购销商品、提供或者接受服务以及从事其他经营活动中，开具、收取的收付款凭证，包括纸质发票和电子发票。

国家推广使用电子发票，电子发票具体管理办法由国务院税务主管部门制定。单位、个人开发电子发票信息系统自用或为他人提供电子发票服务的，应当遵守国务院税务主管部门制定的电子发票监管规定和标准规范。

**第四条** 国务院税务主管部门统一负责全国的发票管理工作。省、自治区、直辖市税务机关依据职责做好本行政区域内的发票管理工作。

财政、审计、市场监督管理、公安等有关部门在各自的职责范围内，配合税务机关做好发票管理工作。

**第五条** 发票的种类、联次、内容、赋码规则以及使用范围由国务院税务主管部门规定。

**第六条** 对违反发票管理法规的行为，任何单位和个人可以举报。税务机关应当为检举人保密，并酌情给予奖励。

## 第二章　发票的印制

**第七条**　增值税专用发票由国务院税务主管部门确定的企业印制；其他发票，按照国务院税务主管部门的规定，由省、自治区、直辖市税务机关确定的企业印制。禁止私自印制、伪造、变造发票。

**第八条**　印制发票的企业应当具备下列条件：

（一）取得印刷经营许可证和营业执照；

（二）设备、技术水平能够满足印制发票的需要；

（三）有健全的财务制度和严格的质量监督、安全管理、保密制度。

税务机关应当以招标方式确定印制发票的企业，并发给发票印制通知书。

**第九条**　印制发票应当使用国务院税务主管部门确定的全国统一的发票防伪专用品。禁止非法制造发票防伪专用品。

**第十条**　发票应当套印全国统一发票监制章。全国统一发票监制章的式样和发票版面印刷的要求，由国务院税务主管部门规定。发票监制章由省、自治区、直辖市税务机关制作。禁止伪造发票监制章。

发票实行不定期换版制度。

**第十一条**　印制发票的企业按照税务机关的统一规定，建立发票印制管理制度和保管措施。

发票监制章和发票防伪专用品的使用和管理实行专人负责制度。

**第十二条**　印制发票的企业必须按照税务机关确定的式样和数量印制发票。

**第十三条**　发票应当使用中文印制。民族自治地方的发票，可以加印当地一种通用的民族文字。有实际需要的，也可以同时使用中外两种文字印制。

**第十四条**　各省、自治区、直辖市内的单位和个人使用的发票，除增值税专用发票外，应当在本省、自治区、直辖市内印制；确有必要到外省、自治区、直辖市印制的，应当由省、自治区、直辖市税务机关商印制地省、自治区、直辖市税务机关同意。

禁止在境外印制发票。

## 第三章　发票的领用

**第十五条**　需要领用发票的单位和个人，应当持设立登记证件或税务登记证件、经办人身份证明、按照国务院税务主管部门规定式样制作的发票专用章的印模，向主管税务机关办理身份验证和发票领用手续。主管税务机关根据领用单位和个人的经营范围、规模和风险级别，在5个工作日内确认领用发票的种类、数量以及领用方式，并告知领用发票的单位和个人。

单位和个人领用发票时，应当按照税务机关的规定报告发票使用情况，税务机关应当按照规定进行查验。

**第十六条** 需要临时使用发票的单位和个人，可以凭购销商品、提供或者接受服务以及从事其他经营活动的书面证明、经办人身份证明，直接向经营地税务机关申请代开发票。依照税收法律、行政法规规定应当缴纳税款的，税务机关应当先征收税款，再开具发票。税务机关根据发票管理的需要，可以按照国务院税务主管部门的规定委托其他单位代开发票。

税务机关代开发票时应进行身份验证。禁止非法代开发票。

**第十七条** 临时到本省、自治区、直辖市以外从事经营活动的单位或者个人，应当凭所在地税务机关的证明，向经营地税务机关领用经营地的发票。

临时在本省、自治区、直辖市以内跨市、县从事经营活动领用发票的办法，由省、自治区、直辖市税务机关规定。

## 第四章 发票的开具和保管

**第十八条** 销售商品、提供服务以及从事其他经营活动的单位和个人，对外发生经营业务收取款项，收款方应当向付款方开具发票；特殊情况下，由付款方向收款方开具发票。

**第十九条** 所有单位和从事生产、经营活动的个人在购买商品、接受服务以及从事其他经营活动支付款项，应当向收款方取得发票。取得发票时，不得要求变更品名和金额。

**第二十条** 不符合规定的发票，不得作为财务报销凭证，任何单位和个人有权拒收。

开具纸质发票后，如需作废发票，应当收回原发票并注明“作废”字样；如需开具红字发票，应当收回原发票注明“作废”字样或取得对方有效证明。开具电子发票后，如需开具红字发票，应当取得对方有效证明。

**第二十一条** 开具发票应当按照规定的时限、顺序、栏目，全部联次一次性如实开具，开具纸质发票应加盖发票专用章。

任何单位和个人不得有下列虚开发票行为：

（一）为他人、为自己开具与实际经营业务情况不符的发票；

（二）让他人为自己开具与实际经营业务情况不符的发票；

（三）介绍他人开具与实际经营业务情况不符的发票。

开具发票人员应当进行身份验证。

**第二十二条** 安装税控装置的单位和个人，应当按照规定使用税控装置开具发票，并按期向主管税务机关报送开具发票的数据。

使用非税控电子器具开具发票的，应当将非税控电子器具使用的软件程序说明资料报主管税务机关备案，并按照规定保存、报送开具发票的数据。

**第二十三条** 任何单位和个人应当按照发票管理规定使用发票，不得有下列行为：

（一）转借、转让、介绍他人转让发票、发票监制章和发票防伪专用品；

（二）知道或者应当知道是私自印制、伪造、变造、非法取得或者废止的发票而受让、开具、存放、携带、邮寄、运输；

（三）拆本使用发票；

（四）扩大发票使用范围；

（五）以其他凭证代替发票使用；

（六）窃取、截留、篡改、出售、泄露发票数据。

税务机关应当提供查询发票真伪的便捷渠道。

**第二十四条** 除国务院税务主管部门规定的特殊情形外，纸质发票限于领用单位和个人在本省、自治区、直辖市内开具。

省、自治区、直辖市税务机关可以规定跨市、县开具纸质发票的办法。

**第二十五条** 除国务院税务主管部门规定的特殊情形外，任何单位和个人不得跨规定的使用区域携带、邮寄、运输空白发票。

禁止携带、邮寄或者运输空白发票出入境。

**第二十六条** 开具发票的单位和个人应当建立发票使用登记制度，并定期向主管税务机关报告发票使用情况。

**第二十七条** 开具发票的单位和个人应当在办理变更或者注销税务登记的同时，办理发票的核定信息变更、缴销手续。

**第二十八条** 开具发票的单位和个人应当按照税务机关的规定存放和保管发票，不得擅自损毁。已经开具的发票存根联，应当保存5年。

## 第五章 发票的检查

**第二十九条** 税务机关在发票管理中有权进行下列检查：

（一）检查印制、领用、开具、取得、保管和缴销发票的情况；

（二）调出发票查验；

（三）查阅、复制与发票有关的凭证、资料；

（四）向当事各方询问与发票有关的问题和情况；

（五）在查处发票案件时，对与案件有关的情况和资料，可以记录、录音、录像、照相和复制。

**第三十条** 印制、使用发票的单位和个人，必须接受税务机关依法检查，如实反映情况，提供有关资料，不得拒绝、隐瞒。

税务人员进行检查时，应当出示税务检查证。

**第三十一条** 税务机关需要将已开具的发票调出查验时，应当向被查验的单位和个人开具发票换票证。发票换票证与所调出查验的发票有同等的效力。被调出查验发票的单位和个人不得拒绝接受。

税务机关需要将空白发票调出查验时，应当开具收据；经查无问题的，应当及时返还。

**第三十二条** 单位和个人从中国境外取得的与纳税有关的发票或者凭证，税务机关在纳税审查时有疑义的，可以要求其提供境外公证机构或者注册会计师的确认证明，经税务机关审核认可后，方可作为记账核算的凭证。

**第三十三条** 税务机关在发票检查中需要核对发票存根联与发票联填写情况时，可以向持有发票或者发票存根联的单位发出发票填写情况核对卡，有关单位应当如实填写，按期报回。

## 第六章 罚 则

**第三十四条** 违反本办法的规定，有下列情形之一的，由税务机关责令改正，可以处1万元以下的罚款；有违法所得的予以没收：

（一）应当开具而未开具发票，或者未按照规定的时限、顺序、栏目，全部联次一次性开具发票，或者未按规定加盖发票专用章的；

（二）使用税控装置开具发票，未按期向主管税务机关报送开具发票的数据的；

（三）使用非税控电子器具开具发票，未将非税控电子器具使用的软件程序说明资料报主管税务机关备案，或者未按照规定保存、报送开具发票的数据的；

（四）拆本使用发票的；

（五）扩大发票使用范围的；

（六）以其他凭证代替发票使用的；

（七）跨规定区域开具发票的；

（八）未按照规定缴销发票的；

（九）未按照规定存放和保管发票的；

（十）未按照规定作废发票或开具红字发票的。

**第三十五条** 跨规定的使用区域携带、邮寄、运输空白发票，以及携带、邮寄或者运输空白发票出入境的，由税务机关责令改正，可以处1万元以下的罚款；情节严重的，处1万元以上3万元以下的罚款；有违法所得的予以没收。

丢失发票或者擅自损毁发票的，依照前款规定处罚。

**第三十六条** 违反本办法第二十一条第二款的规定虚开发票的，由税务机关没收违法所得；虚开金额在1万元以下的，可以并处5万元以下的罚款；虚开金额超过1万元的，并处5万元以上50万元以下的罚款；构成犯罪的，依法追究刑事责任。

非法代开发票的，依照前款规定处罚。

**第三十七条** 私自印制、伪造、变造发票，非法制造发票防伪专用品，伪造发票监制章，窃取、截留、篡改、出售、泄露发票数据的，由税务机关没收违法所得，没收、销毁作案工具和非法物品，并处1万元以上5万元以下的罚款；情节严重的，并处5万元以上50万元以下的罚款；构成犯罪的，依法追究刑事责任。

前款规定的处罚，《中华人民共和国税收征收管理法》有规定的，依照其规定执行。

**第三十八条** 有下列情形之一的，由税务机关处1万元以上5万元以下的罚款；情节严重的，处5万元以上50万元以下的罚款；有违法所得的予以没收：

（一）转借、转让、介绍他人转让发票、发票监制章和发票防伪专用品的；

（二）知道或者应当知道是私自印制、伪造、变造、非法取得或者废止的发票而受让、开具、存放、携带、邮寄、运输的。

**第三十九条** 对违反发票管理规定2次以上或者情节严重的单位和个人，税务机关可以向社会公告。

**第四十条** 违反发票管理法规，导致其他单位或者个人未缴、少缴或者骗取税款的，由税务机关没收违法所得，可以并处未缴、少缴或者骗取的税款1倍以下的罚款。

**第四十一条** 当事人对税务机关的处罚决定不服的，可以依法申请行政复议或者向人民法院提起行政诉讼。

**第四十二条** 税务人员利用职权之便，故意刁难印制、使用发票的单位和个人，或者有违反发票管理法规行为的，依照国家有关规定给予处分；构成犯罪的，依法追究刑事责任。

## 第七章 附 则

**第四十三条** 国务院税务主管部门可以根据有关行业特殊的经营方式和业务需求，会同国务院有关主管部门制定该行业的发票管理办法。

国务院税务主管部门可以根据增值税专用发票管理的特殊需要，制定增值税专用发票的具体管理办法。

**第四十四条** 本办法自发布之日起施行。

## 关于《中华人民共和国发票管理办法（修改草案征求意见稿）》的说明

为全面落实《优化营商环境条例》，深化税收领域“放管服”改革，深入推进发票电子化，服务经济社会高质量发展，我局拟提请国务院对《中华人民共和国发票管理办法》（以下简称《办法》）进行修改，并起草了修改草案征求意见稿。现将有关修改情况说明如下：

### 一、修改的必要性

《办法》自1993年发布实施以来，分别于2010年和2019年进行了2次修改，在规范发票管理、保障税收收入、维护经济秩序等方面发挥了积极作用。但随着我国经济社会的发展和改革的不断深化，《办法》施行面临一系列新形势新情况新要求，有必要及时修改完善。

**（一）深入贯彻习近平法治思想的需要**

习近平总书记指出，法治是国家治理体系和治理能力的重要依托。发票作为重要的商务、财务、税务、法务凭证，关系经济社会方方面面，发票电子化改革后，发票形态、领用、开具、交付、入账、保管等都将发生重大变化，对税收管理、财务管理，乃至市场交易秩序、社会经济运行产生深刻影响。需要秉持法律准绳，用好法治方式，强化法治之力，通过完善制度安排，为发票电子化改革提供法律支撑，发挥好法治固根本、稳预期、利长远的重要作用。

**（二）落实《优化营商环境条例》的需要**

深化“放管服”改革、优化营商环境，是全面深化改革的重要内容，是党中央、国务院做的重要决策部署。《优化营商环境条例》明确提出加大推广使用电子发票的力度，逐步实现全程网上办税，持续优化纳税服务。现行《办法》是以纸质发票为基础制定的，需要进一步修改以适应电子发票推广使用需要，拓展优化发票服务举措，降低发票领用成本，提升用票办税便利度，打造更优税收营商环境。

**（三）推动税收治理体系治理能力现代化的需要**

为贯彻习近平总书记“加快数字中国建设”重要指示，落实好中央深改委“规范和优化税务执法”重点改革任务，税务总局党委谋划了税收现代化新“六大体系”布局，研究提出以发票电子化改革为突破口，打造智慧税务。发票是税务部门数字化转型中重要的数据来源，是规范和优化税务执法的重点工作领域。在纸质发票逐步转向电子发票过程中，需要通过《办法》修改进一步明晰征纳双方权责，更好保障纳税人合法权益。

## 二、修改的总体思路

税务总局积极推进《办法》修改工作，在前期充分调研的基础上，总结国内做法、借鉴国际经验，研究起草了修改草案。按照程序要求将修改草案多方式、多层次征求了全国税务系统各级各部门意见，并召开一系列专家论证会和纳税人座谈会广泛听取意见。在充分吸收各方面意见的基础上，形成《中华人民共和国发票管理办法（修改草案征求意见稿）》。

《办法》属于基础性法规，与经济社会生产生活密切相关。本次修改的总体思路是：坚持以习近平新时代中国特色社会主义思想为指导，自觉把《办法》修改工作放在党和国家工作大局中来考虑、谋划、推进，持续优化税收服务与监管方式，健全税务监管体系，强化纳税人权益保护，为深化税务发票管理领域“放管服”改革和推进发票电子化提供法律制度保障。重点把握三点原则：

一是主动适应经济社会发展和改革需要。全面落实《优化营商环境条例》，深化税务发票管理领域“放管服”改革，推动完善发票管理法律制度，为电子发票应用提供必要的制度支撑，为经济发展和新业态新模式预留制度空间。

二是突出目标导向和问题导向。着力完成发票电子化任务，健全适应经济社会发展的发票管理办法，针对《办法》执行中出现的新情况、新问题，进一步优化发票服务程序，简化发票领用手续，规范引导电子发票社会化服务，巩固深化“放管服”改革成果。

三是保持相对稳定性。鉴于电子发票处于试点改革阶段，纸质发票与电子发票将在一定时期并行，为保持发票法规的连续性和稳定性，本次主要对《办法》做一定范围必要修改，电子发票具体管理规范将通过《办法》授权制定的《电子发票管理办法》予以明确，待条件成熟后，再以完善法规方式进行固化。

## 三、修改的主要内容

（一）根据现行规定，税务机关在纳税人领用发票时不再收取税务发票工本费，此次修改统一将《办法》全文中的“领购”修改为“领用”，涉及第二条、第十五条、第十七条、第二十四条第一款、第二十九条第一项。

（二）明确“电子发票”的法律地位和法定效力，增加发票类型内容，在第三条第一款明确发票“包括纸质发票和电子发票”；在第三条增加第二款“国家推广使用电子发票，电子发票具体管理办法由国务院税务主管部门制定。单位、个人开发电子发票信息系统自用或为他人提供电子发票服务的，应当遵守国务院税务主管部门制定的电子发票监管规定和标准规范”，为电子发票应用、社会化服务及监管提供必要的制度支撑；同时删除第二十二条第三款“国家推广使用网络发票管理系统开具发票，具体管理办法由国务院税务主管部门制定”。

（三）增加发票赋码的管理内容，将第五条修改为“发票的种类、联次、内容、赋码规则以及使用范围由国务院税务主管部门规定”，明确发票“赋码规则”相应管理权限属于税务机关，以保证发票赋码的唯一性。

（四）“企业印制发票”事项将通过政府采购方式确定，为适应此要求，一是将第八条第二款中“税务机关应当以招标方式确定印制发票的企业，并发给发票准印证”中的“准印证”修改为“印制通知书”；二是将第十二条中“印制发票的企业必须按照税务机关批准的式样和数量印制发票”中的“批准”修改为“确定”；三是删除第三十七条中“对印制发票的企业，可以并处吊销发票准印证”的处罚规定。

（五）为优化跨省印制发票流程，降低税务机关发票印制及管理成本，删除第十四条第一款中的“由印制地省、自治区、直辖市税务机关确定的企业印制”。

（六）根据“多证合一”商事登记制度改革的实际情况，为满足不同市场主体领用发票的实际需要，将第十五条第一款“需要领用发票的单位和个人，应当持税务登记证件、经办人身份证明”修改为“需要领用发票的单位和个人，应当持设立登记证件或税务登记证件、经办人身份证明”，明确“设立登记证件”效力等同于税务登记证件。

（七）为保护用票单位和个人合法权益，防范非法冒用身份领开发票违法行为，此次修改在“发票领用、发票开具和发票代开”业务中增加身份验证的要求：一是将第十五条第一款“向主管税务机关办理发票领用手续”修改为“向主管税务机关办理身份验证和发票领用手续”；二是在第十六条第二款增加“税务机关代开发票时应进行身份验证”；三是在第二十一条“开具发票应当按照规定的时限、顺序、栏目，全部联次一次性如实开具，开具纸质发票应加盖发票专用章”后增加“开具发票人员应当进行身份验证”作为第三款。

（八）发挥税收大数据优势，改变原来单纯依据经营范围和规模进行发票核定的局限性，将第十五条第一款修改为“主管税务机关根据领用单位和个人的经营范围、规模和风险级别”，增加“风险级别”作为发票核定的判断依据之一，以此提高发票核定的精准性。

（九）《行政诉讼法》修订后，已明确电子数据作为合法证据的法律地位，发票领用、缴销等数据信息及时存储在税务信息系统中，供税务机关及用票单位和个人查询使用，不再需要通过纸质发票领购簿、发票登记簿记录发票信息，因此删除第十五条第一款、第二十六条、第二十七条、第二十八条中涉及“发票领购簿”和“发票登记簿”的表述和管理要求，进一步减轻纳税人负担，提高办税效率；在第二十七条“办理发票的变更、缴销手续”中增加“核定信息”，以确保条款表述的完整性。

（十）为保障纳税人合法权益和用票需求，提升服务质效，一是将第十五条第一款中“在5个工作日内发给发票领购簿”修改为“在5个工作日内确认领用发票的种类、数量以及领用方式”，明确发票领用流程的办理时限；二是在第十五条第一款增加“并告知领用发票的单位和个人”，明确税务机关的告知义务。

（十一）从税收征管实际情况看，各地对异地经营领用发票已不再要求提供保证人或收取发票保证金，因此，删除现行第十八条，取消保证人及发票保证金管理要求，从制度上固化“放管服”改革成果。同时，对条文顺序作相应调整和修改。

（十二）为保障受票方合法权益，防范涉票风险，增加作废纸质发票和开具红字发票的规定及罚则：一是在第二十条第二款增加“开具纸质发票后，如需作废发票，应当收回原发票并注明‘作废’字样；如需开具红字发票，应当收回原发票注明‘作废’字样或取得对方有效证明。开具电子发票后，如需开具红字发票，应当取得对方有效证明”；二是在第三十四条增加“未按照规定作废发票或开具红字发票的”作为第十项。

（十三）明确仅纸质发票须加盖发票专用章的要求：一是在第二十一条第一款明确“开具纸质发票应加盖发票专用章”；二是在第二十四条第一款“发票限于领用单位和个人在本省、自治区、直辖市内开具”和第二款“省、自治区、直辖市税务机关可以规定跨市、县开具发票的办法”中的发票表述前均增加“纸质”；三是在第三十四条第一项明确“未按规定加盖发票专用章的”。

（十四）适应发票电子化改革要求，在第二十三条第一款“任何单位和个人应当按照发票管理规定使用发票，不得有下列行为”中增加“窃取、截留、篡改、出售、泄露发票数据”作为第六项，列明发票数据禁止性行为；同时在第三十七条第一款增加相应内容，明确对禁止性行为应予处罚。增加上述禁止性条款及罚则，有助于规范发票数据使用，保障纳税人权益，维护发票数据安全。

（十五）适应税收现代化管理要求，减轻纳税人的负担，删除第二十八条中“保存期满，报经税务机关查验后销毁”。同时，删除第四十四条中的“财政部1986年发布的《全国发票管理暂行办法》和原国家税务局1991年发布的《关于对外商投资企业和外国企业发票管理的暂行规定》同时废止”。

## 《行政执法机关移送涉嫌犯罪案件的规定》

**第一条** 为了保证行政执法机关向公安机关及时移送涉嫌犯罪案件，依法惩罚破坏社会主义市场经济秩序罪、妨害社会管理秩序罪以及其他罪，保障社会主义建设事业顺利进行，制定本规定。

**第二条** 本规定所称行政执法机关，是指依照法律、法规或者规章的规定，对破坏社会主义市场经济秩序、妨害社会管理秩序以及其他违法行为具有行政处罚权的行政机关，以及法律、法规授权的具有管理公共事务职能、在法定授权范围内实施行政处罚的组织。

**第三条** 行政执法机关在依法查处违法行为过程中，发现违法事实涉及的金额、违法事实的情节、违法事实造成的后果等，根据刑法关于破坏社会主义市场经济秩序罪、妨害社会管理秩序罪等罪的规定和最高人民法院、最高人民检察院关于破坏社会主义市场经济秩序罪、妨害社会管理秩序罪等罪的司法解释以及最高人民检察院、公安部关于经济犯罪案件的追诉标准等规定，涉嫌构成犯罪，依法需要追究刑事责任的，必须依照本规定向公安机关移送。

知识产权领域的违法案件，行政执法机关根据调查收集的证据和查明的案件事实，认为存在犯罪的合理嫌疑，需要公安机关采取措施进一步获取证据以判断是否达到刑事案件立案追诉标准的，应当向公安机关移送。

**第四条** 行政执法机关在查处违法行为过程中，必须妥善保存所收集的与违法行为有关的证据。

行政执法机关对查获的涉案物品，应当如实填写涉案物品清单，并按照国家有关规定予以处理。对易腐烂、变质等不宜或者不易保管的涉案物品，应当采取必要措施，留取证据；对需要进行检验、鉴定的涉案物品，应当由法定检验、鉴定机构进行检验、鉴定，并出具检验报告或者鉴定结论。

**第五条** 行政执法机关对应当向公安机关移送的涉嫌犯罪案件，应当立即指定2名或者2名以上行政执法人员组成专案组专门负责，核实情况后提出移送涉嫌犯罪案件的书面报告，报经本机关正职负责人或者主持工作的负责人审批。

行政执法机关正职负责人或者主持工作的负责人应当自接到报告之日起3日内作出批准移送或者不批准移送的决定。决定批准的，应当在24小时内向同级公安机关移送；决定不批准的，应当将不予批准的理由记录在案。

**第六条** 行政执法机关向公安机关移送涉嫌犯罪案件，应当附有下列材料：

（一）涉嫌犯罪案件移送书；

（二）涉嫌犯罪案件情况的调查报告；

（三）涉案物品清单；

（四）有关检验报告或者鉴定结论；

（五）其他有关涉嫌犯罪的材料。

**第七条** 公安机关对行政执法机关移送的涉嫌犯罪案件，应当在涉嫌犯罪案件移送书的回执上签字；其中，不属于本机关管辖的，应当在24小时内转送有管辖权的机关，并书面告知移送案件的行政执法机关。

**第八条** 公安机关应当自接受行政执法机关移送的涉嫌犯罪案件之日起3日内，依照刑法、刑事诉讼法以及最高人民法院、最高人民检察院关于立案标准和公安部关于公安机关办理刑事案件程序的规定，对所移送的案件进行审查。认为有犯罪事实，需要追究刑事责任，依法决定立案的，应当书面通知移送案件的行政执法机关；认为没有犯罪事实，或者犯罪事实显著轻微，不需要追究刑事责任，依法不予立案的，应当说明理由，并书面通知移送案件的行政执法机关，相应退回案卷材料。

**第九条** 行政执法机关接到公安机关不予立案的通知书后，认为依法应当由公安机关决定立案的，可以自接到不予立案通知书之日起3日内，提请作出不予立案决定的公安机关复议，也可以建议人民检察院依法进行立案监督。

作出不予立案决定的公安机关应当自收到行政执法机关提请复议的文件之日起3日内作出立案或者不予立案的决定，并书面通知移送案件的行政执法机关。移送案件的行政执法机关对公安机关不予立案的复议决定仍有异议的，应当自收到复议决定通知书之日起3日内建议人民检察院依法进行立案监督。

公安机关应当接受人民检察院依法进行的立案监督。

**第十条** 行政执法机关对公安机关决定不予立案的案件，应当依法作出处理；其中，依照有关法律、法规或者规章的规定应当给予行政处罚的，应当依法实施行政处罚。

**第十一条** 行政执法机关对应当向公安机关移送的涉嫌犯罪案件，不得以行政处罚代替移送。

行政执法机关向公安机关移送涉嫌犯罪案件前已经作出的警告，责令停产停业，暂扣或者吊销许可证、暂扣或者吊销执照的行政处罚决定，不停止执行。

依照行政处罚法的规定，行政执法机关向公安机关移送涉嫌犯罪案件前，已经依法给予当事人罚款的，人民法院判处罚金时，依法折抵相应罚金。

**第十二条** 行政执法机关对公安机关决定立案的案件，应当自接到立案通知书之日起3日内将涉案物品以及与案件有关的其他材料移交公安机关，并办结交接手续；法律、行政法规另有规定的，依照其规定。

**第十三条** 公安机关对发现的违法行为，经审查，没有犯罪事实，或者立案侦查后认为犯罪事实显著轻微，不需要追究刑事责任，但依法应当追究行政责任的，应当及时将案件移送同级行政执法机关，有关行政执法机关应当依法作出处理。

**第十四条** 行政执法机关移送涉嫌犯罪案件，应当接受人民检察院和监察机关依法实施的监督。

任何单位和个人对行政执法机关违反本规定，应当向公安机关移送涉嫌犯罪案件而不移送的，有权向人民检察院、监察机关或者上级行政执法机关举报。

**第十五条** 行政执法机关违反本规定，隐匿、私分、销毁涉案物品的，由本级或者上级人民政府，或者实行垂直管理的上级行政执法机关，对其正职负责人根据情节轻重，给予降级以上的处分；构成犯罪的，依法追究刑事责任。

对前款所列行为直接负责的主管人员和其他直接责任人员，比照前款的规定给予处分；构成犯罪的，依法追究刑事责任。

**第十六条** 行政执法机关违反本规定，逾期不将案件移送公安机关的，由本级或者上级人民政府，或者实行垂直管理的上级行政执法机关，责令限期移送，并对其正职负责人或者主持工作的负责人根据情节轻重，给予记过以上的处分；构成犯罪的，依法追究刑事责任。

行政执法机关违反本规定，对应当向公安机关移送的案件不移送，或者以行政处罚代替移送的，由本级或者上级人民政府，或者实行垂直管理的上级行政执法机关，责令改正，给予通报；拒不改正的，对其正职负责人或者主持工作的负责人给予记过以上的处分；构成犯罪的，依法追究刑事责任。

对本条第一款、第二款所列行为直接负责的主管人员和其他直接责任人员，分别比照前两款的规定给予处分；构成犯罪的，依法追究刑事责任。

**第十七条** 公安机关违反本规定，不接受行政执法机关移送的涉嫌犯罪案件，或者逾期不作出立案或者不予立案的决定的，除由人民检察院依法实施立案监督外，由本级或者上级人民政府责令改正，对其正职负责人根据情节轻重，给予记过以上的处分；构成犯罪的，依法追究刑事责任。

对前款所列行为直接负责的主管人员和其他直接责任人员，比照前款的规定给予处分；构成犯罪的，依法追究刑事责任。

**第十八条** 有关机关存在本规定第十五条、第十六条、第十七条所列违法行为，需要由监察机关依法给予违法的公职人员政务处分的，该机关及其上级主管机关或者有关人民政府应当依照有关规定将相关案件线索移送监察机关处理。

**第十九条** 行政执法机关在依法查处违法行为过程中，发现公职人员有贪污贿赂、失职渎职或者利用职权侵犯公民人身权利和民主权利等违法行为，涉嫌构成职务犯罪的，应当依照刑法、刑事诉讼法、监察法等法律规定及时将案件线索移送监察机关或者人民检察院处理。

**第二十条** 本规定自公布之日起施行。

## 《关于印发〈最高人民检察院关于推进行政执法与刑事司法衔接工作的规定〉的通知》

各省、自治区、直辖市人民检察院，解放军军事检察院，新疆生产建设兵团人民检察院：

《最高人民检察院关于推进行政执法与刑事司法衔接工作的规定》已经2021年6月2日最高人民检察院第十三届检察委员会第六十八次会议通过。现印发你们，请认真遵照执行。

最高人民检察院

2021年9月6日

### 最高人民检察院关于推进行政执法与刑事司法衔接工作的规定

**第一条** 为了健全行政执法与刑事司法衔接工作机制，根据《中华人民共和国人民检察院组织法》《中华人民共和国行政处罚法》《中华人民共和国刑事诉讼法》等有关规定，结合《行政执法机关移送涉嫌犯罪案件的规定》，制定本规定。

**第二条** 人民检察院开展行政执法与刑事司法衔接工作，应当严格依法、准确及时，加强与监察机关、公安机关、司法行政机关和行政执法机关的协调配合，确保行政执法与刑事司法有效衔接。

**第三条** 人民检察院开展行政执法与刑事司法衔接工作由负责捕诉的部门按照管辖案件类别办理。负责捕诉的部门可以在办理时听取其他办案部门的意见。

本院其他办案部门在履行检察职能过程中，发现涉及行政执法与刑事司法衔接线索的，应当及时移送本院负责捕诉的部门。

**第四条** 人民检察院依法履行职责时，应当注意审查是否存在行政执法机关对涉嫌犯罪案件应当移送公安机关立案侦查而不移送，或者公安机关对行政执法机关移送的涉嫌犯罪案件应当立案侦查而不立案侦查的情形。

**第五条** 公安机关收到行政执法机关移送涉嫌犯罪案件后应当立案侦查而不立案侦查，行政执法机关建议人民检察院依法监督的，人民检察院应当依法受理并进行审查。

**第六条** 对于行政执法机关应当依法移送涉嫌犯罪案件而不移送，或者公安机关应当立案侦查而不立案侦查的举报，属于本院管辖且符合受理条件的，人民检察院应当受理并进行审查。

**第七条** 人民检察院对本规定第四条至第六条的线索审查后，认为行政执法机关应当依法移送涉嫌犯罪案件而不移送的，经检察长批准，应当向同级行政执法机关提出检察意见，要求行政执法机关及时向公安机关移送案件并将有关材料抄送人民检察院。人民检察院应当将检察意见抄送同级司法行政机关，行政执法机关实行垂直管理的，应当将检察意见抄送其上级机关。

行政执法机关收到检察意见后无正当理由仍不移送的，人民检察院应当将有关情况书面通知公安机关。

对于公安机关可能存在应当立案而不立案情形的，人民检察院应当依法开展立案监督。

**第八条** 人民检察院决定不起诉的案件，应当同时审查是否需要对被不起诉人给予行政处罚。对被不起诉人需要给予行政处罚的，经检察长批准，人民检察院应当向同级有关主管机关提出检察意见，自不起诉决定作出之日起三日以内连同不起诉决定书一并送达。人民检察院应当将检察意见抄送同级司法行政机关，主管机关实行垂直管理的，应当将检察意见抄送其上级机关。

检察意见书应当写明采取和解除刑事强制措施，查封、扣押、冻结涉案财物以及对被不起诉人予以训诫或者责令具结悔过、赔礼道歉、赔偿损失等情况。对于需要没收违法所得的，人民检察院应当将查封、扣押、冻结的涉案财物一并移送。对于在办案过程中收集的相关证据材料，人民检察院可以一并移送。

**第九条** 人民检察院提出对被不起诉人给予行政处罚的检察意见，应当要求有关主管机关自收到检察意见书之日起两个月以内将处理结果或者办理情况书面回复人民检察院。因情况紧急需要立即处理的，人民检察院可以根据实际情况确定回复期限。

**第十条** 需要向上级有关单位提出检察意见的，应当层报其同级人民检察院决定并提出，或者由办理案件的人民检察院制作检察意见书后，报上级有关单位的同级人民检察院审核并转送。

需要向下级有关单位提出检察意见的，应当指令对应的下级人民检察院提出。

需要异地提出检察意见的，应当征求有关单位所在地同级人民检察院意见。意见不一致的，层报共同的上级人民检察院决定。

**第十一条** 有关单位在要求的期限内不回复或者无正当理由不作处理的，经检察长决定，人民检察院可以将有关情况书面通报同级司法行政机关，或者提请上级人民检察院通报其上级机关。必要时可以报告同级党委和人民代表大会常务委员会。

**第十二条** 人民检察院发现行政执法人员涉嫌职务违法、犯罪的，应当将案件线索移送监察机关处理。

**第十三条** 行政执法机关就刑事案件立案追诉标准、证据收集固定保全等问题咨询人民检察院，或者公安机关就行政执法机关移送的涉嫌犯罪案件主动听取人民检察院意见建议的，人民检察院应当及时答复。书面咨询的，人民检察院应当在七日以内书面回复。

人民检察院在办理案件过程中，可以就行政执法专业问题向相关行政执法机关咨询。

**第十四条** 人民检察院应当定期向有关单位通报开展行政执法与刑事司法衔接工作的情况。发现存在需要完善工作机制等问题的，可以征求被建议单位的意见，依法提出检察建议。

**第十五条** 人民检察院根据工作需要，可以会同有关单位研究分析行政执法与刑事司法衔接工作中的问题，提出解决方案。

**第十六条** 人民检察院应当配合司法行政机关建设行政执法与刑事司法衔接信息共享平台。已经接入信息共享平台的人民检察院，应当自作出相关决定之日起七日以内，录入相关案件信息。尚未建成信息共享平台的人民检察院，应当及时向有关单位通报相关案件信息。

**第十七条** 本规定自公布之日起施行，《人民检察院办理行政执法机关移送涉嫌犯罪案件的规定》（高检发释字〔2001〕4 号）同时废止。

## 发票操作实务

**（1）发票的代码规则**

**表 1**

| 发票类型 | 说　明 | 规　定 |
|---|---|---|
| 全面数字化的电子发票（内蒙古为例） | 内蒙古自治区全电发票的发票号码为 20 位，其中：第 1~2 位代表公历年度后两位，第 3~4 位代表内蒙古自治区行政区划代码，第 5 位代表全电发票开具渠道等信息，第 6~20 位代表顺序编码等信息 | 《国家税务总局内蒙古自治区税务局关于进一步开展全面数字化的电子发票试点工作的公告》（国家税务总局公告 2022 年第 3 号） |

续表

| 发票类型 | 说　明 | 规　定 |
|---|---|---|
| 增值税电子专用发票 | 电子专票的发票代码为 12 位，编码规则：第 1 位为 0，第 2~5 位代表省、自治区、直辖市和计划单列市，第 6~7 位代表年度，第 8~10 位代表批次，第 11~12 位为 13。发票号码为 8 位，按年度、分批次编制 | 《国家税务总局关于在新办纳税人中实行增值税专用发票电子化有关事项的公告》（国家税务总局公告 2020 年第 22 号） |
| 增值税普通发票（折叠票） | 发票代码调整为 12 位，编码规则：第 1 位为 0，第 2~5 位代表省、自治区、直辖市和计划单列市，第 6~7 位代表年度，第 8~10 位代表批次，第 11~12 位代表票种和联次，其中 04 代表二联增值税普通发票（折叠票）、05 代表五联增值税普通发票（折叠票） | 《国家税务总局关于增值税普通发票管理有关事项的公告》（国家税务总局公告 2017 年第 44 号） |
| 增值税普通发票（卷票） | 发票代码为 12 位，编码规则：第 1 位为 0，第 2~5 位代表省、自治区、直辖市和计划单列市，第 6~7 位代表年度，第 8~10 位代表批次，第 11~12 位代表票种和规格，其中 06 代表 57mm×177.8mm 增值税普通发票（卷票）、07 代表 76mm×177.8mm 增值税普通发票（卷票） | 《国家税务总局关于启用增值税普通发票（卷票）有关事项的公告》（国家税务总局公告 2016 年第 82 号） |
| 增值税电子普通发票 | 发票代码为 12 位，编码规则：第 1 位为 0，第 2~5 位代表省、自治区、直辖市和计划单列市，第 6~7 位代表年度，第 8~10 位代表批次，第 11~12 位代表票种（11 代表增值税电子普通发票）。发票号码为 8 位，按年度、分批次编制 | 《国家税务总局关于推行通过增值税电子发票系统开具的增值税电子普通发票有关问题的公告》（国家税务总局公告 2015 年第 84 号） |

资料来源：根据相关资料整理。

我们平时只需要了解一下代码方式即可，多数情形下也没有必要进行核对与使用。

（2）发票的印制

**表 2**

| 问　题 | 说　明 | 依　据 |
|---|---|---|
| 发票可以印制英文吗? | 发票应当使用中文印制。民族自治地方的发票，可以加印当地一种通用的民族文字。有实际需要的，也可以同时使用中外两种文字印制。 | 《发票管理办法》 |

续表

| 问　　题 | 说　　明 | 依　据 |
| --- | --- | --- |
| 申请印有本单位名称发票规定是什么？ | 用票单位可以向税务机关申请使用印有本单位名称的发票，税务机关依据《中华人民共和国发票管理办法》第十五条的规定，确认印有该单位名称发票的种类和数量。<br>根据《中华人民共和国发票管理办法实施细则》第五条的规定，有固定生产经营场所、财务和发票管理制度健全的纳税人如果发票使用量较大或统一发票式样不能满足经营活动需要的，可以向省以上税务机关申请印有本单位名称的发票，即申请使用冠名发票。<br>根据《国家税务总局关于贯彻落实〈国务院关于取消和下放一批行政审批项目等事项的决定〉的通知》（税总发〔2013〕73号）规定，印制有本单位名称发票的审批事项取消。 | 同上 |
| 申请印有本单位名称发票数量有何规定？ | 对初次申请领购发票或者一年内有违章记录的纳税人，其领购发票的数量应控制在1个月使用量范围内；使用发票比较规范且无发票违章记录的纳税人，可适当放宽，但最多不得超过3个月的使用量；企业冠名发票的审批印制数量控制在不超过1年使用量范围内；对定期定额户应供应小面额发票，并及时根据使用情况调整供应量和纳税定额。 | 《国家税务总局关于进一步加强普通发票管理工作的通知》（国税发〔2008〕80号） |
| 印有本单位名称发票盖章有何规定？ | 经税务机关批准印制的企业冠名发票，可以在印制发票时，将企业发票专用章（浅色）套印在税控发票右下方。 | 《国家税务总局关于税控发票印制使用管理有关问题的通知》（国税发〔2005〕65号） |

要注意，冠名的增值税发票在全国增值税发票查验平台是无法查询到的，并不是在全国统一信息管理的平台所关联的系统列具的，其实就是软件开发的过程及升级使用的过程，不必过于纠结于此。不过在地方税务机关的网站上是可以查询的，比如北京市税务局的发票查询介绍：

一、查询北京市税务局发放的发票，请登录国家税务总局北京市税务局网站（etax.beijing.chinatax.gov.cn）首页，进入“发票查询”栏目进行查询。

二、通过国家税务总局北京市税务局发票查询系统，能够查询的发票包括：《北京市国家税务局通用机打发票》（卷票、折式票、集贸市场代开及印有单位名称发票）、《北京市国家税务局通用手工发票》、《北京市国家税务局通用定额发票》、《北京市停车收费定额专用发票》、《二手车销售统一发票》、《北京市出租汽车专用发票》。

（3）发票的领用

**表 3**

| 问　题 | 说　明 | 依　据 |
| --- | --- | --- |
| 申请领用发票税务机关实地核查吗? | 申领普通发票原则上取消实地核查，统一在办税服务厅即时办结。一般纳税人申请增值税专用发票最高开票限额不超过 10 万元的，主管税务机关不需事前进行实地查验。① | 《国家税务总局关于创新税收服务和管理的意见》（税总发〔2014〕85 号） |
| 空白发票可否跨区域携带? | 根据《中华人民共和国发票管理办法》（中华人民共和国国务院令第 587 号）第二十六条的规定，除国务院税务主管部门规定的特殊情形外，任何单位和个人不得跨规定的使用区域携带、邮寄、运输空白发票。禁止携带、邮寄或者运输空白发票出入境。<br>根据《中华人民共和国发票管理办法实施细则》（国家税务总局令第 25 号）第三十条的规定，使用区域是指国家税务总局和省税务机关规定的区域。<br>根据《国家税务总局 关于普通发票行政审批取消和调整后有关税收管理问题的通知》（国税发〔2008〕15 号）的规定，跨规定的使用区域携带、邮寄、运输空白发票的行政审批事项取消后，跨规定的使用区域携带、邮寄、运输发票按禁止行为实施管理。在本省、自治区、直辖市和计划单列市印制和使用的发票，需要携带、邮寄、运输发票的，不得跨越本辖区范围。按规定需要到外省印制发票的，在携带、邮寄、运输发票时，应持有本省税务机关商印制地税务机关信函，以备检查。需要跨省、自治区、直辖市和计划单列市开具、携带、邮寄、运输发票的范围，由国家税务总局确定。 | 《发票管理办法》等 |
| 什么情况下税务机关可以暂停其发票领购簿和发票的使用? | 根据《中华人民共和国税收征收管理法》第七十二条的规定，从事生产、经营的纳税人、扣缴义务人有本法规定的税收违法行为，拒不接受税务机关处理的，税务机关可以收缴其发票或者停止向其发售发票。<br>根据《税务登记管理办法》（国家税务总局令第 7 号）第四十条的规定，已办理税务登记的纳税人未按照规定的期限申报纳税，在税务机关责令其限期改正后，逾期不改正的，税务机关应当派员实地检查，查无下落并且无法强制其履行纳税义务的，由检查人员制作非正常户认定书，存入纳税人档案，税务机关暂停其税务登记证件、发票领购簿和发票的使用。 | 《税收征收管理法》等 |

续表

| 问　题 | 说　　明 | 依　　据 |
| --- | --- | --- |
| 发票监制章的格式有哪些要求？ | 新启用的发票监制章形状为椭圆形，长轴为3厘米，短轴为2厘米，边宽为0.1厘米，内环加刻一细线，上环刻制“全国统一发票监制章”字样，中间刻制“国家税务总局”字样，下环刻制“××省（区、市）税务局”字样，下环字样例如：“江苏省税务局”“上海市税务局”“内蒙古自治区税务局”“新疆维吾尔自治区税务局”。字体为楷体7磅，印色为大红色。<br>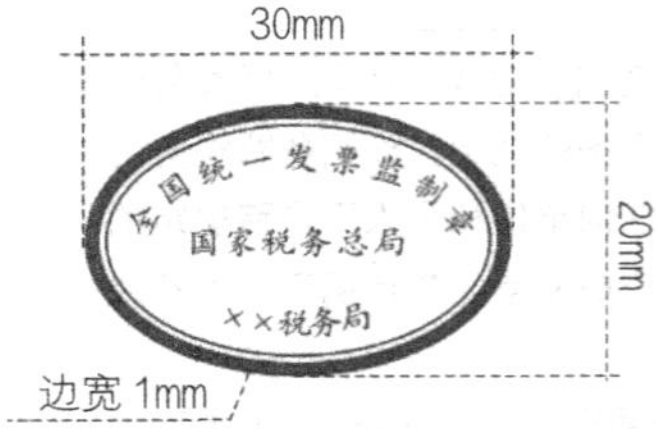<br><br>监制章全部字体为正楷7磅，印色为大红 | 《国家税务总局关于增值税电子普通发票使用有关事项的公告》（国家税务总局公告2018年第41号） |

**注：**

① 如《国家税务总局广东省税务局关于发布〈广东省纳税人申领增值税发票分类分级管理办法〉的公告》（国家税务总局广东省税务局公告2020年第6号）规定：

第十三条　纳税人申领发票存在以下情形之一的，税务机关应进行实地查验：

（一）纳税人申请增值税专用发票最高开票限额为100万元（含）以上，税务机关应按照税务总局有关规定事前进行实地查验，并自受理之日起10个工作日内完成事前实地查验工作。

（二）Ⅰ类、Ⅱ类纳税人申请增值税普通发票、机动车销售统一发票最高开票限额为100万元（含）以上且发票使用量较大的，Ⅱ类纳税人申请增值税专用发票最高开票限额为10万元且发票使用量较大的，税务机关在核定其票种信息后的30个工作日内开展实地查验。

（三）Ⅲ类纳税人申请增值税普通发票、机动车销售统一发票最高开票限额为10万元（含）以上且发票使用量较大的，Ⅲ类纳税人申请增值税专用发票最高开票限额为10万元且发票使用量较大的，税务机关在核定其票种信息后的10个工作日内开展实地查验。

（四）各地市级税务局结合本地征管实际，确定需开展事后实地查验的范围。

曾有老板提出来：“我们有正当的业务需要，刚签订了一笔500万元的销售业务，给我们提供的是每张额度最高1万元，共计25份专用发票，这不是耽误企业发展吗？”此时老板多会想到找人“协调”，想办理增加额度或增量的处理。此时我们要知道，虽然发票的开具提供量并没有严格的标准，但是对于一些初成立的企业，若起始就大量地给付发票开具，显然是有风险的。若是合同已签订，不妨带着合同办理一下临时的增量，以满足某段时间的用票量，这也是一个折中的方案。

另外最近几年来，电子发票比较普遍，全电发票已在推进而它带来的最大的好处就是节约邮寄与交付的成本，减少丢失的风险，开票的便利性也会不断得到改善。

（4）发票的开具

表 4

| 问 题 | 说 明 | 依 据 |
|---|---|---|
| 开具发票是否可以使用中文以外的文字？ | 开具发票应当使用中文。民族自治地方可以同时使用当地通用的一种民族文字。 | 《发票管理办实施细则》 |
| 发票可否跨地区开具？ | 除国务院税务主管部门规定的特殊情形外，发票限于领购单位和个人在本省、自治区、直辖市内开具。省、自治区、直辖市税务机关可以规定跨市、县开具发票的办法。随着电子化发票的实施，本条规定在新的征求意见稿中范围区界定为“纸质”发票。 | 《发票管理办法》 |
| 什么情况下，由付款方开具发票？ | 由付款方向收款方开具发票，是指下列情况：<br>（一）收购单位和扣缴义务人支付个人款项时；<br>（二）国家税务总局认为其他需要由付款方向收款方开具发票的。<br>扣缴义务人支付个人款项的规定，现在已经不再适用，按现行规定，应当由个人到所在地税务机关代开发票给付款方，个人据此代开发票向付款方结算价款。 | 《发票管理办法实施细则》 |
| 不得开具专用发票的情形有哪些？ | 商业企业一般纳税人零售的烟、酒、食品、服装、鞋帽（不包括劳保专用部分）、化妆品等消费品不得开具专用发票。 | 国税发〔2006〕156 号文件 |
| | 一、关于纳税人销售自己使用过的固定资产<br>（一）一般纳税人销售自己使用过的固定资产，凡根据《财政部 国家税务总局关于全国实施增值税转型改革若干问题的通知》（财税〔2008〕170 号）和财税〔2009〕9 号文件等规定，适用按简易办法依 4% 征收率减半征收增值税政策的，应开具普通发票，不得开具增值税专用发票。①<br>（二）小规模纳税人销售自己使用过的固定资产，应开具普通发票，不得由税务机关代开增值税专用发票。<br>二、纳税人销售旧货，应开具普通发票，不得自行开具或者由税务机关代开增值税专用发票。 | 《国家税务总局关于增值税简易征收政策有关管理问题的通知》（国税函〔2009〕90 号） |

注：

① 依据《国家税务总局关于简并增值税征收率有关问题的公告》（国家税务总局公告 2014 年第 36 号）：将《国家税务总局关于增值税简易征收政策有关管理问题的通知》（国税函〔2009〕90 号）第一条第（一）项中“按简易办法依 4% 征收率减半征收增值税政策”，修改为“按简易办法依 3% 征收率减按 2% 征收增值税政策”。

发票的开具是一件很复杂，且是比较烦琐的事项，某些大型的销售企业，比如互联网公司、消费品制造业企业，那时候开具发票的人员甚至达到百名之多，后来随着信息化的探索与开发，实现了销售数据的自动导入与自动开具发票的功能，准确性与成本大量的优化。随着发票电子化的推进，大大节约了物流的成本，减少了社会运行的成本，同时大大地节约了纸张的印制、使用，对于保护环境，亦将功不可没。

**（5）增值税发票的税率（征收率）栏次填写的情形**

在全电发票之前，我们常见的专用发票或普通发票，一般只有税率栏，其实小规模纳税人的政策当中一直使用的是征收率（包括一般纳税人选择简易计税方法的情形），填开征收率时也是用税率栏的。但这个税率栏的填写，却是很复杂的，有时还容易混淆，在此我们梳理一下其中的应用场景。

专用发票税率栏填开情形：

**表 5**

| 情　形 | 税率栏 | 说　明 | 风　险 |
|---|---|---|---|
| 免税但可开具专用发票情形 | 填写适用的税率 | 不得开具专用发票，只能开具普通发票。但有个案适用情形如国有粮食企业除外 | 一般情形下开具专用发票的就需要计缴增值税 |
| 征收率或税率的情形 | 填写适用的税率或征收率 | 正常按税率或征收率进行价税分离 | 在税率发生调整变化时，需按照纳税义务的时点来判断适用的税率或征收率 |
| “差额征税”开具方式 | “×××”号，税额正常显示 | 差额部分不得开具专票。开票方式有以下三种，可由纳税人根据需要自行选择：<br>一是差额部分开具普通发票，剩余部分开具专票；<br>二是全额开具增值税普通发票（以下简称“普票”）；下一步差额的扣除，都可以通过附表三结转至附表一。<br>三是使用差额开票功能开具发票 | 对于差额征税开具方式的使用，政策规定的情形不清晰，只要税额是准确的，一般没有问题。备注栏自动打印“差额征税”字样 |

专用发票的税率栏相对清晰，无非就是填开相应的税率或征收率，或者是在差额征税情形下开具时显示“×××”符号，因为此时销售额与税额之间没有直接的比例关系。但在开具发票时有一种情形，比如总额 122 万元的货物销售，若按 13% 计算税额时，由于发票的额度限制进行拆分开具，以每张开具 95 000 元后，余额开具一张，此时单个的税额加计起来后可能与整体按 122 万元计算的税额会有小数点的尾差，此时我们就以发票的金额为准即可，与收入之间进行调整，有的会计可能也不予调整，因为申报时，又是以整体收入

额来计算的销项税额或应纳税额，有一定的尾差也是正常的。

相比于专用发票，普通发票税率栏填开情形更为多样一些：

**表 6**

| 情 形 | 税率或征收率 | 说 明 | 风 险 |
|---|---|---|---|
| 应税 | 填写适用的税率或征收率 | 正常填开适用的销售业务的税率或征收率即可 | 对方不能抵扣，开错情形下的风险也不大 |
| 免税 | 填开“免税” | 比如小规模纳税人享受的免税优惠政策时，需要填开“免税”字样 | 若没有填开，是不是不得享受，有可能存在这样的争议，本质上应不影响 |
| 不征税 | “不征税” | 使用“未发生销售行为的不征税项目”编码，发票税率栏应填写“不征税” | 目前是列举式使用，并不是可以当成收据使用 |
| 代开普通发票 | “×××”字符 | 如月代开发票金额合计未超过15万元，税率栏次显示×××；若超过则显示征收率<br>但代开专用发票时则需填开征收率 | 享受小微企业优惠政策 |
| 其他个人出租其取得的不动产适用优惠政策减按1.5%征收的 | “×××”字符 | 要注意享受免税期间的政策使用 | |
| 代开免税发票 | “×××”字符 | 免征增值税项目，税务机关代开的增值税普通发票“税率”栏自动打印“×××” | 自开的填“免税” |

以上的开具规范，随着系统的升级，或者因供应商的不同而产生不同的方式，但是核心是专用发票情形下的税额准确性，以及享受“免税”的增值税普通发票的开具，这是两个核心点。

**（6）发票的取得及保管**

发票是属于会计档案管理中的原始凭证，所以一般单位的会计对于发票的取得、保管是比较谨慎的，比如在开具发票时，若是纸质的，会让业务人员签收，同时若是寄到客户的，则通常会通过对账进行日常业务的跟进。对于供应商呢，通常在收到发票时，会给对方回复，不会假装说：“我们没有收到！”以此来拖延付款的借口。

也有某些大型企业，财务部门单独设立了票据复核岗位，之前的检查难度相当大，没有全国联网的查询平台，也没有可以关联的电子信息接口可提供，实施成本非常大，也有一些财税服务机构向这些企业提供人员派遣的工作服务，随着信息化的推进，这种耗时、耗成本的方式也有了新的变化。

**表 7**

**企业和其他组织会计档案保管期限表**

| 序号 | 档案名称 | 保管期限 | 备　注 |
|---|---|---|---|
| 一 | 会计凭证 | | |
| 1 | 原始凭证 | 30 年 | |
| 2 | 记账凭证 | 30 年 | |
| 二 | 会计账簿 | | |
| 3 | 总账 | 30 年 | |
| 4 | 明细账 | 30 年 | |
| 5 | 日记账 | 30 年 | |
| 6 | 固定资产卡片 | | 固定资产报废清理后保管 5 年 |
| 7 | 其他辅助性账簿 | 30 年 | |
| 三 | 财务会计报告 | | |
| 8 | 月度、季度、半年度财务会计报告 | 10 年 | |
| 9 | 年度财务会计报告 | 永久 | |
| 四 | 其他会计资料 | | |
| 10 | 银行存款余额调节表 | 10 年 | |
| 11 | 银行对账单 | 10 年 | |
| 12 | 纳税申报表 | 10 年 | |
| 13 | 会计档案移交清册 | 30 年 | |
| 14 | 会计档案保管清册 | 永久 | |
| 15 | 会计档案销毁清册 | 永久 | |
| 16 | 会计档案鉴定意见书 | 永久 | |

《财政部 国家档案局关于规范电子会计凭证报销入账归档的通知》（财会〔2020〕6 号）规定：

为适应电子商务、电子政务发展，规范各类电子会计凭证的报销入账归档，根据国家有关法律、行政法规，现就有关事项通知如下：

一、本通知所称电子会计凭证，是指单位从外部接收的电子形式的各类会计凭证，包括电子发票、财政电子票据、电子客票、电子行程单、电子海关专用缴款书、银行电子回单等电子会计凭证。

二、来源合法、真实的电子会计凭证与纸质会计凭证具有同等法律效力。

三、除法律和行政法规另有规定外，同时满足下列条件的，单位可以仅使用电子会计凭证进行报销入账归档：

（一）接收的电子会计凭证经查验合法、真实；

（二）电子会计凭证的传输、存储安全、可靠，对电子会计凭证的任何篡改能够及时被发现；

（三）使用的会计核算系统能够准确、完整、有效接收和读取电子会计凭证及其元数据，能够按照国家统一的会计制度完成会计核算业务，能够按照国家档案行政管理部门规定格式输出电子会计凭证及其元数据，设定了经办、审核、审批等必要的审签程序，且能有效防止电子会计凭证重复入账；

（四）电子会计凭证的归档及管理符合《会计档案管理办法》（财政部国家档案局第79号令）等要求。

四、单位以电子会计凭证的纸质打印件作为报销入账归档依据的，必须同时保存打印该纸质件的电子会计凭证。

五、符合档案管理要求的电子会计档案与纸质档案具有同等法律效力。除法律、行政法规另有规定外，电子会计档案可不再另以纸质形式保存。

六、单位和个人在电子会计凭证报销入账归档中存在违反本通知规定行为的，县级以上人民政府财政部门、档案行政管理部门应当依据《中华人民共和国会计法》《中华人民共和国档案法》等有关法律、行政法规处理处罚。

另外，在日常的一些税务稽查案例中，有的老板为了应对稽查，有时可能会采取极端的方式，销毁账簿等资料，以此“阻碍”税务机关的检查，这里就要特别注意法律责任的问题了。《刑法》规定：

**第一百六十二条之一** ［隐匿、故意销毁会计凭证、会计账簿、财务会计报告罪］隐匿或者故意销毁依法应当保存的会计凭证、会计账簿、财务会计报告，情节严重的，处五年以下有期徒刑或者拘役，并处或者单处二万元以上二十万元以下罚金。

单位犯前款罪的，对单位判处罚金，并对其直接负责的主管人员和其他直接责任人员，依照前款的规定处罚。

**图书在版编目（CIP）数据**

发票风险识别与应对 / 郝龙航等编著. — 北京：中国市场出版社有限公司，2023.6

ISBN 978-7-5092-2336-9

Ⅰ. ①发… Ⅱ. ①郝… Ⅲ. ①发票－财务管理－中国 Ⅳ. ①F231.3

中国版本图书馆CIP数据核字（2022）第233783号

**发票风险识别与应对**

FAPIAO FENGXIAN SHIBIE YU YINGDUI

| | |
|---|---|
| **编　　著** | 郝龙航 等 |
| **责任编辑** | 辛慧蓉 |
| **出版发行** | 中国市场出版社 China Market Press |
| **社　　址** | 北京西城区月坛北小街2号院3号楼（100837） |
| **电　　话** | （010）68033692 |
| **印　　刷** | 北京捷迅佳彩印刷有限公司 |
| **规　　格** | 170mm×240mm　16开本 |

| | | | |
|---|---|---|---|
| **印　　张** | 24.5 | **字　　数** | 400千字 |
| **版　　次** | 2023年6月第1版 | **印　　次** | 2023年6月第1次印刷 |
| **书　　号** | ISBN 978-7-5092-2336-9 | **定　　价** | 68.00元 |